England under
Queen Anne

安妮女王时代的
英格兰

拉米伊战役与
英苏联合

RAMILLIES AND
THE UNION WITH SCOTLAND

George Macaulay Trevelyan

[英] 乔治·麦考莱·屈威廉　著

廖平　译

中国法制出版社

CHINA LEGAL PUBLISHING HOUSE

前 言

公众对《安妮女王时代的英格兰》(*England under Queen Anne*)第一卷《布伦海姆战役》(*Blenheim*)的反应相当客气，我希望第二卷《拉米伊战役与英苏联合》(*Ramillies and the Union with Scotland*)也能得到同样的宽容。可能在我出版第三卷（我相信也是最后一卷）之前，全世界将迎来权威性的《马尔伯勒公爵传》(*Life of Marlborough*①)，作者正是他本人杰出的后代。我相信，尽管马尔伯勒公爵生前身后曾受到托利党和辉格史学家的诽谤，但他如果泉下有知，也应当可以瞑目了。本卷呈现了马尔伯勒公爵职业生涯和战绩的巅峰（至少我是这么评价的）——拉米伊战役、奥德纳尔德战役以及收复比利时——同时也有他衰落的开端，但衰落的不是他的军事才能（只要他还能出征就没有衰落），而是他在政治和外交方面对欧洲局势的现实以及战争和平的可能性的把握。本书记录了他是怎样赢得这场在他看来将要输掉的战争，以及他是怎样错过了议和的机会。

本书就像一根三股拧成的绳子——战争、英格兰政治以及苏格

---

① 实际出版后题为 "*Marlborough：His Life and Times*"。——译者注

兰问题。这三者之间的相互联系既是历史学家的兴趣所在，也是他们的棘手问题。

有关战争的章节展现了马尔伯勒公爵在拉米伊战役和奥德纳尔德战役中的无上荣耀；英格兰在既没有威灵顿公爵这等将才，也没有西班牙人民支持的情况下输掉半岛战争的悲剧；彼得伯勒伯爵的浪漫喜剧；英格兰首次英勇地保卫直布罗陀；瓜熟蒂落地摘取梅诺卡这颗地中海争端的果实；英格兰海上力量巩固了它在全世界的地位；都灵战役和土伦战役的精彩插曲；1708年受挫的入侵行动；整个海陆战争计划，从里斯本一直延伸到萨克森的查理十二世营地，它尽在马尔伯勒公爵的运筹帷幄之中，虽然常常因盟国和部将的失误而受挫，但总的来说取得了辉煌的胜利。

在国内，英格兰政治重弹老调，"那些卑劣凶残的党派"即辉格党和托利党相互倾轧，"两党凶残之徒"以过去英格兰人那种狂暴的气势争夺安妮女王及其臣民的宠信，但还是能结出治国理政、赢得战争、《摄政法案》和与苏格兰联合这样的果实。

英格兰与苏格兰的联合、大不列颠的形成不仅在当时阻止了内战爆发以及两国王位的分离，而且最终让两个民族按照平等和公正的条件实现了和解。当时苏格兰在政治、社会方面与英格兰大异其趣，所以我觉得最好还是在开始书写联合的历史时用两章介绍安妮时期苏格兰的状况，算是回应第一卷开篇介绍英格兰状况的四章。

与英格兰对待爱尔兰和处理北美殖民地的方式相比，英格兰与苏格兰的联合在18世纪引人注目，它是一个明智的方案，出人意料，又难得一见。促成1707年联合的人（英格兰的马尔伯勒公爵、戈多尔芬、萨默斯和哈利，苏格兰的昆斯伯里公爵和阿盖尔公爵）并非无私的爱国者——那个时代也不产这样的人。他们精明世故，能够直面现实。他们不像索尔顿的弗莱彻，做事的时候仅凭一腔热血，所以反而更能为各自国家的利益考虑。更重要的是，他们不受17世纪政治狂热情绪的影响，而后者常常妨碍了以相互妥协的方式达成协议。在安妮时期，政治上的热情已经开始消退，虽然它还没有像乔治一世和乔治二世时期那样冷却成石头，但它毕竟不再是滚烫的岩浆了。因此，这个时候是让能工巧匠塑造国家未来形态的大好机会。

这些勇敢而谨慎的政治家并不是根据什么学说理论采取行动的，而是基于对当时各种力量的充分了解和估计。正是依靠这样的方法，辉格党和托利党制订了1689年的革命安排、确立汉诺威家族继承的1701年《王位继承法》以及六年之后的与苏格兰联合的条约。这三大安排是从那以后英国政治的基础，而它们又都是一个计划的组成部分；它们都是政党之间、教派之间和国家之间在相同的妥协精神下形成的，因此也从未被打破。比起之前狂热的王党和议会派，奥古斯都时代不太讲究理想的政治家可以更明智、更好地为现代英国打下基础。很多问题都是那些奋不顾身的理想主义者——劳德、汉普登、克伦威尔和蒙特罗斯侯爵——匆匆造成的，而他们审慎妥协的接班人在威廉和安妮时期拟定了和解的条款。与苏格兰的联合便是他们最有特点、最成功的作品。

巴克卢公爵和斯宾塞伯爵将鲍顿庄园和奥尔索普庄园的档案开放给我自由使用，而许多朋友特别是爱丁堡国家图书馆的迈克博士在苏格兰问题上给予我帮助，在此表示感谢。我已经在第一卷的序言中感谢了博德利图书馆和海牙国家档案馆方面以及那些在直布罗陀问题上慷慨相助的人，感谢他们在我准备第一卷和本书过程中提供的宝贵协助。

有关日期的标注方法

本书在标注日期时使用了新历（N.S.）和旧历（O.S.）两种不同方法。在1752年之前，英格兰人在国内一直使用旧历，它在1700年之后比格里高利十三世的新历晚了11天，新历在除俄罗斯以外的欧洲大陆国家广泛使用。在海上服役以及执行攻占直布罗陀等沿海行动的英格兰海军士兵普遍使用国内熟悉的旧历；在尼德兰和西班牙的英格兰陆军士兵通常（但并非总是）使用新历。在国外的外交官大多数使用新历，但也有些使用旧历。我在写国内的事情时使用旧历；而在写英格兰之外的事情时使用新历，或两者并用，例如，"8月2/13日"。

安妮是在1702年3月8日登基的——至少我们现在这么说。但我们的祖先说的是1701年3月8日。对他们而言，新年并非始于1月1日，而是始于3月25日。1701年3月24日的午夜过后就是1702年3月25日。这令研究古代文献的现代学者非常头疼，他们有时会把发生在1月、2月或3月初的事情少算了一年，尤其是议会事务，因为一般的会期是冬天，跨了两个年份。安妮时期的上议院记录和下议院记录只有到了3月25日才从1701年变成1702年。包括本书在内，所有的现代历史著作都以1月1日作为新一年的开始。

目 录

第一章　布伦海姆战役之后

在多瑙河那场大捷后的冬天，我们英国人对新的形势进行了评估。布伦海姆战役将德意志从即将被法国征服的险境中拯救了出来；它使得路易十四及其军队的声望首次遭受沉重打击；它让英国陆军和马尔伯勒公爵名扬四海；它让本已气馁的反法同盟重整旗鼓，带着胜利的希望继续进行艰苦的战争。但战争的胜利仍然遥遥无期，开战的目标还没有达成。作为《大同盟条约》的缔约国，英格兰、荷兰和奥地利有义务将法国人逐出意大利和西属尼德兰。条约已经签订三年了，但西属尼德兰和意大利仍旧在法国人手中。

战事大臣亨利·圣约翰在1705年夏天写道："我们希望用七年时间在佛兰德达到威廉国王开战时的局面。"[1]后来的拉米伊战役将"七年"缩短到了"十几个月"，但在圣约翰沮丧地写下这段文字的时候，没有人预料到拉米伊战役，甚至没有人敢肯定马尔伯勒公爵能够再度上沙场歼敌。因为在布伦海姆战役后的一年里，不但神圣罗马帝国军队不支持他在摩泽尔河的宏大计划，荷军众将也仍旧不许他在荷兰边境开战。

但如果说顽固不化的荷兰人和德意志人没能领教马尔伯勒公爵在布伦海姆战役中的天才表现，这在我们英国倒是造成了全面的影响。当捷报传来时，晚上"满心欢喜而辗转难眠"的人远远不止伯内特主教一个。[2] 在庄园宅邸、农场和作坊里，那些平日只关心自己生计的乡巴佬儿都因来自多瑙河的奇闻而激动，为他们的内心世界打开了广阔的空间，回想起"亨利五世的阿金库尔战役"和"伊丽莎白女王在蒂尔伯里鼓舞士气"这样的炉边故事，并畅想国家和子孙后代不可限量的未来，就像薄雾后面的日出那样朦朦胧胧。因为英格兰对陆军偏见很深，所以不用担心它会被欧陆扩张的黩武理想或美梦所误导。但布伦海姆战役让它坚定了信任马尔伯勒公爵、赢得战争的决心。虽然党派政客对这一问题仍旧争执不下，但公众舆论的主流已经定型，女王也超越党派之争，运用强大的王权来保证全国的决心。王权和民众一致支持马尔伯勒公爵是1705年大选获胜的秘诀，这彻底粉碎了路易十四的野心。只有在1706年"奇迹年"反法同盟因拉米伊战役和都灵战役获得根本性胜利后，国内外才出现了新的形势。

　　一系列的大丰收又令民众对战争和戈多尔芬政府的支持锦上添花。从1702年到1708年，小麦的价格大部分时候低于每夸脱30先令，比起马尔普拉凯战役那一年（战争日益不得人心）飙升到可怕的每夸脱72先令，还不到一半。但在安妮与路易十四斗争关键的最初几年，英格兰普通民众无论是买粮食还是自己种，都能吃得饱。在那些位于山区的堂区里，只要村子共同耕地里的庄稼收成好，村舍和农场里自然仓廪充实。在那样的日子里，就连富裕的绅士都能用自己的地产养活一大家子人，约克郡的乡绅莫尔斯沃思写道："我们现在除了糖和香料，什么都不用从市场上买，吃的喝的家里一应俱全"。①

---

① 　写于1708年9月25日。两年后莫尔斯沃思写道："我们的菜园现在空空如也，就和当年我们雇用一个苏格兰长老会园丁时一样。"看来司各特小说里的安德鲁·费尔瑟维斯还是有现实原型的！*H.M.C. Clements*（1913），pp.239，247.

但同样是这些绅士，尽管他们看着这些年餐桌上堆满了自家土地园囿的收获，心里对丰裕的农家生活很是喜悦，但想起贱价卖掉的农产品，还是会满腹牢骚。在布伦海姆战役后的那个圣诞节，一位中部地区的乡绅写给同乡托马斯·科克的信就体现了大丰收糟糕的一面：

立法部门认为应该对每价值1英镑的土地征收4先令，但我没听说有任何举措能让地主交得起这么重的税。花掉的钱从来不见少，商品（除了外国商品）也没有变得更便宜。上好的牛肉只能卖到每磅2.25先令，羊肉每磅2先令，小麦每蒲式耳①3便士，其他所有谷物的价格也相当。由于缺少买家，这些东西都无法大量出售。牛羊被送到集市上，然后又原封不动地赶回来，如果能卖出二三蒲式耳的小麦，这就算销路好了。东西卖不掉，收税官又将本该在当地流通的一点点货币收走，这早晚会把中部各郡给毁了。[3]

要不是马尔伯勒公爵在多瑙河取得了胜利，这些针对土地税的不满或许会在下议院造成大的影响，以至于让战事陷于停顿。其实布伦海姆战役的捷报已经救了戈多尔芬政府一命，但在1704年10月最后一周议会召开年度会议时，他们的处境仍旧严峻危险。马尔伯勒公爵、戈多尔芬和哈利"三巨头"纵有女王和国民的信任，但他们自己在议会上下两院都不占多数。内阁已经不能代表整个托利党了，而且它还没有吸收任何辉格党人来填补去年5月去职的高教会

---

① 计量单位。在计量小麦时，1蒲式耳等于27.216千克。——编者注

派托利党大臣所留下的位子。怎样才能扩大这一政府狭小的基础呢？和高教会派托利党的分歧是无法弥合的，而辉格党虽然赞同内阁的内外政策，但要想他们在议会予以支持，就得分给他们一官半职和女王的宠信。尽管"三巨头"百般不愿和辉格党头头分享权力，但他们也开始觉得至少有必要朝着这个方向努力。

与此同时，各方面都在预告辉格党和高教会派托利党两大反对派将要合流。作为哈利私底下的亲信谋士，笛福警告这位大臣说，在今后召开的会议里，辉格党再也不能"用花言巧语哄骗了"，而且"两派将要一起搞掉中间派"，除非温和派政府能与这两个激进党派之一和解。"威廉时期的辉格党人想要东山再起"，商量着先得把哈利赶下议长宝座，然后再把他从大臣的位置上"弄走"，还要把戈多尔芬赶出财政部。在向主子警告了如此危险后，笛福劝他和辉格党的前任大法官萨默斯搞好关系，"大家都觉得他是个不得了的人物。和他联合，您有什么事做不成！与他为敌，两派乃至整个国家将要蒙受多大的伤害！"[4]

但有一些难处是笛福这样身处低位的人所不能体会的。安妮女王对萨默斯有着极其强烈的偏见，其实她对辉格党小集团所有领袖都是如此。更重要的是，她仍旧倾向于前几任君主的观念。她认为君主选臣任人可以不拘党派，让他们自己去和议会两院讨价还价。她绝不会承认她的内阁必须是某种议会多数派的代表。有这样想法的并非只有安妮一人。认为需要根据众议院情况来调整内阁构成的观点在当时并没有被普遍接受，尽管前任国王晚期的乱局已经充分表明这很有必要，而且最终也对威廉三世的思维和行动造成了相当的影响。

在这种情况下，马尔伯勒公爵夫人①在整个秋天为辉格党承受了双重的压力，她一方面要劝说"可怜不幸的莫利夫人"，另一方面要给仍在战场的丈夫写信。到1704年10月底会议开始之前，人在德意志的马尔伯勒公爵对其夫人的政治请求做出了回复："只要我还活着，我就不会插手军队以外的任何事务"——当然，他这一说法并不算公允。但他在两周后屈服了，他告诉夫人："我已经按照你所希望的，写信给财政大臣说了白金汉公爵和纽卡斯尔公爵的事。我对你都是有求必应。"在议会召开之前，哈利就已经和辉格党大佬纽卡斯尔公爵友好地通了书信，诺丁汉郡和约克郡许多市镇在大选期间都唯纽卡斯尔公爵马首是瞻，他的"身份举足轻重，定能助政府一臂之力"，而且他还不属于臭名昭著的小集团，不会被安妮所忌惮。哈利认为纽卡斯尔公爵可以成为温和的非党派政府的栋梁，他很想在女王权威的保护下成立这样一个政府。人们开始觉得高教会派托利党的白金汉公爵可能很快就要被免去王玺大臣一职，被纽卡斯尔公爵取而代之，尽管这一变动直到次年春天才成为现实。[5]

辉格党这几年在逆境中受到了不少磨炼。他们的行动是由严密

---

① 在人生的这一阶段，萨拉处于她聪明才智的鼎盛时期，想必比她将要沦落成的那副冷酷暴躁的模样更加吸引人、更加高贵。要不然，靠她举荐跻身贵族的赫维勋爵（其实他和萨拉连朋友都称不上）也不会在1704年给R.科克斯爵士的信中这么写道："要是您对她的了解有我有幸了解的一半，她就会让您觉得她就像人们所说的大海，即第一次见到时就已经惊奇万分，但最后一次见面还是能留下神奇的印象，仿佛之前从未谋面一样。她有着最为敏锐睿智的见识，她的才能也同样既可亲又杰出，她的心中充满了审慎、公义、慷慨、坚毅以及对祖国的热爱这一切可爱的品质，以至于我觉得她应该是降生在黄金时代的！" *Hervey*, L.B., I, p.205.

的小集团及其参谋商量决定的；辉格党的党纪尽管在威廉时期有所松弛，但在安妮时期却很是严明。因此辉格党知道要耐心等待，他们最终必将东山再起。他们没有和高教会派托利党的异见分子结盟。他们继续对政府施加压力，做出威胁，却没有真的动手。那年冬天，沃顿就宣称他"现在已将财政大臣的脑袋收入囊中"。小集团的领袖们尽管还没有领到政府的津贴，但已经能左右政策了。他们年轻的追随者罗伯特·沃波尔已经被视为下议院辉格党的"领袖"。一位同僚抱怨："他不是一直在笑，就是一直在谈天"；但这位来自诺福克郡的乡绅嬉笑轻浮的举止掩盖了他狡猾谨慎的本性，为的是在政坛出人头地。

于是当议会召开时，哈利虽已身为首席大臣，却仍被允许占据议长席位，为的是不让更激进的托利党人控制这一职位。

1685 年 10 月 24 日

会议刚开始时政府并没有遭受挫败，随着会议的进行，高教会派托利党对政府和辉格党共同支持的政策大加批判，很快就让那些视赢得欧陆战争为头号政治目标的人团结到了一起。[6]

这年冬天，高教会派的怒火都发泄到了安妮本人及其臣仆的身上，人身攻击的味道越来越浓。一份题为《论英格兰国教会表》（*the Memorial of the Church of England*）的著名小册子将戈多尔芬和马尔伯勒公爵斥为两面三刀之徒，"他们今天的荣华富贵全靠教会的保护，他们的敷衍塞责和忘恩负义一样可耻，他们自己假惺惺地投票、讲话支持教会，同时却用津贴和官位来教唆收买别人反对它"。尽管戈多尔芬是托利党出身，但他还是被这些攻击刺激到了，对国教教士的敌意甚至比辉格党人有过之而无不及。虽然他看上去温文尔雅，但其实比轻佻的沃顿更加难以忍受辱骂。早在 1704 年 9 月，他就在给哈利的信中写道："谨言慎行的神职人员几乎就像黑天鹅一样罕见。"次年9月，他又写道："我听闻了不少教士的无礼行径，是可忍，孰不可忍，几乎就是公开造反，而且我发现丝毫没有人留意到这些，也没有任何言论或措施对其进行申斥。"我们能从字里行间看出四年后萨谢弗雷尔控告案的萌芽。[7]

高教会派托利党对马尔伯勒公爵的深仇大恨也是从这时开始的，有关他贪财、卑鄙、通敌的传言此起彼伏，斯威夫特在几年后用他的生花之笔将这些传言镌刻在了国民的记忆上，它们相当根深蒂固，以至于19世纪伟大的辉格派历史学家麦考莱在某种意义上都上了当。萨拉在1705年5月写道："谎言随着托利党人到处肆虐，他们的人数比我有幸认识的还多。"

（一位精明的批评者写道）他为人相当吝啬；有一天他在佛兰德骑马旅行，只套着一对亚麻绑腿布，绑腿布湿透了，不撕开的话根本脱不下来；他吩咐解绑腿布的仆人小心翼翼地沿着缝撕开，这样或许还能缝起来继续用。

真是荒唐！但还有更恶劣的，说他拼写错误百出。

这个在世上闹出不小动静的人并没有念过什么书。他不学无术，连英文都拼不对。

这位批评者告诉我们，马尔伯勒公爵将"Cardinal"拼成了

"Cardonel"，有点像他的秘书卡多内尔的名字！① 还有一次在1705年，剑桥大学希腊文教授乔舒亚·巴恩斯捧着他编辑的一本《阿那克里翁》来到陆军部，想献给马尔伯勒公爵，看能不能得到几个基尼的赏钱，当时剑桥大学教授都是这样希望"大人物"能给他们打赏的。

战事大臣圣约翰先生当时也在房间里，公爵大人就过来对他说："亲爱的哈利，这儿有人来找我，跟我说什么阿那克里翁，我对克里翁一无所知，但克瑞里是《俄狄浦斯王》戏里的角色，麻烦您来跟他聊吧。"圣约翰先生说公爵大人一个子儿都没有给那个人，但他想让圣约翰自己来出这个钱。

我们英国人让这样一个没听说过阿那克里翁、把亚麻绑腿布沿缝撕成条的人来统率三军，说起来还真挺丢人的。但国家正在打仗，用人就不能挑肥拣瘦。按我们今天的话说，那些最热衷于传播这种卑劣传言的绅士属于"失败主义者"。在布伦海姆战役的捷报传来后，这场战役的确打死、俘虏了不少敌人，但这对法国国王来说也只是九牛一毛。[8]

---

① 他拼写水平的例子可参见本书附录中他写给海因修斯的信。其实并不比同时代绝大多数念过书的男人差，而比大多数女士要好得多，例如温特沃思女爵在《温特沃思档案》(Wentworth Papers) 中的书信里就有 *The Duke of Molbery* "the Queen of Prushee" "Gibletor" "yousels" 等错字。再者可比一下詹姆斯·戈登写给西菲尔德伯爵的信 "*I am necessitate one mor to trobubell your Lordship，that ye vill be pleased to speck to hir Majesty the Quan of Great Breatten，to proquar on letter to is Majesty the King off Suadlan*"，等等。*Seafield*，1912，p.370.有关马尔伯勒公爵在征战期间阔绰的生活，参见本书第62页。

马尔伯勒公爵一生只对一个人敞开心扉，她可以提供一些片面却丰富的史料，我们或许能拿来和马尔伯勒公爵的政敌们在咖啡馆里的街谈巷议做些对比。奥尔索普庄园的档案室里存放着两份文件，是马尔伯勒公爵夫人萨拉在她生命中的最后一个月所写的，她当时已经是一个84岁的老妪，行将枯萎的内心仍有一处柔软的地方，保存着她对去世20余年的丈夫的鲜活记忆：

我把以前从没读过的利迪亚特的（马尔伯勒公爵）传记拿来读了……它开头是艾迪生先生真诚而优美的诗句……一切真实再现了已故的马尔伯勒公爵，以至于我一边读，泪水一边滴在纸上。但他在献词中说了很多有关现任马尔伯勒公爵的话，说他在方方面面都与外祖父大相径庭，这让我感到很不舒服。（1744年10月4日，致马利特先生）

马尔伯勒公爵从不爱慕华而不实的东西，所以在身居高位多年之后，他留下了庞大的家产，这没有什么好奇怪的，因为他长命，还从不乱花钱；而且多年以来，投资的收益都有百分之六。他曾经在毫无必要的情况下对我郑重发誓，说他在安妮女王在位期间大受宠信时，从来没有向任何人出售任何职位、头衔或别的什么东西。他生性好怜悯人，会自掏腰包接济一些贫困的故旧，哪怕他们意见不合。他在国外时还会让我支付一些津贴给别人，而且要留下接收者的信件作为凭据。

他为人非常温和（她补充道），一点也不会矫揉造作，即便不修边幅，也英俊得宛若天使。

马尔伯勒公爵不是什么学究，而且他坦承自己有关英格兰的历史知识都是看莎士比亚戏剧得来的，这赢得了他那位饱读诗书的后裔温斯顿·丘吉尔的尊敬。萨拉念过的书并不比他多：在其夫罢帅之后，愤愤不平的辉格党人将托利党对他的不公对待与贝利萨留斯所遭遇的忘恩负义相提并论，萨拉就去问伯内特，这位伟人是何许人也，他又为何失势。伯内特主教像往常一样机智，张口就说贝利萨留斯在民众中失宠的原因之一，就是他的"老婆是个悍妇"。

当议会在11月和12月初召开时，马尔伯勒公爵正在国外。他已经完成了1704年始于多瑙河、终于摩泽尔河①的战事，不顾自己头痛、身体欠佳，一连好几个星期每天骑马驾车在德意志泥泞的道路上行驶15个钟头，纵横超过1000英里，完成他每年冬天的必修课，劝说那些不好伺候的诸侯再次借出所部人马，以进行明年的战事。②尽管布伦海姆大捷很有说服力，令人仰慕，但大家还是希望马尔伯勒公爵能亲自来现身说法。所以他在回来接受国人道谢之前，必须长途跋涉去一趟柏林。

柏林拥有打开意大利局面的关键之匙，而且只有马尔伯勒公爵才打得开。驻萨伏伊宫廷的英格兰使节理查德·希尔请求他救援都灵免遭法国占领。的确，自从去年夏天以来"意大利诸侯对马尔伯勒公爵的到来深感恐惧，尤其是罗马教廷"；的确，布伦海姆的捷报和英格兰舰队的巡航令热那亚当局大为震动，转而对英格兰商船

---

① 有关秋天摩泽尔河的战事，参见本书第3章。

② 当时就连豪奢的出行方式都算不上舒适。1704年8月，费马纳勋爵在给凯夫小姐的信中写道："亲爱的女儿，得知你在炎热的旅程过后一切安好，我很是高兴，因为我知道在8月乘水晶马车出行非常不便，但它确实很漂亮，对你们女孩子也算是点补偿，尤其是当你们变得特别要面子之后。"*Verney Letters of 18th Cent.*, I, p.218.

采取友好姿态。但只要萨伏伊—皮埃蒙特的最后抵抗被法国人击垮，这些利好表象就会很快烟消云散。而且在希尔看来，除非英格兰出手相助，否则这种情况就注定会发生。他写信给马尔伯勒公爵说："我们在皮埃蒙特没有足够的士兵来驻守都灵。"神圣罗马皇帝约瑟夫一世的信件可以得出同样的结论：因为他坚决不肯妥协，导致国内的匈牙利起义愈演愈烈，因此他无法再向意大利派出奥地利军队。他转而叫马尔伯勒公爵到别处搬兵，以解救盟国萨伏伊。难道就不能说服普鲁士国王腓特烈一世再借8000人给英格兰，在早春时节派到波河河谷吗？

但让普鲁士伸出援手是有一定难度的。瑞典国王查理十二世在普鲁士东部边境外虎视眈眈，麾下军队连战连胜，他本人又捉摸不定，这让腓特烈一世一直寝食难安。腓特烈一世讨厌约瑟夫和奥地利人；他还曾向荷兰主张荷兰前执政威廉三世的遗产继承权，因而与荷兰政府交恶了两年多。虽然柏林方面反感荷兰和奥地利，但他们对英格兰倒是非常友善。腓特烈一世曾经打算将英格兰的《公祷书》翻译成德文并做适当修改，作为其治下的礼拜用书，希望以此来团结路德派和加尔文派的臣民。普鲁士军队在布伦海姆战役中一战成名，极大地增强了柏林宫廷的军威；就连向来深谋远虑的马尔伯勒公爵都在多瑙河战事的百忙之中抽空"多次给普鲁士国王写信，极尽恭维之能事"。

于是在11月的最后一个星期，马尔伯勒公爵风尘仆仆地到达柏林，受到了当世无双的礼遇。短短几天，马尔伯勒公爵就平息了腓特烈一世对荷兰人的怒气，打消了他对瑞典的恐惧，并达成协议，让8000名普鲁士士兵跨过阿尔卑斯山，支付30万克朗作为那一年的军费。马尔伯勒公爵通过这场冬天不辞艰险地访问柏林之旅，在1705年解都灵于倒悬，又为次年将法国人赶出意大利做好了准备。

他在回国途中路过了汉诺威的宫廷，去未来的国君那里烧一烧冷灶总没有错。他在荷兰上船，还带着被俘的塔拉尔元帅同行，并于1704年12月14日抵达英格兰，这时议会正开到关键阶段，对高教会派托利党很是不利。他曾在汉诺威写道："我发现只有狂热和成功才能保护我不被奸党所害。"[9]

是年冬天，这位布伦海姆战役的胜利者在夫人的协助下缔结了一项私人协定，进一步巩固了他间于辉格党和托利党的政治地位。他的两个女儿已经分别嫁给了桑德兰伯爵和戈多尔芬的儿子；现在轮到了他最宠爱的小女儿玛丽·丘吉尔小姐。传统说法认为她曾经倾心于一位普通乡绅，但在那个年代，就算是"大人物"最宠爱的女儿，在终身大事上也不见得有比公主们更大的自主权。1705年3月，在马尔伯勒公爵出征进行春季战事之前，玛丽·丘吉尔嫁给了约翰·蒙塔古，其父拉尔夫不久被封为第一代蒙塔古公爵。拉尔夫是个机智的无赖，于公于私终复辟一代都是最差劲的，但他的家产丰厚，这使他成为独立于党派的一股政治势力。尽管丘吉尔家族连向安妮请求联姻所需的赏赐都不敢，但马尔伯勒公爵和拉尔夫都认为两家结为秦晋之好有好处。这对小夫妻的婚姻似乎一直都还算幸福。约翰·蒙塔古在1709年袭公爵爵位，他是个讨人喜爱的万金油，除了岳母萨拉将他描绘成一个傻瓜之外，几乎所有人都喜欢他。今天北安普顿郡的人还记得他栽种了一些壮观的林荫树木，而且和他寡廉鲜耻的老父亲一样，他也赞助了不少优秀的艺术家。他继承了伦敦最好的现代市内宅邸，"建筑威严，花园奇特"——位于蒙塔古楼，即今天的大英博物馆所在地。而他父亲在威廉时期修建的鲍顿庄园（位于凯特林附近）是当时英格兰乡村最好的法式建筑，房间里挂着精美的法国挂毯作为装饰，可与雷恩爵士在汉普顿宫设计的房间相媲美。人们希望这些奢华的物质条件和一位和蔼可亲的丈夫足以慰藉美丽的玛丽·丘吉尔；她在画像里被一群侍从簇拥着，从她的外表看，这桩豪门婚姻似乎还算过得去。①

当1704年至1705年冬天的议会会期开始时，戈多尔芬政府的命运还在未定之天。它在上下两院都不占多数席位，还很容易遭到辉格党和高教会派托利党两方面的攻击；只有仗着布伦海姆大捷的余威和女王的宠信，它才显得比较强势。有人说服安妮积极地助臣子们一臂之力。她在对议会讲话时告诫他们要"在国内团结一心"，因为"除了希望我们同室操戈外，没有别的什么可以激励敌人了。因此你们应该考虑不要给这些企图一点可乘之机。我希望在你们这些最应该增进公众福祉的人中间不要有什么纷争"。安妮已经对《偶奉国教法案》没有了任何热情，因为她除了战争没空想别的事情，而高教会派托利党对于他们最喜爱的措施一再受挫深感懊恼，以至于完全没有考虑战争的事。这些效忠分子两年前还在为秉承相同信念的安妮成功登基而欣喜若狂，如今他们就和安妮彻底分道扬镳了。

为了进一步维护她的大臣，安妮在这一议会会期里恢复了查理二世的一项旧习惯。她以非正式的身份出席了上议院最重要的辩论。

---

① 鲍顿庄园连同其家具在今天（1932年）或许是威廉和安妮时期大庄园内外格局最完美、最原封不动的典型。有关玛丽·丘吉尔的婚姻、人际关系和住宅，另可参见 Dict. of Nat. Bio.；*H.M.C Buccleugh*，Ⅰ（1899），pp.351-357；Thomson, *Memoirs of Duchess of Marl.*（1839），Ⅱ，pp.8-16；Strype, *Stow's London*，Bk. Ⅳ，p.85。

"快活王"查理觉得，观看沙夫茨伯里伯爵一边谴责女王的政策，一边用谨慎的余光盯着背对火炉、"微服私访"的女王的脸色，这一场景"堪比一出好戏"。安妮就座于同一位置，如果说她没有从辩论中获得那么大的愉悦，那么她也从辩论中学到了不少东西。她的所见所闻令她对诺丁汉伯爵和昔日的高教会派托利党盟友愈加愤怒，而辉格党头头们趁机当着女王的面维护诸位大臣，想要以此来缓和安妮对他们的偏见。女王陛下的驾临让不少人蜂拥申请来上议院旁听，以至于上议院下令：

> 女王陛下的首席测量师克里斯托弗·雷恩爵士立刻主持在上议院大门上方建一条带有四条长凳的旁听席工程。[10]

在上议院的请求下，雷恩还着手进行了另一项工程，这一工程与历史学家尤为有关。他将伦敦塔的房间整修干净，使它们适合用于存放国家档案。上议院的一个委员会发现，在白塔和凯撒礼拜堂的衬铅屋顶下，金雀花王朝和都铎王朝"堆积如山的破损档案"正在"大批大批地"腐坏。

当雷恩忙着给"古代的记事年史"准备栖身之所时，另一位伦敦塔常客很有可能来探过班，他就是铸币局局长艾萨克·牛顿；英格兰大地真是"一时多少豪杰"。

与此同时，托马斯·赖默正在公款的支持下编辑第一部中世纪国务文件汇编；卷帙浩繁的《条约、协议、公文及所有一般官方文件集》年复一年地出版，从1704年一直出到了1714年。英格兰历史档案的系统性出版由此拉开序幕，并为18世纪伟大的古文物研究运动铺平了道路。[11]

但正当安妮观看"大人物们"在上议院"无敌舰队之役"挂毯的围绕下开会时，圣斯蒂芬礼拜堂里发生了这次会期最为关键的一幕。虽然当时只有那些比较不重要的政治领导人才会成为下议院议员，但只有他们才能投票决定是否为战争进行征税。在最后一次会期行将结束时，诺丁汉伯爵和其他高教会派托利党人士愤怒地说，下回下议院将把《偶奉国教法案》"附加"到其他法案里。[①] 该法案旨在消除不从国教者和辉格党在市政府和议会选举中的影响，它已经连续两个会期在托利党控制的下议院高票通过后却在上议院败下阵来。它已经成了党派立场的试金石。土地税是战争的财政支柱，托利党希望将这一法案附加到土地税法案里，这样上议院就不得不通过了。在1704年秋天议会召开之前，代表牛津大学的议员威廉·布罗姆利在喷泉旅馆组织了一系列托利党会议。借着10月出产的麦芽酒的酒兴，这些猎狐者决定采取附加法案的策略，这必然能让大学教师和教士们满意，但女王和整个国家可能就不会那么赞成了。提出这项策略的人声称，如果上议院不得不在"通过《偶奉国教法案》"和"否决战争税"之间做出选择的话，他们就会把《土地税法案》和《偶奉国教法案》连带一起通过。但情况绝不是这么一目了然的。因为上议院议员已经不分党派地宣布"附加法案"这种做法有违宪法，而且为了维护自己的集体特权，上议院也可以像那些附加法案派一样罔顾国家利益。

会期一开始，布罗姆利就提出动议，将《偶奉国教法案》附加到《土地税法案》里，爱德华·西摩爵士和约翰·帕金顿爵士表示支持，后者是一位来自伍斯特郡的准男爵，他因与当地辉格党主教

---

① *Coxe*，chap.XX，Vol. I，p.229.

劳埃德的争论而闻名。但除了他们以外，附加法案派的表决名单上就没有什么有头有脸的人物了。在这一问题上，托利党的温和派以及担任大臣的人与辉格党联手，壮大了反对附加法案的阵营，包括国务大臣赫奇斯先生、战事大臣亨利·圣约翰、西蒙·哈考特爵士、代表剑桥大学的议员亨利·博伊尔以及哈利家族和戈多尔芬家族的小儿子们。"火蜥蜴"卡茨这员勇将是托利党人，他告诉下议院，附加法案会毁掉主要的战争税源，"将让法国国王获得重大的战果，几乎和我们在布伦海姆战役中从他那里获得的战果相当"。在这一关键的表决中，该法案以251票对134票落败。

全国上下对这一结果欢欣鼓舞，以至于表决名单被一反常态地公布出来，受到详细的审查。各党派拥护战争的爱国人士都把附加法案派的名字一一记录下来，好在下次大选中拿出来谴责一番。马尔伯勒公爵写信给戈多尔芬说，既然附加法案派这么不留情面，那么按照战争的规矩，我们也不用给他们留什么情面；而戈多尔芬也写信给马尔伯勒公爵夫人萨拉说："我绝不会认为那些投票支持附加法案的人适合继续担任现有的职务。"

作为回应，附加法案派称那些拒绝支持布罗姆利动议的托利党人为"卑鄙之徒"。第二年4月"卑鄙之徒"和附加法案派一起参加选举，他们仇恨起对方来比仇恨辉格党还厉害——辉格党就坐收渔翁之利了。

研究一下那份表决名单就能发现，从东北的切维厄特丘陵到西南的兰兹角，托利党的基层彻底分裂了。康沃尔郡各市镇的40名托利党议员差不多按照戈多尔芬和西摩在当地的势力范围分成两拨，反对附加法案的是微弱多数。由于担任神职的大学教师对布罗姆利施压，牛津郡的托利党议员最先提出了附加法案的政策，它成了少

数几个坚决支持附加法案的郡之一。次年春天有一首选举歌谣是这
样唱的：

> 仔细瞧瞧印出来的附加法案派名单，
> 认真数一数都有些什么议员上了榜，
> 我发现多数郡都有人入选，
> 但牛津郡绝对是一马当先。
> 九个议员都支持附加法案；要是再多些，
> 要是他们的人数比得上他们斗志的坚决，
> 我们现在就会陷入可怕的危险，
> 同盟崩溃四散，国家分崩瓦解。
> 但这是否符合他们忠顺的从前，
> 当女王在去往巴斯旅程的中间，
> 一帮文人滔滔不绝将她捧上天？①
> 或者我们可以想这能否对得起，
> 她赐什一税和初年圣俸的恩情？②
> 除非国教牧师们懂得知恩图报，
> 他们最大的施主就要失足跌倒；
> 她为了他们敞开国库把财宝掏，
> 他们却对她一毛不拔捂紧腰包。

在附加法案失败后，下议院的托利党投票一致通过了稍加修改

---

① 牛津人曾在1702年安妮前往巴斯的途中恭顺地接待了她。
② 即安妮女王基金会。

的《偶奉国教法案》。但上议院主要为了让列席聆听的安妮了解情况，对这一法案进行了一番辩论，理所当然地将其否决。马尔伯勒公爵和戈多尔芬在连续三个会期成功挫败此类法案之后，首次敢于公开投了反对票。[12]

附加法案在下议院受挫的第二天，与伦敦交易所的"金融势力"关系密切的著名不从国教派牧师丹尼尔·威廉斯写信给哈利表示祝贺，后者的家世与清教运动有联系，这有利于他暗中在辉格党和托利党的战争支持者之间穿针引线。

在争取奠定新教继承一事上，神给你的荣耀超过了其他任何人（丹尼尔·威廉斯说的是哈利在1701年通过《王位继承法》中的作用）。针对偶奉国教的法案有破坏新教继承、对付现政府和教会最优秀人士的倾向和意图。不仅如此，如果你看到了昨晚我们股市动荡的样子，你就知道这帮凶狠的人一旦得逞，就会让我们陷入怎样的危机。[13]

笛福向哈利汇报了他在英格兰各地的旅程，向他的主公提供了有关英格兰舆论和利益关切的信息，比高教会派托利党或辉格党首领得到的情报都更为广泛。可惜哈利不修言辞笔墨，在同僚中神秘兮兮的，并不是一位善于影响他人的领导，比起精明的圣约翰，他在公开的政治上显得落于下风。因为其实真正了解英格兰人的不是圣约翰，而是哈利。他有着威廉·皮特对于真正平实英格兰的愿景，这是那些钩心斗角的政治家和炙手可热的官迷所不具备的。但他没有威廉·皮特那种能传达自己愿景的能力。他知道国家团结的必要，也知道党派、迫害和仇恨口号是徒劳无益的。这使得他不适合在民众面前替辉格党或托利党代言，但只要耐心地埋头苦干，他可以帮助马尔伯勒公爵和戈多尔芬继续执政，直到他们打败法国人。

目前圣约翰正担任战事大臣为国效力，他仍旧在信中称呼哈利为"亲爱的师傅"，但他已经注定会在安妮在位的末期重拾高教会派托利党辩手之位，之后还会给老王位觊觎者当六个月的秘书。在这一无可挽回的愚蠢举动之后，这位博林布罗克子爵悔之晚矣，只能晚年用笔来传播哈利有关国家和解的福音，不知不觉地改信了对手的观点。欣赏圣约翰《爱国者君主》（*Patriot King*）的人并不总能发现其中的理念其实是哈利的，而圣约翰正是在反对这种理念中度过了他政治生命最出彩的岁月。只要跟随戈多尔芬、马尔伯勒公爵和哈利这"三巨头"的引导，安妮女王就是圣约翰后来所梦想的"爱国者君主"，一个超越党派和贵族集团的新教君主，只要符合国家利益，不拘辉格党或托利党自由选任大臣。这并不是英国政治的最终形式，英国政治其实是君主居于幕后，沿着党派内阁的路径发展而来的。但圣约翰的梦想一度成为现实；它获得最大的成功并不是在丧失北美殖民地的乔治三世在位初年，而是在赢得大战的安妮在位初年。

附加法案在11月底的惨败是此次会期真正的危急时刻，但随后现政府仍然没有摆脱危险和困难，它就像一只足球，被两队粗野而愤怒的球员踢来踢去。随着会议的进行，戈多尔芬与辉格党小集团的大佬们达成了比以往更深的谅

1704年12月至 1705年3月

解，现政府这只皮球也就越来越被辉格党控制在脚下。在最近几个月里，苏格兰事务完全脱离了戈多尔芬的控制，陷入极度危险的境地，上议院对此进行辩论，投票对这位财政大臣的

苏格兰政策进行谴责似乎不可避免了，这时沃顿跑到戈多尔芬所站的席位，他们俩耳语一番后相互做了保证，"整场辩论就被转向别的地方了"。同样，当下议院的辉格党人威胁要和附加法案派一道要求汉诺威选帝侯夫人索菲亚作为未来王储移居英格兰时——这在安妮时期一向是反对党最喜欢玩的手段——戈多尔芬就请小集团的大佬们管好他们在下议院的走狗，因为任何类似的提议都会让女王感到非常不舒服。[14]

政府用类似的手段挫败了"职位法案"。高教会派托利党相信附加法案是被拥有或谋求官职的人所打败的，认为食君之禄者都应该从下议院中被排除出去。① 和历来的反对党一样，

1705 年 1 月 27 日

辉格党人当时还没有一官半职，自然跃跃欲试地想投票支持这一受民众欢迎的法案，彻底修理"唯利是图的议会"。但沃波尔受人指点，替那些反对"职位法案"的人说话，动员了刚刚够数的辉格党人投票支持政府的意见，以6票的优势击败了附加法案派的"职位法案"。假如这一法案成为法律，不仅戈多尔芬政府要垮台，英格兰政治的发展也会意外地走上一条完全不同的轨道，因为下议院将丧失一切和大臣直接沟通的渠道。要是只有上议院能够为大臣提供席位，英格兰的政治必将变得更加贵族化，不承担行政责任的下议院和出身贵胄的行政官员之间的冲突将对政府的稳定和效率越来越有害。[15]

与此同时，上议院在辉格党的引导下，正在对海军当局进行旷

---

① 附加法案派"发现对自己人数的估计大错特错，以至于对政府越来越不满，他们认为政府诱使他们的党派背弃了他们。因此，他们不太可能对将拥有职位的人排除出下议院横加阻拦"。弗农致什鲁斯伯里公爵，1705 年 1 月 10 日。*Boughton MSS.*

日持久的调查。这项调查的政治目标有二：一是通过审查海军将领鲁克当年在直布罗陀战役和马拉加战役中的举措（推崇鲁克的高教会派托利党愚蠢地把这些事情和马尔伯勒公爵在布伦海姆战役的功绩相媲美），从而抹杀他的荣耀；二是败坏托利党人把持的海军部的名声，主持海军部工作的是马尔伯勒公爵的弟弟、比他更像托利党人的乔治·丘吉尔。除了充当辉格党向政府施压的政治手段，这项调查并没有得出太多的结果，倒是有关直布罗陀战役和海军状况的史料被整理了出来，对后世的历史学家非常有用。

调查委员会的报告称，尽管采取了入伍津贴、抓壮丁等办法，皇家海军征募水手仍存在困难，这是因为商船开出的工资水平更高。海军局的管理被指存在瑕疵，海军的债务在两年内涨了125万英镑，与政府其他部门相对较低的债务水平相比，高得完全不成比例。以上就是上议院调查委员会指出的问题，但他们却没怎么提出积极的改正方案。[16]他们提议的节流办法是将供应每名普通水手的啤酒从每天1加仑改为每天3夸脱，但根据报告也只能省下21000英镑，而且"会影响海员的士气"。①

党派斗争的乱象最后终于到达顶点，艾尔斯伯里发生了著名的阿什比诉怀特案，引发了上下两院之间的冲突，令此次会期戛然而止。一个鞋匠的投票居然能动摇国家、令一届议会解散，现代读者可能会觉得这场因一点小事引起的重大争论在社会、政治以及法律方面的问题很有趣，并能从中学一点儿东西。

---

① 服役的海员通常会得到金钱，以代替部分他们应得的啤酒，据说这些啤酒的量比他们想喝的还多。而且在地中海和热带这些难以长期保存啤酒的地方，"每个海员每天可以领到1品脱的正宗烈性葡萄酒，以代替那1加仑的啤酒"——他们想必会在葡萄酒里兑水！ *H. of L. MSS.* （1704–1706），pp.222–223.

在维多利亚时期，审理选举申诉案件的权力被恰逢其时地移交给了法官和法院。但在斯图亚特时期，审判指控选举舞弊造假是下议院最为看重的特权之一。的确，只要国王可以随意任免法官，让斯克罗格斯或杰弗里斯这样的酷吏来主持选举申诉案，就会危及议会的自由。在"光荣革命"之后，法院值得怀疑的地方比以前更少了，但下议院仍旧死死抓住这项古老特权不放，而且还恬不知耻地滥用。当新一届议会召开后，立刻就会有两次考验来看看到底是辉格党还是托利党占多数，一是选举新一任议长，二是投票表决第一批选举申诉案件。没有人会假装认为正义已经得到了伸张。西南地区托利党的资深领导人爱德华·西摩爵士曾在议会中宣称："议长先生，假如主决定认真计较我们在选举问题上所干的好事，愿他怜悯我们。"1702年大选后，占多数的托利党的所作所为就是严重的党同伐异；在下一届的1705年议会中，占多数的托利党执政派和辉格党也注定好不到哪里去，正如伯内特本人所承认的，"大多数起争议的选举案件结果都对辉格党有利。在辉格党输掉的少数案件里，大部分更多是因为私人恩怨，而不是因为对方更强大"。[17]

这种处理选举申诉的制度让选举官有了枉法之机。如果他们认为所在的党派足够强大，有可能在新一届下议院中胜出，那么有的选举官就会变得肆无忌惮。1700年大选期间艾尔斯伯里就发生了这样的事情，当时镇长怀特以及其他几位托利党治安官在选民登记册上划掉了好几个有投票资格的辉格党人，包括一个名叫阿什比的鞋匠。①

这样的事情在全国各地都有发生，也没有什么人提出异议。但

---

① 有些史料说他是一名鞋匠，还有些史料说他是个旅店的马夫；就像当时地方城镇里的很多人一样，他可能从事不止一种职业。

艾尔斯伯里是白金汉郡下面的一个选区，百折不挠的辉格党组织者沃顿勋爵正在那一带经营势力。他撺掇阿什比状告怀特非法剥夺了他的投票权。爱德华·西摩爵士在下议院说道："要是没有贵人相助，我不相信艾尔斯伯里的一个鞋匠有足够的能耐或财力。"对此，哈廷顿勋爵回答道："我认为一个鞋匠的权利应该和其他任何人一样受到重视，这正是英格兰政治的福祉所在。"[18]

在这些显赫政要的支持下，阿什比向巡回法庭提出起诉，并且胜诉了。巡回法庭判定在选民登记册上恢复他的名字。但托利党和下议院否认任何法院在任何选举问题上拥有管辖权。怀特镇长得到了英格兰全体托利党人的支持，而所有辉格党人则支持鞋匠阿什比，在长达四年的马拉松式的诉讼中，两人采取的行动都是相互敌对的"大人物"集团授意的。

怀特向王座法庭提起上诉，要求宣布巡回法庭的审判无效，理由是只有下议院有权判断涉及选举权主张的官司。王座法庭的四名法官中有三人支持怀特、下议院和托利党；但首席大法官霍尔特的意见倾向于阿什比、巡回法庭和辉格党的说法。霍尔特陈述的理由如下：他承认选举申诉是下议院的正当事务，没有法院可以干涉；但一个人的投票权是他财产权利的一部分，如果遭到剥夺，他必须能在普通法庭上获得救济。霍尔特认为，如果不是这样的话，一个被非法剥夺投票权的人如何才能在没有选举申诉的情况下得到纠正呢？如果他不能在巡回法庭提出诉讼，他的案件将无法送到下议院，他也将无处申冤。霍尔特还是太过小心，没有说出世人都心知肚明的话，即下议院在选举案件上很少依照证据秉公审理。

可以反驳霍尔特首席大法官的意见是：选举申诉案件只归下议院管辖，这是不可否认的，而它又常常涉及个人投票权的问题。因此原被告双方应该对簿公堂，而且这个公堂只能是下议院。阿什比诉怀特案的确是一个精彩的案例，法学家至今仍意见不一，但他们不会像安妮时期那样按照党派划分意见了。

下一阶段官司的后果就更为严重，阿什比及其辉格党支持者在王座法庭败诉，但由于首席大法官公开支持他们，他们就将案件上诉到上议院这一最高上诉法院。那是在布伦海姆战役之前的冬天，距离阿什比遭遇侵权已经过了三年。按照惯例，上议院全体贵族都可以就司法问题投票表决——不像我们现在比较严谨，只有上议院常任上诉法官可以投票。辉格党在上议院通常只是少数，但这次有许多托利党贵族加入了进来，他们认为需要捍卫上议院的管辖权，抑制下议院的侵犯。上下两院之间的猜忌常常比党派情感本身更为强烈。因此上议院支持霍尔特的意见，他三位博学的兄弟的意见则以55票对16票被否决，如此压倒性的多数通常都是用来对付辉格党的。

这一决议引发了两院之间的尖锐矛盾，其中托利党和下议院真正的不满在于，上议院这个国家最高法院在本案中只谋求一党之私，它更像是同情辉格党的政治大会，它整体上是和下议院对着干的。[①]在这种情况下，下议院自然只能坚持其立场，所依据的理由有些莫名其妙，即议会的特权并非源于普通法，而是具有独立的来源，这让他们可以免予上议院这一上诉法庭的管辖。就这样，一个鞋匠的投票权成了法哲学中最微妙的问题以及国家政治中最激烈斗争的中心。

---

① 另外，一名高教会派托利党也很有可能在此次会期利用上议院的司法职能给自己讨个公道。一名托利党人说杰克·豪是"教皇党徒和詹姆士党人"。身为枢密院成员，豪告他诋毁权贵，并通过王座法庭拿到了400英镑的赔偿金。被告将此案上诉到了上议院，上议院议员就此案发生了分歧，以48票对35票维持原判。*Add. MSS.* （L'H）17677，AAA，f.87；*H. of L.J.* xvii，p.635.

下议院一听说上议院决议支持阿什比，立刻群情激愤。议员大人们宣称上议院滥用司法权力，企图消灭下议院的特权。作为回应，上议院将他们的决议以及相关依据公之于世，诉诸当时普遍支持他们的公众舆论。下议院在选举案件中的不公已经尽人皆知，国民更希望他们的选举权能受到普通法庭的保护，那里的政治偏见自"光荣革命"以来还不是那么严重。

1704年4月，到此次会期结束时，这一事件仍在持续。在接下来的冬天里，它演变成了最终的危机。受到阿什比案在上议院胜诉的鼓舞，沃顿安排艾尔斯伯里另外五名普通镇民效法先例。这些人的投票权都被怀特剥夺了，他们依据上议院所宣布的权利，像阿什比一样将怀特告到了法庭。下议院听闻此事后气不打一处来。他们没有动过阿什比，却把这五名新的原告传唤到了议院审判地，投票判定他们侵犯特权罪成立，并根据议长哈利（他私底下一定觉得这整件事情非常不幸）签发的逮

1704年12月5日

捕令将他们关押起来。这五名囚犯中有三个连自己的名字也不会写，他们可能会觉得比起活在艾尔斯伯里的贫民窟里，在纽盖特监狱坐牢简直就是享受：他们像伦敦市政官一样，在伦敦最丰盛的餐桌上狼吞虎咽，而一辆辆六座马车载着前来探监的辉格党显贵，把路都给堵了，他们是来给这些新科选举权斗士加油鼓劲的，为了这项事业，当年汉普登可是牺牲在了战场，而西德尼也被押上了断头台。下议院得知了这些礼遇，便将这几个囚犯转出纽盖特监狱，改由议会警卫官直接看管。

随后王座法庭提交了"解交审查令"的申请，要求释放这五人。他们的理由是，这五名囚犯只是提出诉讼，这在阿什比案中上议院作为最终上诉法庭已经许可了，因此他们并没有触犯任何法律。这

一说法或许有几分道理，但下议院以同等的法律事实做出回应，称下议院所逮捕的侵犯特权嫌犯，法院是无权予以释放的。王座法庭再次判下议院胜诉，而首席大法官霍尔特再度持反对意见。

最终的危机到来了。辉格党提出复审令，要求将案件提交到上议院。上议院请求女王批准复审令。如果女王批准将案件提交上议1705年3月院，他们无疑就会宣布释放这些囚犯，而下议院肯定不会同意放人。上下两院将公开地针锋相对。这出闹剧可能就会引发全国性的悲剧。但如果女王驳回了复审令，则会引起上议院议员的不满，许多普通民众也会认为她断送了他们争取公道和保护、免受下议院迫害的途径。

幸运的是，进退两难的女王看到了第三条出路。在圣诞节之前，下议院已经投票通过了1705年的支出。因此她宣布议会在3月14日1705年4月5日暂停，结束了这次充满风波的会期。三个星期后，她解散了议会，希望下一次大选能解决这一问题以及许多其他问题，在新一届议会里，两院之间、议会与大臣之间能够更好地相处。

议会一解散，五名艾尔斯伯里镇民就应当自动恢复自由了，因为下议院没有主张在两个会期之间关押犯人的权力。新一届议会召开后，两院都不想旧事重提。某种程度上问题也就一直悬而未决，因为下议院并没有承认法院有权保护人民的选举权利，上议院也没有承认下议院有权关押艾尔斯伯里的居民。但其实下议院输掉了前者，却赢得了后者。因为艾尔斯伯里的五名居民根据法庭判决赢回了投票权，但下议院一直将他们关押到了会期结束。不管是国民的自由还是下议院的特权，都没有受到任何严重的损害。[19]

依照《议会三年任期法》，大选将在夏天举行，英格兰全境自新

年以来就躁动不安。早在1月，"一些附近的绅士想要"在德比郡议

1705年4月至6月 员托马斯·科克外出履行议员职责时到他茂盛的
森林里打猎，"在选举的氛围下，申请狩猎的绅
士没有遭到拒绝的"。在3月，大量的小册子像冰雹一样砸来，试图
影响选情。从4月5日议会解散一直到投票开始，全国上下充斥着激
烈的政治煽动达两个月之久。当时举行政治集会、发表群众演说还
不是很常见；但农村和集市里忙的都是各式各样的拉票、贿选和施
加压力的活动。[20]

在大臣的诱导下，安妮准备对辉格党做出少许但重要的让步，
以击败附加法案派，这些让步足以让她忠心的臣民在投票时心里有
数，并且可以让托利党温和派用女王陛下的名义来对付高教会派的
候选人，和他们在上次大选时对付低教会派的手段一样。于是在4月，
若干郡最高治安长官以及次要政府职位从高教会派托利党手中被夺
走，并给了更加倾向辉格党的人，而辉格党人纽卡斯尔公爵则依照
哈利之前就定好的计划，取代詹姆士党人白金汉公爵出任王玺大臣。
安妮不愿意走得更远，但戈多尔芬和辉格党小集团已经有了约定，
如果大选进展顺利，辉格党人就要取代赖特担任掌玺大臣。附加法
案派在小册子①和平时的言论里对女王进行攻击，让民众确信女王是

---

① 詹姆斯·德雷克博士的著名小册子《论英格兰国教会表》在选举期间颇受
议论，并于初秋被送交到了中央刑事法院，法院下令让一名刽子手将小册子焚毁。小
册子（p.5）中抱怨道："与这些恐惧相反，他们（即不从国教者）发现教会首脑不仅
愿意赦免他们昔日造成的伤害，还愿意将其抛诸脑后，他们不仅没有受到惩罚，连一
点批评责备也没有，反而还得到了女王本人的好言宽慰，以及部分首席大臣等人的积
极支持。"小册子中针对戈多尔芬和马尔伯勒公爵这些"首席大臣"的言辞则要激烈
得多。

和他们对着干的，在安妮时期的历次大选中，这种印象对任何党派都是致命伤。[21]

即便是住在平静乡村里的绅士，政治在他们的友谊、争吵和娱乐活动中都占有重要的位置，在选举期间尤其如此。在大多数郡里，托利党乡绅都多于辉格党，但辉格党的势力几乎在任何地方都非常厉害。正如弗尼所抱怨的，在赛马场上"辉格党人的马最好，因为他们掌握了所有的钱"，而沃顿在赛场上争胜的那股劲几乎和选举相当。在这样一个社会里，托利党内"附加法案派"和"卑鄙之徒"的公开分裂势必让辉格党在选举中获得相当大的胜利。[22]

附加法案派及其盟友的政策是闭口不谈战争，而向全国疾呼"教会危矣"。托利党执政派和辉格党则试图在战争备受关注的当口，将话题转向战争。问题是在那些有选举权的选区把持者、四十先令土地完全保有人和市政法团里，这两股强大的力量——对国教会的感情和战争激发的爱国主义——哪个更占上风？

约翰·帕金顿爵士在他前头安排了一条横幅，画着一座摇摇欲坠的教堂，上书"为了女王、教会和帕金顿"。他们一行人沿着伍斯特的前门大街前进，与（辉格党）主教的马车迎头遇上，车里载着一位前去给辉格党候选人沃尔什上尉投票的不从国教者教士，但马一看到教堂掉头就跑，掀翻并弄坏了马车，让这位牧师破了相，帕金顿的支持者啧啧惊叹，主教的马就应该对教会感到敬畏。

在切斯特，辉格党的选民们高喊"打倒教会"，而且"当60名教士在教长的带领下前去投票时，他们说地狱挣脱了束缚，这帮人就是魔鬼的爪牙！"于是他们动手打破了主教堂的窗户。

在这些国教会能和对手势均力敌的地方，高教会派托利党往往能取得胜利。但很多郡、选区和选区把持者主要考虑的是战争。人数众多的米德尔塞克斯选区把两个附加法案派选了下去，让两名辉格党人当选议员：新科议员和那些选他们的自由地产保有人队伍从举行投票的布伦特福德出发凯旋，有的骑马，有的乘船，沿着伦敦的街道和河流游行，高喊"不要詹姆士党人""不要法国式的政府""不穿法国农奴的木屐"。伦敦民众满怀深情地围观游行；伦敦城选出了四名辉格党人，而威斯敏斯特把一个曾经投票支持附加法案的议员选了下去。①

在考文垂，高教会派托利党的候选人率人制服了治安官，控制了镇公所，在长达三天的选举期间不许任何人入内。一些勇敢的辉格党人试图闯进来投票，被打倒在地，拽着头发拖走，或者被打晕抬出去，不管死活。但通过这种手段当选的议员被下议院表决罢免。在威尔特郡的选区，失利的托利党人抱怨对手贿选；马尔伯勒镇"变得和其他地方一样腐败"，而贝德温的选民"一片哗然，每人可以领到6个英镑"，这笔钱辉格党是完全出得起的。有人注意到辉格党虽然信奉和平主义，但他们几乎在所有地方都投票给了支持战争的党派，而不是选择高教会派狂热分子温柔的怜悯。只有在像多塞特那样的地方，乡村教士非常"温和"，以至于不从国教者"没有什么可以抱怨的"，因此不会在政治上积极动员。[23]

---

① 安妮在位初期，偶尔会冒出一些小册子，建议更多依据财富人口的多寡来重新分配席位，并没有得到什么响应。值得注意的是，这些改革者计算发现，不仅是英格兰西部，英格兰北部的代表席位也是过多的（米德尔塞克斯和首都的代表席位自然过少）；不过由于工业革命，1832年重新分配席位时增加了英格兰北部的代表席位。*Somer's Tracts*, XII, p.410.

在剑桥，辉格党和托利党执政派得到了各学院院长的支持，包括有权势却不受欢迎的本特利以及爱讲排场的剑桥大学校监、趾高气扬的萨默塞特公爵。这些头头脑脑想在即将举行的大选中扳倒高教会派托利党，充分利用了4月5日女王来访的机会，安妮被安排在三一学院院长府邸下榻，在学院餐厅隆重用餐。他们还趁机向辉格党小集团大佬桑德兰伯爵、奥福德伯爵和沃顿颁发荣誉学位，同时安妮授予了铸币局局长艾萨克·牛顿爵士爵位，后者是剑桥大学的辉格党候选人，曾经当过代表剑桥大学的下议院议员。但高教会派人士并没有被吓倒。在下个月的选举中，他们轻蔑地称牛顿为"一位刚刚受封的爵士"，而且根据辉格党伊利主教的说法，"看着一百多个年轻学子受人怂恿，像小学生和门卫一样跟风，冲着两位竞选的杰出绅士高喊'不要宗教狂热分子''不要偶奉国教'，着实令人羞耻"。这两位"杰出绅士"是牛顿本人和戈多尔芬之子弗朗西斯，他们惨败于一位附加法案派和另一个高教会派托利党人。朝牛顿喊"不要宗教狂热分子"的是一帮准备接受圣职的年轻绅士，这自然有点诙谐。牛顿在投票中排名垫底，但他同意竞选已经很迟了，而且心不甘情不愿，还不肯去拉票。据说大部分当地居民都把票投给了牛顿和弗朗西斯·戈多尔芬，但被外地的选票所击败，其中大多数是乡村堂区主持牧师。

牛津郡仍旧忠于其九名附加法案派议员，只是因为马尔伯勒公爵在新地产（布伦海姆宫当时正奠基于此）的影响力，他手下讨人喜爱的爱尔兰裔总军需官卡多根得以成功当选伍德斯托克的两名议员之一。[24]

西南地区在三年前的选举中曾是托利党的重镇，那时戈多尔芬、爱德华·西摩爵士和埃克塞特主教乔纳森·特里劳尼爵士的影响力都用到了同一边。但此时西摩在康沃尔的"西部帝国"受到了戈多尔芬的挑战；特里劳尼本人和其他主教堂教士从高教会派托利党叛变，进一步增加了辉格党、托利党温和派和托利党执政派的胜算。和当初被詹姆士二世关进伦敦塔一样，特里劳尼仍旧是一名有雄心壮志的活跃教士，他仍然可以在康沃尔呼风唤雨。他在爱国主义和个人私利的共同驱使下，投身了势头正旺的托利党温和派和辉格党。主要由于他改变了阵营，康沃尔郡两个席位中有一个被辉格党人夺取，康沃尔郡相当一部分选区在这次大选中也是如此——尽管西摩和附加法案派在埃克塞特市的大本营无法被撼动。两年后，特里劳尼就从收入微薄的埃克塞特主教一职迁任收入丰厚的温切斯特主教。

有才能的神职人员出于个人升迁和政治理性的双重考虑，转而支持温和派的观点，并不是只有特里劳尼一人。在与以教牧人员为代表的议会下议院的争论中，埃克塞特教长韦克用他的学识很好地替主教们进行了辩护，他在这次大选中站在了埃克塞特主教一边。很快安妮就任命他为林肯主教，而且他注定要在十年后成为坎特伯雷大主教。1705 年，韦克留下的空缺由副教长兰斯洛特·布莱克本接任，后者在当地政局中持同样的立场；布莱克本在汉诺威王朝时期升任约克大主教。新一代教士中的领军人物在背叛高教会派后得到了重赏，这是严重的不祥之兆，而安妮女王就是同谋之人。虽然她同时还提拔德高望重的高教会派人士布尔博士担任地处偏远的圣戴维兹主教，但这一举动在托利党人看来并不能弥补她对埃克塞特叛徒的恩待。[25]

在仲夏到来之前，大选这出全国性闹剧闭幕了，尽管这在看热闹或愤世嫉俗的人看来不过是胡闹，但这次选举决定了欧洲和英国的命运。新一届下议院不仅必然会按照马尔伯勒公爵所希望的方式来推进战争，而且英格兰和苏格兰的关系此时迎来了其漫长历史上的决定性危机，本届下议院有能力智慧地处理这一棘手问题。刚刚解散的托利党多数议会总的来说为国家做出了不少贡献，但它并没有引导英苏联合的小船避开礁石。在新一届议会里，辉格党和托利党执政派组成了牢固的方阵，控制了上下两院，让马尔伯勒公爵和戈多尔芬、昆斯伯里公爵和萨默斯可以放手施政。

1705 年 6 月

当人们考察大选结果时普遍认为，高教会派托利党遭到了失败，但当时很多议员并没有明确的党派归属，因为很难准确地指出党派的势力。辉格党宣称的数据是 240 名辉格党人、200 名托利党人和 73 名"替宫廷办事、会维持平衡的人"。戈多尔芬认为，在某一个分组表决有 160 名辉格党人、190 名托利党人和 100 名"女王的臣仆"；其他人认为托利党反对派有 170 人。不管怎样，辉格党人和托利党里的廷臣都会通力合作，新一届下议院的基调与上一届迥然不同。134 名曾经投票支持附加法案的议员只有不到 80 人连任，很多人在选举中遭到失败。由于托利党基层的分裂，他们的敌人"卑鄙之徒"也蒙受了损失，托利党激进派和温和派的便宜都被辉格党占了。[26]

在议会召开之前，政府迅速与辉格党达成了协议。沃波尔在饱受批评的海军局中谋得了一个职位。马尔伯勒公爵的女婿兼辉格党小集团的代表桑德兰伯爵被派去隆重出使维也纳，祝贺年轻的皇帝约瑟夫在其父利奥波德驾崩后登基。阿盖尔公爵则被派去担任驻苏格兰的高级专员。

国玺由谁执掌是一个更加棘手的问题，这是因为尽管安妮意识到像赖特这么狂热的托利党人不适合继续担任，但她又不愿意把这一职务交给一个公开的辉格党人。在1705年7月11日选举结果揭晓后，她写信给戈多尔芬说：

我多么希望能有一个温和的托利党人来担当此任（执掌国玺）。我必须向你承认，我很怕落入任何一党的手里，而辉格党近来已经得到了很多的恩惠，我担心只要再给他们一点点，就会不知不觉地落入他们的权势，我敢说你和我一样都不会让这样的事情发生。我知道我那亲爱的损友（萨拉）对该党派的看法非常正面，以至于她会不遗余力地让你来说服我。我对你有完全的信任，毫不怀疑只有你会尽一切力量保护我免受两党残酷无情之徒的摆布。

但戈多尔芬不得不支持萨拉的请求，将国玺交给"温和的辉格党人"威廉·考珀，他是一名能干的律师，一个很好相处的人。安妮在绝望中求助马尔伯勒公爵，让后者来保护她免受其妻及同僚的进逼，但她收到的马尔伯勒公爵从国外寄来的回信中说道："假如我有幸能出现在你面前，我将跪下求你不要枉费时间去了解我们财政大臣需要做的工作，要不然你就得亲自主持战争，并且抵御那些狂徒放肆的言行"；要不然她就再去向罗切斯特伯爵和诺丁汉伯爵求助，然后接受战争失败的结果。最后安妮向这三位朋友共同提出的理由屈服了；10月，考珀被任命为掌玺大臣。就这样，新一届议会以及安妮治下英国内外决定性行动的舞台搭建完成了。[27]

亨利·圣约翰对这一局面的看法颇有几分哲理。他认为高教会派托利党已经走过头了，必须付出代价，直到战争取得胜利。他在给密友德比郡托利党乡绅汤姆·科克的信中问道：

> 您发现绅士们有什么样的倾向？他们是否认为应该支持这样一位只要我们不同意就一心想要我们失败的女王，这样一位迫于我们朋友的轻率举动而不得不任用他们所不喜欢的人的女王？两党分歧的真正基础已经没有了，而她似乎将自己投入了英格兰绅士的怀抱。①

---

① 这封书信给圣约翰长了脸面；这比同年他写给同一个人、有关其他普通话题的信要更拿得出手。这对圣约翰喜欢道貌岸然地交替扮演的两种角色——高教会派托利党领袖以及道德哲学家——的确是个污点。*H.M.C. Coke*（1889），pp.49，61，63.

第二章　直布罗陀保卫战（1704—1705）

　　1703年英格兰与葡萄牙结盟，让英格兰的大舰队得以使用里斯本的优良港口，次年就发生了攻击直布罗陀的战事和马拉加海战。这一连串事件导致英格兰迅速取代法国获得了地中海的制海权，为在伊比利亚半岛开战铺平了道路，英格兰一些政治家如诺丁汉伯爵就将半岛战事这一重大的"次要事件"视为这场战争本身。为了帮助奥地利的查理从波旁家族的菲利普那里赢得马德里的王位，英格兰投入的兵力一年比一年多；在德意志、佛兰德和意大利已经打了胜仗的情况下，这一战事给了各国继续延长战争的理由；最后这一努力还以失败告终了。但英格兰最终还是保住了直布罗陀和梅诺卡，这让它在比斯开湾以南获得了海军基地，如果没有这两座基地，英格兰在地中海的海上势力就无从谈起了。

　　1704年至1705年冬天，法国和西班牙试图夺回直布罗陀，这六个月的围攻战充满了各种凶险。年迈矮胖的"埃利奥特"替乔治三世守直布罗陀一战更为著名，因为它在英国全球失利的至暗时刻算是一个闪光点，而安妮手下的陆军、海军和海军陆战队尽管取得了类似的成就，但这只能算女王胜利王冠上的一片月桂叶。

　　这次为英格兰守直布罗陀的"埃利奥特"甚至都不是英格兰人。黑森—达姆施塔特的乔治亲王是德意志贵族和军人最好的代表，他忠心耿耿地为主张马德里王位的奥地利家族"查理三世"效力；但不像查理的其他德意志顾问，他头脑清醒，知道成功赢得西班牙王位完全有赖于和英格兰人友好合作。他曾在爱尔兰与英格兰人共事，对他们很是熟悉。①他机智老练，博学多才，意志坚定，是最适合指挥直布罗陀守军的外国人。即便如此，要不是黑森亲王脾气好、办事谨慎，查理让他的本国人来指挥一支几乎全由英格兰人组成的军队，恐怕会引起摩擦，直布罗陀弄不好就完了。

　　马拉加战役结束后，英格兰的大舰队于1704年8月底离开直布罗陀回国，留给黑森亲王的是1900人的英格兰海军陆战队和400人的荷兰海军陆战队，另有从海军借调的60门重炮和60名炮手。作为回报，鲁克和宾两位海军将领提议带走直布罗陀要塞的铜制火炮和葡萄酒。鉴于敌人的围攻很快就要到来，黑森亲王坚持把这些东西都留下。两位将领气势汹汹地走了。所幸他俩的不满影响了利克海军中将，他当时指挥着一支过冬舰队驻守里斯本，协助黑森亲王保卫直布罗陀。

　　由于黑森亲王与两位海军将领的矛盾，守军内部开始出现了挑战其权威的动静。带头表示不服的是海军陆战队准将福克斯。黑森亲王之前可能有欠考虑地任命了流亡的爱尔兰天主教徒纽金特为直布罗陀总督，后者此前被西班牙国王查理二世封为西班牙贵族。纽

---

　　① 在博因河战役中那枚著名的炮弹击伤威廉的手臂时，他正在威廉的身边。另一枚炮弹击倒了黑森亲王的坐骑，让威廉惊呼"可怜的亲王死了！"

金特此时已奉"查理三世"之命，晋升为西班牙军队的少将。福克斯很是愤怒，他发现自己还要受制于另一个外国人，而且还是一个被征服的爱尔兰人！这一个人的纠纷还掺杂了政治问题，即直布罗陀到底是一座英军的要塞，还是查理治下的一座西班牙城镇。如果不是福克斯和纽金特在11月初双双阵亡，这场纠纷可能会愈演愈烈，甚至给守城战带来致命的后果。攻城军队的炮火"不偏不倚"地解决了这一问题，让黑森亲王可以从头再来。他吸取了教训，从此只任命英格兰人。施林普顿准将接替纽金特担任直布罗陀总督；直到攻城战结束，他和守军的首席工程师贝内特海军上校一直都是黑森亲王的左膀右臂。

连续两起向敌人献城投降的阴谋被揭露了出来。第一起是西班牙人干的，但第二起阴谋的首脑是海军陆战队的劳伦斯少校，他出身于英国上流社会，但据黑森亲王的说法，他先后受宾和福克斯影响，敌视黑森亲王的权威。劳伦斯的叛国行径被及时发现，他上了军事法庭并被判处枪决，但获得缓刑并最终官复原职。和本博在海上的行径一样，这些丑陋的事件告诉我们，当时陆海军军官的军纪与纳尔逊和威灵顿公爵时代不能同日而语，而且那时的叛国行为并不仅限于那些和圣日耳曼宫詹姆士党朝廷暗通款曲的政治家。黑森亲王有理由后悔没让两位海军将领把葡萄酒给带走，因为尽管他一直对英格兰守军顽强而不辞辛劳的勇气称赞有加，但他对他们常常酗酒并酒后失礼感到痛心疾首。[28]

假如法国人从海上攻打直布罗陀，他们可能就不会遭到失败了。从欧罗巴角到旧防波堤之间这三英里长的地带易于进攻；这里的防御工事往好了说是过时且不完善的，而且已经被宾的炮击所摧毁，没办法再经受一次炮击或抵挡敌人登陆。法国海军将领普安蒂两度试图从海上发起进攻，但利克两度从里斯本及时疾驰而来，击溃并歼灭了他的舰队。而且当利克不在的时候，法国军舰不是躲在加的斯，就是因恶劣天气无法发动进攻。直布罗陀湾作为锚地的缺陷正好在那个冬天帮了英格兰。比起法国封锁舰队那些畏畏缩缩的水手，利克的救援舰队在狂风中更加得心应手。泰塞元帅在攻城军队营地中写道："英格兰人让我们见识了如何在各种天气下保持海上航行，他们在海上来去如风，就跟你在尚蒂伊城堡里游泳一样。"是"战斗和微风"挽救了直布罗陀。

利克为直布罗陀提供的海上保护尽管时断时续，但要不是英葡联盟让他能使用里斯本港口，可能连这点保护都提供不了。从比斯开湾以北的基地出发，要在一个冬天里三次解救直布罗陀是不可能的。普利茅斯和朴次茅斯距离太远了。但利克能够在里斯本舒舒服服地过冬，这让他可以集中全部精力准备一再地救援直布罗陀，让他全力奋战的舰队可以一再地在冬天的海面上行驶，一再应战敌人，同时他还能为黑森亲王运来士兵、粮食、弹药、工具和装备。他从国内获得了很好的供应，英格兰政府完全了解保卫直布罗陀的重要性和艰巨性。人员和物资从英格兰源源不断地到达里斯本，又从那里运到被围攻的直布罗陀要塞。

如果没有英格兰的补给，利克恐怕也是爱莫能助。他抱怨说他就像《出埃及记》里的希伯来奴隶，得"在不给草的情况下做砖"，因为葡萄牙的码头和仓库没有各种必需品，而且当地官员不友好也不配合。更糟的是，之前谈成同盟条约的优秀使节约翰·梅休因虽然是国王彼得宫中最有影响力的英格兰人，但他却嫉妒利克，并开始给他制造障碍。不过他们两人心里都非常希望守住直布罗陀，因此及时化解了矛盾。利克在英格兰功高至伟。当他还是年轻的海军上校时，就突破了海上拦阻索，解了伦敦德里之围；作为一个人到中年的海军将领，他的精力、胆识和远见救了直布罗陀。[29]

这些海上的有利条件让黑森亲王可以在北边的陆地战线上以寡敌众。北边的自然条件固然有一夫当关，万夫莫开的潜力，但历来人们很少对这些丰富的天然防御条件加以利用。峭壁上还没有凿出可供士兵射击的坑道或炮位。未加施工的直布罗陀巨岩耸入空中，仍旧保持着原生态，就像很久很久以前奥德赛和提尔人见到它时一样。但巨岩庞大的底部限制了敌人通向城镇北墙的通道，那里可供攻城军队部署火炮的平地还被一大片零星的池塘进一步缩小了。法西联军的堑壕先是挖到池塘的北沿，然后绕过池塘到达巨岩的背风处，最后延伸到池塘和城镇之间的地面。发射攻城火炮的前沿堑壕距离把守北部围墙的所谓"陆地口岸"只有250码。[1] 圆塔以及从圆塔到陆地口岸一线的英军火枪手可以打击他们的侧翼。[2] 部署在旧防波堤尽头的一处炮位也给敌人带来了很大的麻烦。这一整套堑壕体系很容易遭到圆形炮弹的俯射，这些炮弹有时来自海湾里的利克舰队，陆地上还有居高临下的威利斯炮台源源不断的炮击；这位勇于进取的军官于1704年10月在水手使用索具的协助下，在前人未及的高处竖立了一座至今仍以他名字命名的炮台，这是人们第一次真正试图将直布罗陀巨岩变为城防工程的努力。这就是直布罗陀攻防双方在为期六个月的考验中所处的位置。普安蒂将军被派遣带着土伦

---

① 在乔治三世时期"埃利奥特"守直布罗陀时，敌人的堑壕位置更远，在池塘（当时叫"漫滩"，被人工挖掘扩大了）的北边。另外，当时来自海上的进攻也更为猛烈，有"浮动炮台"等。

② 后来被称为国王防线。当时以及战后很长一段时间里都还没有凿出陡坡，不像现在，从海平面爬上国王防线已经被认为是不可能的事了。圆塔所在的位置大部分已经被这一后来的陡坡工程凿掉了，仅剩下一小部分。

港法国主力舰队中的一支舰队协助攻城。1704年9月底，他在直布罗陀湾运抵了3000名法国步兵和一批攻城设备，与先期从陆路到达的9000人的西班牙军队会合。攻城战随即打响，但普安蒂本人则乘船前往加的斯，只是偶尔在直布罗陀湾露面参加行动。在整个10月，堑壕冒着英军的火力缓慢地绕着池塘向前挖掘。到1月底攻城炮位已经到位并全力开火。普安蒂带着他的舰队卷土重来，准备从海上发起进攻。另有500名西班牙士兵庄严立誓，不拿下直布罗陀绝不回头，他们沿着巨岩东侧的峭壁绕道经过加泰罗尼亚湾，趁夜从靠近巨岩南端处爬上山顶。他们的向导是一个爱国的牧羊人，名叫西蒙·苏萨特，他对悬崖峭壁上的道路了如指掌。他们从山顶放下绳梯，让后卫部队可以下来。这等打游击的壮举和西班牙的民族精神很是相称。他们在圣米迦勒溶洞这个壮观的栖身之处睡了个

1704年10月29日至11月9日

觉。人们都认为直布罗陀将遭到三面夹击——一是来自海上，那里有3000人计划在新防波堤登陆；二是来自堑壕；三是来自山上埋伏的奇兵。因此人们认为攻城势在必行，是有几分道理的。但就在发动总攻的前一天，利克杀进海湾，消灭了那里的法国军舰，在几个小时前阻止了几乎要从英格兰人手中拿下直布罗陀的进攻计划。

次日早晨，那500个西班牙人在巨岩上观望，徒劳地看下面有没有同胞和友军的任何行动。他们虽然被抛弃了，但勇气却丝毫不减，他们沿着山顶北上，制服了信号站和中部丘陵的卫兵。下边城里的英军发现了这支出其不意的敌兵，便派了几个连的海军陆战队上山。这股敌军像典型的西班牙人一样遇事不周，忘了带更多的弹药，但他们还是奋勇作战。约有200人被俘，其余的士兵不是死于英军的枪口，就是掉下了悬崖。很多人是头部着地，一命呜呼，但有几个人

受到伸出峭壁的仙人掌或其他灌木的缓冲，落到了石灰岩沟里，捡了一条命回到加泰罗尼亚湾。

这就是利克第一次救援直布罗陀的行动。尽管冬季的狂风让他停留在海湾里变得既困难又危险，但他还是在那里待了几个星期，给了守军急需的援助。最终在12月初，他起航返回里斯本，去那里护送从英格兰运来给直布罗陀的物资和人员。

整个冬天攻城战进展得非常缓慢。倾盆大雨淹没了堑壕。菲利普国王的士兵没有鞋子穿，没有军饷领，严重缺乏食物、火药和其他补给，在齐膝的泥泞里艰难跋涉。攻城军队有半数死于疾病和严寒。但西军在防守或攻打城镇时从来没有像现在这样顽强，他们一丝不苟地执行任务，同时也将不满情绪发泄在了友军身上。"要是当局没有宣布和法国人打架的西班牙人将以死刑论处，他们每天就要自相残杀了。"但守军遭受的疾病和消耗也不见得更少：到11月中旬，黑森亲王只有1000名疲惫不堪的水手和海军陆战队队员来把守城墙；他们每天都要勉强起身，去修补不断崩塌的缺口，去更换被打得横七竖八的火炮，其中有40门被敌军炮火摧毁了。这是一次顽强坚持的较量，一场相互消耗的战争。①

第二次救援哪怕一天后就来到也不会显得太早，食物、物资和弹药从英格兰经里斯本送达，还有施林普顿准将英明指挥下的两千**1704年12月**　来自近卫步兵团和普通步兵团的正规军。他们依靠侥**8日至19日**　幸和利克的保护，有惊无险地逃脱了在加的斯外海守株待兔的普安蒂舰队的拦截。统率驻里斯本英军的胡格诺派新教徒

---

① 敌人之所以不敢强攻他们持续不断在旧防波堤和陆地口岸之间城墙上打开的缺口，是因为它面前是一段"被覆盖的路"，即一条低于地面的宽沟，里面竖起了栅栏，而且从头到尾都被专门部署的火炮所覆盖。

戈尔韦伯爵本着大公无私的慷慨精神，削减了在葡萄牙作战的本部人马，为的是让这些部队和其他部队能迅速解救直布罗陀。在第二次救援到来后，攻城部队军心丧尽；在年底之前，西班牙将领报告称，他有4500人开了小差。这些士兵所经受的饥寒已经超过了人类的极限。

西班牙人并不缺少自豪和勇气，因为没能从信奉新教异端的水手那里收复直布罗陀，卡斯蒂利亚的城镇和乡村里弥漫着愤怒和羞耻的氛围。全国上下群情激愤，以至于西班牙宫廷即便有心，也没有胆量放弃攻城。路易十四尽管没有抱着那么强烈的个人情感，但也很想替波旁王朝夺回这座地中海的门户。但凡尔赛和马德里方面的合作已不再和谐；法国和西班牙的蜜月期在严重的猜疑中结束了。西班牙王后宠信的奥尔西尼王妃敢于顶撞气势汹汹的法国大使德格拉蒙公爵，认为西班牙的事情要为了西班牙人的福祉。她不再充当法国宫廷的代理人，转而忠心服侍她的女主人，以及这个已经懂得寻求她拯救的国家。因此，路易十四把她召回了法国。懦弱的菲利普国王在身体健康、个人幸福乃至国家大事上都很依赖他年轻聪慧的萨伏伊妻子，不得不至少在表面上支持王后在奥尔西尼王妃问题上与自己的祖父为敌。在奥尔西尼王妃被迫回国后，西班牙宫廷上下闷闷不乐，法国大使很快发现他的影响力不见得比王妃还在和他作对时更大。更要命的是，宫里的谋臣们没有奥尔西尼王妃的那股干劲。大小事情萎靡不振，直布罗陀也不例外。

西班牙国王和王后与格拉蒙公爵唯一的共识是，要让路易十四把贝里克公爵从驻西班牙法军总司令的位子上召回来——这一错误决定差点断送了他们的王位。贝里克公爵不愿为了法国大使和西班牙王后的喜好而改变他的军事计划。[①]他于1704年11月离开马德里前往法国，直到8个月后奥尔西尼王妃卷土重来，这段时间里主持西班牙文武事务的人或男或女，都缺乏胆识和才干。路易十四任命泰塞元帅接替贝里克公爵，这是一位讨人喜爱的廷臣，能从前线写来辞藻华丽的信。他非常适合斡旋让奥尔西尼王妃回到西班牙，他也尽心竭力地执行这一任务。但他还得接手直布罗陀城下阻挡堑壕里疫病横行、大水泛滥这项苦差事，这就不是他这样的人所能胜任的了。[30]

　　法国人和西班牙人的相互敌视并不仅限于宫廷的圈子里。两国军民也充满了愤恨的情绪。在圣诞节，泰塞元帅抱怨西班牙人阻挠了法国增援攻打直布罗陀的部队行军，这些西班牙人心怀妒忌，生怕法国友军收复了他们自己丢掉的直布罗陀。出于这种动机，即将被泰塞元帅接替的西班牙将领比利亚达利亚斯侯爵决定在2月7日，即其继任者带着更多法国援军抵达的三天前对直布罗陀发动总攻。这场进攻几近成功，因为参战的西班牙人迸发出强烈的爱国热情，斗志百倍，不仅要和对面的英军杀个你死我活，还要和己方的法国人一争高下。他们事后声称法军步兵想让泰塞元帅而不是比利亚达利亚斯侯爵攻克直布罗陀，没有对他们进行适当的支援。不管这一指控是否成立，英格兰之所以能有惊无险地守住直布罗陀，其中一个原因就是这两个拉丁民族相互猜疑。

---

　　①　西班牙王后说贝里克公爵是"一个英格兰的大恶魔，为人严苛，直来直去"。*Tessé，Mém.，*Ⅱ，p.137.贝里克公爵戎马一生，是詹姆士二世和阿拉贝拉·丘吉尔的私生子；他的军事才能没有愧对马尔伯勒公爵这个舅舅。

　　这次总攻并不是针对被英军火力覆盖的道路以及道路尽头的城墙，而是针对位置更高的地方。总攻的目标是一座堡垒，它是摩尔人在14世纪甚至更早时修筑的，但建成之后经过了多次修缮。施林普顿准将在给马尔伯勒公爵的报告中称，堡垒古老的城墙非常厚，但炮击已经打开了一个"很容易攻入的"缺口。[①]摩尔人堡垒一旦陷落，直布罗陀攻防战就胜负已分，但攻城部队想要接近它还得先通过两道外围的防线。这两道防线都不是什么铜墙铁壁：它们由原始的石灰岩墙壁组成，上面已经被炮火打开了好几个缺口；它们在威利斯炮台所在峭壁下方的陡坡上平行而立，易守难攻。第一道防线始于守军首要前沿据点圆塔上方的高坡。第二道防线始于四炮炮台处（后称为"汉诺威炮台"）。[②]

　　这两道防线所处的战场即将上演决定直布罗陀命运的肉搏战，那是一道陡峭的石灰岩碎石坡，今天上面长满了野橄榄树和灌木。法西联军的先头部队趁着夜色爬上了这片崎岖不平的战场，神不知鬼不觉地藏在了沟壑之中，直到天空露出鱼肚白。他们一得到事先定好的信号，就冲向第一道防线，居高临下向圆塔守军开火、投掷石块，夺下了圆塔。然后他们继续前进，沿着碎石坡往上爬，来到了第二道防线，这里也被他们突破，四炮炮台陷落。1500多名精选的法国和西班牙步兵乘胜前进，他们的排头兵距离直布罗陀门户摩尔人堡垒上的缺口只有40

1705年2月7日（新历）

---

　　① 施林普顿补充道："要是他们同时从隐秘小道、北边的堡垒以及（下面的）城墙打我们，我们应该很难将他们抵挡住。" *Add. MSS.* 9115, f.14.

　　② E.G.M.古德温中尉和我于1928年发现了失落的第二道石墙的踪迹，从汉诺威炮台延伸到陡坡。虽然过去的地图上有标示，但必须要在今天遍布于碎石坡的灌木丛中仔细寻找才能发现。

码了。[①]这次奇袭进行得非常顺利，下方城里的英军后备部队还在仓皇起身，在街道上集合。但费希尔上尉和17名海军陆战队士兵抵挡住了敌人，争取到了非常宝贵的几分钟时间。虽然他们最终还是寡不敌众，但这时数百名近卫步兵团和普通步兵团的士兵已经赶到；有的是从城里一路跑上来的，有的是从被火力覆盖的道路爬上来的，敌人犯了一个致命的错误，没有对这里进行牵制打击。第一股援军是由胡格诺派新教徒难民蒙卡中校率领的。在随后的10分钟里，三国士兵在冬季破晓的微光下相互射击、刺杀，滑落到光滑的石灰岩上，一同滚下陡坡。法国人和西班牙人最终不支。他们撤出了四炮炮台，撤出了曾经占领的防线，并撤出了占据60分钟的圆塔。约有400人死于这场厮杀。

直布罗陀再也没有陷入这般险境，但它仍旧没有脱险。泰塞元帅从法国带着一支3000名步兵的生力军赶到；几天后，施林普顿向马尔伯勒公爵报告称，守军减员到了1800人，而且他们"只有正常所需休息时间的一半都不到"，每天还因敌军炮火损失20人到40人，近卫步兵营只剩下250个衣衫褴褛、疲惫不堪的士兵了。但泰塞元帅相信只有从海上发动进攻才能瓦解守军的抵抗。帮了英格兰大忙的大雨仍然瓢泼地下着，堑壕里水漫金山，坟地中也埋满了死尸。凡尔赛宫里的路易十四急于救自己的士兵于水火，对攻打直布罗陀已经受够了，但马德里当局仍旧不肯放松。

双方同意应该最后再努力一把。普安蒂得到了有违他意愿和判

---

① "他们爬上山来，直到四炮炮台，把那里也占领了，距离很容易进入的城墙缺口只有40步了，这可是他们面对的最后一道防线。"施林普顿致马尔伯勒公爵。*Add. MSS.* 9115, f.14.

断的明确指令，要他从加的斯起航，攻打直布罗陀。但恶劣的天气再度推迟了这一海上进攻行动，这位不得志的法国海军将领在直布罗陀湾外逆风行驶，他的舰队被风浪弄得四散，当他们驶出浓雾和狂风的中心时，迎头撞上了利克的舰队，后者不顾大风和天气从里斯本卷土重来，打算一劳永逸地解救直布罗陀。

这不是一场势均力敌的对抗，而是一场追击。有5艘法国三层甲板军舰在海湾外遭到突然袭击，其中1艘一炮未放就失去了战斗力，

1705 年 3 月 10 日至 21 日　还有2艘被登船俘获，剩下2艘被赶到了岸边烧毁。那些距离战斗还远的船只则逃过马拉加，直奔土伦去

了。在这场漂亮的小规模战斗中，荷兰人在利克看来表现得比英格兰人还要好，但葡萄牙人中"那些有胆量近前参战的则是帮了倒忙。一艘葡萄牙军舰将'彭布罗克号'误认为'利斯号'，对其进行了侧舷炮击，不过没造成什么伤害"。

又过了一个月，西班牙人坚持赖在直布罗陀城下不走，但任何胜利的希望已经化为了泡影。葡萄牙和意大利的船只可以不受拦阻地向城里运送大量补给。路易十四急不可耐地想脱身止损，泰塞元帅也匆匆忙忙地准备开拔。最终在临近4月底的时候，已经筋疲力尽的英格兰看到敌人从堑壕里把炮拖走，敌军迅速撤退，消失在已被春天染得翠绿的北部山峦之中。自从这些山峦依次变绿以来，直布罗陀地峡荒芜的地面以及数千法西联军殒命的修罗场终于重归寂寥。5000名士兵列队撤离，在他们所走的路线上，之前至少有同等数量的士兵为避免饿死在堑壕里而开了小差。在泰塞元帅看来，西班牙国王只要能给军队提供足够的军饷、被服和食物，他还能像列祖列宗一样拥有"世界上最优秀、最能克服艰难险阻的步兵"！

西班牙人在撤退时回望，不禁悲从中来，这并不仅仅是因为有

多少英勇的同袍血洒于斯。那座象征着地中海霸权的直布罗陀巨岩高耸入云，已落入异邦人之手。当年摩尔人在离开伊比利亚半岛时也曾这样回望哀叹。如果说人生短如白驹过隙，那么帝国霸业又何尝不是浮生一梦。[31]

第2章附录　海军陆战队

在直布罗陀陆上保卫战中扮演首要角色的海军陆战队只是在安妮在位初期被称为英军的一个专门分支。相当了不得的是，他们很快就获得了两种伴随几代人的名声——一是以优秀、正直和谦逊的记录和品质闻名，二是在势利小人眼中没有陆军来得圆滑。1708年，查塔姆伯爵的祖父、以获得"皮特钻石"而得名的老总督皮特在马德拉斯给家里的儿子罗伯特写信时说道：

我注意到了你给我儿托马斯找的差事。我宁愿你能给他在英格兰的卫队里找个上好的差事，哪怕得花上三倍的钱，因为当海军陆战队员必须在海港里待上很长的时间，在那里可结识不了最上层的人。[*H.M.C. Fortescue（Dropmore）*，1892，p.36]

此外还有斯梯尔在1709年10月11日第79期的《闲谈者》（*Tatler*）中风趣地写道，"末席上那个老实粗犷的亲戚，是个海军陆战队上尉"以及他"善良而简单的头脑"。过去英格兰对海军陆战队的观念并没有太多改变，从安妮时期到维多利亚时期都是如此，看看当时梅瑞狄斯在《利己主义者》（*Egoist*）中是如何描述克罗斯杰父亲的服役生涯、品质和待遇的吧。

第三章　1705年的战事

　　布伦海姆战役对敌我士气的影响如此之大，以至于马尔伯勒公爵在1705年自始至终都胸有成竹地认为，只要在那些不是绝对固若金汤的地带进攻法国人，他们就会投降。他写信给海因修斯说："只要一遭受攻击，法国人就一定会被迫屈服。"[①]但由于神圣罗马帝国的松懈、荷兰人的阻挠以及他人的嫉恨，这一年宝贵的时机就这么白白流逝了。法国人获得了重振士气的喘息之机，虽然1706年这一战争"奇迹年"发生的事情表明这个喘息之机还是不够长，但这一耽延有可能会对欧洲的解放带来致命的影响。有两个因素避免了这种情况的出现，一是马尔伯勒公爵无比耐心，绝对不会让一时的怒气坏了礼节或乱了大谋；二是英格兰获得胜利的意志越来越强烈了。

　　1704年9月初，马尔伯勒公爵跨过莱茵河追击他在多瑙河流域打败的敌人，此时距他需要进入过冬营地还有两个月。反法联军在去年再度被法国人攻占的兰道面前停了下来。攻城作战被交由巴登的路易斯亲王负责，他指挥起来就像磨洋工，这是他决心报复英军

----

　　① 1705年9月5日。参见本书附录A。

将领背着他打布伦海姆战役的第一个实际信号。一名英格兰军官在11月写道:"巴登亲王现在充分地报了我们在布伦海姆大捷剥夺他荣耀的一箭之仇;他一直拖拖拉拉,直到此次作战所仰赖的左翼骑兵全部消耗殆尽。我们一个骑兵连还剩不超过20名骑兵。"[32]

马尔伯勒公爵和欧根亲王本来打算指挥这场攻城战,但由于法军(甚至包括那些没有去过巴伐利亚的)受到了强大的震慑而不敢在这年秋天蠢动分毫,马尔伯勒公爵决心利用这一机会,进军摩泽尔河谷地。欧根亲王留下来替路易斯亲王慢吞吞的作战行动打掩护,直到兰道最终开城投降。如果马尔伯勒公爵能出其不意地到达摩泽尔河,他就能拿下特里尔和特拉巴赫,并为他来年春天取道蒂永维尔和梅斯入侵法国的宏大计划建立根据地。这距离他将摩泽尔河视为获得最终胜利的捷径已经过去一年多了。从这条河一直到法国腹地并没有像尼德兰那么坚固的堡垒防线作为拦阻。只要他攻下萨尔路易和蒂永维尔,他就能打开一条(用他自己的话说)"再接再厉、迫使敌人坐下谈判的正确道路"。军事学家认为,一旦他抵达梅斯城下,光是他的露面就足以迫使法国人弃守阿尔萨斯,他将出现在尼德兰法军的后方,可以"四处征用军需物资,甚至直到巴黎城外"。[33]1704年秋天,他带着小股袭扰部队打下了根据地。他预计次年春天将有9万英格兰、荷兰和德意志军队来实施大计。的确,要是维也纳和海牙方面能给他任何适当的帮助,他很有可能于1705年从摩泽尔河进军,结束战争。

马尔伯勒公爵在多瑙河病了一整个夏天,又在莱茵河患上了疟疾和头疼病。他在10月初写信给萨拉说:"我非常虚弱,感到非常不舒服","一定是你的关心在这个冬天呵护了我,要不然我肯定就得害上肺痨"。但他从没有想过让自己喘口气,或者干脆躺在功劳簿上。

他从兰道长途行军到达摩泽尔河要经过森林茂密的丘陵，他把这些地方称为"山峦"，是"带着火炮行军的部队所能想象的最糟糕的地形"。但他得益于"异常良好的天气"，使得布拉德上校可以用他的工程学技能让火炮通过这一地区。他们成功地打了法国1705 年 10 月 13 日至26 日人一个措手不及，特里尔不战而降。特拉巴赫经过短暂的围城后也开城投降了，摩泽尔河自与萨尔河交汇处以下都被占领，并在此建立联军基地，为来年春天的大计做准备。[34]

马尔伯勒公爵完成了当年的军事工作，于11月初动身，他不是直接回家，而是先勉强自己出使一趟柏林。如果说伍德斯托克的庄园是给马尔伯勒公爵的丰厚年薪，那么他也是靠认真卖命辛辛苦苦赚来的。次年春天，马尔伯勒公爵急于通过摩泽尔河一线赢得战争，准时启程出国了。每一年他都是抱着注定要失望的心态出发，而他带着最不利的预兆渡过英吉利海峡的那几年，他都取得了辉煌的胜利，这一点确实很了不起。这种有趣的现象并不是光用运气就能说得通的。一场胜仗会让荷兰和奥地利当局对下一场战役有所松懈，而一旦遇到点儿挫折，他们又会加倍配合马尔伯勒公爵的计划。当他在1705 年 4 月抵达海牙时，上一年还让他带走大部分荷军赴多瑙河作战的荷兰议会只同意派一小股部队到摩泽尔河与他协同。当他在5月抵达作战现场时，他发现他在特里尔设立、由荷兰人负责充实的弹药库有一半还是空着的：荷兰军需官已经带着贪污的赃款潜逃法国了。

同时，奥地利人和莱茵河一带的德意志诸侯显然也同样辜负了他。他们承诺的军队并没有开往摩泽尔河。欧根亲王是马尔伯勒公爵计划的核心与灵魂，但他已经回到了意大利，他在宫中的影响力也随着危机的解除而消退，而正是这场危机让他在前一年变得炙手可热。

耶稣会士和保守派再度在维也纳得势，而巴登的路易斯则统管了德意志诸侯的作战计划。皇帝利奥波德的去世让这个夏天的形势变得更加混乱，人们希望仰慕马尔伯勒公爵的皇子约瑟夫登基后能在明年改善反法同盟的处境。奥地利与匈牙利的谈判破裂，而维也纳的政府出于难以

1705年4月24日至5月5日

置信的迂腐，开始在正式文件中称安妮女王为"殿下"而不是"陛下"，不承认这位去年还积极帮助哈布斯堡家族保住王位的合法女王作为主权者的头衔！就连谨小慎微的国务大臣哈利都看不下去了：他命令斯特普尼明确无误地告知年轻的皇帝，英格兰方面对这一无礼的繁文，以及巴登亲王和维也纳敌视英格兰的人所干的"好事"有何看法，这些枝节"让马尔伯勒公爵不得不放弃了在摩泽尔河的计划"。[35]

尽管马尔伯勒公爵只接到了不到他原本希望的一半兵力，但他并没有立刻放弃这一计划。他不仅没有得到足够的支持，甚至还遭到了强烈的反对。路易十四意识到他的国家危在旦夕，这一年他用人得当。维拉尔元帅已经被派去阻挡马尔伯勒公爵对法国的入侵。这位法兰西元帅选择在从摩泽尔河到蒂永维尔途中的谢尔克严阵以待。那里一边是河流，另一边是峡谷和密林，可以阻止敌人靠近，而且维拉尔元帅还在唯一薄弱的地方构筑了工事。马尔伯勒公爵凭他那一点兵力是无法攻坚的，但他穿过山谷到达山脚，想诱使敌人出来交战。维拉尔元帅就是坚守不出；尽管他夸夸其谈，喜欢自吹自擂，但他对现实状况有着清醒的认识，知道什么时候该谨慎，什么时候该奋勇。他看不起其他法兰西元帅，但他不像维勒鲁瓦那样看不起马尔伯勒公爵。

马尔伯勒公爵无法突破谢尔克，希望能从东边和南边绕过它，并

前去攻打萨尔路易，就在 6 月中旬，他收到了尼德兰方面的紧急军情：维勒鲁瓦全力猛攻，夺回了马斯河畔的于伊，正在攻打列日。荷兰人让马尔伯勒公爵回师救援。因此，他充满遗憾地离开了他进攻法国的"正确道路"，到尼德兰重重叠叠的堡垒中"迎战敌人主力了"。[36]

他此后再也没有回到摩泽尔河。他的盟友缺乏心胸和智慧，不肯让他以最快的方式赢得战争。荷兰人只肯在自家门口作战，别的哪儿也不愿意去。奥地利和莱茵河诸侯格局狭小，专注于各自的小打小闹，对"统一指挥"和同盟战争计划的想法都很反感。只有英格兰，在马尔伯勒公爵的政敌因选举失势后，积极地在他所选择的任何地方作战。同盟各国都只盯着自己的一亩三分地，让他不得不对自己的计划束手束脚。当我们拿他的功绩去和腓特烈或拿破仑相比较时，必须记住他作为一名指挥官的权威所受的限制。①

从那以后，马尔伯勒公爵不得不全力以正面进攻的方式来直接征服西属尼德兰及其堡垒；他再也不能指望从南边迂回进攻这一地区了。在这些条件下，他所要突破的第一道障碍就是所谓的布拉班特防线。法国人在战争爆发时构筑了这道屏障，并在 1702 年马尔伯勒公爵首次大捷后退守其后。这道防线从大海一直到马斯河，从安

---

① 在 1705 年 6 月 30 日写给什鲁斯伯里公爵的信中，马尔伯勒公爵用下面这段凌乱却清晰的文字说明了导致他自己放弃摩泽尔河战事的原因。信件出自鲍顿庄园所藏的巴克卢公爵手稿："由于我们的盟友完全没有履行在摩泽尔河的承诺，我不得不回师默兹河。尽管在我出师之后立刻有不少德意志军队增援，但我在（谢尔克城外）埃夫特大营待了 15 天，除了英格兰或荷兰所雇用的军队外没有人来和我会合，而且反常的严寒天气摧毁了所有的草料和燕麦，我们所收集到的草料严重不足，无法在短时间内得到马匹和车辆来运输重炮以攻打萨尔路易，假如我们能驻军于此，就能从整个洛林获得充分的物资补给，出于种种这些遗憾，我只能服从荷兰议会和将领急迫的建议，前去救援他们。"

特卫普直到那慕尔。这道防线有一部分是依靠大河天险，但其大多还是工事，和威灵顿公爵的托里什韦德拉什防线差别不大，但其长度更接近奥法长堤。

荷兰将领曾于 1703 年禁止他攻打这道防线。他们在 1705 年还是持同样的意见。不过这次他"完美地苦口婆心说服他们同意了"，正如他的牧师弗朗西斯·黑尔在给国内的信中所写的，"让他们同意就像管教小孩一样"。他承诺"如果他发现防线固若金汤，他就不会再坚持攻打了"，而且他们同意荷兰军队只有"当他进展顺利才会调兵跟进，如果他失败则会帮助他撤退，但不会和他同生共死"。马尔伯勒公爵那一年在荷兰将领中的好友奥沃凯尔克在防线以南数英里处制造了一些动静，误导了法国人。因此防线在埃利克瑟姆村只有小股兵力把守。英军秘密开往那里，趁着深夜穿过了威廉当年在兰登的战场。将近破晓时分，他们抵达了那道面前有小热特河保护的著名防线。身着红色军装的步兵强攻埃利克瑟姆的桥，直驱防御工事，并在"以为要进行苦战之前就结束了"，于是"这道原本认为要损失数千人的防线只损失 6 个人就突破了"。

但敌人已经得到了警报，从南边飞驰而来的 35 个骑兵营的军刀上映射着徐徐升起的太阳，步兵则跟随其后；他们也许能收复失地，而当时联军的步兵主力还在列队通过桥和浮筒，并爬上工兵匆匆在土垒上挖出的缺口。在布伦海姆战役中逃过一劫的巴伐利亚最精锐的部队是穿戴黑色胸甲和头盔的重骑兵，他们有法国、西班牙和瓦隆骑兵作支援。他们崭新军装上的大块斑驳就像荷兰的郁金香一样光彩夺目。

1705 年 7 月 6 日至 17 日

当时可谓千钧一发，但英军骑兵和龙骑兵已经通过了防线，并及时部署就位。其他的联军骑兵也急忙赶来支援。包括马尔伯勒公爵本人在内，卡多根所部骑兵和英军其他骑兵营迎面冲向巴伐利亚的阵列。接下来发生的事情证明了布伦海姆战役中已经出现，而且还将在滑铁卢战役中再次出现的情况，即只有布衣护体的士兵自由挥动手里的刀剑，照样可以打败顶盔掼甲的胸甲骑兵。经过两个小时的激战，敌军骑兵疾驰而去，步兵则侥幸组成空心方阵，在英军骑兵面前有序地撤退。军旗、战鼓、火炮以及3000多名俘虏成了战利品。统率皇家苏格兰灰色龙骑兵团的约翰·海勋爵"亲手"活捉了亲身参战的敌军首要将领达莱格尔侯爵。马尔伯勒公爵一度陷入肉搏战，一名敌军军官过于急切地向他下手，以至于在挥刀时失去平衡落马被俘。奥克尼伯爵写道："我问大人这是不是真的。他说：'千真万确。'瞧他有多开心。我相信这让他高兴的程度和布伦海姆大捷一样。这完完全全要归功于他。"

的确，这是一场大胜仗，而且损失还那么小，以至于荷兰将领们虽然因为自己没能发挥重要作用而开始对马尔伯勒公爵心怀怨恨，但还是在早上欣然向他道贺。在蒂勒蒙的街道上，凯旋的英军士兵欢呼着"约翰下士"，向他大声疾呼，要他率领大家追击逃敌。早上10点，经历过威廉战争的老兵们尽管行军了一整夜，还是向长官呼吁，说他们熟悉当地情况，可以在天黑之前到达勒芬。撤退途中的敌人不断回望蒂勒蒙，生怕身穿红色军装的英军从那里冒出来，开进通往勒芬的道路。要是当天马尔伯勒公爵再使一把劲，他或许就能一举收复尼德兰大部。但要进行这样的冒险，他必须保证荷军完全配合。与马尔伯勒公爵素来不睦的斯朗根堡将军正和他一起在蒂勒蒙，身边都是激动的英军士兵，请求再接再厉；他同意马尔伯勒公爵的看法，认为应该继续进军勒芬，然后再折回来，装作和他的荷兰同僚达成一致。但荷兰军队已经在支帐篷了，而且他们在跟着英军后面行军一整晚后累得筋疲力尽。我们并不清楚马尔伯勒公爵和荷兰将领们到底交换了什么意见；但进军的黄金时间是被错过了。（如他很多朋友所认为的）不管他停止进军的决定是对是错，其动机都是他认为自己无法充分依靠盟友的积极支持。[37]

因此，敌人得以在勒芬的代勒河后集结，并把布鲁塞尔和佛兰德再守上一年。但他们著名的布拉班特防线算是彻底作废了；9 月，马尔伯勒公爵麾下各团的勤务队将其相当长的一段夷为平地，以至于在说起战争战略时再也没有人提起布拉班特防线的事了。从那以后，西属尼德兰还是得守，但不是通过一整条由河流和工事组成的外围防线，而是通过它坚固的堡垒以及守军在堡垒之间灵活地机动，以至于马尔伯勒公爵费尽心机都无法和他们进行正面决战。法国人除了自己积极地避敌锋芒，荷兰将领及各省的文职监军也帮了很大的忙，因为他们一而再、再而三地否决马尔伯勒公爵提出的方案。

1705 年 8 月
7 日至 18 日

要是把他们在随后几周里所拒绝的方案一一列出来，估计读者看了就要犯困了。马尔伯勒公爵机智地发现了可以在上艾瑟击败敌人的最后机会，荷兰将领及监军一如既往地予以否决，双方的矛盾终于到了非解决不可的地步了。只有奥沃凯尔克恳求他的同僚同意发动进攻。"斯朗根堡这个禽兽（弗朗西斯·黑尔牧师就是这么叫他的）大吵大嚷"，而且当面辱骂身为总司令的马尔伯勒公爵。这个荷兰人是出于嫉妒而不是怯懦，要知道他已经在两年前的埃克伦战役中证明了自己的骁勇。

经过了此番公开受辱，马尔伯勒公爵知道自己和这帮人一起是成不了事的。他在给波特兰伯爵的信中写道："正如斯朗根堡大人所愿，我的权威还不及去年的十分之一。"他一向深谋远虑，决定采取一个办法，这会牺牲掉今年余下战事的所有胜算，但为的是在来年能够全权节制兵马。作为当时最杰出的军事家，他可以说卑躬屈膝地央求荷兰下属们为联军制订计划，而他负责执行就可以了。

我对这支军队的看法非常好（他在8月27日给海因修斯的信中写道），以至于我认为他们能把将领们所作的决定都付诸实施；此外我们距离要考虑过冬的事情还有两个月。我请求您相信我并且让其他人也相信我会以最大最积极的努力，将提交给我的一切方案都顺利完成。

一周后，他从蒂勒蒙写信说道：

我做出服从贵国众将安排的决定，让我在今年战事的余下时间里得到了相当程度的清净，这样我就能好好享用斯帕的矿泉水了。

总司令马尔伯勒公爵这一礼貌回击所隐含的讽刺被世人领悟到了，尤其是荷兰的政府和人民。安妮女王在向荷兰大议长提出的抗议中表达了对马尔伯勒公爵的支持："我们不得不将近来所发生令人失望的事情归咎于他们今年对马尔伯勒公爵的信任比去年减少了。"荷兰有半数以上的民众也和全英格兰人民一样感到愤怒。在长期旅居意大利后，什鲁斯伯里公爵带着他新娶的公爵夫人在回国途中到阿姆斯特丹逗留，记载了当地人民的不满情绪。

马尔伯勒公爵（他在1705年12月写道）很受当地市民的爱戴；除了他的战功和优点，他们还认为他作为一个在外建功立业的异邦人，是不会威胁到他们的自由的。他可以给他们带来好处，但绝不可能伤到他们。他们对与他作对的斯朗根堡的愤怒，堪比对待一个阴险的教皇党徒，说假如今年夏天斯朗根堡在破坏了战局后到阿姆斯特丹来，他们一定会像当年对待德维特一样把他生吞活剥了。

只有那些想要在收复西属尼德兰之前就与法国媾和的荷兰人才会认同这些荷兰将领的行为。于是在1705年至1706年的冬天，马尔伯勒公爵在海牙赢得了胜利。上有海因修斯、下有全国民众，荷兰议会迫于压力同意明年不把斯朗根堡派往前线，而且要选择和马尔伯勒公爵亲善的人来担任各省监军和将领，并且还要嘱咐他们支持马尔伯勒公爵的任何提议。[38]

对1706年战事同样利好的是，联军的挫折加重了维勒鲁瓦元帅的轻敌，以及他的上司、战事大臣的愚蠢。9月，沙米亚尔从凡尔赛写信给前线的维勒鲁瓦说道：

我觉得马尔伯勒公爵不过是中人之资。

他认为布伦海姆战役"纯属侥幸"。维勒鲁瓦以同样的口吻进行回复，说这位英军将领是"一个穷途末路的冒险家"。法国当局开始有了这样一个念头，认为他们可以通过在尼德兰发动一场战役来报布伦海姆的一箭之仇。战争双方的军事当局各自都逐渐形成了新的心态，这在新一年战事开始后迅速导致了拉米伊战役。[39]

不过对于军事上取得胜利的把握，路易十四倒是没有大到足以让他彻底放弃外交手腕的地步，而要论外交，他在最明智的时候可是一等一的好手。他曾经因为好大喜功而脑袋一热，将欧洲拖入了战争，现在多瑙河战败的冷水让他冷静了不少。在战争爆发之前，他对于获胜信心满满，以至于连法国和附庸维特尔斯巴赫家族平分西属尼德兰都盘算好了。但到了1705年秋天，他尝试着与荷兰议和，隐约提到让西属尼德兰成为独立国家——只不过对于要如何保证其真正独立语焉不详，还留有危险的余地。争夺西班牙王位的查理是无论如何不能成为尼德兰或米兰的君主的：路易十四提议他可以接受那不勒斯和西西里，作为放弃西班牙帝国其余部分的补偿。但由于奥地利没有舰队，按照这种条款取得的南意大利不过是波旁王朝制约哈布斯堡王朝的一枚棋子。只要法国及其盟友仍然驻军米兰公国，他们可以随时夺取南意大利，而奥地利军队如果没有英荷等海上强国参战介入，是根本无法涉足那里的。而萨伏伊—皮埃蒙特则被法国的势力两面包围，也将沦为法国的附庸。

因此，路易十四的提议是相当难以接受的，不过还是有人担心荷兰的主和派受到这一提议的影响而试图让荷兰脱离同盟。其实，有一派理智而忠诚的人士比海因修斯更倾向于议和，其代表人物贝伊斯就考虑到，要是路易十四把米兰公国也一块放弃了，议和的条款就不会这么苛刻了。但这样的修改只有等到1706年的战事后才有可能。

英国不像荷兰和法国，它的信心在不断增长，最近的大选肯定了它财政的稳定、民意的支持以及获胜的意愿。因此在1705年8月，马尔伯勒公爵和戈多尔芬恳请海因修斯不要听信法国人提出的条件。马尔伯勒公爵和荷兰将领的矛盾一度达到顶点有几周之久，但即便在那个时候他也是对最终获胜充满信心的。他和戈多尔芬向海因修斯提出，不仅是荷兰必须在尼德兰拥有牢固的屏障（这位荷兰政治家对这一方针也非常同意），而且米兰必须归于奥地利的查理。这基本上就是1701年《大同盟条约》中威廉三世对于新欧洲的蓝图，而且最终也在《乌得勒支和约》里得到了实现。但这两位英国政治家走得更远：早在 1705 年尚未收复尼德兰和意大利之时，他们就发誓履行"不要没有西班牙的和平"这一信条。8 月 18 日，戈多尔芬就路易十四的提议写信给马尔伯勒公爵说道：

要是英国输掉了一场海战和一场陆战，我想它仍然会对这样的和平嗤之以鼻，而且我想您也确信，英国人决不会同意任何让安茹公爵得到西班牙和西印度群岛或者其中之一的和约的。

马尔伯勒公爵把这封信寄给了海因修斯。他本人还评论道：

您和我一样都很清楚，除非让查理国王得到西班牙的王位，英格兰不会喜欢任何的和平；而至于贵国，我想您会希望在安特卫普、那慕尔和卢森堡维持驻军，此外我觉得我们还需要特别考虑一下萨伏伊公爵的处境。

就在马尔伯勒公爵写下这些文字时，"查理国王"及其盟友还没有占据米兰、那不勒斯、西西里和尼德兰，除了直布罗陀之外在"西班牙和西印度群岛"也没有一寸土地。他实际控制巴塞罗那也是一个月之后的事情了。

在马尔伯勒公爵和戈多尔芬的书信中，我们对他们赢得战争的决心感到敬佩，正是这样的决心在第二年的拉米伊战役和都灵战役中将法国打回了它在 18 世纪应有的位置；但我们也承认他们一门心思想要完成一个不可能实现的目标，这是威廉当年想都没想过的。在马尔伯勒公爵的书信中没有一个字提到 1701 年的《大同盟条约》以及威廉在其中所设定的适中方案。1703 年的《对葡条约》取而代之，决定了英国新的战争目标：奥地利的查理必须赢得西班牙本土及其不可分割的帝国。①

马尔伯勒公爵不是一个只会提一些不可能实现的目标却又无所作为的人。1705年冬天，他在德意志的行程比上一年还要长，为来年同盟拿下意大利制订好了计划。首先他在访问杜塞尔多夫时说服普法尔茨选帝侯派兵前往意大利。然后经过一段"非常沉闷的旅途"（包括为了避开冬天湿滑泥泞的路面而在多瑙河上坐了六天的船），他于11月中旬抵达维也纳。年轻的约瑟夫皇帝虽然与普鲁士和荷兰关系不好，但对马尔伯勒公爵推崇备至，他们协调好了来年战事的相关问题。这位同盟的调停者接着北上柏林，在那里圆满完成了任务，为有效救援萨伏伊公爵做好了安排。[40]

---

① 有关1703年的《对葡条约》，参见第一卷第302至303页；参见本书附录A；*Coxe*, chap.xxxviii，Ⅰ，pp.453—456；有关荷兰方面对议和条件的态度，参见*Geyl*，pp.8—10；有关1705年至1706年冬天路易通过在荷兰的达莱格尔侯爵所提出后续、更为正式的议和条件，参见*Legrelle*，Ⅳ，pp.364—374。在这些条款中，达莱格尔侯爵提出给马尔伯勒公爵"两百万"作为和平条件；但马尔伯勒公爵没有路易等人所以为的那么见利忘义。1706年1月，英格兰驻哥本哈根公使詹姆斯·弗农向哈利汇报了一场餐桌上的谈话，显示英国的部分盟友非常不愿意看到奥地利哈布斯堡王朝过分扩张："瑞典公使邀请了神圣罗马帝国、荷兰及普鲁士的大臣和我本人与他一起吃饭。饭后有人说到（至彼得伯勒伯爵攻克巴塞罗那时）西班牙将爆发一场全面的革命。这句话让瑞典公使一下子火冒三丈，要是（法国公使）普桑本人反应这么大我都会感到吃惊。他说欧洲各国君主不会忍受奥地利哈布斯堡王朝主宰一切；将会有人阻止这一迅速发展的趋势；他无法想象英国和荷兰想要让事态发展到这样的地步，而不满足于一份瓜分西班牙帝国的条约……普鲁士公使当时没有对他提出的任何意见表示反对。其余宾客则注视着滔滔不绝的瑞典公使大发雷霆。"*H.M.C. Portland*，Ⅸ，p.220.

第3章附录　一位詹姆士党贵族拜访马尔伯勒公爵

有些读者或许会对下面这些描述1705年战事行将结束时马尔伯勒公爵个人生活的文字有兴趣。其作者是他的老朋友——艾尔斯伯里伯爵托马斯·布鲁斯，这个侨居比利时的詹姆士党人尽管主要是和法国方面有联系，但他在双方军队中都有朋友。马尔伯勒公爵接待他一方面是念及旧情，另一方面也是想在詹姆士党贵族的温和派中保持人脉。艾尔斯伯里伯爵应邀穿过了联军战线来见马尔伯勒公爵。

将近（1705年）9月中旬时，我的好友兼通信人奥克森谢尔纳伯爵写信给我，要我来一趟蒂勒蒙，因为马尔伯勒公爵为了履行（去年）给内人的诺言，受了不少劳烦。我乘着自家马匹拉的驿递马车走了一天的路程，在穿过兰登的平原时我注意到了通过荷兰前线道路两旁马匹尸体发出的恶臭……所有的死马都留在地面上腐烂，而联军和法军营中的战马也疫病横行。

奥克森谢尔纳伯爵住宿在一座女修道院里，而马尔伯勒公爵大人当时正在门外。主人邀请了好几位英国同胞和我一起吃晚饭。次日早上，他带我去公爵大人处，当时大人正在公干，主要将领和辅助部队的将领也在场，但他让我们两个去他的房间，当天正是邮件送达、发出的日子，他要奥克森谢尔纳伯爵陪我到吃饭的时候，之后我们在他的小餐桌上吃饭，和他说了很多话，除了星期天之外，他很少在吃饭的时候和人有太多交谈。他对我非常欢迎，和我说了不少郑重其事的话。吃饭的时候他坐在我身边，他一直握着我的手，但又很官样地（他可是这方面的老手）把手藏在餐巾下。

那天晚上，奥克尼伯爵大人请我赴了一顿丰盛的晚宴，他认识的所有重要宾客都向我问好。他拥有近卫步兵团的高音双簧管……很多曲调绝佳的乐谱，以及来自各个国家的各种乐器，和高音双簧管相映成趣，和声美妙非凡。然后来的却是马尔伯勒公爵大人（因为他没有被邀请，也没有吃晚饭），他指着我说道："奥克尼伯爵大人，如果我说我是因为这位大人而来的，请您不要见怪。"他非常开心，还大吃大喝了一顿，而且我们都见识到了上好葡萄酒的厉害，我从未见过比这更欢乐的场面了。第二天，他问我要在哪里吃饭。我告诉他也要一起来吃——在奥克森谢尔纳伯爵那里。"我可高兴不起来，"他说道，"因为我这是被罚去和卑鄙可恶的人一起吃饭，饭也自然好吃不起来。"荷军的三名省监军邀请了他，而那一年这三个人着实可悲，只会夸夸其谈，还不断给他小鞋穿。

第二天，我们都被邀请到了阿尔伯马尔公爵大人在兰登的住处。那天上午，奥沃凯尔克元帅检阅他的士兵和辅助人员，即荷军的左翼，而马尔伯勒公爵大人也答应要去观摩，但在我们上午去见他时，他陪着我们一行人好长时间，以至于我提醒他该走了。他在我耳边小声说道，其实去不去他都无所谓。最后他还是坐上他的单马单座轻型马车走了；在出发时他再次站起身，告诉我他忘了给我看他在伍德斯托克的宅邸和花园的平面图了，于是上前指了哪间房是他的，哪间房是他夫人的，等等。然后指着其中一间房对我说："您来看我的时候这间就给您住了。"可正是他和戈多尔芬大人的失策和怯懦害得我流亡海外，而又是他们两个在心里对我有各种最好的祝愿。我问他建筑师是谁（其实我知道是谁）。他回答道："是约翰·范布勒爵士。"我笑着说道："大人，我想您选择他怕不是因为他是公开的辉格党人吧。"我发现他有些不快，但作为这样一个社交老手，他是不会怒形于色的。我一时不知道说什么好，补充说他也应该请一下大建筑师、建筑界的桂冠诗人克里斯托弗·雷恩爵士。最后，我虽然不是很懂建筑，但（通过我看到的平面图）可以看得出那些房间像一堆石头一样，毫无品位和生气。

Memoirs of Thomas，*Earl of Ailesbury*（Roxburghe Club，1890），Vol. Ⅱ，pp.584–587.

马尔伯勒公爵在征战期间保持着很高的生活水准。今天在奥尔索普庄园可以看到精美的银制"朝圣瓶"，这是用来装葡萄酒供牲畜驮运的，还有巨大的冷酒器，这些器皿上都美轮美奂地雕着他的纹章以及代表他德意志诸侯身份的神圣罗马帝国雄鹰。他出行时都会带上这些器皿，还有一扇巨大的屏风，也珍藏于奥尔索普庄园，这是一件中国的工艺品，但上面绘制的是身着当时服饰的欧洲人，是神圣罗马皇帝送给他作为布伦海姆战役的谢礼。这些他外出征战时排场的细节让人想起的是在船舱里用银盘吃饭的德雷克，而不是艰苦朴素的腓特烈大帝和查理十二世。

第四章　彼得伯勒伯爵攻克巴塞罗那

　　早在1705年8月，马尔伯勒公爵和戈多尔芬就向海因修斯表明，"不要没有西班牙的和平"。要不了多久，一连串消息就将坚定他们的决心：彼得伯勒伯爵攻克了巴塞罗那；伊比利亚半岛东部沿海迅速落入反法同盟手中；次年联军将从葡萄牙和加泰罗尼亚（或巴伦西亚）分头出发，两路夹攻马德里。

　　彼得伯勒伯爵的戎马生涯充满了传奇色彩，其中之一是他最大的军事成就对于国家和全世界恐怕弊大于利。假如他没能攻下巴塞罗那，反法同盟一定会放弃拥立"查理三世"的努力；这样的话，英格兰长期耗费在西班牙的人力和财力就可以更好地用在别的地方，比如佛兰德、土伦或加拿大；或者可能提前几年缔结和约，其条款至少不亚于《乌得勒支和约》。

　　在彼得伯勒伯爵的战功彻底改变局势之前，"查理三世"在马德里登基坐殿的希望的确很小。联军攻下并守住直布罗陀虽然有利于英格兰今后在地中海的势力，但对在政治和军事上征服西班牙的用处并不大，而且只会让安达卢西亚人民因直布罗陀被新教异端分子占领而感到愤怒，更加忠于国王菲利普。

　　在葡萄牙边境上，1705年的战事对反法同盟而言斩获很小。胡格诺派新教徒戈尔韦伯爵吕维尼负责指挥这条战线，但他虽然英勇善战，却对战局束手无策。英格兰人抱怨葡萄牙人"完全不懂各项战争准备工作"，而且"战争决心仍旧摇摆不定"。英格兰和荷兰承诺用来维持葡萄牙各团的资金如约到位，但由于这笔钱不归英荷两国管理，导致"葡萄牙军队一直没领到军饷，也指望不上，但所有的钱都被小贵族和军官中饱私囊了"。英格兰公使约翰·梅休因遭到下属的指责，因为他没有对彼得国王进行更为强烈的劝诫。梅休因本人在给国内的信中承认葡萄牙军队的弊端，尤其是其军官，但还是说"他们的炮兵部队很了不起"。葡萄牙军队很多士兵只不过是登记在册的空额，而真正在编的也没有什么战斗力。和威灵顿公爵时期一样，葡萄牙的团没有英格兰那么优秀的军官。1705年4月初，戈尔韦伯爵率领12000名这样不靠谱的盟军以及5000名英荷联军出征。但他除了占领西班牙几座边境小镇外，并没有什么像样的战果，随后就到了炎热的6月，葡萄牙人"觉得是回家的时候了"；士兵一群接一群地带头开小差，很快整支军队就跟着没了踪影。①

　　但就在戈尔韦伯爵垂头丧气地回师里斯本的途中，一支英格兰舰队载着第三代彼得伯勒伯爵查尔斯·莫当特率领的大股援军驶入了里斯本港口。但他们并不打算在葡萄牙登陆：他们是奉命前往意大利救援萨伏伊公爵，如果不成就去攻打加的斯或巴塞罗那。②

1705年6月9日至20日

　　在现代的陆海军史学家看来，任命彼得伯勒伯爵作为此次出征的总指挥有点莫名其妙。他们质疑道：以一代名将马尔伯勒公爵的沉默、耐心和远见，为什么在执行他最钟爱的地中海两栖作战计划

---

　　① 在秋天热气消散后，戈尔韦伯爵再度出征，但他没能攻下巴达霍斯，还在堑壕里损失了一只胳膊。

　　② 他们得到了两套指令，参见 *H. of L. MSS.*（1706–1708），pp.361–364。

时，会选择这样一个陆战海战的经验训练都不充足、众所周知与他个性截然相反的人——彼得伯勒伯爵容易与人争吵，好自夸，举止轻率，在聊天和写信上花了太多时间，改变计划和更换朋友就像换衣服一样，草草地下决心又不能坚持到底，总是对欧洲大陆另一头的事情浮想联翩，恨不得马上冲过去，而手头的工作往往半途而废。彼得伯勒伯爵慷慨赞助了不少诗人，谈吐机智风趣，很受文人喜爱，这也是他名扬后世的重要原因，但斯威夫特还是忍不住写信告诉友人，说彼得伯勒伯爵是"世上最不着边际的撒谎流氓"。在所有的人选之中，马尔伯勒公爵为什么选了这样一位人物担任此次出征的陆海军总指挥？①

当局挑选彼得伯勒伯爵的原因并没有被记载下来。但或许有些事情就是天定的。虽然他曾经在政治斗争中恶意中伤马尔伯勒公爵，但他们俩现在关系不错，他还和萨拉频繁通信，他想在政治上走萨拉的门路，还取得了一些进展。他的事迹绝不是一塌糊涂。他在托贝登陆的筹备和实施过程中表现踊跃，以至于威廉还一度高看他一眼，假如他能持之以恒，或者懂得收敛一下浮躁的性格，说不定在威廉时期他能成为英格兰的一位权臣。可是他在政治上不顾一切地玩闹，很快就失去了威廉、辉格党同僚乃至整个国家的信任。

像马尔伯勒公爵这样沉默寡言的人往往对一些与他们大相径庭、能说会道的人钦佩有加。他非常宽宏大量，看出了彼得伯勒伯爵掩盖在种种荒唐举动之下的才能。当然，这位古怪的总指挥在一年之内就把马尔伯勒公爵的耐心给磨没了，主要是因为他写了不计其数

---

① 他被任命为此次远征军唯一的统帅，并与克劳兹利·肖维尔爵士共同担任舰队的司令和总指挥。鲁克没有再度受命，因为高教会派托利党将他树立为马尔伯勒公爵的对手。

的信，说这个事不对、那个事不对，嫌这个人不好、那个人不好，到了1706年9月，马尔伯勒公爵写信给戈多尔芬说："我真是倒了大霉，得和这么一位主儿打交道。"[42]

但毕竟他攻下了巴塞罗那。在当时的条件下，马尔伯勒公爵所能挑选的其他人都办不到这一点：戈尔韦伯爵不行，斯坦诺普也不行——奥蒙德公爵肯定是不行的，更重要的是，他此时官居爱尔兰总督，不便再出国打仗了。不过可能的人选仅限于为数不多的英国显贵。因为要挑的可不仅仅是能指挥几个团的将领，而且是一位能主持地中海地区的陆海军及外交活动、可以代表英格兰参与同盟决策的大人物。当时的战争还不像后来那么职业化，更多是贵族的事，因此这一使命非大贵族莫属。不管出于什么原因，马尔伯勒公爵选了彼得伯勒伯爵担任这一职务，而且也考虑到了方方面面的影响。①

彼得伯勒伯爵和克劳兹利·肖维尔爵士统率人马已于6月中旬进入里斯本，随后还有一支荷兰舰队在那里与他们会合。戈尔韦伯爵向来慷慨，会借出本部兵马给全军有需要的地方，他也派了两个团的英格兰龙骑兵助阵。"查理三世"及其德意志廷臣也登上了船，联军舰队就这样满载着王公贵族开赴地中海。从英格兰和爱尔兰派来的新兵与驻防直布罗陀的老兵换防，后者起航出发，打算用攻克巴塞罗那的战果来为保卫直布罗陀的功绩锦上添花。直布罗陀保卫战的英雄——黑森亲王乔治也亲自加入了此次出征。

黑森—达姆施塔特亲王原来在加泰罗尼亚颇有影响力，他在前

---

① 安妮在位初期，彼得伯勒伯爵是辉格党人，而马尔伯勒公爵是托利党人。但在安妮末年，托利党的宣传出于党派目的夸大了彼得伯勒伯爵的才能和马尔伯勒公爵的过失，影响了全国舆论200年之久，在麦考莱的著作中也有所体现。

任西班牙国王任内治理这一地区很是得力。但他对攻打巴塞罗那并不是很上心。他当然知道加泰罗尼亚人讨厌法国人和西班牙人，但他对加泰罗尼亚人的行为方式了如指掌，不会相信他们已经纠集了一万两千大军的传闻。更重要的是，他曾于1697年在旺多姆元帅的二万六千法军面前坚守巴塞罗那近两个月之久，对巴塞罗那的固若金汤记忆犹新。但加泰罗尼亚起义的消息已经让英格兰本土当局浮想联翩了，并使得年轻气盛的"查理三世"急切地想去统率起义者，和后来查理·爱德华·斯图亚特王子急于见到效忠他的苏格兰高地人一样。黑森亲王建议在巴伦西亚登陆，那里有充足的马匹，而且可以立刻直取马德里，却没有成功。他指出敌军正集中在加泰罗尼亚及葡萄牙边境，因此从巴伦西亚到马德里门户洞开。彼得伯勒伯爵有时会倾向于这一大胆的计划，另一些时候则全力支持前往意大利救援萨伏伊公爵。不管怎样，他已经一度打消进军巴塞罗那的念头了。① 但查理国王的愿望在军事会议中的分量比黑森亲王或总司令彼得伯勒伯爵的意见都重，这是因为查理对在加泰罗尼亚用兵的想法从来没有动摇过，而彼得伯勒伯爵的计划却朝三暮四。所有人都认为攻打加的斯是得不偿失的。在开了一系列军事会议后，大家决定攻打巴塞罗那。[43]

尽管巴塞罗那的堡垒放在尼德兰只能算三流，但它的城防比西班牙任何其他城市都更坚固、维护得更好。狂热的总督弗朗西斯科·德贝拉斯科伯爵指挥的驻军主要由西班牙士兵组成，他们虽然打不了野战，但凭着一股狠劲把守城墙还是绰绰有余的。联军虽然

---

① 彼得伯勒伯爵在7月曾经有几天支持加泰罗尼亚人的计划（参见 *Künzel*，pp.576-577）；但和往常一样，他很快就改弦更张了。

没有常规的攻城炮队，但军舰上的火炮可以搬到岸上并在城墙上轰出一个缺口，让攻城军队可以长驱直入。但在攻城军队唯一可以不遭遇抵抗就登陆的东北方，即今天的城郊地带在当时布满了沼泽。经过首次勘测后，联军的将官们断言，在这样的地形上是无法构筑起炮位的。[①]

巴塞罗那另一侧的地面比较结实，城防也不是那么全面，但这一侧有雄踞海拔575英尺、陡峭的蒙特惠奇山顶上的著名堡垒拱卫。此处唯一的弱点是，堡垒与城市之间有一段距离，就像意大利的教堂及其钟楼之间一样，两边的交通可能被敌人突然切断。但在联军抵达通往巴塞罗那的道路后整整三个星期里，都没有人提议攻打蒙特惠奇。

1705 年 8 月 11 日至 22 日　15 个营的步兵立刻在城市东北方登陆，龙骑兵和其他骑兵紧随其后。但攻城所需的火炮和计划还没有就绪。国王"查理三世"踏上海岸，受到了周围乡村的贵族、教士和农民的欢呼；城里被守军控制住的民众显然心里也向着查理。加泰罗尼亚人对于践踏其地方权利的西班牙人的仇恨由来已久，他们在上次战争中被法国占领期间又新添了对法国人的仇恨。不管怎样，加泰罗尼亚人除了一腔热情和几杆老枪之外，没有任何进行战争的必备条件，这令广大联军士兵错愕不已。在听取流亡者讲述的见闻后，"一万两千大军"的梦想就破灭了。几个连的"鸟铳

---

　　① "我们必须攻打的工事守备森严，而我们进攻要经过的地面则大多是沼泽。"*P. R. O，S. P.*，94，75，8 月 16 日至 27 日军事会议。当然，1697 年法军没能攻下蒙特惠奇，却从圣佩德罗棱堡和新棱堡处进攻拿下了巴塞罗那，但他们有 26000 人以及正规的攻城炮队和工兵，他们是从陆地而不是海上逼近，而且他们还是以损失10000 人的代价才攻克的。

手"（即爱国的盗匪武装）同意一直领取联军的军饷，却不肯服从联军的节制。

接下来的三个星期里就是爱争吵的出征军队首脑们开一连串的军事会议，同时那些匆匆忙忙登陆的军队除了准备重新上船之外，百无聊赖。军事会议上的将官们一致反对攻城，并且要求立刻开拔，最好是前往意大利。彼得伯勒伯爵有时会积极支持手下的意见，但并非一直如此，因为他拿不定主意。海军上校们对让他与肖维尔一道指挥舰队一事感到非常不满，支持他们的肖维尔将军反对彼得伯勒伯爵，并宣称他们很乐意借出火炮和炮手以便攻城。

但如果说陆军和海军之间有一些摩擦的话，那么德意志廷臣和英格兰军人之间的关系就得用"水深火热"来形容了。"查理三世"下定决心不抛弃加泰罗尼亚人，他对全军可能移师意大利感到非常恐惧，那将会对他争夺王位的机会造成致命的影响。他的文职廷臣也一道与彼得伯勒伯爵作对；特别是惹人讨厌的列支敦士登亲王在"这些激烈的争吵"中"带动了最为恶劣的氛围"。有一次他还抓起一条凳子砸向"我们彼得伯勒伯爵大人的秘书的脑袋"。

军事会议先后采纳又推翻了许许多多的计划，反反复复多得不堪记载了，他们最终决定"非常勉强地"接受彼得

1705 年 8 月 31 日至 9 月 11 日

伯勒伯爵的提议，"进军托尔托萨和塔拉戈纳，因为此时考虑前往巴伦西亚"或者意大利"已经太迟了"。他们差一点就做了更糟糕的决定。联军登陆后，周边地区的加泰罗尼亚人已经起义响应了，此时他们在联军没向巴塞罗那发射一枪一弹的情况下，就被抛弃给了报复心切的西班牙人。另一个对立的计划，即取道巴伦西亚进军马德里，或者前去解救萨伏伊公爵（原本希望能同时进行），此时已经因为耽搁彻底泡汤了。大家心里都清

楚，进军两座加泰罗尼亚小城的决定不过是为了挽回指挥官们的颜面，这些人没有办法对任何行之有效的计划达成一致。[44]

彼得伯勒伯爵恍然间意识到了这些严峻的现实。这至少有一部分原因要归咎于他本人。他曾一度非常反对攻打巴塞罗那。他甚至还指使理查兹上校写信给黑森亲王，警告后者如果他违背众将的意见和军事会议的决定下令攻城，军队将会哗变。[45]但他此时意识到需要赌一把了：军事会议必须行事机密，行动果决；而且最重要的一点是，他发现了一个办法，可以让攻打巴塞罗那拥有几分胜算。

叛逃的敌兵向英军将领透露了"蒙特惠奇情况松懈、防守不严"的情报。由于目前巴塞罗那只有一面受敌，西班牙人已经把这座堡垒忘到了一边。从联军营地到达那里需要进行漫长而艰难的行军，但如果是在夜间行军，就能打敌人一个措手不及，因为这样艰苦的行动完全出乎敌人的想象。彼得伯勒伯爵打定了主意。如果说他的决心很快就会烧尽成灰，那么在它被点燃的时候则燃烧得非常炽热。他对那种需要提前一个月计划的事情常常束手无策，但对在48小时内形成想法并付诸实施的任务却是手到擒来。

他当时的心腹是约翰·理查兹上校，这是一位信奉罗马天主教的炮兵军官，他无法获得英格兰的军职，曾在威尼斯和波兰军中服役，此时为了更好地协助本国同胞而参加了葡萄牙军队。他有一颗英国心，处事冷静而精明，精通西班牙人的语言和性格，这令他的专业才能如虎添翼。他摸透了他的这位上级，说彼得伯勒伯爵"反复无常，以至于没有哪种情绪可以保持两天"。他对事件的第一手知识远超其他任何亲历者，据此留下的公允史料可以解决长期萦绕在攻克蒙特惠奇一事上的争议，并驳斥其他的传言。

9月12日一早，彼得伯勒伯爵见了黑森亲王，就退兵塔拉戈纳一事达成了共识。但就在随后的24小时里，彼得伯勒伯爵改弦更张，决定攻打蒙特惠奇，促成这一变化的因素只有敌人逃兵提供的情报。他将自己的意图透露给了理查兹，并让后者再度约黑森亲王见面。会面举行了。除了彼得伯勒伯爵、黑森亲王和理查兹，没有别的人在场。这两位英德将领同意摒弃前嫌，合作突袭蒙特惠奇堡垒。直到临出发的时候，没有第四个人知道进军的目的地是哪里，就连"查理国王"也被蒙在鼓里。

星期日晚上6时，包含800名英格兰人在内的1000名精选步兵在彼得伯勒伯爵和黑森亲王的率领下出发，仿佛按照军事会议尚未撤销的决定，进军塔拉戈纳。直到最后一刻，"查理国王"才被告知了真正的目的地，他写了一张条子送给黑森亲王，祝后者马到成功。队伍必须取道萨里亚绕一个大圈。在十几英里的险恶地带，夜间行军相当吃力。向导带错了路，他们耽误了一些时间。

1705 年 9 月 3 日至 14 日

到太阳从海平面升起的时候，疲惫不堪的先头部队正沿着从陆地一侧通往蒙特惠奇堡垒的陡坡蹒跚前行。行动并没有完全出其不意。把守此地的500名那不勒斯步兵发现了前来的英军并开火攻击，但英军掷弹兵已经冲进了"隐蔽路"（即堡垒宽敞开阔的壕沟），守军来不及去城里搬救兵了。这里的守军大多住在帐篷里。他们"仓皇逃窜"，被赶上了壕沟内侧的斜坡，并穿过了堡垒尚未完工的外围工事，躲进了一座名叫"地牢"的"带有四座棱堡的小型方形堡垒"里，他们在那里抵挡住了掷弹兵的第一波攻击。先头部队已经完成了本来需要一天才能达成的战果，而这时半轮太阳还留在波涛之下，彼得伯勒伯爵和黑森亲王还带着迟到的后续部队在后面相当一段距离呢。

这两位统帅最终还是赶到了，他们分头行动。彼得伯勒伯爵再度骑马下山，去寻找并带来詹姆斯·斯坦诺普所部的预备队。黑森亲王则率领一队人马向左，在援军随时可能到达的情况下切断蒙特惠奇堡垒与巴塞罗那城之间的联系。他错误地走了一条靠近"地牢"的路，导致他和手下完全暴露在那不勒斯兵的火力之下。一发火枪子弹击中了他的右大腿，他在不到半个小时内就血流而死。这位直布罗陀的保卫者、驻西班牙的联军统帅中最睿智的人就这样殒命沙场了。

形势一时危急万分。彼得伯勒伯爵远在山脚下，试图寻找迷路的援军。前天夜里从营地出发的不到500人这时正在蒙特惠奇的外围工事。他们因黑森亲王的阵亡而士气大落；他们既联系不上彼得伯勒伯爵，又见不到预备部队的踪影；他们随时有可能被城里的突围部队所包围；他们已经整夜滴水未进，早晨的气温已经变得越来越炎热；他们上了"地牢"里敌军的当，后者假装示好，然后突然开火。经历过直布罗陀保卫战的老兵们乱了方寸。理查兹的目击材料写道："军官们把刀拔到胸前都无法阻挡他们"，他们溃逃"之惊慌失措，我还从来没有见到英格兰人这样过"。那不勒斯兵从"地牢"中出动，并收复了外围工事。

这些溃兵还没来到山脚下就撞见了彼得伯勒伯爵。他并不是行伍出身，但他一见这种紧急情况，那股急性子就上来了。他发起了"从来没有人见过的暴脾气"，吓住了乱军，并率领他们回头冲上山坡，夺回了刚刚放弃的工事。这时理查兹对这一莽撞行动深感忧虑，因为他已经发现大股敌人准备从巴塞罗那杀出来了，而英军则兵少将寡。这位暴躁的青年贵族"骨瘦如柴"，不懂打仗也不怕死，一个劲地向前冲，没人有脸面不跟上去。西班牙军队在出城途中得知黑森亲王和彼得伯勒伯爵双双在阵中，料想堂堂总司令上阵肯定不会没带上军队主力，便小心谨慎地退了回去。当天英军再度席卷蒙特惠奇的外围工事，"地牢"又被围了个水泄不通，不过攻城军队人数很少且远离大部队，城中守军只要一鼓作气就能将其歼灭。但贝拉斯科固执己见，不敢冒险，让赶来的加泰罗尼亚"鸟枪队"夺取了堡垒和城市之间的一座小堡垒，进一步切断了两边守军的联系。

当震天的枪炮声在破晓时分从蒙特惠奇的山坡上传来时，联军的水陆人马和巴塞罗那城里的守军与居民一样感到吃惊和困惑。联军官兵惊讶、激动和疑惑的情绪一直持续到理查兹赶到营地，他带着彼得伯勒伯爵给海军众将的命令疾驰而来，要求他们将火炮弹药

1705 年 9 月 6 日至 17 日 运上陆地，炮轰"地牢"，以攻陷堡垒。火炮被搬到了岸上，几天后一发臼炮炮弹幸运地命中了敌人的弹药库；引发的爆炸结果了正坐在一起吃饭的那不勒斯指挥官及其主要下属，还炸掉了"地牢"的一座棱堡。守军很快举手投降，蒙特惠奇堡垒陷落。

此时船上和岸上的联军争先恐后，跃跃欲试。国家之间、军种之间和将领之间的矛盾被抛在了一边。军事会议不用再开了。大股陆军仍旧在巴塞罗那的东北方向，但攻城炮位在蒙特惠奇山脚下架了起来，准备炸开圣保罗半月堡和圣安东尼棱堡之间的城墙。他们没有按照常规挖掘堑壕来逼近城墙，而且执行攻城任务的都是一帮水手，沃邦元帅或科霍恩男爵这样的攻城大师想必会对他们的做法大跌眼镜；但这足以瓦解贝拉斯科徒劳的抵抗了。轰击城墙的火炮都取自军舰的甲板，由于没有炮车和马匹，它们都是由一群大喊大叫、兴冲冲登岸的水手拖曳，经过陡峭崎岖的地面部署到位的。理

查兹和迪泰纳少校，两位联军中最优秀的炮兵专家指挥着这群欢快的水手进行这一有些粗糙的攻城作战。他们"没有命令指挥也没有钱雇用"加泰罗尼亚农民来干活，后者哪怕前来也只能让本已混乱不堪的现场雪上加霜，但经过这些水手的奋战，"58门重炮被部署到了炮位上"。尽管"我军的首席炮手西尔弗"被城上敌人的炮火炸得粉身碎骨，但他们还是打开了一个缺口。

与此同时，除了法国边境的罗塞斯，加泰罗尼亚各城宣布效忠"查理国王"的消息传来。蒙特惠奇陷落的消息成了该地区揭竿起义的信号弹。

为了避免遭到强攻和洗劫，守军签署了投降协议。10月14日早晨，贝拉斯科及守军根据协议向城外开进，准备在码头乘英格兰船只前往罗塞斯。但就在联军等待他们出现时，城里爆发了可怕的骚乱。巴塞罗那的各个钟楼上警钟大作，长期饱受贝拉斯科严酷压迫的愤怒市民冲向列队穿过街道的守军，将他们赶进了其中一座棱堡，准备杀死贝拉斯科、全体西班牙士兵及其在城里的支持者。

1705年10月3日至14日

英军火速开进城里。"查理国王"在给安妮女王的信中承认，英军及其将领行为高尚，秋毫无犯，还冒险救下了贝拉斯科等人的性命。年纪轻轻就久经沙场的詹姆斯·斯坦诺普告诉伯内特，他从来没有到过比那天早上的巴塞罗那街道更激烈的地方，"那场骚乱到处都是枪声和大火"。彼得伯勒伯爵骑马走在街上，遇到了美丽的波波利公爵夫人，她正不顾一头乱发疯狂地躲避暴民的追赶；彼得伯勒伯爵下了马，亲自护送她出城，加泰罗尼亚人的子弹从他身边射过，有一发还穿过了他的假发。根据卡尔顿的说法，他用了一个多小时才将她送到安全地带并返回；如果真是这样的话，他手下官兵在阻止一场大屠杀上的功劳更大。但和卡尔顿其他很多说法一样，这非常值得怀疑。从更为可靠的理查兹日记中，我们得知波波利公爵夫妇被一起安置在了彼得伯勒伯爵的住处。[46]

巴塞罗那一陷落，联军主将之间就爆发了争论，而且比之前更为激烈。黑森亲王本来最能体会在西班牙的英国人和德意志人之间需要互信，但他再也不能给他们出谋划策了。贫贱夫妻百事哀。英国政府派出的远征军没有足够的钱来支付士兵的军饷，还要负担一场成功革命所需的开支。彼得伯勒伯爵已经透支了他个人本来就不高的信用额度，因为他不管是打仗还是平时都欠着债。"不名一文的查理国王及其宫廷"指望英国来支付其一切开销，一旦没有现金送来就会暴跳如雷。彼得伯勒伯爵在11月写道："从来没见过哪个君主身边是由这么一群卑鄙之徒来当大臣的，他们要钱没钱，要头脑没头脑，要荣誉没荣誉。"他还写道："我们因为没钱而止步不前；要是把这些开销所需的钱拿来打仗，我们两个月就能拿下巴伦西亚和阿拉贡，甚至还能进军马德里。"①

虽然没有钱，但巴伦西亚和阿拉贡也被拿下了。巴塞罗那的陷落让整个西班牙东部爆发内战，烽烟四起，在加泰罗尼亚胜利的刺激下，卡洛斯党人即拥护"卡洛斯三世"的游击队的斗志盖过了他们的敌人。革命沿着东部海岸线一个城镇接着一个城镇地扩散。彼得伯勒伯爵也不甘落后，在由突击行军、虚张声势、阴谋诡计和群众围攻组成的游击战争中扮演了重要的角色，经过了一整个冬天，巴伦西亚全境落到了

1705年12月至 1706年2月

---

① P. to St., p.2; P.R.O., S.P., 94, 75（1705年10月28日及11月2日）。

卡洛斯党人的手里。彼得伯勒伯爵打这种仗非常在行，我们虽然不用全盘接受他的拥趸弗兰德医生和卡尔顿上尉向英国公众传说的那些有关他的英勇事迹，但也没有理由把它们全当成无稽之谈。在讨论彼得伯勒伯爵在巴伦西亚战事中的表现时，历史学家并没有像理查兹这样不偏不倚的根据可供辨别真伪。[①]

　　这样，到了1706年春天，马德里的菲利普五世就面临两线受敌的局面了——一边是英国、荷兰及葡萄牙军队以里斯本为基地发动进攻；一边是另一支英国军队和西班牙东部的卡洛斯党人从加泰罗尼亚、阿拉贡和巴伦西亚发动进攻。英国舰队经直布罗陀将这两个战场联系了起来，而停泊在土伦港的法国舰队再也无法对此进行挑战了。但马德里的敌人还是拥有身居中央的巨大优势，法国和西班牙军队可以从任一方向出击，迎战分隔甚远的联军部队。

　　维哥、加的斯和直布罗陀附近以及葡萄牙边境都没有卡洛斯党人活动，但他们在西班牙东部沿海人多势众。要不是巴塞罗那是对菲利普五世最为不满的省份之首府，它的陷落也不会造成这么大的影响。加泰罗尼亚人与卡斯蒂利亚人的关系堪比匈牙利人与奥地利人。加泰罗尼亚人自成一族，他们对自己源自中世纪的特权和自由

---

　　① 《卡尔顿上尉回忆录》中的一个故事我认为还是说得通的。它讲的是在巴塞罗那的第一个冬天："一天我走在城里一条最繁华的街道上，看到各色人等比肩继踵地围在一起，非比寻常；我想这么多人聚在一起肯定不会是因为什么小事，便和其他人硬挤了进去，经过好一番推推搡搡，来到了人群的中央。可我一看是一位英国同胞，一下就羞红了脸，这位喝醉了的掷弹兵引来了上下九流的民众，成为他们的笑柄！如果国人发现一个醉汉闹出了这样一番'风景'，有这样的反应应该也奇怪。"这位可怜的老兄很可能是之前保卫直布罗陀的战士，此时在西班牙活得百无聊赖：

　　不管你醉醒死活，

　　当兵的，我望你好。

非常自豪，而卡斯蒂利亚国王对此往往熟视无睹，正如奥地利皇帝忽视匈牙利古老的宪法权利一样。因此加泰罗尼亚人积极地和英国结盟，效忠"卡洛斯三世"。西班牙的阿拉贡和巴伦西亚各省也有很多人支持他，这里的卡洛斯党人主要是出于自古以来各地方对卡斯蒂利亚及马德里的国王的猜忌。这是一场西班牙地中海沿岸对中部和西部的内战。

但在古老西班牙的核心地带，卡斯蒂利亚的意志比巴伦西亚和阿拉贡的卡洛斯党人更加坚定。加泰罗尼亚人对查理的拥护固然坚决，但他们毕竟只有一省之力。在大多数西班牙人看来，英国和荷兰军队就像异端分子一样不受欢迎，而葡萄牙人则是他们的宿敌和曾经的臣属。他们固然不喜欢法国人，但他们更讨厌荷兰人、英国人和葡萄牙人。这一点在1705年至1706年的冬天尚不明朗，但随后两年里发生的事情导致或揭示了这一点。最迟到1707年，大部分西班牙民众都已经把菲利普视为自己人，而把查理视为外来侵略者。这样的心态一旦得到巩固，查理的大业就注定要付诸东流了。因为正如拿破仑在100年后所发现的，西班牙人尽管在正面战场打仗不行，但打起游击战却是全世界最厉害的。拿破仑的20万大军尚且无法平定西班牙，戈尔韦伯爵或彼得伯勒伯爵那区区一两万军队就更不用说了。在海牙或乌得勒支碰面的外交官或许能决定意大利和德意志的邦国要归哪个君主统治，但西班牙王位可不能背着西班牙民意私相授受，正如英国王位不能逆英国民意而立一样。因此，巴塞罗那的陷落虽然在沿海地区掀起了支持查理的大起义，但却是一起不幸的事件，因为这让联军有了充分的理由觉得自己可以左右西班牙，也因为这将联军和加泰罗尼亚人及卡洛斯党人绑在了同一条船上。不管怎样，后来的事情将证明这整个宏图大业不过是无源之水，无本之木。

第4章附录　彼得伯勒伯爵在夺取蒙特惠奇中的作用

约翰·理查兹上校留下了两份有关攻打蒙特惠奇缘由及过程的材料——一份是当时写的日记，另一份是事后几年写的叙述。他并没有盲目崇拜彼得伯勒伯爵，他在那份叙述里说彼得伯勒伯爵"反复无常，以至于没有哪种情绪可以保持两天"。但他这些不偏不倚的证据是现存唯一相关的第一手材料，明确表明攻打蒙特惠奇的主意是出自彼得伯勒伯爵而不是黑森亲王。利克和马丁相互矛盾的说法并不是第一手的，而且都是来自海军方面的材料，有充分的理由对彼得伯勒伯爵抱有偏见。

约翰·理查兹上校的日记（B.M. *Stowe MSS.* 467，f.38）写道：

9月13日星期六［实为12日（格里高利历）］。军事会议已经得出结论，今年出征萨伏伊已经来不及了，而西班牙国王也同意此次（向塔拉戈纳）进军，（彼得伯勒伯爵）大人一大早就派人来找我，我们当着黑森亲王的面决定下星期二（向塔拉戈纳）进军。

9月14日星期日（实为13日）。虽然我们之前决定了行军计划，但彼得伯勒伯爵听一些敌军逃兵说巴塞罗那的堡垒蒙特惠奇守备空虚，向我建议今晚爬上那里的山头，打他个措手不及，后来黑森亲王也表示同意从他那里拨出400名掷弹兵和600名火枪手，于4点钟在他的驻地集合，我也同样送去所需的弹药和云梯。这一机密我们没有告诉任何人，也没有告诉国王（他听说的最后一件事就是行军开始了，正如 *Künzel*，p.666 中他的书信所示）。我们行军了一整夜，被迫在欧洲大陆上观光了一下。

9月15日星期一（实为14日）。我们经过了远距离行军已经累得不行了，爬上（蒙特惠奇的）山头是件非常痛苦的事，更糟的是，我们的向导还带错了路。掷弹兵走了一条，火枪手走了一条，黑森亲王和彼得伯勒伯爵大人走了另一条，都不是正确的路。因此我们直到破晓前才看到了堡垒，于是敌人就发现了我们。

理查兹在他的叙述（*Stowe MSS.* 471，f.15）中给出了大致相同、有一些细节差异的故事：

这个月的13日，彼得伯勒伯爵大人欣然和我分享了某些他从若干敌军逃兵处得到的情报，这些逃兵来自巴塞罗那另一头山上的一座堡垒。他让我和黑森亲王约定时间与他开个会。在会上我们决定攻打那座堡垒，而伯爵大人承诺说，如果他能将这座堡垒拿下，他就能对巴塞罗那进行围攻；万一失败的话，黑森亲王也会在将来制订的任何作战行动中与彼得伯勒伯爵同心协力；同时他们还对彼此的友谊进行了郑重的保证，我非常乐观其成，因为不久之后这一友谊就要在他们的行动中实打实地体现了。

我是唯一见证他们会面的人。我们强烈建议要就此事保密，以至于连国王也不能知晓。14日（实为13日）星期日晚，我们带着500名掷弹兵行军，另有500名步兵、所需的弹药以及一些云梯作为支援，向着远方的蒙特惠奇开去。

有关理查兹就蒙特惠奇一战更多的言论（他的记载是最为权威的），以及他所留下的证据和帕内尔上校的观点相比有何进一步讨论的价值，可参见1931年《剑桥史学期刊》中的拙文。值得注意的是，虽然像利克和马丁这样的海军人士非常讨厌彼得伯勒伯爵，选择相信攻打蒙特惠奇的主意是出自黑森亲王而不是彼得伯勒伯爵，但陆军人士的观点则正好相反。埃奇沃思上校［*H. of L. MSS.*（1706-1708），p.510］告诉上议院"全军都认为彼得伯勒伯爵没有把计划透露给任何人，而黑森亲王则是自告奋勇前往"。

第五章 温和派的胜利

1705年秋天，新一届议会召开，拜夏天的大选结果所赐，这时戈多尔芬政府显然可以从此一帆风顺地施政。"温和派势力很大。"在过去的三年里，王座上的安妮、会议桌前的戈多尔芬、议会大厅里的哈利和建功海外的马尔伯勒公爵通力合作，让"国内和平、国外打仗"的原则取得了成功。

尽管安妮最不情愿，但目前四方都步调一致地与高教会派托利党的政策拉开距离。不过，既然温和派已经在大选中获胜，对于如何维持并利用这一优势就出现了意见分歧，这在北方事务大臣哈利和财政大臣戈多尔芬之间的通信中已现端倪。在与辉格党结盟一事上，戈多尔芬的准备比哈利更进一步。当然对于安妮而言，她因为与高教会派托利党有了矛盾，所以就得和辉格党交好，这一点她向来是不肯承认的。1705年7月，她写信给戈多尔芬，恳请他"保护我免受两党残酷无情之徒的摆布"。[①]三个月后，哈利在给戈多尔芬的信中开始提出一些原则，与女王的非常相似。

我理所当然地认为（他在9月写信给戈多尔芬说道），议会中没

---

① *Add. MSS.* 28070, f.12.

有哪个党派可以在没有女王的臣仆加入的情况下独立获胜。基本情况就是，人和党派来找女王，而不是女王去找他们。女王已经正确地选择她要支持哪个党派。如果英格兰的绅士们意识到女王才是首脑，而不是哪个党派，任何事情都会变得简单，人们就会来给女王献殷勤，而不是奉承哪个党派。

因此，不能因为急于讨好辉格党人而彻底疏远高教会派托利党这一反对党。

让绅士们（我指的是地方的绅士）公开反对女王的政府这种局面是必须避免的。

在哈利看来，辉格党的政策将要"震动的人比他们将要争取的人还多"。这位安妮女王一朝的头号"平衡手"已经准备要调整政治天平，以遏制他所预见并恐惧的辉格党优势。

但戈多尔芬有着另外的想法。他没办法像哈利那样冷漠无情，可以面不改色地改弦更张。他对高教会派托利党的做法感到愤愤不平，尤其是写小册子的教士们大放厥词，对他进行人身攻击，这令他很是苦恼。更重要的是，他在信中告诉哈利，政府手里有100名"女王的臣仆"的中间派，只能拉拢160名辉格党议员在下议院形成多数，这些人比那190名托利党议员要好搞定得多。

我们每从那190人中拉拢一个人，就要从那160人中丢掉两到三个。而且保住那些曾经帮助我们的人，难道不比那些曾经卑鄙又忘恩负义地竭尽所能、想要干掉我们的人来得更加合理和容易吗？……至于那些教士，他们总是自己说女王可以轻易地将他们纳入她的队伍。我也是这么认为的，只要能彻底地让他们满足，也就是合适的升迁门路。①

或许这两封信读起来只是说戈多尔芬要继续做辉格党人，而哈利要回头做托利党。但它们之间的差别还不仅于此。哈利和安妮女王一样，认为纯粹的党派政府在英格兰的出现是可以避免的，也应该避免。戈多尔芬则认为下议院政治生活铁一样的事实正在让党派政府成为必然的趋势。哈利宣扬的就是后来博林布罗克子爵鼓吹的"爱国者君主"，即一种通过其在议会的影响力来施行统治的君主制，却不受党派纽带的束缚，这种理念在哈利的时候还算被认为是可行的，但到博林布罗克子爵时已经是明日黄花了。

哈利和戈多尔芬之间在政策上的差异与辉格党自身决定倾向于戈多尔芬而非哈利有关，不是其原因就是其结果。不管是严肃的萨默斯还是轻佻的沃顿，在上议院的席位上与戈多尔芬讨价还价都非常得心应手。而所有的辉格党人都对哈利表示猜疑，不管是因为他为人狡猾鬼祟，还是因为他们自己已经察觉到他的想法要有所变化，可看出他是个潜藏却危险的敌人。

升任掌玺大臣并被许以贵族的威廉·考珀爵士留下的私人日记向我们深入地揭示了辉格党人对哈利的不信任。考珀上任不久即打消了安妮原来对他的偏见，并以他和前任赖特迥然不同的热心肠以

---

① 最后这句评论固然符合个别教士的情况，但对于全体教士肯定是有失公允的，这反映了戈多尔芬对教士的敌意越来越重。戈多尔芬这封写于1706年3月的信看上去像是在回复1705年9月哈利的信，但其实两封信中间隔了这次议会的会期。*H.M.C. Bath*, I, p.74; *H.M.C. Portland*, IV, p.291.

1705年10月 及清廉地拒绝了在衡平法院执业的律师们送来的"新年礼物"这一陋规，赢得了所有人的褒奖。他认为这些外快尽管可能是古时候传下来的规矩，但却有贪腐的意味，更别说它们每年预计的数额可达1500镑到3000镑不等。其他法院的首席法官对他如此铁面无私很是嫉恨。但公众支持考珀，反对其他法官，他的刚正不阿还有安布罗斯·菲利普斯——这位诗人的绰号"Namby-Pamby"在英语里有"为赋新词强说愁"之意①——蹩脚的诗赞曰：

> "年节礼物"把钱掏，
> 古来判官尽折腰。
> 而今公披法官袍，
> 一身清廉千秋傲。[47]

由于他性子直，再加上当时的政治气氛，考珀能和他在内阁里的托利党同僚聊到一块。他甚至还与托利党反对派最高层的领袖罗切斯特伯爵私交不错，他宣称后者"虽然脾气暴躁，但本性不坏"。但他和哈利就不是一路人。从一开始他就怀疑哈利老奸巨猾，暗中作梗。1706年1月初，哈利摆了一桌宴席，请了马尔伯勒公爵、戈多尔芬和辉格党大佬们。这是"让萨默斯和哈利法克斯男爵与哈利握手言和的"大好机会。

---

① 正是这个安布罗斯·菲利普斯在庆祝汉诺威王朝顺利上位时，有感于股市大涨而将"财富"奉为我们岛国的族神："啊，财富！土生土长的英格兰女神！"

（考珀写道）哈利大臣拿起一只玻璃杯，敬了爱、友谊及天长地久的联盟一杯，还说要是有更多托考伊葡萄酒喝就好了（我们已经喝了两瓶，酒不错，就是有点浑）。我回应说他的里斯本白葡萄酒清澈透明，喝起来最好不过了：我想他心领神会了（我看在座的大多数也听得出弦外之音），我说的是他的品格，做事从不光明磊落，总是藏着掖着，甚至有些两面三刀；即便在没有必要的时候也爱要花招，但内心深处却很为自己的狡猾而沾沾自喜。如果说有什么人天生就要当无赖的话，他就算一个。

其实，辉格党大佬对哈利的态度非常像他们的后来者对谢尔本的态度。而且戈多尔芬原本也对他有类似的猜疑。的确，当哈利写信给他说"我从灵魂深处跟您是一拨的。我没有别的想法和私心，唯您马首是瞻"时，他怎么能不起疑心呢？哈利这忠心真是表得过犹不及。[48]

根据当时的观念，政府的职能之一就是对匿名写过小册子抨击政府且言辞激烈者进行甄别和起诉。两年前辉格党的笔杆子曾经被戈多尔芬政府告上法庭；此时轮到他们的对手了。高教会派小册子《论英格兰国教会表》的作者詹姆斯·德雷克博士还没有被公开身份。1705年8月，马尔伯勒公爵从战场上写信给戈多尔芬说道：

我在大营里读了《论英格兰国教会表》这本小册子。我从没有读过如此厚颜无耻、血口喷人的东西。如果作者被人找了出来，我毫不怀疑他将受到严惩；因为如果写如此捕风捉影、恶意中伤的东西还能逍遥法外，没有哪个政府还能维持得下去。先不管我刚刚怎么说，当我读到估计作者把你我写成宗教狂热分子时，我实在忍不住笑；还有就是白金汉公爵和泽西勋爵被写成了国教会的支柱；他们一个在詹姆士国王时期是罗马天主教徒，另一个只要能讨先王欢心，连贵格派或别的任何教都敢信。

考珀认为哈利在侦查这本反书的作者时磨磨蹭蹭，而且不愿动用自己的耳目和线人来对付托利党成员。调查和诉讼拖拉了一年，在此期间德雷克博士虽然没有被正式定罪，但因担惊受怕而发了高烧，最后一命呜呼；可怜的托利党酒馆诗人内德·沃德称不上名垂青史，他因为写了《休迪布雷斯再世》（Hudibras Redivius）而被判戴枷示众，饱受曾被他讥讽的伦敦暴民羞辱，比之前同样因言获罪而戴枷示众的丹尼尔·笛福要惨得多。① 不管哈利在这些党同伐异的事情上表现出的消极懈怠是否出于人性和理智，但在戈多尔芬和辉格党看来就是两面三刀，这些人过不久注定还要狠狠地起诉一个"博士"，他可比德雷克要有名得多。[49]

新一届议会于1705年10月底召开，众议院的头一件大事就是推选出一名议长。托利党反对派准备提名附加法案派领袖布罗姆利，这早已是公开的事实。他的竞争对手是铁杆的辉格党人约翰·史密斯。按照当时的规矩，争夺议长宝座的两人用"没有下限的言辞"攻击对方的人身和品性。一方面，众议院议员们又复习了一遍史密

---

① 蒲柏的"厚如戴枷沃德的脸蛋"说的可能就是1706年的这件事，因为内德·沃德也出现在《愚人志》（Dunciad）中的另外一段（I, l. 233；Ⅲ, l. 34）。1706年5月，萨顿的堂区长因诽谤马尔伯勒公爵而被判戴枷示众，他由于彻底认罪服法，被萨拉恳求赦免并得到了公爵本人的同意。Coxe, chap.xlii. 约瑟夫·布朗医生也因为写了《乡村堂区主持牧师给掌玺大臣的谏言》（The country parson's advice to the Lord Keeper）而被关进了纽盖特监狱。

斯在威廉时期背叛国家利益，投票支持在和平时期维持一支常备陆军。但另一方面，布罗姆利在14年前曾出版过一本荒唐的书，是他少不更事时的游记，人们觉得这本书揭示了他心向詹姆士党，至少是他学识短浅。他的政敌及时地将此书重新出版发行，以影响分组表决——据说这又是哈利的一条诡计。[①]史密斯以248票对205票当选。并不是所有的政府支持者都意识到他们应该投票选一个辉格党议长，有15名拥有官职的人投了布罗姆利的票；其中有海军部的一名秘书，他被剥夺职位以儆效尤，好让政府和辉格党的联盟今后可以对女王陛下所有臣仆的投票感到放心。[50]

　　女王致辞带有辉格党的色彩。第一份草稿是戈多尔芬亲手拟的，和通常所有君主对议会两院的讲话一样，它是在安妮在场的情况下获得了内阁的批注。安妮向议会两院强调了与苏格兰达成联合条约的必要性；她对那些声称英格兰国教会在她统治下陷入危险的人进行了严厉的抨击；她还宣称"我们有充分的理由希望，靠着神对我军及盟军的保佑，我们为奥地利王室光复西班牙王位奠定了坚实的基础"。攻克巴塞罗那的消息刚刚传到了国内，乘车进入伦敦参加新一届议会的下议院议员们也听到了庆祝的礼炮声。辉格党和政府

---

　　① 这个新版本确实相当鸡贼。其中有一个新的目录，上面写着这样的标题："作者比了比救主基督和他的身高差，发现他只矮了一个手掌的宽度，第107页。""作者身为新教徒，吻了教皇的鞋子并领受了他的祝福；却丝毫没有谈到宗教的话题，第149页。""八幅图画所占的空间比十六幅同样尺寸的画要小，第14页。"在辉格党于1705年出版的"点将录"《波兰议会：讽刺诗一首》（The Dyet of Poland, a Satyr）中，有关"布罗姆斯基"（即布罗姆利）的段落中写了这类的文字：

　　他在外国白游了一大圈，
　　写了本书就返回了家园；
　　说在查塔姆他走了一遭，
　　看到罗切斯特有一座桥。

的报纸说替"查理国王"打下西班牙不仅必要，而且可能，并预测之后和西属美洲殖民地的贸易利润会超过这场战争的全部开销。说到军事上的支出，反对党的媒体一直反对；他们说国家被搞得民不聊生，而且非常不公平的是，"荷兰人在战争上没有花一分钱"。辉格党和政府的报纸对这两种说法都予以反驳。高教会派的报纸为了阻止英苏联合而对苏格兰人进行抨击也有一段时间了：《复述报》（Rehearsal）声称苏格兰枢密院和爱丁堡的官员下令焚烧救主基督的肖像——这一报道遭到了辉格党报纸《飞行邮报》（Flying Post）的驳斥。哈利尽管对未来有疑虑，但他此时还是相当忠于政府的政策，他写信给马尔伯勒公爵说道：

> 我听说荷兰的悲观分子对女王致辞中涉及西班牙王位的内容有非常错误的看法，觉得这是要让战争经年累月地打下去，其实这才是实现和平的唯一办法，这一点再清楚不过了。[51]

在议会上下两院回应女王致辞并对她表达的观点表示欢迎后，下议院急不可待地投入选举申诉这一喜闻乐见的事情上了。和往常一样，首先考虑的是党派立场，证据什么的都只是次要的。闹得最厉害的是圣奥尔本斯的选举，这里两边差距很小，常在那里居住的马尔伯勒公爵夫人亲自拉票，让摇摆不定的选民转向了辉格党候选人、海军将领基利格鲁。布罗姆利在下议院里大胆地将她比作爱德华三世年老昏聩时宠信的女权术家艾丽斯·佩勒斯——做出这种比喻看来是不打算取悦女王了。经过一番唇枪舌剑，该议席最后被表决给了基利格鲁。

自大选之后，高教会派托利党失去了对下议院的控制权。西摩和布罗姆利变得萎靡不振：昔日在西部权势熏天的大佬行将就木，而布罗姆利没了大多数议员撑腰，说话也不再有人听了。托利党反对派更有分量的人物是在上议院，那里就成了本届议会政治较量的主战场。

1705年12月，罗切斯特伯爵提出国教会处于危险之中，理由是牧师和主教都倒向了敌人那边，并含沙射影地说女王也是如此。在随后进行的辩论中，辉格党主教们对自家神职人员在教牧人员代表会议和别的地方对他们进行攻击表示痛心疾首。伊利主教基于在剑桥大学的经历抱怨道：

他们从小教育这些上大学的绅士要有火一样的热情，结果这些人一毕业就把同样程度的怒火带到了各个堂区去了，给亲善和睦的社会环境造成了非常恶劣的影响。

托利党人抱怨说不从国教者到处开办学校和学院，其实不从国教者完全是自掏腰包，而且更重要的是，按照法律他们还不能上正规的大学。辉格党人回应道：自从实行信仰自由以来，不从国教者"已经软化了他们的强硬态度，并积极地服务于政府的各种目标"，这自然比那些攻击他们的人要好得多。议会两院均以压倒性多数表决通过决议，敬爱的先王威廉三世已经将国教会从迫在眉睫的危险中拯救出来了，"无论何人宣称并暗示国教会在女王陛下的政府治理下处于危险之中，他就是女王、教会和国家的敌人"。安妮本人经常到上议院来旁听，当她听到昔日的盟友指责她对所热爱的国教会不闻不问时，她对这些人感到了前所未有的厌恶。这是她和辉格党最为亲近的时候——至少是她与托利党最为疏远的时候。[1]

高教会派在此次会期也处境堪忧，因为在和议会同时召开的教牧人员代表会议上，上议院的温和派主教与下议院大多数野心勃勃的教士之间又爆发了一次激烈的争吵。下议院里温和的少数派公开联署抗议，支持主教的权威，更是令气氛火上浇油。最终安妮出手干预，仍旧是站在了同一边，宣称"她决心维护她的至尊地位，因此牧师和主教各安其位至关重要"。她支持大主教有权让下议院休会，而激进的高教会派人士曾予以否认。[2]

在圣诞节之前，上议院中的反对党又提出了有关英国与盟国之间关系的问题。大胆鲁莽的哈弗沙姆勋爵前不久刚从辉格党人转变为托利党死硬派，他提议对去年夏天战争期间巴登的路易斯亲王及荷军将领阻挠马尔伯勒公爵一事进行调查。英国人提起这件事自然气不打一处来。一些政治诗人对荷兰人的恨甚于对马尔伯勒公爵的爱，他们写了一首题为《荷兰监军》(*The Dutch Deputies*) 的诗讽

---

[1]　*Parl. Hist.*, Ⅵ, pp. 479–509; *Burnet*, Ⅴ, pp.235–238（435）; *Cowper*, pp.25–26. 托利党人达特茅斯勋爵在给伯内特的说明中对这场辩论的氛围有着非常近距离的描述："与其说是辩论，不如说这场争议是罗切斯特勋爵脑子一热引发的，他没有和任何人商量过，时机也再差不过了，因为我们都知道女王对她落入的势力不是很满意，而且辉格党也不过是想要一个能证明自己和教会关系好的机会。就在罗切斯特勋爵接受哈利法克斯勋爵挑战的时候，我正好坐在戈多尔芬大人身边，我对他说（没想到这场争论还会进一步发酵）我想这两位一个是国教会的急先锋，一个是清教徒的马前卒，吵起来一定很精彩。他对这个巧妙的说法很是中意，还把它讲给周围所有的人听，他知道没有什么比把它变成闹剧更能糟蹋一场辩论的；而且它确实起到了这样的效果，不管是他们哪一个发言，大伙都能笑出声来。"

[2]　有关 1705 年至 1706 年的教牧人员代表会议，参见 *T. Lathbury*, *Hist. of Convocation*, pp.398–399 以及 *Burnet*, Ⅴ, pp.247–249（442）。下议院向主教们抱怨笛福的《评论》(*Review*) 和图钦的《观察家》(*Observator*) 是放荡的出版物；抱怨剧院伤风败俗的乱象；抱怨并不受《信仰自由法》保护的独一神教派在伦敦公开举行礼拜。

刺道：

> 奸贼、卑劣的共和派控制，
> 马尔伯勒公爵的胸中大事。
> 看他们把这胜将阻挠猜疑，
> 让他老婆的党羽获得胜利。

民间批评倒也无所谓，但上议院动议谴责盟友将会在国外引起强烈的反弹，对明年的战局有害无益。这些批评倒也不是空穴来风，但最有资格批评的人恰恰会因为哈弗沙姆勋爵别有用心的动议而蒙受最大的损失。议会两院均投票通过了对女王的致答词，以保持与盟国的良好关系。[53]

这年冬天上议院的党派斗争虽然主要都是些细枝末节、一时兴起的事情，但还是机缘巧合地导致了一个注定要给英格兰的前途带来重大后果的举措。《摄政法案》不仅为1714年汉诺威王朝最终不受阻碍地登上王位提供了制度保障，而且还移除了《王位继承法》中那些后来证明会妨碍议会内阁制政体发展的条款。这件事情非常离奇，其结果也同样意义重大。

反对党的领袖们眼睁睁看着他们党派的权势从安妮登基伊始的如日中天，一下子落入了战争和辉格党的阴霾之下，便对女王及其臣仆怒不可遏，以至于他们的举动在这个冬天变得乖张而危险。当时在伦敦的苏格兰詹姆士党人洛克哈特写信回国向阿瑟尔公爵说道："自耶路撒冷被围以来，我还从没有见过哪个国家"像英格兰这样"分裂，或者更应该说是四分五裂"，托利党人宁可发动叛乱也不愿看到辉格党掌权。这位苏格兰人其实不太懂南不列颠，内战在那里比在他的祖国更加有悖于当地传统。但洛克哈特的信里有一句话倒是说得有几分见地。他观察到辉格党和托利党在讨论王位继承问题时单单从党派利益出发，便补充道：

> 在英格兰，比起谁来当国王，他们更加在意的是他将成为谁的国王！

这个顽固的詹姆士党人之所以能说出如此妙句，是看到了以哈弗沙姆勋爵为首的高教会派托利党大佬们在上议院提出动议，要求邀请汉诺威王朝的王位继承人来英格兰居住，直到女王去世。[54]

支持哈弗沙姆勋爵动议的罗切斯特伯爵、泽西伯爵和白金汉公爵都算半个詹姆士党人。但罗切斯特伯爵又和汉诺威前任选帝侯的遗孀、英格兰王位法定继承人索菲亚私交不错。1705年10月，他通过一个在汉诺威的通信人得知，索菲亚对他的敬意一点也没有减少；"只要女王和议会召她"，她非常乐意到英格兰来，而她的儿子、现任选帝侯乔治"虽然现在还非常含蓄"，但基本上同意其母的意见。[55]罗切斯特伯爵很想在外甥女安妮身上发泄怒火，而安妮又公开憎恶有人提让什么"继承人"在她还活着的时候到英格兰来分庭抗礼。安妮曾经写信给马尔伯勒公爵说道：让索菲亚或者选帝侯乔治甚至小亲王过来是"我所不能容忍的，哪怕只来一个星期"。罗切斯特伯爵和诺丁汉伯爵眼看自己已经和现任君主完全撕破脸了，而现任君主应该也活不了太久，于是想冒着彻底失去获得安妮宠信的可能性的危险，去为她的一位潜在继承人立定策之功。这个计划非常精明，但在1705年还为时尚早，因为体弱多病的安妮其实还能再活个十年。到了她真的快撒手人寰的时候，辉格党玩起了同样的把戏，只是他们更加大胆、更有诚意，结果也要成功得多。

上议院的反对党的这一步棋还有另一层用意。假如大臣们和辉格党接受邀请索菲亚或其子的提议，那么他们将会和安妮女王决裂。但假如他们反对的话，会和整个国家决裂吗？他们到时候会不会被高教会派托利党指责为对新教继承不忠呢？而且即便英格兰没有很多人相信这样的指控，但在汉诺威那边会不会有人信以为真，让索菲亚和乔治觉得诺丁汉伯爵和罗切斯特伯爵是他们唯一忠诚的盟友呢？这时辉格党大佬们和未来君主之间的私人关系还没有不久之后那么亲密。至于戈多尔芬和马尔伯勒公爵，全欧洲都知道他们在威廉时期对詹姆士党的支持不亚于罗切斯特伯爵，而且比诺丁汉伯爵要多得多，要知道诺丁汉伯爵一直忠于詹姆士党，正如沃顿本人一直忠于汉诺威王朝。因此在1705年，要让汉诺威王朝相信辉格党和政府对新教继承的忠诚不如饱受中伤的高教会派托利党，也不是什么不可能的事情。

这是一个非常高明的陷阱，戈多尔芬及其辉格党盟友只有采取大胆而有力的行动才能避开。他们拒绝投票支持在女王在世时要求王位继承人来英格兰。但在枕戈待旦的沃顿的鼓动下，他们对高教会派托利党进行了侧翼包抄，提议了一部《摄政法案》，为安妮死后新教继承可以顺利落实提供实际的制度保障。

上议院议员中的托利党反对派在发言中抱怨说，女王出席上议院限制了自由辩论。不管怎样，她还是坐在那里，而且越听越来气。她听到白金汉公爵以安妮可能随时丧失理政能力为由来说明有必要邀请索菲亚过来，感觉她成了"受他人监护的小孩一样"。但最令她感到震惊愤怒的是听到诺丁汉伯爵和罗切斯特伯爵支持哈弗沙姆勋爵的动议。当他们还是她手下的大臣时，他们曾向她灌输说，辉格党提议在她在世时邀请王位继承人过来是想要推翻她。此时他们自己倒支持起了邀请王位继承人的政策。沃顿斗志昂扬地揶揄罗切斯特伯爵、泽西伯爵和白金汉公爵"不明不白地转投"汉诺威王朝一边，且反对邀请王位继承人并提出《摄政法案》的大致内容。大臣们立刻在萨默斯勋爵的协助下起草了这一重要的法律。这位伟大的辉格党法学家非常不受安妮的待见，以至于他没能再度出任御前大臣，但朝廷的大臣还是可以让他的指挥和经验为己所用。尽管他只是一介平民，但还是在《摄政法案》和与苏格兰联合条约的制定和通过中扮演了重要的角色。[56]

1705年11月15日

虽然1705年至1706年冬天的《摄政法案》是党派斗争的产物，但它对英格兰的未来还是有着举足轻重的价值。它更新了《王位继承法》，并为汉诺威王朝继承人尚在国外这一关键时刻提供了落实《王位继承法》的办法。它规定枢密院不会因君主驾崩而解散，而是继续召开并立即宣布王位继承人。由一群"法官"摄政监国，直到索菲亚或乔治能够从汉诺威过来并亲政。这些"法官"由安妮去世时七名重臣①以及其他被王位继承人指定的人组成。议会不会按照当时法律（特殊规定除外）因安妮的去世而解散，而是在她死后立刻召开，为期六个月。这些安排让詹姆士党的王位觊觎者几乎没有机会在政府陷入混乱瘫痪时趁机登上王位。到安妮驾崩这一考验真正到来时，这些提前措施不仅可行，也达成了目的。同时还通过了另一项法律，将选帝侯夫人索菲亚及其子女归化为英格兰人。

---

① 坎特伯雷大主教、御前大臣或掌玺大臣、财政大臣、枢密院院长、王玺大臣、海军事务大臣、首席大法官。上议院中托利党反对派出于对戈多尔芬的憎恨，要求投票中撤掉财政大臣，并以伦敦市长代之；但他们的投票被否决了。

反对派高教会派托利党只能低声抱怨说这些措施是多此一举。他们中间的詹姆士党人也自食其果，聪明反被聪明误。当《摄政法案》被送到下议院时，它被"反对法案的暗中操作"搁置了一段时间。汉诺威王朝与高教会派托利党密切沟通。索菲亚对辉格党人并没有特别的好感，而且被安妮个人公开的敌对态度所激怒，继续在幕后煽动人立刻邀请她来英格兰。她写信给坎特伯雷大主教，表示如果获得邀请，她很愿意过来；这封信被人印刷出版，在下议院中引发了激烈的辩论，安妮女王因此和她的汉诺威亲戚们更加疏远了。

时年75岁的索菲亚生气勃勃，乐于冒险，她不怕在英格兰制造一些麻烦。到这个著名的岛国小住一阵，作为备受追捧的"王位继承人"在那里"潇洒一回"，将会给她的迟暮之年增色不少。不管是在生活习惯上还是在情感上，她对汉诺威都没有像她儿子那么深的羁绊。如果说她的心不是"百分之一百的英格兰"，那么也不是百分之一百的德意志——或者荷兰。如果她能活到登基，这个"索菲亚女王"必然会很受欢迎。

因此下议院里的高教会派托利党提议邀请索菲亚来英格兰，取代《摄政法案》。个别的辉格党有不顾小集团的命令、投票支持邀请王位继承人的危险，毕竟这曾经是而且在六年后还将是辉格党的政策。但辉格党党纪严明，邀请王位继承人的提议遭到否决，《摄政法案》成了法律。[57]

这一新的法律中有两个小的条款对英格兰后来历史的重要性并不亚于该法的主旨，它们对1701年《王位继承法》中的某些条款进行了改动。原先的法律明确了王位由索菲亚及其新教子嗣继承，但也对王权做出了某些限制，将在汉诺威王朝的继承人实际继承王位时生效。这些限制中有一条规定：

所有与治理本王国有关的事务，根据本国法律和习惯可以在枢密院进行适当判断者，应移送枢密院，所做出的一切决定应由枢密院商议、同意并签署。

这一条款旨在终结近年来形成的、通过内阁秘密协商进行治理的制度。但《摄政法案》在这一规定得以生效前就将它撤销了。

秘密协商的内阁制政府因此得以继续存在。但这样的内阁可能其所有成员都与下议院没有关系，正如美国的内阁与国会两院都没有关系一样。这就是过去英格兰政治的理想状态，光荣革命前后许多年下议院不少议员就是这么认为的。当时的反对党——不管是辉格党还是托利党——都非常希望将"皇家臣仆"从下议院中踢出去，他们认为这些下议院里的"禄虫"是朝廷收买来阻挠他们投票的。那种下议院不再是反对派的聚集地而将成为行政权力机关的观念还只是一点一点地在传播。

在沃波尔担任首相之前，最重要的大臣都在上议院，但下议院还是会对这样的政府有所质疑，并对政府在他们中间的影响力颇为猜忌。因此在1701年的《王位继承法》中规定，一旦汉诺威王朝的继承人继承王位——

在国王手下拥有官职或带薪职位者，以及从王室领取津贴者，不得出任下议院议员。

当《摄政法案》被提出时，政府认为这是撤销这一规定的好机会。尽管撤销该条款后来证明是下议院取得绝对优势地位的主要原因，但当时的上议院非常支持这一举措。有趣的是，1706年2月的下议院对摆脱这种让他们和国家政府相隔离的自我否定条款远没有那么上心。托利党执政派自然全力支持撤销这个会让他们在女王死后在政府职位和下议院议席之间二选一的规定。但出于同样的原因，反对派高教会派托利党坚决要求维持这一条款。辉格党则意见不一，但在上议院小集团的施压和党纪的要求下，他们投票支持政府的意见。经过多次辩论和分组表决以及一次上下两院的正式会议，最终达成了一项妥协。在汉诺威王朝的继承人继承王位后，下议院议员将不能再担任某些职位。但担任其他职位包括最主要的国家政治职位者虽然要在接受职位时辞去议席，却可以重新被选举为下议院议员。选民要考虑的是，让他们继续出任议员是否合适。这样的安排在1707年确立与苏格兰联合的法律中得到了重申，它一直运作良好，直到前不久才做出了修改，几乎没有引起什么人的注意。

在辩论这一问题的过程中，政治手腕显然更为高明的上议院提醒下议院说：

所有被国王任用并信任的人仅仅因为这一点就不能被人民所信任了，其实就是说国王的利益和人民的利益肯定一直是相互矛盾的；没有哪个善良的英格兰人会接受这样的观点。

这么来表述问题的关键再睿智不过了。尽管斯图亚特诸王与议会曾经有过矛盾，①但行政权力和立法权力的关系越密切，国家的治

---

① 孟德斯鸠错误地认为英格兰的自由是通过将行政权力和立法权力分离而取得的，这一观点通过他的名著广为流传，在美国和法国都有不小的影响。他的错谬很大程度是因为反对"下议院里的禄虫"这一传统观念的残留，相当根深蒂固。曾在1730年访问英格兰的孟德斯鸠比他所分析的英格兰政治的形成要晚了一代人以上。

理就越好，甚至对人民的自由也越有利。今天美国政治制度中行政权力和立法权力的分离频频导致国会与总统及其内阁因党派之争而发生冲突，给美国乃至整个世界都带来了严重的后果。假如在汉诺威王朝登基之后，"禄虫"被踢出了下议院，英格兰也将出现类似的后果。而这一切被1705年至1706年的《摄政法案》所避免了。[58]

如果安妮在这时候去世，索菲亚将顺利登上英格兰的王位——（苏格兰就是另一个故事了）——而她将不像她的儿子在1714年那样主要依赖辉格党的支持。她无意将自己的利益和哪个党派捆绑在一起。她认为辉格党必然忠于汉诺威王朝，而她的重点应该是去争取托利党还不太牢靠的忠诚。这位公主是在17世纪而非18世纪的观念洗礼下长大的，尽管她同意议会可以排斥罗马天主教徒的继承权，但她不关心什么"议会赋予自己的权利"，而是主张自己的"世袭权利"。其中的差别可能比较琐碎，无关宏旨，但这表明她和之前的威廉三世一样，在政治理论上是王党，而非辉格党。

那些来汉诺威烧她冷灶的辉格党狂热分子如小册子作家托兰一样没有让她有什么先入为主的好感。可怜的托兰是思想自由的先锋，他和很多不受时人赏识的先锋一样，缺乏个人魅力，也没有能让他和索菲亚建立良好关系的处世智慧。索菲亚在哲学上的好友是莱布尼茨，而不是托兰。

她更喜欢像"格洛斯特郡的守林官先生"这样比较卑微的访客，后者在1704年来"告诉她在英格兰她有多少朋友"。而且根据英格兰驻办公使的汇报，"选帝侯夫人殿下十分善于取悦这些远道而来、希望被取悦的人，非常谦恭地对待他，以至于他说他一点也不怀疑，只要听说了他受到了怎样的厚待，格洛斯特郡还会有二十个比他更位高权重的绅士过来拜访"。

戈多尔芬尽管心里是支持《摄政法案》的，但他从来没有像辉格党大佬那样直接和汉诺威方面书信往来。曾经支持詹姆士党的历史永远像乌云一样笼罩着他和马尔伯勒公爵。尽管马尔伯勒公爵每次打仗结束都会不辞辛劳地拜访汉诺威的宫廷，但一旦王位继承出现争议，他们两个都会被辉格党和汉诺威方面视为立场不坚定。而安妮对王位继承的态度更受人们的怀疑。

1706年初夏，哈利法克斯勋爵被派出使汉诺威，替辉格党和政府在那里疏通关系。他带去了《摄政法案》和《归化法》的文本，以及给小亲王即后来的乔治二世的嘉德勋章。但索菲亚对她没能去成英格兰耿耿于怀，也相信辉格党无论怎样也会忠于汉诺威王朝，不愿意表现得很热情。刚刚因为写诗歌颂布伦海姆战役而当上爱尔兰总督助理的艾迪生跟着哈利法克斯勋爵一行来到了汉诺威。索菲亚已经听说他机敏才学的名气越来越大，很期待能听他谈论一番。但他在宫廷里表现得害羞、沉默寡言，这让她很是失望。

她和伯内特夫人之间就没有这么吃力了，后者于次年过来向她传达其夫的致意。索菲亚非常喜爱这位主教夫人，以至于连下面这样推心置腹的话都跟她说了：

> 她相信假如女王今天就去世，她明天就能继位，然后再传位给她的子女。但如果女王再活个二十年，情况可能就不一样了。而且她不知道她这个啥都不了解的儿子是不是能胜任。

如果说辉格党不知道要怎么和索菲亚本人打交道，那么他们现在开始越来越熟悉她的儿子选帝侯乔治了。哈利法克斯勋爵和他关起门来"用非常蹩脚的法语交谈"。这位辉格党大佬向戈多尔芬汇报说：

> 选帝侯比我预料的要随和亲切得多，而且正如认识他的人所说，他最近变出了一副好脾气，但我觉得他很枯燥无味。我走了大运，因为马尔伯勒公爵大人这次胜仗（拉米伊战役）让他们的表情变得比我料想的要和蔼许多。

只要他母亲还健在，乔治在英格兰王位继承问题上就只能屈居幕后，但他毕竟是汉诺威的统治者，而且对战争及与英格兰结盟一直都很积极。他已经认识到马尔伯勒公爵和辉格党的英格兰是比荷兰更有价值的盟友，一旦双方发生矛盾，他会站在英格兰一边反对荷兰。但他怀疑托利党反对派对战争漠不关心。他对英格兰内部事务不如他母亲那么了解关心，但他很乐意讨好这个保卫德意志利益免受法国侵害的英格兰。因此比起托利党，他和辉格党更加亲近。当六年后博林布罗克子爵结束战争时，这些第一印象在未来的乔治一世心中更为深刻了。[59]

索菲亚和乔治忠实的朋友、哲人政治家莱布尼茨比他们俩更有智慧。1706年8月，他在给托利党执政派笔杆子戴夫南特的一封信中体现了他对政治原则及其与现实的关系把握得很到位：

> 依照法律统治的君主大多是最有权威的，或者至少都是最稳固的。这句英格兰格言应该成为所有国家的格言。在被你们的原则和资金所拯救之后，我们应该向你们学习——我的意思是现在的你们，而不是六十年前的。你们已经因为把自由抬得过头而交了学费。因

此我希望人民现在变得更聪明了，在专制权力的威胁已经因为法国惨败（拉米伊大捷刚刚结束）而大为削弱之时不会再被夸张的共和派原则骗得晕头转向。辉格党目前和朝廷的关系很好。我们对此并不感到遗憾；因为我们所希望的就是国家的福祉，以及各党派就同一个首要目标团结一致，即确保王位继承顺利实现。[60]

第六章　拉米伊战役

当初反法同盟缔结条约时宣称，为了从根本上确保欧洲今后的安全，他们要从法国人手里收复尼德兰和意大利；可是到了1706年5月，战争已经打了四年，但这方面却进展缓慢。当然，敌人的主力舰队已经被逐出了海面，布伦海姆战役也给了法军沉重的打击。但由于联军没能抓住1705年的大好时机，法国的军威部分得到了恢复。荷兰政府吸取了教训，准备在次年春天满足马尔伯勒公爵在战场上的一切需求。可是荷兰共和国纵然忠于反法同盟，却在超出其承受能力的财政负担重压下举步维艰。英格兰征税和借贷的能力更强，而且新一届的议会打算充分发挥英格兰的财政能力。但是现在英格兰不仅因为西班牙战事导致军队规模比1702年扩大了一倍，而且那些提供军队的欧洲君主还在向马尔伯勒公爵闹着讨要全部的欠饷。如果不满足这一条件，普鲁士和丹麦的国王说什么也不肯再派兵到莱茵河或佛兰德了。

1705 年 4 月至 5 月

对普鲁士而言，要钱还不是唯一的难题。目前为止，英格兰能让腓特烈一世老老实实地与他所讨厌的奥地利和荷兰维持同盟关系。但随着马尔伯勒公爵上次访问柏林的影响消耗殆尽，普鲁士的廷臣们开始密谋反对英格兰驻办公使雷比勋爵，威胁其让普鲁士完全退出战争。汉诺威选帝侯也按兵不动，直到其母与安妮女王的紧张关

系有些许缓解。约瑟夫皇帝尽管深陷破产却仍不肯向匈牙利起义者
让步，他敦促马尔伯勒公爵执行其最钟爱的计划，从摩泽尔河入侵
法国。但马尔伯勒公爵再次拒绝了，因为这一计划虽然构思正确，
但它的成功有赖于巴登的路易斯积极支持；因为这位藩侯虽然比
之前更加愤愤不平、深居简出，但仍旧指挥着兰道周边的神圣罗
马帝国军队。

反法同盟已经变得腐朽了，如果再失利一年就会导致它初步瓦
解。他们需要一场胜利来振奋精神，但在眼前的战事中遭遇大败也
不是不可能的。萨伏伊公爵败亡、奥地利军队被彻底逐出意大利似
乎迫在眉睫。4月16日，旺多姆公爵赶在欧根从维也纳到来之前，
在卡尔奇纳托击败了神圣罗马帝国军队，并将他们赶进了加尔达湖
畔的深山之中。要不是欧根赶到，他们就被完全击溃了。其中一些
被马尔伯勒公爵争取到意大利作战的普鲁士和丹麦部队因为奥地利
准备不足而遭此失利。这让柏林的腓特烈国王对维也纳和反法同盟
更加不满。

与此同时，马尔伯勒公爵计划亲率本部人马翻过阿尔卑斯山，
进军意大利，正如他的一位军官所说，"这算是一次愉快的短途旅
行"。①荷兰的政客们因为他们的将领去年阻挠马尔伯勒公爵的计划
而感到很不好意思，一致同意了这个比进军多瑙河还要长一倍时间
的计划。他们唯一的条件是本国荷兰人组成的团不得参与其中。

---

① "在我们即将开拔时，马尔伯勒公爵下令给英国每个步骑兵团送去六个碾谷
物用的手磨。这让人开始传说他计划进军意大利，去解救萨伏伊公爵，这算是一次愉
快的短途旅行。但公爵殿下的计划还是一个谜，但不管怎样，我们在佛兰德可没有分
到手磨。"*Parker*，pp.108–109.这一记载让我对克兰斯顿上校有关马尔伯勒公爵只打
算率领英军骑兵去意大利的说法表示怀疑。*H.M.C. Portland*，Ⅳ，pp.440–441.

我下个星期日要和阿姆斯特丹的几个市镇长官开会（马尔伯勒公爵从海牙写信给戈多尔芬说道），因为除非我们说服他们批准我的提议，否则我在这里找来商量的人都不敢点头同意。

的确，这个计划对马尔伯勒公爵来说很是诱人。他可以再度与欧根联手，在葡萄园和桑树间作战，将意大利从法国人的手中拯救出来；然后还可以亲自执行他在地中海两栖作战的计划；最重要的是，他可以攻打土伦，与在西班牙的戈尔韦伯爵和彼得伯勒伯爵遥相呼应。这就是通向胜利的另一条捷径，既不用和尼德兰的深沟高垒硬碰硬，也没有巴登的路易斯这种嫉贤妒能之辈处处掣肘。

然而噩耗突然传来，彻底打破了马尔伯勒公爵"远征意大利、仿汉尼拔之故事"的梦想。1706年5月初，路易亲王遭到维拉尔的攻击，兵败被赶回了莱茵河。德意志一时风声鹤唳，以当时普鲁士、汉诺威等邦国的斗志，能放心让德意志保卫自己吗？荷兰人便不再提让马尔伯勒公爵进军意大利的事，这让戈多尔芬大大地松了一口气，因为他"永远也不能接受您去那么远的地方，而且还去那么久"。

马尔伯勒公爵怀着沉重的心情再度出兵尼德兰边境，他估计在那里还是得继续枯燥地来来回回行军。

我不得不去佛兰德（他写信给萨拉说），我担心那里一整个夏天都打不了什么仗，因为法国人不敢在这个地区冒险行动……我每天都在想，我在这把年纪了还得和你天各一方，并且也很难在实际上为国家或全人类建功立业，真是遭了诅咒，想到这里我就忍不住黯然神伤。

他写信给戈多尔芬说道：

普鲁士国王、丹麦国王以及几乎其他所有诸侯所表现出的冷淡让我觉得十分沮丧，看来是胜利无望了。

最后他在5月15日再次写信给萨拉说："我在这里什么带点动静的事情都做不了，让我拨出1万人去意大利都没有问题。"[61]

八天之后，他就打赢了拉米伊战役，在"那个喧嚣的主日"制造了另一场堪比布伦海姆战役的"动静"。

反法同盟得救了，因为维勒鲁瓦元帅出来迎战了。这一举动完全不利于法国方面，以至于马尔伯勒公爵曾经认为这是不可能发生的，而个中动机可从战场上的维勒鲁瓦元帅、默东的路易十四以及凡尔赛宫的战争大臣沙米亚尔之间的通信中看出一二。

如我们之前所见，在上一次波澜不惊的战事结束时，沙米亚尔和维勒鲁瓦元帅对马尔伯勒公爵形成了"平庸的看法"，认为他不过是一个"穷途末路的冒险家"，并且将他的布伦海姆大捷归因于"纯属侥幸"。我们不知道他们的国王在多大程度上听信了这样的说法，但战争已经让法国的财政和经济背上了沉重的负担，这使得路易国王于1706年5月6日命令维勒鲁瓦元帅采取攻势，即便与敌人正面交战也在所不惜。路易十四对这位最受他宠信的元帅写道：他必须求和，而且为了让敌人能接受他的条件，必须在各个战场全面出击，迫使敌人相信他们的资源丝毫没有耗尽的迹象。① 为此，他命令维勒

---

① "议和现在是势在必行的，但除了让他们知道我们有到处攻击他们的能力之外，我不知道还有什么更好的办法能让他们下定决心求和。"*Pelet*，Ⅵ，p.18.

鲁瓦元帅渡过代勒河攻打莱奥，如果有必要的话，再和马尔伯勒公爵打一仗。

这一政策的错误在于他们决心到处出击。路易十四在那一年已经出击意大利和莱茵河并有所斩获，而在加泰罗尼亚的攻势还悬而未决。反法同盟内部不和，师老兵疲，而法国的战果更让这种情况雪上加霜。但进攻马尔伯勒公爵所在的战线是一个致命的错误，这或许因为去年冬天沙米亚尔和维勒鲁瓦元帅觉得这位英格兰将领"平庸"吧。

维勒鲁瓦元帅领旨，于5月19日从勒芬到蒂勒蒙渡过代勒河，来到开阔地带攻打莱奥，向马尔伯勒公爵叫阵，这可是让后者喜出望外。巴伐利亚选帝侯和法军将校都摩拳擦掌，跃跃欲试。这和布伦海姆战役前有着惊人的相似，除了维勒鲁瓦元帅完全不像塔拉尔元帅那样还知道犹豫一下。在马尔伯勒公爵看来，这是他本人的荣耀和整个欧洲的自由第二次因为敌人在占优势时不肯固守防线而得救了。

马尔桑所部的增援部队也正在赶来与维勒鲁瓦元帅会合，人们以为维勒鲁瓦元帅至少会等到援军到来。[①]但他不知道马尔伯勒公爵其实早有防备了；他知道普鲁士军队还没动身，也以为丹麦还没有出兵。然而马尔伯勒公爵一听说维勒鲁瓦元帅渡过了代勒河，便说服丹麦人急行军赶往前线，他一方面以个人的信用保证给丹麦政府的欠款一定会如数支付，另一方面激起了丹麦指挥官的军魂，让后者立刻发兵，不用等哥本哈根那帮斤斤计较之徒的命令。威武的丹麦骑兵于战役前一天抵达大营，宛如东部联盟的铁甲军在内斯比战

---

①　马尔伯勒公爵威胁攻打那慕尔是否进一步诱使维勒鲁瓦元帅从代勒河对岸出来，我们并不清楚。维勒鲁瓦元帅从路易十四得到的出兵命令是攻打莱奥，而他在战后正是以这些命令来为自己辩护的。参见*Pelet*，VI，p.40。

役前开进营地。

但普鲁士的步兵——那些曾在布伦海姆战役中撑起联军右翼的蓝衣兵——在哪里呢？马尔伯勒公爵于5月21日写信给在柏林的雷比勋爵道：

> 如果蒙神许可，我们战胜了敌人，联盟不会对普鲁士国王感恩戴德；相反，如果我们有什么闪失，我想他就难辞其咎了。

但在5月22日，就在他坐着下达最后一道有关次日行军（他深知这会被18世纪第二重大的战役所打断）的命令时，还不厌其烦地口述并签署了一封寄到柏林的信，为一位最近英勇阵亡的普鲁士军官遗孀请求抚恤金。他不光是对英格兰自己人宅心仁厚。历史上有多少伟大的统帅能如此仁慈、殷勤和冷静，以至于能在这样的时刻写下这样一封信呢？[62]

马尔伯勒公爵一听说法军渡过了代勒河，便从通格尔向西南方向移动，打算绕过小热特河的源头，在若杜瓦涅郊外迎击敌人。维勒鲁瓦元帅此时已经和马尔桑所部的骑兵会合（步兵还没有赶上），他正朝联军的方向过来，企图占领拉米伊的高地，那里是梅艾涅河、大热特河和小热特河上游沼泽的一道分水岭。这里位置险要，退可等待联军进攻，进可向东发动攻势。两支大军向同一地点逼近，双方都摩拳擦掌，跃跃欲战。

圣灵降临节凌晨3点多，马尔伯勒公爵的部队正沿着雨后湿滑的道路，在浓雾中向西穿行。身材高大的爱尔兰人威廉·卡多根是他的左膀右臂，被派去前方一探虚实。他在8点左右透过升起的雾气发

现，敌军前锋已经占领了拉米伊周围的高地。他的副
官飞马回报，看到英荷军队正在一座磨坊附近休息；
一听说敌人已经近在咫尺，他们立刻整装待发。几分
钟后，他们就跨过了"老防线"——他们去年推平的那道曾经著名
的布拉班特防线。

1706 年 5 月
23 日（新历）

到了 10 点，马尔伯勒公爵已经到达了前线，同行的有他的部将、
荷兰监军以及荷军中最骁勇的老将奥沃凯尔克，后者即将要为他本
人及全体荷军赢回声望。这时雾气已经彻底散去，壮观的场景让马
尔伯勒公爵眼前一亮。那就是他在昏庸无能之辈手中忍辱负重 12 个
月后所等来的丰厚战利品。6 万人分布在对面长达 4 英里多的战线
上——有好几长列身穿白衣的法军步兵，有蓝红相间的巴伐利亚士
兵，有来自山区各州的瑞士步兵，有五颜六色的法国、西班牙和瓦
隆骑兵以及路易十四全部精锐的御林骑兵[①]，这些身穿红衣的近卫骑
兵在阵中格外显眼。全军上下都穿着光彩照人的崭新军服，向全欧
洲展示路易十四还有的是资源和雄心。马尔伯勒公爵在给戈多尔芬
的信中称他们是"法国全体最精锐的部队"，后来还对伯内特说"法
军看起来是他所见过的最强大的军队"。那天上午，志在必得的法军
军官也做出了同样的评价。联军的步骑兵总数和敌军相当。马尔伯
勒公爵的火炮更多，但法王为了给自己赢得具有优势的和约，倾尽
全力装备了法军，给他们配备了大量三联装野战炮，这种新式武器在
抵达拉米伊战场之前都被小心翼翼地封装起来，秘不示人。[63]

但如果说两军在数量和装备上旗鼓相当，那么后来的事情表明，

---

① 研究这场战役的学者必须记住，"御林骑兵团"（Maisondu Roi）是骑兵，而
"皇家步兵团"（Régimentdu Roi）是步兵。

联军在士气和纪律上要更胜一筹。联盟的各路君主虽然在外交上表现得不思进取，但这并没有影响到马尔伯勒公爵指挥下的多国联军。丹麦军队未经他们斤斤计较的朝廷批准，刚刚才抵达大营，但马尔伯勒公爵知道他可以像信任自家英格兰人一样信任他们及荷军骑兵。他按照如此推心置腹的原则，在决定胜败的一刻让丹麦和荷兰骑兵与路易十四的御林骑兵正面交锋。他把自家的英国兵部署在右翼作战，以抵挡一半的敌军；由于法军将领畏惧"英国佬"，这一计策非常有效。① 双方对布伦海姆战役的记忆使得拉米伊战役成为整场战争中最彻底的一场胜利。联军踌躇满志地投入战斗，坚信他们当世无双的指挥官能带领他们获得胜利。法军在上午还想一雪前耻，但经过了两个小时的英勇厮杀，布伦海姆战役后的情绪又死灰复燃，他们高喊着自己被背叛了。他们士气的恢复不过徒有其表，引起的反作用会让他们加倍地吃苦头。更重要的是，法军有几处软肋，特别是西班牙军队中的瓦隆团。

辽阔无垠的高地经过人畜的耕耘，在那天早上布满了5月中旬的翠绿庄稼。这样的地面让两军都能将对方看个一清二楚，而联军已经在这片战场上部署了好几个小时，严阵以待维勒鲁瓦元帅的大军。

四英里长的法军战线从塔维耶一直绵延到奥特格利斯，它在长度和战术特点上和之前他们在布伦海姆和卢青根之间的战线非常类似。他们的右端被战场南沿的梅艾涅河及其支流的沼泽所限制，这和之前布伦海姆战役时被多瑙河的沼泽所限制一样。同样，法军的右翼中部仍旧是在一块开阔地带宽的那一端，没有任何障碍物，非常适合骑兵迂回机动；此处战场的两翼被塔维耶和拉米伊两座村庄

---

① 5月6日，路易十四写信给维勒鲁瓦元帅说道："对英国军队的第一次攻击要格外留意。"*Pelet*，Ⅵ，p.19.

所拱卫（和之前的布伦海姆与奥伯格劳一样），而这一对村庄同样也相距过远，无法控制住它们之间的战场，而且都可能被步兵强攻所压制住，而联军骑兵则可以不加掩饰地突破中间的开阔地带。但在这次战役中，决定性的骑兵冲锋前方并没有任何天然障碍物，不像布伦海姆战役中还有内伯尔河的沼泽。在塔维耶和拉米伊之间两英里宽的青翠麦浪之上，马尔伯勒公爵将决定这场战役的成败。①

在北边，位于拉米伊和奥特格利斯之间的维勒鲁瓦元帅左翼（和之前在卢青根周边被欧根亲王压制住的法军左翼一样）占据了天险，但不像先前那样是一片山林，而是小热特河上游的沼泽以及从那里一直到高处村庄的陡坡。奥弗斯和奥特格利斯周边的果园和圈地又给了法军左翼更多的作战优势。

维勒鲁瓦元帅挑选的这个河流之间的分水岭是出了名的战略要地，以前常有军人来此勘测。因此当马尔伯勒公爵在那天上午用望远镜仔细观测时，随行的荷兰人拍着胸脯说小热特河的沼泽是过不去的，也无法直接进攻敌军的左翼。荷兰的监军和将领在这一年收到了严令，不得插手马尔伯勒公爵的计划，但监军戈斯林加对他有个人成见，而且身为一介文官，却认为自己更懂军事。马尔伯勒公爵不顾他的警告，下令让英格兰和丹麦步兵进攻敌军左翼，并让拉姆利将军所部骑兵做支援，这让他恼怒万分。其实马尔伯勒公爵自有妙计在胸。这是一次将敌军引向北边的佯攻。但只有亲自进行佯攻的人都信以为真，佯攻才最有效。奥克尼伯爵和他的英格兰团跨过

---

① 战场的这一开阔地带现在仍保留原样。但这两个村庄虽然还是相当原生态，却也经过了某种程度的重建和扩大，它们附近的沼泽也被排干了。从布鲁塞尔来的英格兰游客如果不希望看到古战场像滑铁卢那样被纪念锥形堆和战役全景画馆弄得很俗气，想要不带导游自助巡访当年的地点的话，拉米伊和奥德纳尔德比较推荐。

小热特河，一心想要拿下法军的阵地。他们自己都蒙在鼓里，便把维勒鲁瓦元帅也给骗了，这样战役就能在战场的另一端决出胜负了。

马尔伯勒公爵本人则部署了他的炮位，其中很多是沿着俯瞰小热特河的岸边。从下午1点到下午2点，双方的火炮齐鸣，到了下午3点，英格兰和丹麦的步兵在炮火的掩护下移动到了湿滑的谷底。他们奋力通过号称不可逾越的沼泽，顶着来自奥特格利斯及奥弗斯村庄和圈地的猛烈火力，爬上了对面的陡坡。后面的拉姆利"克服了很大的困难"，率领英军骑兵穿过了松软的谷底。

高地上的两座村庄都易守难攻，且都由威名远扬的步兵把守，在奥特格利斯的是皇家步兵团，在奥弗斯的则是瑞士人和其他法军。但英格兰人一间间房子、一道道篱笆地将他们击退。维勒鲁瓦元帅大为惊恐，密切关注左翼的战局，将本来应该用于在拉米伊南边决战的大队步骑兵调去增援那里。

佯攻起作用了。当争夺奥弗斯和奥特格利斯的战斗达到白热化时，马尔伯勒公爵的副官们接连飞马上前，下令收兵。马尔伯勒公爵预计奥克尼伯爵会对退兵命令感到愤怒和怀疑，便谨慎地派出了10个人传令，其中一个还是军需长卡多根本人。[1]

要从奥弗斯的激战中收兵，在法军的乘胜追击下穿过陡坡和沼

---

[1] 奥克尼伯爵写道："我尝试自己去占领一个村子，法国人把战线好大一块都用来据守那里，他们在村子的那一侧，而我在村子的这一侧；但我们只要一前进，他们就往后退。我正要占领村子的时候，有十个副官过来叫我撤退，因为骑兵不能再支援我了。我们正承受很大的火力，火枪和火炮都有；的确，从来没有这么多子弹从我耳边飞过。我承认我对撤退的命令很是恼恨。不过，我们还是秩序井然地撤下来了，而且不管法国人什么时候打过来，近卫步兵营和我的营都能把他们挡住、击退。卡多根过来告诉我如果我继续往前打的话，是不可能让骑兵来支援我的，因为公爵大人不可能四面出击，他将要在中央发动总攻，打算从那里突破，蒙神保佑，总攻取得了成功。"*E.H.R.*，Ap.1904.

泽全身而退，并在山谷的东边重新集结起来，横眉怒对前方的敌人，非精兵良将不能做到。战役在南边决出胜负的同时，英格兰步兵主力在那里坚持了一个小时。而维勒鲁瓦元帅一半的人马就在小热特河的对岸看着他们，既不敢跨过沼泽，又无法抽身去其他地方投入战斗。

但这条沿着山岭重新集结起来的细红线不过是一道障眼法。在他们身后的东边、滑向一道浅谷的地面上，第二支部队隐蔽在法军的视线之外。于是在拉姆利所部骑兵退回山上、离开了法军的视野之后，英格兰和其他国家的骑兵一队接着一队地调头向南，向拉米伊和塔维耶之间关键的战场奔去。这一番进退的结果是，维勒鲁瓦元帅削弱了在南边的兵力，而马尔伯勒公爵用从北边调来的部队增强了南边。由于联军的战线是凸形的，而法军的战线是凹形的，这导致联军的通信比法军更短，因此这一兵力调动的优势就更容易实现。

这样一招声东击西、瞒天过海看似简单，一个小学生可能都想得出来，但把它付诸实施需要有一位伟大的将领和一支精锐的军队。这样的功劳马尔伯勒公爵和他的手下应该各得一半。奥克尼伯爵在如此混乱危急、大失所望，有些手下愤怒地发誓说卡多根假传退兵命令的关头能保持清醒冷静，尤为可圈可点。[64]

战场的南半部将决出战役的胜败，那是一块开阔且轻微起伏的分水岭，前方没有任何遮挡，但两侧分别是拉米伊和塔维耶两座村庄。马尔伯勒公爵有一多半的兵力在这一翼，其中包括奥沃凯尔克所部身穿蓝衣的荷兰军队；其中有几个团是荷兰本国人，而其他团则是从遥远的苏格兰、瑞士和斯堪的纳维亚招募来的新教徒。由各色人等组成的荷兰军队虽然种族各异，但纪律严明，甚至还有几分狂热。

在战场的最南端，一支荷兰步兵在拔掉了弗朗克涅小村的敌军据点后，开始攻打占据了些许天险的塔维耶（那里当时有一半被湍急的梅艾涅河及其支流的沼泽所包围）。维勒鲁瓦元帅没有在这里驻守足够的兵力，而他现在也远在奥弗斯，忙着应付那里的英格兰军队。塔维耶弱小的法国守军很快就被数量更多的敌人所击溃。维勒鲁瓦元帅的部将试图弥补他们统帅的失误，派出最近的部队前去收复这座村庄，法军龙骑兵在瑞士步兵和巴伐利亚及科隆选帝侯麾下的几个团的支援下出发了。这支援军直奔塔维耶而来，完全是临时行动，没有任何相互支援的协同计划。龙骑兵们把马拴上，穿着沉重的长筒靴踏过齐膝深的沼泽，最后在村庄外围被惨痛地击退了。那些逃出沼泽的龙骑兵不是被丹麦骑兵赶回了沼泽，就是步行逃离战场，任由敌人缴获他们的马匹。瑞士步兵在村庄的战斗中全军覆没。法国及两位选帝侯的步兵有几个连被德拉科洛尼上校收拢住了，后者对当时的战事留下了很详细的叙述。他率领的这支小股部队一直在沼泽里待到战役结束，然后跨过梅艾涅河向南逃往那慕尔，与其余军队的撤退路线不同。[65]

由于荷兰步兵拔得头筹，塔维耶的火力并没有威胁到联军骑兵的侧翼，反而成了法军侧翼的威胁。因此丹麦骑兵才能从最右侧包抄敌军骑兵。他们"从敌军右侧和塔维耶之间插了进去，从侧面发起进攻"。在将大批敌军人马赶进塔维耶西边的沼泽后，丹麦骑兵向西乘胜追击了一英里多，直到外形奇特的土堆"奥托山之冢"，那是一个战场许多地方都能看得到的地标。他们在那里组成了一道新的战线，面向维勒鲁瓦元帅全军的后方右侧。[66]

　　丹麦人在侧翼的这次机动在当时非常果断，因为联军刚才守住了中央的战线。法国的御林骑兵团经过奋力厮杀，还是没能突破从塔维耶到拉米伊之间开阔地带的敌军。在这片宽敞的战场上，双方都部署了骑兵主力，并根据赢得布伦海姆战役的战术，将步兵穿插部署在其中。据记载，"双方的步兵常常能抵挡住全速冲锋的骑兵"。但有太多的法国步兵被维勒鲁瓦元帅调到北边去应付奥克尼伯爵的进攻了。当他回到真正具有决定意义的战场时，已经无力回天了。

　　法国御林骑兵团尽管没有得到足够的步兵支援，但还是凭借着一开始的数量优势，经过一番苦战突破了两道荷兰骑兵战线。但马尔伯勒公爵和往常一样，很快发现了这个关键的时间和地点。就在拉米伊的南边，御林骑兵团大杀四方，就要将联军战线突破了，马尔伯勒公爵部署在那里的四个步兵团一阵齐射，首次抵挡住了这支所向披靡的骑兵冲锋，①而从北边过来的骑兵生力军将战局扭转了过来。

　　这场战斗在当时可谓千钧一发，不仅是因为联军战线几乎被突

① 一个苏格兰列兵用粗糙的诗句记述了这一危急时刻。（*Remembrance*，p.377）
我军骑兵两度失利，
马尔伯勒公爵看在眼里。
他对顶不住的奥沃凯尔克说：
"您的骑兵需要支援。"
四个步兵团匆匆派上前，
部署在我军骑兵左侧。
骑兵第三次交战，
法国人占了下风。
法国人即将冲到眼前，
我军步兵向他们射去子弹，
这令他们痛苦难堪，
很多人马纷纷倒地。

破，也是因为马尔伯勒公爵本人也差点被击毙或活捉。当法军骑兵突破了荷兰骑兵后，他就被包围了起来，和友军失去了联系。他胯下的骏马载着他逃出了敌人的包围，却在跳过一道壕沟时将他摔在了地上。他赶忙爬了起来，拖着沉重的假发和皮靴逃命。默里将军率领联军的一些瑞士步兵前来救驾。骑马的敌军追兵认出了前面这个狂奔的英国绅士，在后面猛追不止，以至于他们停不住马蹄，被瑞士步兵的刺刀扎了个透心凉。马尔伯勒公爵勉强在这场追逐中捡了一条命，爬上当时唯一在场的副官莫尔斯沃思上尉所牵来的马。他的腿还没有跨过马鞍，扶着马镫的布林菲尔德上校就被一发炮弹削掉了脑袋。这一事件勾起了英格兰甚至整个欧洲的想象。英格兰的报纸将它作为拉米伊战役的象征，正如它们把"马车上的塔拉尔元帅"作为布伦海姆战役的象征一样。威斯敏斯特大教堂北廊有一处布林菲尔德的纪念碑，向后世讲述这一故事，在马尔伯勒公爵的特地请求下，他的遗孀和子女得到了萨拉的优待和女王的抚恤金。[67]

　　与此同时，拉米伊发生了最激烈的战斗。这座村庄及其周围的圈地被20个法国和瑞士的步兵营以及12门火炮塞满了。荷兰的舒尔茨将军率领一支旗鼓相当的联军步兵发动进攻，其中包括荷兰军队中的苏格兰和其他国家的部队，以及莫当特和丘吉尔所部的英格兰步兵营。①年轻有为的阿盖尔公爵约翰·坎贝尔当时已经担任安妮女王驻苏格兰议会的高级专员，他今后要长年在英国的战争和政策上扮演重要且多样的角色，并被后来的司各特爵士在夜间写作《中洛辛郡的心脏》时，虚构为大卫·迪恩斯和珍妮·迪恩斯的恩公。即

---

　　① 很多现代作者没有注意到拉米伊附近的战斗中有英格兰步兵登场，但奥克尼伯爵在 E.H.R.，Ap.1904，p.315；H.M.C. Portland，Ⅳ，p.130证实了这一点。

便是恨恶他的詹姆士党人也不敢造谣说他不愿以身犯险。作为发动进攻的苏格兰步兵部队的准将旅长：

他本人是第二或第三个持剑突破敌军堑壕的人，并将他们赶出了拉米伊村。他中了三枪，但所幸都是强弩之末。

双方为了争夺这座村庄，在街道和矮树篱间来回拉锯，但马尔伯勒公爵源源不断地从右翼调兵到中央来，在晚上6点半，敌人最终放弃了抵抗。两个营的英军将三个营的法军赶进了小热特河上游周围的沼泽里。苏格兰人击退了著名的皮卡第团。

凭着勇气和拧成麻花的刺刀，
我们向前拱了一大片草场。

一个给他们团写诗的列兵写道：

咱们旅都是棒小伙子，
法国人都是一群牲口。
咱们旅排成排齐放枪，
挨个篱笆把狗儿打败。

这些英勇保卫拉米伊的士兵（也就是当兵的粗话才会骂他们是"牲口"和"狗儿"）最终棋逢对手，被逐出了村庄的圈地，与这时兵败如山倒的法国全军混在了一起。[68]

御林骑兵团在欧洲并非浪得虚名，但经过两个钟头来回冲杀，他们被马尔伯勒公爵组织起来击溃他们的大批人马所压垮。原本集结在预备部队周围的荷兰骑兵作为生力军从右翼加入了战斗。当时正在厮杀的法国骑兵每个营之间都有间隔，而联军骑兵以一波连续的队列，涌入各个间隔，将法国骑兵围而歼之。①

就在这紧要的关头，法国人发现在他们全军的后方，势不可当的丹麦骑兵已经组成了一道新的战线。同时，保卫拉米伊的步兵被逐出了圈地，后面还有荷兰、苏格兰和英格兰士兵穷追不舍。维勒鲁瓦元帅军队的整个右翼已经体无完肤了。法国人的士气顷刻间土崩瓦解，因为指挥不当，一场失利变成了整场战争的惨败。爱尔兰籍上尉彼得·德雷克写道："我们还没有撤退50码，就听见'大家各自逃命吧'传遍了大部分军队甚至全军，让所有人陷入一片混乱。然后看到的就是整旅整旅地溃逃。"

丹麦骑兵从居高临下的"奥托山之冢"冲向了乱作一团的敌人，"并且没有忘记他们可怜的同胞当年怎样在意大利的卡尔奇纳托战役中惨痛地牺牲；因此当指挥官下令停下时，他们继续向前，将敌人杀得片甲不留；但我们勇敢的英格兰小伙子更加仁慈，网开一面"。

几个连的法国火枪手孤立无援，在低洼的道路和篱笆间奋力抵挡潮水般的敌人；有些地方的联军骑兵甩开了支援他们的步兵，因此那里的法军抵抗获得了些许成功。但维勒鲁瓦元帅试图在奥弗斯

---

① 法军上校德拉科洛尼记载了奠定胜利的荷兰骑兵冲锋，他从战场南端沼泽后面的驻地目击了这场冲锋。需要指出的是，这场决定性的冲锋和布伦海姆战役一样，采用的步伐是慢跑而不是飞驰："我看见敌人的骑兵向我们的人冲过来，一开始步子很慢，然后当他们认为进入了合适的距离时，他们散开慢跑以积蓄冲锋的动力。与此同时，御林骑兵团决定迎战，因为此时被动等待冲击非常不利……敌人凭借数量上的优势，冲进了我们营和营之间的缝隙，调头攻击后方，同时还有四排攻击前方。" *Colonie*，pp.312–313.

和圣安德烈山之间组织一道向南的新战线，却完全没能成功。他为此将西班牙和两个选帝侯国的骑兵从奥特格利斯的附近调到了圣皮埃尔积丘的高地。但失利的军心已经传染了这些增援部队，他们拒绝面对丹麦和英格兰骑兵的狂潮。法国官方记载，左翼全部的"五十个骑兵营"还没和敌人交手，就陷入了一片恐慌，踏过他们本来要掩护撤退的部队逃跑了。就在圣皮埃尔积丘附近的岔路，英格兰近卫龙骑兵团的统帅伍德将军飞驰而来，迎面撞上了巴伐利亚骑兵，俘获了他们的军鼓和两名中将，巴伐利亚选帝侯和维勒鲁瓦元帅也差点被生擒了。[①]

维勒鲁瓦元帅之所以没能用生力军重新组织成一条新的战线，是因为他错误地把辎重留在战线后方不远处，而不像当时用兵谨慎的将领，会把辎重送到后方数英里处。车辆和逃兵把法军左翼前往新位置的必由之路给堵住了。而且在法军开始全面撤退后，车辆在通往若杜瓦涅泥泞的乡间道路上损坏，成了路障，给撤退带来了更大的灾难和混乱。火炮无法通行，维勒鲁瓦元帅的50门炮悉数被缴获。[69]

与此同时，两个钟头前在节节胜利中被马尔伯勒公爵下令收兵的英格兰步兵再次涌过小热特河的河谷。这次他们在奥弗斯并没有遇到成规模的抵抗。法军的慌乱局面已经向北蔓延到了战役的最边缘，那里有皇家步兵团把守着奥特格利斯及其周边。约翰·海勋爵

---

① "这两件事情让我相信，在战役结束后的那天，选帝侯本人和维勒鲁瓦元帅都在那群残兵之中，离我不到十码远，他们叫我手下留情，然后有惊无险地逃之夭夭。要是我当时有幸知道他们是何许人也，我就会尽力驱赶着我在战役中骑了一整天的'科利奥兰纳斯'，去把他们给俘虏了。"伍德将军的信，载于 *Boyer*（ed. 1707），V，p.82。这一段记载得到了 *H.M.C. Hare*（R. 13，pt.9），p.211 的证实。

的龙骑兵即"皇家苏格兰灰色龙骑兵团"杀向法军的两个营，"以轻骑兵的姿态，手持军刀，飞驰而来"，法军便放下了武器，这个著名的团就这样当了俘虏。现在在战场的各个角落，英军骑兵全力奔驰，再也不用像往常一样谨慎地慢跑，以在面对未被击败的敌人时保持密集的队形。法军被一个团接着一个团地歼灭、打散，趁着夜色躲藏逃跑了。一共有80面军旗被缴获，作为法军被击溃的证据。[70]

夜幕开始降临，但联军的追击并没有停下的意思。战斗的喧嚣逐渐远去，漆黑的战场在星星的照耀下显得格外平静，除了伤员的呻吟外一点声音也没有。败兵和追兵穿过若杜瓦涅及周边村庄的街道，一刻不停地冲向勒芬和代勒河一线。只有过了河，被追击的残兵才能有一线生机。英格兰的步骑兵和后来滑铁卢战役中的普鲁士军队一样，没有经受战役中最激烈的厮杀，却获得了轻松愉快的追击任务。①

由于联军再也不用担心敌人的抵抗，每个团都各自进行追击，但都是朝着通往代勒河的方向。"整个晚上我们都完全不知道各自

---

① 为英格兰公众写作的作家如布瓦耶（1706，V，p.83）乐于承认荷兰的"步兵和骑兵承受了当天几乎全部的冲击"。苏格兰卡梅伦步兵团上校布拉凯德讨厌英格兰人，曾经宣称后者在布伦海姆战役中蒙受的惨重损失是因罪被罚，他也同样对拉米伊战役做了先入为主的解释："英格兰人在这场胜利中只有一小点贡献。他们是我们全军最狂妄的罪人，因此神拣选了其他器皿。也是由于英格兰人有着勇敢的盛名，或许因此有些自大了；所以神将他们抛在一边，好叫他们的骄傲得以谦卑下来。""主啊，施恩于我，让我永不忘记拉米伊这伟大而光荣的一天。"*Life of Col. Blackader*，1824，p.280. 追击战相当直接迅速，在战役结束后持续了十天，以至于勤俭节约的苏格兰士兵在奉命攻打拉米伊时扔掉了装有他们的"长袜和被单"的"包"，之后就再也见不到它们了。

有的人扔下了我们携带的包，
然后跟着敌人远去了。
有的包不管价值多寡彻底丢失，
而我们也没有得到补偿。
Remembrance，p.385.

的情况，"奥克尼伯爵写道，"而拉姆利先生和我决定直接向着代勒河的敌军防线进军。但我们在这里决定安营休整一下。因为我们累得就像一支吃了败仗的军队。"破晓时分，好几支英格兰部队在距拉米伊约15英里的梅尔德特止住了脚步。马尔伯勒公爵彻夜骑行，直到他的向导迷失了方向；然后他在一片空地上垫着军大衣躺了下来，还叫监军戈斯林加过来和他一起躺下，这位荷兰人记道："我就躺了一刻钟。"就这样，马尔伯勒公爵忍着头痛，带着心中的喜悦（尽管那位讨厌他的文官让他的些许安适打了折），进入了梦乡——希望萨拉能心满意足。[71]

趁夜逃跑的场景在那些被追击的士兵记忆中留下了刻骨铭心的烙印。

虽然那天晚上并没有出现敌人的身影（爱尔兰人德雷克上尉写道），我们直到破晓时分过了河，在勒芬附近才停下来，那时我们已经徒步了24个小时，没有任何歇息，无精打采，身心俱疲。看到这样一支7万人的大军变得只剩可怜的几千人，着实令人震惊。

他们的火炮、帐篷等辎重甚至团炊事员珍贵的大锅都被落在了战场上。在勒芬的残兵绝大多数都已经把武器给丢掉了。败军之将"就着市集上的灯火开了一次吵吵嚷嚷的军事会议"，决定把在勒芬仓库里的物资统统扔到代勒河里，并在休整几个小时后开拔前往布鲁塞尔。就在两个星期前，马尔伯勒公爵还担心代勒河一线就是他今年所能打到的极限了，但法军却不放一枪一弹就将它放弃了。这支吃了败仗的军队马不停蹄，直到进入了里尔的保护圈内。

这场战役中击毙和俘虏的敌人并没有布伦海姆战役多，但失去战斗力的敌人却要多得多。瓦隆人的团集体开了小差，其中还有很多人加入了联军。西班牙和巴伐利亚人已经厌倦了打仗。就连很多法国人都没有重新和所在部队会合。维勒鲁瓦元帅的军队中被击毙、击伤和俘虏的人数估计有 13000 人，但因逃跑而损失的数量可能有这个的两倍。他派出的这支大军可能损失掉了一半，剩下的也是惊弓之鸟，有几个月连敌人的面都不敢见。马尔伯勒公爵有一整个夏天可以大施拳脚，用来收复比利时的堡垒，还不用担心有野战部队过来打搅。而他麾下部队的损失比布伦海姆战役要小得多，死伤只有约 4000 人。他写信给戈多尔芬说道："这次战役的结果可能比布伦海姆战役更加有利，因为我们现在争取到了一整个夏天，如果神保佑，我将充分利用这一机会。"

这也难怪维拉尔元帅会在给曼特农夫人的信中称拉米伊战役为"最可耻、羞辱和灾难性的失败"，假如我被允许采取行动，假如维勒鲁瓦元帅被下令保证安全、按兵不动的话，这本可以避免。维拉尔元帅入侵德意志的大好希望现在泡汤了，他的大部分军队都被调往了佛兰德。[72]

消息传到英格兰犹如"晴天霹雳"，不过是欢欣鼓舞的那种。人们完全没有想到那个地方将会传来什么消息，也没有意料到今年那里会有什么喜讯。① 当法军溃败、马尔伯勒公爵全速进军布鲁塞尔的奇闻传到伦敦时，"大多数民众仿佛是在梦境或迷幻中，神为我们行了何等的奇事"。辉格党报纸《观察家》是这样用戏剧性的笔触来描写消息传到乡下的场景的：

---

① 笛福虽然向来支持政府和战争，但在他 5 月 18 日（旧历）、战役的消息传到英格兰前夕出版的《评论》中写道："他们说战争的前景在哪里都不是很乐观，除了在西班牙。"

乡下人——快点，琼，麻溜地，给我们拿满满一壶10月的酒、干净的杯子、干净的烟斗和一些摩尔人的烟草来。汤姆、贾格，大伙儿都过来！来听一听好消息。老板，在咱们结束之前，为马尔伯勒公爵的健康敬一杯。不但如此，让酒走一圈。所有人都喝。我保证这里没有托利党人或野心家。现在，老板，再敬荷兰将领奥沃凯尔克的健康，他在战斗中表现得很英勇。

与此同时，一个幸福的女人正在读下面这段文字：

5月24日星期一11时。我在上一封信中并没有告诉我最心爱的人，我打算和敌人接触，如果有可能，甚至要打一场战役，害怕她会为我操心，让她坐立不安；但我现在能让她心满意足，告诉她在上一个星期日，我们打了一仗，全能的神保佑我们获得了胜利。我必须让送信人理查兹上校来转述详细的情况，因为我星期日在马背上坐了一整天，在战役结束后还行军了一夜，所以我头疼得难以写字。可怜的布林菲尔德在扶着我的马镫、帮助我上马的时候阵亡了。我听说他留下了生活困顿的寡妻和老母。我无法写信给孩子们，所以请你告诉她们我一切安好，并希望她们能感谢神保佑我平安。请向女王转达我的敬意，让她知道我的一片赤心，即我从此次胜利中获得的最大愉悦，就是这场大捷能有助于她的大业；因为我诚心明白她对我和我全家的一切恩情。在我向你保证我对你的爱溢于言表时，请相信我。[73]

第6章附录　卡多根与马尔伯勒公爵的参谋部

安妮在位末年，托利党笔杆子对马尔伯勒公爵的恶意攻击达到了顶点，他们常常会将他的胜利归功于其参谋的建议，特别是卡多根。"巨人（即马尔伯勒公爵）总是特别走运，能够指挥一大帮在战争方面比他更能干、更有经验的人"（*Oliver's pocket looking-glass or great modern Colossus*，1712）。"他的带兵指挥我们很了解，都要归功于卡多根的建议"（*Character of Present Ministry*，1712）。

其实，威廉·卡多根是一位出色的总军需官——不知疲倦，不厌其烦，专心致志搞好运输补给这样既困难又不可或缺的工作。但马尔伯勒公爵亲任参谋长，而他的文职秘书亚当·卡多内尔因此也在指挥系统里占有举足轻重的地位。参见福蒂斯丘的《历史学与军事文集》（*Historical and Military Essays*）中有关马尔伯勒公爵参谋部的论文，依据是金上尉的参谋部档案。在奥德纳尔德战役中，卡多根在一次艰巨的任务中担任先锋，展现了他的才能并取得了成功。

第七章　拉米伊战役的后果

拉米伊战役爆发于1706年5月23日星期日。在随后的两个星期里发生了一场革命，导致比利时的主权落入哈布斯堡王朝手中达三代人之久。联军沿勒芬、布鲁塞尔、哈弗尔和布鲁日一线向西强行军，迫使法国野战军残部向南退往里尔，以免被拦截在布鲁日运河北岸。按照通常的进度，法国人可以守住登德尔河、斯海尔德河、利斯河以及布鲁塞尔和布鲁日的运河，就像他们之前守住代勒河一样，每一条河都能打上一年的仗；但它们现在被一条接一条地跨过，速度和联军步兵踏过先遣侦察骑兵搭起的"铜船"浮桥一样。同样，梅赫伦、根特、布鲁日、奥德纳尔德和安特卫普的堡垒每个都可以围上几个月。但就在6月第一个星期结束前，这些地方加上阿尔斯特、利埃尔和达默都效法布鲁塞尔，向联军的分队开城投降，宣布查理三世为他们的君主，而联军连一枪都没放、一条堑壕都没挖。

马尔伯勒公爵在给萨拉的信中记录了他的感受：

5月16日至27日。自从让我热血沸腾的拉米伊战役之后，我就一直忙个不停，以至于我睡觉的时候兴奋得头疼难消，因此我还没能完全享受到神通过这场胜利给我们的全部祝福……我们在四天内所取得的战果是我们本以为（如果幸运的话）得用四年才能取得的。

5月20日至31日。我们现在控制了根特，明天我还会派兵去布鲁日。自从那场战役以来，很多城镇望风归降，真的感觉是在做梦而不是现实。我现在一门心思就在筹备围攻安特卫普，在过去几年里，安特卫普一地被认为是整场战事的成败之所在。

五天后，安特卫普不战而降。与此同时，在6月3日，马尔伯勒公爵继续写道：

我们每天都能得到这场大捷的记号，因为自从我寄出上一封信以来，我们已经占领了布鲁日和达默，还有奥德纳尔德，先王在上一场战争中曾经用6万人围攻，最后不得不放弃。简而言之，法军的军心已经乱得难以形容了。我们占领的每个地方都宣布忠于查理国王……我坚信今年的战事将会为我们带来好的和平，因此我恳求你尽可能打理好在伍德斯托克的宅邸，好让我以后能住进去。

与此同时，苏格兰卡梅伦步兵团上校布拉凯德在日记中用另一种口吻表达了类似的喜悦之情：

5月15日至26日。他们放弃了布鲁塞尔和整个布拉班特。主夺取了我们敌人的心智、能力和斗志。

5月16日至27日。从维尔福德渡过（布鲁塞尔的）运河。尽管我们想过假如他们防守运河的话会发生什么，但敌人没有进行任何抵抗。

5月19日至30日。疲惫地行军。一整天我遇到的都是我在这个行当里所害怕讨厌的，即赌咒发誓、污言秽语等，尽管这像是地狱围绕我，但我感谢主，我心中仍有天堂。我们仍在追逐胜利，他们仍在我们面前逃跑。在这件事上，肯定有什么不是人手所为的。

5月24日至6月4日。继续向前行军。从根特跨过利斯河。还是没有敌人的踪影。布鲁日、安特卫普以及整个布拉班特和佛兰德几乎都臣服了。法国人在西班牙国王驾崩时趁夜夺取的战果，现在在一个白天里又失去了。

虽然军队主力已经跨过了布鲁塞尔北边的运河，但马尔伯勒公爵在5月28日正式进入西属尼德兰的首府，街道上有很多忙着公干或玩乐的英国军官。和滑铁卢战役之前一样，在拉米伊战役之后，布鲁塞尔市政厅和大广场的公会大楼①被这些身穿红色军装的绅士光顾——《名利场》中都宾、奥多少佐和乔治·奥斯本的先辈，但民族、性情和背景经历都如出一辙。在1706年至1707年冬天战事结束后，我们知道在布鲁塞尔有"一大片欢声笑语"，"许许多多人结伴游玩，有一场精彩的歌剧，戏院里有午夜时分开始的舞会，以及好看的戏剧。女士们都戴着假面。有一场接一场的晚宴"，英格兰士兵在献殷勤和挥霍方面是一流的。[74]

拉米伊大捷引发的比利时革命在政治方面淡化了马尔伯勒公爵攻城略地的性质，并加快了他的步伐。西属尼德兰的政府是巴伐利亚选帝侯通过其代理人贝德马尔侯爵主持的，名义上是代表西班牙，但在过去的四年里其实是代表法国。贵族们对选帝侯本人比较拥戴，

---

① 其中很多建筑在1695年法军炮击后重建，在1815年以及今天的样子和在1706年一样。

但贝德马尔侯爵的统治独断专行，践踏"迎驾仪式"在当地所规定的古老自由，法国士兵也是飞扬跋扈，备受当地人敌视。尼德兰各城市的市政法人并没有完全忘记自由的传统，他们的祖先为此和中世纪的佛兰德伯爵、法兰西国王、勃艮第公爵作斗争，后来还和阿尔瓦公爵及西班牙势力作斗争。争取权利的斗争虽然不断受挫，但并没有彻底失败，自由的火焰也没有被彻底扑灭。比起行将就木的西班牙王权，路易十四是这些残留权利更大的威胁。佛兰德和布拉班特眼看就要沦为法国的普通省份。讲法语的瓦隆人并没有比靠近荷兰边境讲佛兰芒语的人更乐见这一点。同样，佛兰芒人也不希望向他们的近亲荷兰人屈膝。尽管比利时国家意识淡漠，但它光荣的城市传统和自由使它急切地希望独立于法国与荷兰之外。

正是怀着这样的目的，等级贵族和城市一听说法军在拉米伊惨败，就急不可待地宣布查理三世为正统的西班牙国王，并一头扎进马尔伯勒公爵的保护之下。查理在尼德兰没有一兵一卒，似乎今后也会注定住在马德里或维也纳，因此他们认为他会是一个不错的虚君。与此同时，马尔伯勒公爵和他的英国兵可以保护他们免受荷兰人的欺压，后者虽然很久以前和他们一同受压迫，但现在长年在贸易上是他们强势的竞争对手。

战役结束后第四天，布拉班特三级会议的代表与马尔伯勒公爵完成了谈判，结果是等级贵族宣告查理三世为王，而这位得胜的英格兰将领承认布拉班特的自由。马尔伯勒公爵以安妮女王及荷兰政府的名义，向来到他大营的教士、贵族和市民代表庄严保证，"在宗教方面不会有丝毫改变，西班牙国王将续签其敬爱的先祖查理二世所颁布的布拉班特迎驾"。同时，他向军队发布公告，称在布拉班特和佛兰德的一切东西都要付钱才能拿，劫掠行为将以死刑论处。①

　　根据这些条款，布拉班特的等级贵族宣布效忠查理三世并欢迎英荷军队，佛兰德的等级贵族及该地区所有大城市的市政当局也在几天后跟进。在受到实际的军事压力前，当地统治者就迅速做出这一举动，这对各要塞城市中守军的士气有很大影响，因为这些守军是由法军及西班牙军队中的比利时人混编而成的。那些当地的士兵追随市政当局，向联军打开城门，并宣布效忠查理三世，只有在个别情况下，法军拥有足够的数量或士气才能阻止。就这样，到6月6日，比利时布鲁日—根特—布鲁塞尔一线以北所有城镇（登德尔蒙

---

　　①　军队似乎对这一公告的严肃性印象深刻。那位替苏格兰团吟诗记事的列兵这样整理了马尔伯勒公爵的话（*Remembrance*, p.138）：

　　他现在宣告查理三世，

　　为合法的西班牙国王。

　　这西属低地国家现在全部归属，

　　信奉天主教的国王陛下。

　　因此我们现在完全交出，

　　这个国家所有的掠物，

　　为了阻止劫掠、偷盗和抢劫，

　　要动用死刑。

　　如果得罪了这个国家你就要论绞，

　　然后还要估算你造成的损失。

　　接着农民们都过来，

　　带了足够的补给品来卖。

　　我想肉类和酒的价格都商议好了，

　　所有的东西我们都要拿钱数一数。

　　……

　　我们的军官来到美丽的布鲁塞尔，

　　常常光顾他们去的那些场所。

　　一位英格兰军官于6月2日给家里写信说道："低地国家的普通民众似乎非常欢迎这一变革；但教士和乡绅却非常有保留。"*H.M.C. Coke*（1889），p.71.

德除外）以及以南的奥德纳尔德均落入联军手中。甚至安特卫普总督、西班牙贵族泰拉奇纳侯爵也决定认查理三世为王，并打开城门，这让马尔伯勒公爵不用浪费时间围城，从而节省了好几个月的宝贵时间。我们看到有记载写道："我们的公爵大人在安特卫普得到了迎接，其中一个仪式非常奇怪，是城镇的地方官在大中午举着点亮的大烛台在他前面行进，这被认为是他们能展现的最大荣誉了，甚至没有给予过他们的布拉班特公爵。"[75]

到目前为止，联军都没有进行围城的必要。但今年战事剩下的部分，从6月后半段到10月的第一个星期，就主要是四场成功的围攻战，分别是攻打奥斯坦德、登德尔蒙德、梅嫩和阿特。在这些地方，法军的数量在守军中超过了比利时士兵，可以组织抵抗并投入生力军。

马尔伯勒公爵决定首先攻打奥斯坦德，这有军事和政治两方面的考虑。夺取它的港口就能在英格兰和前线军队之间开辟一条直接的交通线。马尔伯勒公爵的交通线大为缩短，这一点对他在战争整个后半段的价值难以估量。比方说，如果从英格兰运来的补给仍然不得不绕道荷兰的港口并经陆路长途运输，那么1708年以攻陷里尔告终的大规模作战行动就不可能发生。只懂得政治的戈多尔芬希望联军能先拿下敦刻尔克，因为以此为老巢的法国私掠船令英格兰商人闻风丧胆。但当马尔伯勒公爵向他保证只有拿下奥斯坦德和尼乌波特才能靠近敦刻尔克时，他立刻像往常一样，对这个更懂军事的朋友五体投地。的确，奥斯坦德是仅次于敦刻尔克的第二大私掠船据点，而拿下它以后可以把它变成英格兰纺织品进入重新打开的西属尼德兰市场的头号口岸。它也被荷兰盯上了，这是他们在新"屏障"的名义下企图夺取的所有地方中最想要的一块——关于这一点，英格兰和奥地利都有不少意见。

1604年斯皮诺拉花了三年时间、损失了80000人才攻陷这座依水而建的堡垒，但马尔伯勒公爵只在这一年夏天用了三个星期就把它拿下，损失只有500人。他的迅速胜利一方面是因为守军中有些瓦隆团三心二意，另一方面是马尔伯勒公爵的陆上炮位从海边沙丘一段狭窄的地面上对奥斯坦德射击，同时还有英格兰舰队从海上炮击配合。而这座堡垒的其他所有地方都被沼泽和洪泛区完全保护住。[76]

从7月6日攻陷的奥斯坦德出发，①马尔伯勒公爵向内陆进军科特赖克，那里没有抵抗就投降了。他现在与普鲁士军队会合，他们的国王在拉米伊战役后就再也没有离弃同盟的念头了。梅嫩小镇刚好位于法国境内，被认为是沃邦元帅最伟大的城防杰作之一，守军为六千精锐的法国士兵。它在8月底之前被攻陷。法国野战军近在咫尺，但他们都不敢对马尔伯勒公爵用来掩护攻城行动的外围工事发动进攻。

从这以后直到战争结束，特灵下士的铁锹就忙个不停。在之后六年一场接一场的攻城战中，各团的英国掷弹兵以及全体步兵接连不断地激烈作战，他们对堑壕内外陡坡、半月堡和三角堡的100多次不知名的强攻和突袭中损失的人数，比整场战争的那四大战役要

---

① 在6月和7月，马尔伯勒公爵、戈多尔芬和荷兰方面曾计划"登陆"法国某处，戈多尔芬希望是罗什福尔。尽管做了一些准备，但这一计划最终还是流产。计划希望能煽动法国南部全体新教徒揭竿而起；入侵者宣称他们"来只是为了恢复人民的自由和古代的地方议会"。幸运的是，反法同盟其实并没有试图执行这一干涉法国内政的计划。*Dispatches*, Ⅱ, pp.579, 682; *Burnet*, Ⅴ, p.266（453）; *Coxe*, chap. xlvi, Vol. Ⅱ, pp.45–47.

多得多。帕克上尉写到梅嫩围攻战中他所在的团时说："我们因拉米伊战役而有恃无恐，在这里付出了代价。两名上尉和五名中尉阵亡，八名军官负伤，而我就是其中之一。"在这些苦战中最重要的人物要数阿盖尔公爵，他以身犯险活像一个年轻的军官而不是一个严肃的政治家，而他后来还要承担确保《联合条约》在英苏两国议会通过的重任。[77]

的确，苏格兰人在马尔伯勒公爵的军队中有不小的比例，而那一年大不列颠国内政策正在酝酿中。就在梅嫩围攻战行将结束时，促成英苏联合的另一政治家特威代尔侯爵的儿子、皇家苏格兰灰色龙骑兵团年轻的上校约翰·海勋爵在科特赖克因热病不治身亡。正如马尔伯勒公爵所写的，"全军上下都对他感到深深的惋惜"。在他担任上校团长的短短三年时间里，从多瑙河岸边打到了比利时的溪水旁，为他的团以及"他们恐怖的灰马"在全欧洲立下了军威；将来有一天，拿破仑会看着他们像穿过一片庄稼地一样冲破他的军队，而那场战役名叫滑铁卢。[78]

与此同时，路易十四正手忙脚乱地从意大利和莱茵河抽调援军，并从阿尔卑斯山另一头招来他最得力的元帅之一——旺多姆公爵，接替维勒鲁瓦元帅，挽回尼德兰的局势。假如旺多姆元帅留在意大利，法国很有可能在这一年秋天就拿下整个亚平宁半岛。马尔伯勒公爵的拉米伊大捷为欧根亲王在都灵取得胜利提供了许多不同的可能性。

1706年8月15日，旺多姆元帅向战争大臣沙米亚尔报告了他在抵达法荷边境的瓦朗谢讷时发现的情况。

说到那些西班牙所属的军队，没有人能替他们主事；让我更加难过的是法军中的悲伤和沮丧情绪。我会尽可能恢复他们的斗志。但这对我来说并不是简单的工作，因为这里的所有人一听见马尔伯勒公爵的大名就会脱帽敬礼。①

在夺取了法国边境的梅嫩之后，马尔伯勒公爵调头攻打登德尔蒙德，这座城镇孤立在新打下的比利时领土中间，拦住了联军在登德尔河和上斯海尔德河的水路交通。此地占据河流天险，在通常年份里都难以靠近。在1667年法国入侵期间，低地国家的其他堡垒像九柱球戏的木柱一样纷纷陷落，只有登德尔蒙德在洪泛区后面安然无恙，让路易十四本人很是难堪。现在这位老国王安慰廷臣们，拍着胸脯说"只有鸭子组成的军队才能将它攻陷"。这种安全感非常笃定，以至于留下的守军"数量不多，病患满营，只能吃个半饱，而且城防工事的状况很糟糕"。自从6月以来，联军就一直对它进行松散的封锁。七个星期没有下雨可以说是天赐良机，马尔伯勒公爵紧紧地抓住了。当8月25日梅嫩守军出城投降时，他立刻下令猛攻登德尔蒙德；拜这场罕见的干旱所赐，经过一个星期的围城登德尔蒙德就被攻陷了。然而在登德尔蒙德投降的次日9月6日，天气突变，大雨下了四天才停。马尔伯勒公爵认为这是神意的作为，布拉凯德上校更是坚信如此：

就连这个国家的人也说神在为我们争战；因为七旬老翁说他们从未见过如此的干旱，也没见过城镇周围的水位低到这种程度。[79]

---

① 原文为 "Tout le monde iciestprès d'ôer son chapeau quand on nomme le nom de Marlborough." Pelet，Ⅵ，p.94。

马尔伯勒公爵回到通往法国边境的方向，在阿特面前停了下来。旺多姆元帅就在咫尺之遥的瓦朗谢讷，率领着从其他所有战线上抽调来的大军，以保卫法国的大门。的确，在这几个月里，很多事情都发生了变化。在门外就是那个"穷途末路的冒险家"，路易十四、沙米亚尔和维勒鲁瓦元帅都因轻敌和他交战。他们最后还是吸取了教训。当旺多姆元帅询问他是不是要冒着交战的风险抵挡马尔伯勒公爵的行动时，路易十四严厉地禁止他这么做。路易十四写道："他攻打这些地方是想诱使你往那边去。"于是阿特围攻战除了大雨之外没有受到任何干扰。那位苏格兰列兵是这样记载他们的流程的：

> 第二天我们待在堑壕里，
> 我们的军官给我们买了白兰地。
> 我们守住堑壕并抵挡住法国佬，
> 一旦突袭我们就把他们赶跑。

10月2日，阿特陷落——大批法国守军沦为俘虏。马尔伯勒公爵曾希望在撤回过冬地之前拿下蒙斯，但荷兰方面不希望在这一年这么迟的时候还冒险进行这么大规模的作战，而马尔伯勒公爵最后也向哈利承认"过去好几天连续的大雨使得我们几乎不可能再进行另一场围城战"。1706年辉煌的战争最终画上了句号。[80]

在这个不平凡的夏天里，征服西属尼德兰并不是马尔伯勒公爵唯一的任务。就在他计划着行军攻城的同时，他还不顾头痛和其他老年疾病，在外交领域进行同样艰苦但并没有那么具有决定性的一系列活动。这里他是在三条战线上作战；他的任务是调和英格兰、荷兰及奥地利各自的主张，并考虑目前所有人都认为唾手可得的对法和约的可能性。正如马尔伯勒公爵在促成大同盟以及之后很多事情上所体现的，他是一名非常能干的政治家和外交家。他作为英国势力和同盟胜利的化身，说的话威望非凡；他集威灵顿公爵和卡斯尔雷子爵于一身。但他不像威廉三世那样在英格兰和荷兰有着双重的权威，也不像威廉三世那样有着不顾一切阻碍达成和平的强烈意愿，以至于能在赖斯韦克和会上的敌我之间纵横捭阖。和当时的威廉三世相比，马尔伯勒公爵并没有体现出这种争取和平的积极性。他有着威廉所缺乏的品质，不仅能策划欧洲（世界）大战，还能将它打赢；但威廉的长处也是他的短处，因为他无法实现世界和平。的确，我们很难说他曾尝试争取和平。他不想提出任何让步，好让法国人能接受被他打败的主要后果。在过去几年里，他一直写信给萨拉说，他非常希望胜利能让他解甲归田，和她一起在圣奥尔本斯或布伦海姆宫安度晚年，此时可能还挺情真意切的。但现在已经取得胜利了，可他似乎不敢相信战争已经打了这么久，好像除了更加激烈的军事行动，没有别的办法来结束战争。

马尔伯勒公爵和戈多尔芬之间的通信有一些措辞显得相当好战，比如当这位财政大臣在1706年7月写道：

我不认为荷兰人非常讲道理，他们在目前的情况下还执着于他们的屏障；但只要和平一来到，他们就会加入法国一边，这对我来说是显而易见的道理，正因如此，我们阻止和平越久越好。

8月，马尔伯勒公爵回复道：

海牙那边的人公开地说，法国已经被压制到了它应有的地步，而如果战争继续进行，只会让英格兰强大到超过它应有的地步。简单说，我想我们的最佳盟友恐怕非常想要一场和平。

同月，马尔伯勒公爵写信给海因修斯说道：

作为一个合格的英格兰人，我必须服从我们国家的意见，但不管是条约①规定还是利益需求，我们都要维护西班牙王权的完整。

这一年夏天，联军进入马德里的消息似乎让"不要没有西班牙的和平"这一政策变得合理了。这个说法是马尔伯勒公爵和戈多尔芬提出来的，但荷兰人也完全同意。不光是海因修斯，就连他的政敌、外交温和派领袖伯伊斯在1706年也支持将整个西班牙帝国交给查理的要求。他们就希望借此来换取英格兰支持、奥地利默许他们自己在尼德兰构筑一道坚固屏障的主张。但这并不是他们唯一的动机。荷兰人自己也担心如果让一个法国波旁王朝的人在马德里登基坐殿，将会危及他们在西班牙国王领地上的海外贸易。

可在1706年，反法同盟面临的难处并不是实现"不要没有西班牙的和平"，毕竟他们注定都会认同这一点；令他们产生复杂分歧的紧要问题是，如何处理马尔伯勒公爵放在他们面前的丰厚战利品，即西属尼德兰。熊已经杀了，猎人们因为分熊皮的事情吵了起来。的确，英格兰急于撇清自己，宣布在战争结束后无意占领奥斯坦德或其他任何尼德兰城镇。这个重要声明是马尔伯勒公爵在6月做出的，

---

① 是1703年的《英葡条约》，而不是1701年的《大同盟条约》。

而且得到了戈多尔芬的完全赞成，这极大地缓解了荷兰和奥地利在这一问题上的忧虑，也使马尔伯勒公爵成为它们之间强有力的调解人。[81]

在西属尼德兰问题上，奥地利与荷兰的想法针锋相对。威廉三世和马尔伯勒公爵在协调1701年的《大同盟条约》时就发现了这一点。因此他们故意把第5条写得语焉不详；用词模糊并不是因为文笔粗糙，而是为了争取各方都能在同盟条约上签字，便在还没有收复西属尼德兰的情况下先把它的前途问题搁置起来。到了1706年6月，第5条开始被赋予一些实际意义。①

和往常一样，奥地利朝廷的意见完全是出于一己之私。皇帝约瑟夫替他远在西班牙的弟弟查理做主，宣称被收复的布拉班特和佛兰德应该立刻交由他任命的一名总督管理，这名总督应该立刻去征收所有的税款；英格兰和荷兰应继续自掏腰包为这个新政权而战，直到战争结束，然后就彻底从西属尼德兰撤出。如果荷兰人想要什么屏障的话，他们就该在被征服的法国领土上找。这个要求看似非常合理，但它忽略了一个事实，即不管是奥地利还是"查理三世"那八字还没一撇的西班牙，哈布斯堡王朝都没有为收复或保卫比利时贡献一兵一卒、一分一厘。

海牙和阿姆斯特丹方面的观点和维也纳完全相左。荷兰在英格兰的协助下从法国那里收复了西属尼德兰。主帅固然是英国人，但一半的资金和超过一半的士兵都是荷兰提供的。在决定性的拉米伊战役中，他们身穿蓝衣的士兵承担了战役最重要、最激烈的部分。

---

① "为了（让利奥波德皇帝和荷兰议会）获得满意与安全，同盟在其他事情之外将尽最大努力收复并征服西属低地国家各省，以将它们作为分隔并防御法国入侵联合省的堤坝、壁垒和屏障。"

而作为赢得欧洲（世界）大战的战利品，他们自己所要的不过是在这一地区获得一道抵御法国入侵的坚固屏障，以及从比利时的税收中获得一些补偿，来弥补荷兰为解放比利时而承受的财政损失。大洋的战利品以及地中海的霸权都已经被特龙普和德勒伊特的同胞让渡给了布莱克的同胞。由于这个小小的共和国在财政上无法承载长期鏖战的压力，荷兰在西班牙的军舰比例及军队数量连年下降，而英格兰却逐年上升。但在低地国家，荷兰议会维持了12万军队，新收复的城镇大部分守军以及多数野战军都是他们出的。荷兰人攻入西属尼德兰可谓伤筋动骨，没有得到补偿以及防御法国势力卷土重来的保障，他们是不会撤出的。

因此，荷兰主张布拉班特和佛兰德的政府应该交给他们，直到战争结束，而在达成和平后，他们应继续驻扎在"屏障堡垒"中，要比在1701年2月轻而易举落入路易十四手中的那些堡垒更坚固。还有，他们希望对这一屏障的军事占领给自己带来贸易上的优势。

马尔伯勒公爵需要去调和奥地利与荷兰之间水火不容的主张。虽然英格兰并没有在尼德兰主张任何战后利益，但它正确地要求在战时与荷兰共同主持比利时政府。不过在其他问题上，马尔伯勒公爵在拉米伊战役前后几个星期都更倾向荷兰而不是奥地利的立场。约瑟夫替他弟弟做的立刻占领比利时的要求是通过他的使节格斯伯爵提出来的，但在6月并没有得到理会，英格兰和荷兰开始共同在战时为查理托管这些被收复的省份，荷兰屏障的永久性安排仍然悬而未决。

约瑟夫认为他必须采取行动离间英荷两国。因此诡计多端的他改弦更张，在6月底以查理的名义向马尔伯勒公爵本人提议，让他出任西属尼德兰总督。这确实就像引发特洛伊战争的那颗金苹果。马尔伯勒公爵有充分的理由接受这一职位。这对他的军事行动有莫大的帮助；这也让他可以使比利时人忠于反法同盟，因为后者信任马尔伯勒公爵和英格兰，却害怕荷兰的欺压；更重要的是，这个总督职位恐怕是一介臣民能在欧洲当到最大的官了，每年的俸禄有60000英镑，这还是当时的价格。安妮和戈多尔芬于公于私都对这一荣誉感到欣喜，马尔伯勒公爵也想要接受。但过了几天他就发现，如果接受的话就意味着与荷兰撕破脸，这对反法同盟是致命的。海牙的荷兰议会召开了一次群情激昂的会议，海因修斯好不容易才让他们控制住了情绪。他直截了当地告诉马尔伯勒公爵，荷兰在收复这片领土上劳苦功高，这是他们在这场战争中的主要利益所在，他们不可能放弃在这片领土上的权利。

马尔伯勒公爵不情不愿但和颜悦色地拒绝了这份高官厚禄。[①]约瑟夫一直都没能饶恕他拒绝职位一事，而荷兰人也对他想要接受职位耿耿于怀。他和弗拉季斯拉夫与海因修斯两边都能推心置腹的日子结束了。

马尔伯勒公爵在盟友的家中受到了伤害，在之后的几年里都还一直隐隐作痛。自从1701年威廉三世派他到海牙以来，他与本国党内普遍的反荷情绪作斗争，对巩固英荷友谊的贡献超过了任何英格兰政治家。他积极与荷兰人并肩作战取得胜利，承受了不少来自荷兰将领和监军的压力。他知道自己深受荷兰普通民众信任甚至爱戴，并且希望他们的政治家能向他吐露他们在比利时真实的利益。他对人性期望过高，忘记了荷兰人对尼德兰有着非常浓烈的情感。

---

① 马尔伯勒公爵的真实品格在此展现无遗，或许没有必要专门指出，一个一心想发财的人是不太可能为了公共利益而拒绝这每年60000英镑的俸禄的。

不幸的是，他和凯撒、克伦威尔一样，虽然拒绝了王冠，但从来没有放弃有朝一日能顺利戴上的希望。他梦想这个总督职位可能还是会给他。受尔虞我诈的英格兰政治影响，他常常会两面三刀，这是他性格的一个弱点。这使得他在高风亮节地拒绝这一职位后，仍然会在暗地里争取。这种在个人野心方面的三心二意持续了好多年，妨碍了他作为外交家的行为主动权。他在屏障问题上成功调解荷兰与奥地利的机会因此也明显减少了。猜忌的乌云笼罩着英格兰、荷兰与奥地利之间的关系，而马尔伯勒公爵再也不能高屋建瓴地看透这些乌云。他本人也被卷入其中，受到各方的猜疑，而这并非完全没有道理。①

尽管约瑟夫企图通过任命马尔伯勒公爵为总督从中作梗，但英格兰与荷兰还是在1706年7月中旬达成了共同控制西属尼德兰的协议。比利时在战争期间由英格兰和荷兰共管，战后则移交给查理三世直接统治，并保留一道荷兰屏障，但其规模和性质仍有待确定。乔治·斯特普尼已经难以忍受维也纳的政治气氛，他也因不断要求与匈牙利叛军达成协议，招致了神圣罗马帝国谋臣的嫉恨，这次

---

① 这一观点依据的事实和说法见于马尔伯勒公爵的通信，但更主要的是在已故罗德里克·盖克的遗著《荷兰屏障》（*The Dutch Barrier*）（剑桥大学出版社1930年版），由蒙哥马利夫人巧妙地完成。特别参见第1章、第2章以及附录A。我有幸和这位上一辈的剑桥优秀学者熟识，他的这部著作对这些复杂事件有很多洞见。考克斯对马尔伯勒公爵所作所为的观点过于一边倒地赞扬。有关马尔伯勒公爵7月12日拒绝总督职位的信，参见*Add. MSS.* 7058, f.55。另参见*Klopp*，XII，pp.86-96；Coxe，II，pp.548-549（第72章结尾）。

巴兹尔·威廉斯教授在他的《斯坦诺普传》（*Life of Stanhope*）第62页中提到，时任英国驻西班牙查理三世宫廷使节的斯坦诺普自称一直在敦促查理授予马尔伯勒公爵总督职位。查理对此并不是很积极，但与约瑟夫的政策保持一致，也确认了这一提议。

他被调到布鲁塞尔，担任共管政府的英方代表。荷兰人讨厌有个英格兰人来和他们共事，而比利时人对斯特普尼也不太信任，因为在他们看来，备受他们信任的马尔伯勒公爵抛弃了他们，任由他们被荷兰人主宰。荷兰人希望当地居民能为战争和维持驻军的开销掏大把的银子。马尔伯勒公爵在那一年冬天写给斯特普尼的一封信中透露，假如让他来当尼德兰总督，他会执行更加温和明智的政策。

　　共管政府（他写道）本身并没有违背当地现有法律的地方。然而，我们的主要目标应该是让民众满意，让他们在现政权下过得轻松，因此目前或多或少征收一点钱在我看来不应该作为主要目标，特别是考虑到我们一旦出征，就需要能够在大城镇里留下少量驻军，在某种程度上必须依靠当地居民的信任。[82]

　　马尔伯勒公爵预见到比利时人对先前法国人的仇恨可能很快就会变成后悔，后来在1708年战局吃紧时还真就这样发生了，布鲁日和根特这样的"大城镇"再度反水。

　　的确，联军的统治并没有受民众欢迎太久。西属尼德兰是免于被法国彻底吞并，他们在自由方面的即时利益并不明显，而且物质条件还比拉米伊战役之前更糟了，因为战争现在推进到了比利时的核心地带。双方军队在日常的军事行动中砍伐树木、焚烧农场，从农民手中强征牲畜和车辆。在后方，英格兰人确实为他们所需用的东西出手大方，当地居民"都喜欢英格兰官兵"。但精打细算的荷兰人把所有的补给都通过水路从本国运来，还为了战争索取沉重的特别税。①

斯特普尼警告海因修斯"如果民众认为他们像一个被征服的国家一样遭到过分的对待，他们就会变得绝望"，但他不像马尔伯勒公爵可以控制在布鲁塞尔的荷兰同僚。总督职位这件不愉快的事情让马尔伯勒公爵不可能直接去干预共管政府的管理。如果我们要公允地评断荷兰人的所作所为，就必须记得他们之前已经投入了多少自己的资源。如果反法同盟没能实现和平，就会弊端丛生，其中之一就是比利时人家破人亡、离心离德。[83]

在1706年秋冬期间，英格兰和荷兰首次试图就战争结束时荷兰人可以获得多大的屏障达成共识。谈判牵扯到了英国的汉诺威继承问题。荷兰人想获得可靠的屏障，希望英格兰的政治家和军人能帮他们从奥地利和法国争取一块来。英格兰政治家希望确保新教继承顺利，希望荷兰大军能在法国入侵、詹姆士党叛乱的危急关头伸出援手。《王位继承法》将汉诺威继承确立为国法，而1705年至1706年冬天议会通过的《摄政法案》进一步巩固了索菲亚和乔治的权力。但由于安妮体弱多病，半个苏格兰公开拥护詹姆士党，全体苏格兰都不喜欢英格兰人，英格兰高教会派托利党的立场摇摆不定，且法

---

① 詹姆士党人艾尔斯伯里伯爵旅居比利时多年，熟悉当地人的情况，他是这样描述共管政权的："我不敢说他们的法律遭到了践踏，但他们的财政支出了很多，以安全保障为由摊派了很多款项，还征收了战争特别税，在三年的时间里，田地和牧场因军队就食变得像马路一样荒芜。除了城里的商人和工匠、饭馆、旅店、客栈和酒屋因为特别有英格兰人的消费外，没有人赚到钱，因为荷兰人非常精打细算，大量享受通过河流和运河从荷兰运来的东西。拿到了应得的款项，他们（即比利时人）就非常喜欢英格兰官兵，但不会喜爱那些一毛不拔的铁公鸡。"*Ailesbury Memoirs*（*Rox.*），Ⅱ，p.602.

国入侵的威胁永远存在，继承问题就像一块焦虑的乌云笼罩着英格兰。英格兰和苏格兰之间的谈判进行得很艰难，这一年所有人都一度担心苏格兰要爆发内战，而且如果安妮在联合生效之前驾崩，内战肯定要爆发。在1706年，马尔伯勒公爵与戈多尔芬在继承问题上和辉格党一条心，因此与萨默斯及哈利法克斯侯爵合作，确保与苏格兰联合顺利完成。他们也与后两者合作，试图与荷兰达成一份双重条约，荷兰保证英格兰的新教继承，而英格兰保证荷兰能获得可靠的屏障。①

这份条约的第一部分很好安排，因为荷兰人有充分的理由将英格兰新教继承视为他们自身安全的必要保障。但荷兰屏障要包括多少座堡垒就不好谈了，直到1709年秋天才达成协议。

荷兰人之所以狮子大开口，一方面是因为他们利用了英格兰政治家急于换取对新教继承保证的心态；另一方面是因为法国在1706年从头到尾都在给荷兰开条件，试图通过许诺一道可靠的屏障来动摇他们对反法同盟的忠诚。英格兰的政治家一直保持警惕，恐怕荷兰在议和问题上占据主动。因此海因修斯就能在和英格兰谈判时不断加价。他争取让英格兰支持长得吓人的一串屏障堡垒：蒂翁维尔、卢森堡、那慕尔、沙勒罗瓦、蒙斯、莫伯日、瓦朗谢讷、孔戴、图尔奈、里尔、梅嫩、伊普尔、弗尔讷、尼乌波特、奥斯坦德和登德

---

① 1706年10月戈多尔芬给在海牙的马尔伯勒公爵的这段话充分表明了荷兰屏障、汉诺威继承以及英苏联合之间的联系："我希望您能尽快完成屏障条约与汉诺威继承保证，因为如果它们生效并且联合谈判开始在苏格兰进行，它们对我们来说就越来越不是什么重要的问题了；今天从苏格兰寄来的信件表明联合有很大的希望。"*Geikie*, p.4, note. 有关大臣与辉格党"小集团"之间就这一年的外交问题所进行的密切沟通，参见 *Hardwicke Papers*, Ⅱ, pp.467–472。

尔蒙德。① 这些堡垒有的是在西属尼德兰，有的则是在法国境内。

英格兰的政治家是不可能接受这样的要求的。辉格党"小集团"的大佬们还没有进入内阁，但安妮的大臣们会与他们协商外交事务，特别是利用一下哈利法克斯侯爵的外交才能。他坚决支持马尔伯勒公爵不把登德尔蒙德和奥斯坦德交给荷兰人。英格兰纺织品是从奥斯坦德进入比利时的，哈利法克斯侯爵"一听到奥斯坦德的名字"，就对海因修斯说"那些佛兰芒人可能会认为把他们封锁在你们那一侧是为了把他们当成被征服的人奴役起来"。这位荷兰政治家有理有据地回答说，如果荷兰想保护尼德兰将来免受法国入侵，就必须能阻止敌人从海上登陆，因此就必须占有奥斯坦德和尼乌波特；它也必须能自由地从本土运送援军和补给到遥远的屏障堡垒，因此就必须占有登德尔蒙德来保护交通线。1701 年 2 月的事情已经证明，过去用孤立的堡垒构成的荷兰屏障在法国入侵面前是多么不堪一击。这固然没有错。但真正的问题更为深刻：荷兰人全心依仗的屏障体系在军事上是靠不住的；它是外交家的伎俩，不是军人的作为。后来萨克森元帅在 1745 年横扫比利时，再次证明了这一点。也就是说，除非荷兰能有效地控制整个西属尼德兰，它并没有任何真正的军事屏障能防御法国的入侵。

因此在 1706 年冬天什么问题也没有谈成。海牙的政客们对马尔伯勒公爵和哈利法克斯侯爵拒绝给他们奥斯坦德和登德尔蒙德火冒三丈。而哈利虽然在给斯特普尼的信中谴责了荷兰人的贪得无厌，但他同时也暗地里对荷兰驻伦敦的使节说，哈利法克斯侯爵和其他

---

① 1701 年被摧毁的荷兰屏障包括卢森堡、那慕尔、沙勒罗瓦、蒙斯、阿特、奥德纳尔德和尼乌波特。

辉格党人在屏障问题上背叛了荷兰的利益，是为了讨好英格兰人。鉴于他干的这些好事，他被两党的人戏称为"骗子罗宾"，辉格党次年决定将他踢出内阁，就都不奇怪了。[84]

马尔伯勒公爵在进行他这风光无限的一年中最后一场军事行动——阿特围攻战时，他听说欧根亲王在都灵战役取胜，终结了法国在意大利的主宰地位。

这件无比幸运的事标志着大同盟完成了全部的最初既定目标，它要归功于萨伏伊公爵维克多·阿马德乌斯顽强的勇气、欧根亲王的将才，以及他们所利用的德意志军队和英格兰资金，后者是马尔伯勒公爵和戈多尔芬在过去几年里提供的，为的是弥补奥地利方面的不足。尽管英国没有一兵一卒在都灵城下奋战，但这场大捷也是英格兰政策的胜利。虽然奥地利在战争的最初几年在意大利下了很大功夫，但在过去两年里却乏善可陈。布伦海姆和拉米伊两场战役的胜利本来应该可以让奥地利军队腾出手来南下阿尔卑斯山。但他们却转而去和匈牙利叛军作战，皇帝约瑟夫不顾马尔伯勒公爵和英格兰大臣们的一再恳求，就是不肯与匈牙利叛军议和。斯特普尼在离开维也纳前夕写道："您的胜利让这些人的心越发刚硬；反法战争的重担完全压在我们身上。"1706年5月，前往意大利的黑森军队被皇帝的命令拦在了巴伐利亚。在7月和8月，都灵已经势如累卵，但更多的神圣罗马帝国军队被从莱茵河调到了多瑙河，组成一支36000人的大军去讨伐匈牙利人。英格兰为了奥地利的好处，得出钱出力收复意大利；而奥地利却忙于收复匈牙利，造成的结果是我们得付出更多的代价。

英格兰大臣们虽然对此义愤填膺，但在马尔伯勒公爵的鼓励下，他们还是继续努力救援意大利。在盛夏时节，哈利写道："我寄了50000英镑给马尔伯勒公爵，让他拿给欧根亲王，我希望这样他就能报卡尔奇纳托战役一箭之仇，同时还能解救萨伏伊。"欧根亲王的军队中只有差不多一半是奥地利士兵；他麾下的普鲁士及其他德意志部队都是马尔伯勒公爵通过外交手段争取来的，用的也是英荷两个海上强国的钱。[85]

当1706年的战事开始时，意大利的前景极其不乐观。路易十四已经为攻陷都灵做好了一切准备，这将导致维克多·阿马德乌斯被推翻，意大利战争结束。旺多姆元帅在卡尔奇纳托拔得头筹，把欧根亲王困在了加达尔湖周围的阿尔卑斯山道中，而法军将领拉弗亚德开始了旷日持久的都灵围攻战。5月，英格兰驻萨伏伊宫廷使节理查德·希尔写道：

> 现在神圣罗马帝国的军队退回到了五年前同一时间的状况，而且还没有攻入米兰公国境内……除非威尼斯参战，否则我不知道在今年的战事结束后，如何才能继续与敌人势均力敌地在意大利交战。不管威尼斯人向女王陛下提出什么合理条件，总好过萨伏伊公爵兵败失国对女王造成的损失。

但希尔也承认，假如威尼斯放弃了他们胆小的中立，也很有可能会加入法国一方。法军和联军在维罗纳附近的威尼斯领土上周旋交战，同时英格兰对亚得里亚海奥地利港口的贸易都要途经威尼斯的地盘，付出高额的过路费。那不勒斯、西西里和米兰都被法国所占领，英格兰商人无法涉足。假如法国人被赶出这些地方，与意大利、亚得里亚海和奥地利的贸易自然会对英格兰商人敞开。这时他们就能平起平坐地和威尼斯进行关税谈判。而只要法国人还盘踞在意大利其他地方并骚扰亚得里亚海，威尼斯人就能对走投无路的英格兰商人予取予求。[86]

1706年7月，就在反法同盟在意大利最黑暗的时刻，欧根亲王从加达尔湖附近的阿尔卑斯山脚开始了他了不起的征程，穿过长长的波河河谷，前去解都灵之围。他渡过一条条河流，穿越敌占区，甩开了敌军的围追堵截，日益逼近他的目的地。能干的敌手旺多姆元帅被调去挽救尼德兰的战局，拉米伊大捷给整个联军所带来的希望，以及"查理国王"在西班牙的斩获，都助了他一臂之力。

与此同时，维克多·阿马德乌斯和都灵情况危急。5月，拉弗亚德开始围攻这座都城，但萨伏伊公爵却逃到城外开阔地带，试图与欧根亲王取得联系。拉弗亚德派出快速机动部队前去追击，在这年夏天两度将萨伏伊公爵赶进了阿尔卑斯山谷之中。有一次维克多·阿马德乌斯还到瓦尔多派新教徒中避难，这些新教徒长期遭到历代萨伏伊公爵的残酷迫害，最近一次还是法国指使的。现在他已经摆脱了路易十四的桎梏，而这些受迫害的余民成了他最忠实的臣民。追兵不敢尾随萨伏伊公爵进入瓦尔多派的谷地，因为这些居高临下的山地民兵急不可待地想给法军来个迎头痛击——毕竟法国的胜利就意味着他们将遭遇灭顶之灾。

同时，都灵围攻战仍在继续，皮埃蒙特军民顽强地抵抗着猛烈的炮击和反复的强攻。在这一年早些时候，教士们就敦促维克多·阿马德乌斯与法国议和，但被一口回绝，而且随着围攻战的进行，伴随着拉米伊战役胜利的消息和欧根亲王将至的传言，各阶层民众的爱国热情开始高涨。可是到了9月第一个星期欧根亲王的军队与维克多·阿马德乌斯的小股野战军光荣会师时，城防工事已经被突破，都灵命悬一线。形势仍然十万火急。两支援军加起来不到35000人，而攻城军队接近60000人。欧根亲王和维克多·阿马德乌斯登上波河平原2000英尺高的苏佩尔加山顶，俯瞰都灵及攻守双方的工事。这两个萨伏伊人居高临下，透过望远镜将整个战场尽收眼底，仿佛一幅地图在他们面前展开，他们注意到法军用来抵御援军的外围工事固若金汤，唯有从西边汇入波河的多拉和斯图拉这两条河之间是例外。攻城军队料想援军不会从那里过来。两人决定渡过波河，迂回进攻那里的敌人。援军人数虽少，却能以一当十，他们中有一些当时欧洲最精锐的德意志部队，而且他们坚信欧根亲王马到成功。从苏佩尔加山上望去，敌人的犹豫不决和组织混乱一览无余，欧根亲王对身为萨伏伊公爵的堂弟说："那些人在我看来已经输了一半。"

的确，法军营中指挥无方，畏敌不前。皇亲国戚奥尔良公爵是名义上的总指挥，他希望能把都灵围困住，去迎战欧根亲王。以法军的规模，这一计策完全合理。但他必须要听沙场老将马尔桑的意见，后者说要留在外围工事后面。马尔桑已经和在布伦海姆战役时判若两人。他强烈地预感到自己时日无多，斗志大减；他在战役前一天写了一封值得玩味的信给沙米亚尔，信中写道："您收到这封信时我已经死了。"法军士兵对营帐中的士气变化非

1706年9月7日

常敏感，当他们看到身穿蓝衣的普鲁士军队气势汹汹地出现在他们只挖了24小时的薄弱堑壕前时，他们对自家将领的信心就丧失殆尽了。经过一番短暂而激烈的战斗，这道半途而废的外围工事被突破；马尔桑被俘，不久就伤重不治，一语成谶；都灵守军杀出城外，彻底击败了敌军；法军从皮涅罗尔逃过阿尔卑斯山，留下他们在米兰、那不勒斯和西西里的守军任由联军摧枯拉朽。路易十四的霸权不复存在了。

这场战役导致奥地利而非法国接替西班牙成为意大利的霸主，这种情况后来先是被拿破仑所动摇，最后是被维克多·阿马德乌斯的后继者维克多·埃曼努埃尔彻底颠覆。

马尔伯勒公爵得知他策划已久的都灵救援计划被欧根亲王成功付诸实施，便写信给萨拉说道：

我收获的喜悦之情溢于言表；因为我不仅敬重亲王，而且也爱戴他。

欧根亲王对马尔伯勒公爵的友谊没有一丁点嫉妒的成分，反之亦然。[87]

第八章　西班牙战局奠定（1706）

1706年，各地各战场上所发生的战事决定了《乌得勒支和约》的基本内容。因为如果说法国在拉米伊战役和都灵战役中丢掉了西属尼德兰和意大利，那么奥地利的王位觊觎者也将在这一年失去西班牙本土。战场上发生的事迫使欧洲政治家所采取的行动，正是威廉三世用他的先见之明在《大同盟条约》中提出的分割西班牙欧洲领土的做法。他们或许还要过上几年才会接受这些不可避免的事，但现实的形势就像《但以理书》中写在墙上的预兆，已经变得越发明显了。

1706年1月，泰塞元帅和其他法国人在阿拉贡南部边界饱受积极拥护查理的市民困扰，后者肆意进行针对法军的零星敌对行动。泰塞元帅误将阿拉贡的情况放大到了整个西班牙，向凡尔赛宫方面写信称，整个国家"民怨沸腾，想要换掉自己的王上"，而"每一个省份"都需要派驻一支专门的法军，还有就是菲利普既没钱没兵，也没有合适的政策，失败是必然的事。路易十四见树木更见森林，想法比他的元帅更悲观。他下令让心不甘情不愿的泰塞元帅去围攻巴塞罗那。法国派出了一支援军，在4月初，巴塞罗那城外的法军人数增加到了两万。[88]

巴塞罗那被围了个措手不及，抵抗的准备非常不充分。当时彼得伯勒伯爵人在巴伦西亚。一小股部队被临时拼凑了起来，投入保卫巴塞罗那的战斗。守军最多的时候也不超过四千正规军，其中英军只有1000人。但斗志昂扬的民兵弥补了兵力的不足；在周围的乡村地带，加泰罗尼亚起义军在联军中所占的比例非常高，以至于攻城军队反过来被游击武装"鸟铳手"包围了。泰塞元帅的陆上交通线被切断，他只能依靠从土伦来的支援舰队获得补给。

两个争夺西班牙王位的国王都在场。菲利普在法军营中只是个摆设。但被加泰罗尼亚拥立为王的查理在他决定命运的这一年最初几个月还是充分展现出了斗志，只是这种斗志在夏天就烟消云散了。这时，他是被巴塞罗那臣民掀起的效忠热情冲昏了头脑。神父们用布道和所谓的神迹助长了这种情绪。但这也公开表明，如果这位聚合所有情绪的君主临阵脱逃，巴塞罗那就会开城投降，而英军就会惨遭那些愤怒且被抛弃的市民屠戮。不过查理展现了一个21岁青年应有的决心。他选择坚持到最后一刻。他的这一决定实际上拯救了巴塞罗那，但也冒着城陷被俘、可耻地输掉半岛战争的极大风险。30年后，当身心俱疲的皇帝查理六世在欧洲各宫廷推销他的"国事诏书"时，他会怎样记起他率领勇猛的加泰罗尼亚人在城墙被打开缺口的巴塞罗那坚守的峥嵘岁月呢？

与此同时，彼得伯勒伯爵复杂性格中脆弱的一面占了上风。在巴伦西亚的过冬营地里，他像唐璜一样招蜂引蝶，无往不利。但他却和所有的男性盟友都闹翻了。

当他听说"查理国王"被困巴塞罗那、有战死或被俘之忧时，他首先想到的竟然是推荐一名继承人，这样他就能有定策之功了。他从巴伦西亚写信给萨伏伊公爵维克多·阿马德乌斯说"我将把西班牙给应得之人"——也就是对方。"我只求1500名有全套马匹、马具和武器的精锐骑兵，剩下的我自会安排"。的确，彼得伯勒伯爵承认，要是查理只是被俘而没有阵亡，就非常麻烦了。但即便形势变得这么微妙，他还是会为维克多·阿马德乌斯尽犬马之劳："因为阁下您的利益我一直都牢记在心。"这封信的失当愚蠢之处令人吃惊，就算考虑到彼得伯勒伯爵的个性也是如此。他怎么敢假设如果菲利普攻下了巴塞罗那，整个西班牙愿意接受另一个国王，而且还是被英军将领指定、由1500名精锐骑兵护送到马德里的？能为他开脱的最好说辞是，他很可能过两天就把这一切都忘到九霄云外去了。200年过去了，历史学家还是能找到这个尴尬的档案，从这些被人遗忘的褪色墨迹中读出一个人的性格。[89]

泰塞元帅的大军比彼得伯勒伯爵当初夺取巴塞罗那时的要多得多。法军想效法去年9月的英军，出其不意拿下蒙特惠奇的外围工事。但这次防守的是英军，法军的进攻被击退，损失惨重。蒙特惠奇必须用大军逼近并正儿八经地炮击，直到它被攻下，法军都没有强行攻打巴塞罗那。这让城中居民有时间修补上次围攻留下的缺口。多尼戈尔勋爵和六百英军拯救了巴塞罗那，他们在法军面前坚守蒙特惠奇近三周之久，直到4月21日法军最终对蒙特惠奇发动总攻时。

多尼戈尔勋爵杀向敌人最密集的地方，两度拒绝敌人的劝降，最后被敌人射穿了脑袋，但他也亲手打死了四个敌兵。他完成了一名优秀掷弹兵的使命。

被这座堡垒拖了这么久，法军终于进抵巴塞罗那了，但即便到了这时候，这位统率法军的优秀外交官仍然没有展现出他应有的活力。这本应该是一次简单的任务。守军的炮手技术不精。城墙的缺口只是勉强填上，并没有正式重建。守军中的精锐已经在蒙特惠奇阵亡或被俘，现在被法国正规军围攻的只是一群乌合之众。加泰罗尼亚人一无所有，有的只是昂扬的斗志，"查理国王"不停地出现在危险的地方，维持了这样的斗志，让守城可以再坚持一阵子。泰塞元帅报告称，市民"表现得像正规部队"，而且还好几次对他的堑壕发动了有效的突击。修道士在这些肉搏战中非常惹眼，有好几个死在了加泰罗尼亚民兵的前头。泰塞元帅还宣称他的炮手和守军一样差劲，他的火炮有40门炸了膛。但在5月第一个星期末，圣安东尼奥棱堡及其附近还是被重新打开了两个大的缺口。法军准备发动强攻，如果付诸行动的话，不太可能会失败。

就在发动强攻的前夕，法国军舰突然离开了海湾。第二天上午，英格兰舰队驶入，差一点就能歼灭敌方军舰，不过还是能及时挽救巴塞罗那。利克将军明智地在运输船上装载了5000名士兵，并拒绝了彼得伯勒伯爵让他们在途经巴伦西亚时登陆的命令。现在他们在巴塞罗那的码头上了岸，直奔城墙的缺口。另有彼得伯勒伯爵亲率的1000名步兵乘着征集来的小船，在英格兰舰队的掩护下驶来，也进入了巴塞罗那。

1706 年 5 月 8 日（新历）

如果这些援军没有赶到，法军很有可能在英格兰水手的眼皮下攻陷巴塞罗那。的确，要是泰塞元帅敢于冒险的话，法军还是有可能在军舰离开的情况下，在援军抵达前几个小时成功攻城。但他除了海路之外没有畅通的交通线，因此他有理由担心自己即便拿下了巴塞罗那也会身陷困境。如果巴塞罗那一旦陷落，"鸟铳手"确实有可能作鸟兽散，使他得以重新打开陆上交通线。但正如他的信件所示，他对自己的处境忧心忡忡，在法国舰队撤离后就再也没想过攻城了。过了一两天，围城军队拔营而去，留下了他们的火炮、弹药和物资。他们在加泰罗尼亚起义军的围追堵截中杀出一条血路，回到了法国边境。泰塞元帅在围攻和撤退中损失了四分之一的兵力。

围攻结束的同一天发生了日全食，天黑得巴塞罗那城中的英格兰军官在大中午都得点蜡烛。在松了一口气的联军看来，这似乎在冥冥之中预示了那位骄傲到用太阳作为标志的大王有何命运。那年夏天，伦敦和阿姆斯特丹的商店里卖的都是展现这一充满象征意义的日食的像章和版画，因为巴塞罗那解围和拉米伊大捷的消息一同传来，似乎标志着"太阳王"开始日薄西山了。

巴塞罗那解围之功全部要归于利克一人。约翰·利克不仅是英姿勃发的年轻上校，还是明智审慎的海军将领，都能在只剩几个小时的紧要关头，英勇地解救被围困的城市。伦敦德里、直布罗陀和巴塞罗那都是因他才得以保全，而且如果说他到来的时机过于危急，那也不能全怪他。在最后这一次解巴塞罗那之围前，他在里斯本进行准备时需要克服很大的困难，这是由葡萄牙人和荷兰人的固执导致的。他当时已经装备好了武器并起航出发。他非常明智地等到宾率领的舰队与他会合，否则他到巴塞罗那时士兵数量将不敌对方。不过詹姆斯·斯坦诺普将军作为派驻西班牙国王的英格兰使臣与援军一起出发，他不断提醒海军迅速驰援的必要性。斯坦诺普身为政治家，深知最重要的事情是避免"查理国王"被敌人生擒，他一直向利克强调这一点。

利克不顾彼得伯勒伯爵的三令五申，一直把部队留在船上，没有让他们在巴伦西亚登陆；如果他们登陆巴伦西亚的话，虽然能扩充伯爵大人的兵力，但仍不足以击溃泰塞元帅的军队。①

最后，利克面对这个反复无常的伯爵的极力挑衅，强压住了怒火。彼得伯勒伯爵在岸上时曾指示在船上的斯坦诺普，让后者在援军靠近时寄出一张裁成特定形状的纸来提醒他。在收到信号后，彼得伯勒伯爵乘坐一艘小船出海，截住了正沿着海岸向北疾驰的英格兰舰队，并在利克的旗舰上升起了自己的旗帜。他就算在海上也要官大一级。②但利克将军一言不发，仍旧让他的旗帜和伯爵大人的旗帜一起飘扬。他当时要是说些什么的话，就有可能引发一场危机，让这次出征毁于一旦。只当过海军候补少尉的彼得伯勒伯爵无意真的亲自指挥，把全部事务都交给了利克——除了挽救巴塞罗那的名声。他的确打算主张这一名声。他在国内的党羽杜撰了相应的故事。当时以及在后来很长一段时间，海军行动的历史都是由陆军人士书写的。在一个讲究体面的社会里，水手们的观点很少有人听说，也不被人重视。狂妄的彼得伯勒伯爵迫使英国人听信了他解救巴塞罗那的说法长达近两个世纪，而诚实低调的"默默无闻的军种"则吃了哑巴亏。[90]

巴塞罗那解围、法国大军逃出西班牙、拉米伊大捷以及戈尔韦伯爵和葡萄牙人进军马德里这一系列事情在这个仲夏时节让一方灰心丧志，让另一方信心满满地认为整个西班牙的效忠对象不可能发

---

① 当彼得伯勒伯爵需要对自己的这些命令进行辩护时，他说如果利克带着运输的部队在船上，就会妨碍他与法国舰队作战。后来他开始建议利克为他带"1000"兵力给巴伦西亚。但这点兵力足够吗？*B.M. Add. MSS.* 5438, pp.70–72.

② 他曾在冬天反复写信回国说"如果不能统率陆海军的话，我就想被召回国，再也不会出来打仗了"。*P. to St.*, pp.3, 4, 6–7.

生改变了。东部各省拥护查理的热情开始巩固为矢志不渝的忠诚。菲利普国王及其随从表现得软弱无能，而西班牙人曾经在选择国王问题上所仰赖的法国现在又折戟沉沙，这令卡斯蒂利亚人的骄傲大为动摇。一扇大门将向联军敞开，如果他们有推开它的智慧和决心的话。转瞬即逝的时机问道："汝愿否？"但查理和彼得伯勒伯爵不会。他们没有进军门户洞开的马德里，而是在5月、6月以及7月的大部分时候无所事事。在这个最好的机会窗口，驻西班牙联军首脑们的自大、犹豫和争吵却达到了顶峰。

另外，菲利普的夺位大业长期以来在每个方面都犯下了灾难性的错误，但现在却得到强有力的统一领导，及时地挽救了他的王位。奥尔西尼王妃最近返回了西班牙，凡尔赛和马德里方面又重归于好了，而这个女强人在经历了一点小挫折后，再度侍立在西班牙王后身边，引导并鼓励国王夫妇。光是这一点还不够。1706年2月，贝里克公爵也回到了西班牙。王后已经从她坚持让法国召回贝里克公爵后发生的灾难中吸取了教训。菲利普确实无关紧要，但奥尔西尼王妃和贝里克公爵通力合作，或许还能将西班牙从钩心斗角的查理和彼得伯勒伯爵手中拯救出来。①

就在泰塞元帅的法国大军围攻巴塞罗那无果而终时，贝里克公爵要率领一支小得多的军队去尽可能拖延戈尔韦伯爵吕维尼从葡萄

---

① 在贝里克公爵离开西班牙期间，他在1705年前去镇压法国南部腹地被迫害的塞文山民或"白衫军"起义；维拉尔元帅在布伦海姆战役的同一年也执行了这一任务。维拉尔元帅试图进行和解与宽容，但凡尔赛官的顽固派推翻了这一政策；因此贝里克公爵恢复了火刑和凌迟，可怕的战争所引发的那种互相残杀的循环又重新开始了。贝里克公爵有一个观点在英格兰史上值得注意："英格兰人和荷兰人阴谋挑起了这次叛乱，但令人震惊的是，他们从没有给塞文山民派去任何合格的领袖，甚至也没有给他们任何更好的建议。"*Berwick*，Ⅰ，pp.178–183，196–197.

牙向西班牙腹地挺进。戈尔韦伯爵这位担任英军将领的法国胡格诺派新教徒虽然不是什么当世名将，但比查理更有能力，比彼得伯勒伯爵更稳重公正。正是因为他的提议，联军才能在这个夏天距离最终胜利这么近。

戈尔韦伯爵看到法军主力被加泰罗尼亚牵制住了，便坚持主张让英葡联军从西班牙西部边境进军内陆。**1706 年 4 月 14 日（新历）** 他率军抵达边陲重镇阿尔坎特拉，连同其中的 4000 名西班牙步兵都被他攻陷了。

通往马德里的道路就此打通。贝里克公爵一时没有兵力可以抵挡联军。5 月，联军在一周之内攻下奇达罗德里戈。萨拉曼卡不战而降。但葡军将领米纳斯侯爵和他的人马一心只想劫掠西班牙，没有兴趣冒险进军马德里。戈尔韦伯爵请梅休因来帮忙。这位英格兰驻 **1706 年 6 月 27 日（新历）** 里斯本大使以从海上撤走英格兰军队并停止给这些三心二意的葡萄牙盟军支付军饷来威胁彼得国王。① 国王屈服了，命令米纳斯侯爵前进。约翰·梅休因于几个星期后去世，但此时戈尔韦伯爵已经率英军抵达马德里，身后跟着满载西班牙战利品的葡萄牙军队。

"考虑到西班牙国王没有到场"，联军在第一次进入首都马德里的情况比料想的要好。戈尔韦伯爵曾请求查理和他一起去马德里未

---

① "我必须以我国女王的名义向国王陛下提出，由于目前陛下有能力直接进军马德里、在西班牙掀起一场革命，如果贵国有了别的什么决心，我国女王将认为我们失去了最大的机会。如果今年春天葡军有除了在西班牙进军马德里之外的其他任务，我将奉命撤出驻葡萄牙的英格兰军队，预计于下个月上船启程，这样我也将同样奉命停止根据条约支付给陛下军队的援助。"Account of what was insisted on by Mr. Methuen at the Conference of 9th, 19th and 21st of April and presenting in writing to the King of Portugal on April 22, *1706. P. R. O.*, S.P., 89, 19.

果。这支侵略军主要由葡萄牙兵痞组成，他们"造成了最严重的混乱并尽可能地抢劫民众"，另外还有几个团由纪律严明的新教异端士兵、德雷克和克伦威尔的同胞组成，这样一支军队除非是作为西班牙国王的护卫，否则不要指望西班牙人会欢迎他们。而且那位奥地利出身的西班牙国王更愿当加泰罗尼亚的国王。即便如此，还是有很多人认为波旁王朝一方失败了。菲利普五世之前才匆匆逃离巴塞罗那的堑壕，取道法国和纳瓦拉回到马德里，结果屁股还没坐热就又在联军逼近时逃跑了。这样一来就是树倒猢狲散：有四个西班牙大公前来向戈尔韦伯爵致意。主教波尔托·卡雷罗与他曾经拥立的波旁国王有个人恩怨，便向节节胜利的联军致信输诚，并让托莱多宣告查理为国王。人心向背处在悬而未决的关头。

但这宝贵的几周时间就这样流失了，查理仍待在加泰罗尼亚不肯来。法国人的党羽开始在马德里街头散布谣言，说查理来不了是因为他已经死了；两名神父公开发誓说他们亲眼看见查理入殓。卡斯蒂利亚的民心一天一天地退回菲利普这边。贝里克公爵劝说国王和王后不要到法国边境避难，而是在这一危险时期继续坚守布尔戈斯，以集聚那些西班牙忠臣的希望。在贫苦和难以言说的肮脏环境中度日流亡的小朝廷成了民族复兴的中心，不久就要势不可当地回到马德里。奥尔西尼王妃呼吁西班牙民众和教士捐款，于是财物就从西班牙中部和西部省份涌向布尔戈斯。卡斯蒂利亚和莱昂的农民组成游击队，并切断了戈尔韦伯爵与葡萄牙之间的交通线。和在拿破仑时代一样。马尔伯勒公爵时代的西班牙虽然拉不出能打的正规军，但没有哪支正规军可以长久占领西班牙。同时，贝里克公爵从法国获得了强大的增援，很快就能与戈尔韦伯爵旗鼓相当了。[①]联军是良机已经失不再来，但查理还是没有到马德里来。[91]

这位年轻国王没有来马德里登位，这导致了他最终的失败，这究竟主要是他的责任，还是彼得伯勒伯爵的责任呢？在安妮女王末年，这一争论作为政党斗争的一部分，在英格兰掀起波澜。议会就这一问题进行了旷日持久的质询，产生了卷帙浩繁的档案；很多书和小册子也用它大做文章。这些辩论所留下的档案以及大英博物馆中其他尚未付梓的文献让现代历史学家可以对这一复杂问题做出论断。

斯坦诺普和理查兹[②]这两位正直无私的军人曾试图在加泰罗尼亚的查理和巴伦西亚的英军统帅之间调解无果，他们都认为彼得伯勒伯爵希望查理取道巴伦西亚而非阿拉贡前往马德里是正确的意见。但理查兹和斯坦诺普也认为彼得伯勒伯爵给他自己的计划制造了障碍，他在6月底从巴伦西亚写信给查理，抱怨说他没有钱给军队发饷，也没有骡子来运输——理查兹补充道："但我想他恐怕也没有采取任何措施去筹集。"最糟糕的是，就在他应在通往马德里的雷克纳集中所有本部人马时，他却分出四个步兵团去攻打南边的阿利坎特。他的想法比一只气球还游移不定。查理在得到这些报告后，一口咬定彼得伯勒伯爵其实不希望他去巴伦西亚——确实有几天是这样的。

---

①　如果说首要责任是在查理和彼得伯勒伯爵身上的话，那么戈尔韦伯爵也要为在马德里耽搁踟蹰负责。贝里克公爵在回忆录中写道：如果戈尔韦伯爵不是在马德里等候，而是在7月初对他进行追击，"他必定会在援军到来之前把我赶过埃布罗河"。彼得伯勒伯爵在8月25日写信给利克说，戈尔韦伯爵应当在7月去追击贝里克公爵，要不然就在马德里附近构筑坚固的大营，但他哪个也没做。

②　需要指出的是，约翰·理查兹上校对彼得伯勒伯爵本人并没有偏见，他还认为1705年夺取蒙特惠奇的功劳应该全部归于彼得伯勒伯爵。而且他也是彼得伯勒伯爵的亲信。

因此这位德意志君主在这个错误的时刻又重新回到了他取道更加艰险的阿拉贡这一致命的政策。他在巴塞罗那之围解除整整两个月后动身前往马德里，走的还是一条岔路，而在理查兹看来，他应该在巴塞罗那得救后立刻进京。

彼得伯勒伯爵一发现他抱怨钱和骡子的事情彻底阻止了查理前来巴伦西亚，他就对他写的信懊悔万分，或者干脆忘了他写过那些信。用理查兹的话说，"一阵风把他苦心孤诣编织的蜘蛛网吹得七零八落"，"当他眼看拥立西班牙国王的荣耀就要归于他人时"，他就心急火燎地求查理来巴伦西亚。但这位奥地利人已经在去阿拉贡的路上了，"对伯爵大人这一不适当的举动非常恼火"，自然不会听他的。

英军统帅与查理及其谋臣列支敦士登亲王之间开始彼此恨恶，两边都不愿意进行合作，急于和对方离得远远的。如果是斯坦诺普、戈尔韦伯爵、理查兹或任何明智无私的英格兰军官坐在彼得伯勒伯爵的位置上，都有可能争取让查理取道巴伦西亚去马德里。但就是因为巴伦西亚这条路是彼得伯勒伯爵选的，查理的德意志朝廷才不顾军事会议几乎一边倒的意见，希望从阿拉贡走。至于缺钱缺骡子什么的，这可能是个比较大的困难，英国国内当局也有部分的责任。[①]但彼得伯勒伯爵应该尽可能减少这一问题对查理的影响，而不是将它放到最大。从巴伦西亚到马德里这一路——按彼得伯勒伯爵自己的话说——是与和平时期一样畅通的，护送国王进京并不需要大队人马。戈尔韦伯爵及其军队急切地期待查理到来，西班牙民众

---

① 直接了解此事的理查兹说，尽管彼得伯勒伯爵如此抱怨，但他永远无法和政府算清他的账目。"公开的账目并不准确，因为我知道有财政部拨的一大笔钱从没有到军队主计的手中，因为（按照伯爵大人的命令）它们被直接交给了底下的军官，由他们支配"。*Stowe MSS.* 471，f.36.

也在等待，他们的观望态度有可能及时变为支持与忠诚。

彼得伯勒伯爵不愿在6月的关键时刻采取行动，原因之一是他声称戈尔韦伯爵没有传信给他，而只是和查理沟通。如果真是这样的话，这确实是戈尔韦伯爵的不是，但彼得伯勒伯爵也不至于像被抢了女奴的阿喀琉斯一样在营帐里闷闷不乐。当初他夺取蒙特惠奇时那股为了干大事而付出小代价的劲头到哪去了？他里头有天才一般的火焰，只可惜不常燃烧起来；它常常是闷在灰堆里，在危急时刻只是黯淡地怒气冲冲。[92]

戈尔韦伯爵现在是在瓜达拉克萨拉等待查理从萨拉戈萨和莫利纳过来，并等待彼得伯勒伯爵从巴伦西亚和雷克纳过来。日子一天天过去，他的处境越来越艰难。在他身后，马德里对联军的敌意越来越公开。四周的农民揭竿而起，切断了他的补给线。他的对面有贝里克公爵大军压境，还有援军从法国源源不断地过来。贝里克公爵既谨慎又果决，他不去和戈尔韦伯爵交锋，而是派出一支人马迁回收复马德里。8月4日，这支队伍在民众箪食壶浆的欢迎下进入了这座古都；300名西班牙查理党人困守王宫，坚持了两天就迫于饥饿投降了，贝里克公爵可没有马尔伯勒公爵那么宽宏大量，他们被当作逆党受到了严惩。

就在这时，查理在瓜达拉克萨拉与戈尔韦伯爵会合。他只带了两三千人。不久彼得伯勒伯爵带着一点龙骑兵也到了；他把英格兰步兵都留在了巴伦西亚。西班牙中部的联军加起来只有15000人。此时贝里克公爵已经有了数量大得多的正规军，卡斯蒂利亚各城各村中还有士气旺盛的游击队相呼应。

现在已经回天乏术了，彼得伯勒伯爵返回巴伦西亚，并坐船去了热那亚，说是给萨伏伊公爵筹钱去了。他的真实目的是躲开这些讨厌他的对头和批评者，军事会议中各个国家的人也没有说什么话来挽留这位英格兰总司令。他写信给在西班牙与他矛盾最少的斯坦诺普说："我打算跟你讲一下我们在意大利的日子——至于夜晚我就不多说啦——有多快活，好让你觉得难过。"戈尔韦伯爵和斯坦诺普继续坚守鸡肋的岗位，承受着已经必败无疑的半岛战争的重担。一身轻松的彼得伯勒伯爵前往海边，准备开开心心地度假，他的队伍沿途看到了掉队或患病的英军士兵的尸首，他们被当地农民残忍地杀害了。

到这时，马尔伯勒公爵才意识到他把像彼得伯勒伯爵"这么差劲的人"派到西班牙是个错误。彼得伯勒伯爵寄来的信长篇大论，辞藻华丽，"充满了夸张的联想和刻意的转折"，并且对西班牙和德意志同僚进行了大肆攻击，连一向耐心的马尔伯勒公爵都看不下去了，他深知有愚蠢盟友是何滋味。虽然他和戈多尔芬一样都认为"查理国王身边的德意志人不是什么好东西"，但他还补充说"国王对彼得伯勒伯爵的愤怒和厌恶是他决定取道萨拉戈萨的最大原因，我担心这一决定最终会带来灭顶之灾"。早在9月，马尔伯勒公爵就写信给目前一直都是彼得伯勒伯爵的朋友兼庇护人的萨拉说："他在这个位置上祸害我们，导致我们丢掉了一整个国家，我想把他撤下来应该不用什么铺垫吧。"戈多尔芬也是这样想的："他在那边成事不足，败事有余，而且不管什么时候召他回国，他在这里也是一大麻烦。"

的确，"麻烦"就是他行事为人的特点之一。从那以后，随着政府把他束之高阁，他就成了反对党可以利用的"英雄"。在安妮在位剩下的时间里，死硬的托利党就用这位辉格党贵族的成败得失大做文章。斯威夫特在公开出版的小册子里把他捧上了天，说"仅有这位将领以他近乎奇迹的作为和幸运，差一点就让我们占领了整个王国"，背叛这样一位英雄真是可耻。但我们需要注意的是，一旦他这帮托利党新盟友上台执政，他们也没有任用这个成就被他们吹嘘得比马尔伯勒公爵还高的人。

戈尔韦伯爵和他的军队很快也跟着彼得伯勒伯爵去了巴伦西亚。他们想从陆路回到葡萄牙是不可能了。他必须以巴伦西亚沿海以及停泊在港口的英格兰舰队作为新的根据地。于是在1706年9月，他率领英葡联军抵达东海岸，贝里克公爵讽刺他们"把西班牙环游了一遭"。与此同时，英格兰舰队占领了东海岸靠南的卡塔赫纳和阿利坎特，以及巴利阿里群岛的伊维萨岛和马略卡岛。11月，贝里克公爵收复了卡塔赫纳，1706年的战事到此结束。[93]

在这一年以后，无论情况怎么变化组合，查理都不可能坐稳西班牙的王位了。因为现在西班牙的民意已经坚定地反对他。假如在这个决定性的夏天，联军能守住马德里并让查理在此登基加冕，东部沿海对查理的支持或许能进一步巩固，甚至那些骄傲的卡斯蒂利亚人或许也会默认这一既成事实。但经过这一年战事的起起伏伏，查理失去了军心人心，并被认为他抓不住眼前的机会；尽管菲利普身无长物，但他为了整个国家与侵略者做斗争，为此忍受了流亡和战败之苦，最终戴上了英雄国王的光环。1706年冬天，波旁王朝的支持者甚至在巴伦西亚这个新的联军根据地都再度活跃起来。穆尔西亚坚决支持菲利普，西班牙其他任何省份也是如此，只有意见分歧的阿拉贡和全心拥护查理的加泰罗尼亚除外。但正是因为加泰罗尼亚人支持了查理，所以西班牙人就应该支持菲利普。正是因为阿拉贡人还犹豫不定，所以卡斯蒂利亚人就更要加倍坚决地支持菲利普。从那以后，在西班牙四分之三的地区，游击队、农民和神父四处对英军士兵进行骚扰破坏，就像他们后来对拿破仑的大军所做的一样。100多年后戈雅笔下那种惨无人道的西班牙战争，英格兰士兵早在1706年败局已定后的无谓反抗中就已体会。他们要么挨饿，要么吃了当地人下毒的饮食后患病；他们对近似非洲的炎热气候完全没有心理和物资上的准备；英军士兵军饷不足，饱受当地人仇恨、伏击、暗杀甚至屠戮，他们在毫无胜算的情况下进行一场可怕的战争，不仅自己深受其害，也连累了当地西班牙人民。英格兰在半岛战争上每年的开支差不多和在佛兰德的战争一样。[①] 马尔伯勒公爵多年以来不顾当地的情况，坚持在西班牙持续征战，这是他作为英格兰最高统帅最大的败笔。

但如果说1706年的事件本该让反法同盟的政治家们认识到他们已经失去了西班牙，英格兰称霸地中海这一点在当时看来就没有那么清晰了。对土伦港中的法国大舰队而言，这一年就像皇家海军军歌唱的那样：

> 敌手既来便难去，
> 见我即避之不及。

威廉三世传给马尔伯勒公爵的地中海政策正在迅速成为新欧洲的一个首要事实。1702年，地中海还是"法国湖"；但到1706年底，

---

① "（英格兰）在低地国家的支出，包括给英国及外国的军队和援助，在1706年达1366076英镑。同年在西班牙和葡萄牙的开支为1093071英镑。半岛战事的开支之所以相对沉重，是因为要向西班牙和葡萄牙国王支付大笔援助与英格兰距离遥远以及粮草衣食价格较高。"地处遥远的分战场的开支总是因其距离而高企。Letters and accounts of James Brydges 1705–13, by Léon Harvey（Huntington Library Bulletin No. 2, Nov.1931）. 布里奇斯（即后来的钱多斯勋爵）于1705年至1713年担任海外军队主计。

它几乎快成英格兰的了。西班牙东部、非洲北部和意大利的港口向联军敞开，却向法国关闭。巴利阿里群岛除了梅诺卡岛都被联军夺取了。但在直布罗陀湾之外，英格兰舰队还需要一个更好的港湾。很多专家认为此地非梅诺卡岛莫属。马尔伯勒公爵下一年会下令夺取它吗？如果他不是那么看重夺取土伦从而赢得战争的宏伟计划，他可能早就这么做了。

1706年12月，葡萄牙国王彼得在约翰·梅休因之后也去世了。这两个人与国务大臣诺丁汉伯爵通力合作，顶住很多强大的压力，让葡萄牙加入英格兰一方参战。1703年，那个决定性的时刻揭开了英葡两国长达两个多世纪的牢固联盟，因为《梅休因条约》是以两国真实的利益为基础的。如果说葡萄牙还能保住它古老的殖民帝国——不像大多数欧洲国家——的话，那它靠的肯定不是自身的实力；如果说英格兰从里斯本的基地控制了地中海的制海权，那么我们就应该在《梅休因条约》及其促成的海军活动中寻找原因。

第九章 英格兰在欧洲的新地位

随着法国人被逐出意大利和西属尼德兰，如果按照威廉三世在《大同盟条约》中制定的目标，战争已经打赢了。更重要的是，法国的海军力量、陆军威望和财政能力被摧毁，条约隐含的原则也达成了，即将路易十四的势力缩小到一个可以保证欧洲其他国家独立和新教安全的程度。

英格兰是这一伟大拯救的头号功臣，英格兰也将成为战后世界的主导强国。英格兰和荷兰锻造了反法同盟——其财政、外交和陆海军行动。荷兰在人员和资金方面的贡献巨大，但这个小国的实力仅仅依靠其贸易，而不在其人口、农业或工业，资源很快就耗尽了。之后战争又鸡肋地打了六年，彻底耗光了荷兰的资源，使荷兰在新的时期不再能与英格兰匹敌，而是沦为英格兰的附庸。战争胜利的另一个主要获益者是奥地利，而它更加无法与英格兰平起平坐，特别是在海上。维也纳所统治的领土无论是在气质上还是在制度上都算不上一个现代国家。它们只不过是土耳其人和原西班牙帝国遗留下的一块块省。意大利和佛兰德在法国人手里还能让英格兰畏惧三分，但在奥地利手里它们恢复了在英格兰势力范围里的适当地位，即作为这个岛国纺织品的市场。随着1706年夏天比利时的各大城镇接二连三地落入马尔伯勒公爵手中，英格兰公众脑子里想的都是，这下又可以和它们重开贸易了。①英格兰商人认为,马尔伯勒公爵的战争是必要的开支;所投入的金钱将给子孙后代带来百倍的收益。

英格兰能打败法国是有偶然原因的。威廉三世和马尔伯勒公爵就是两大偶然因素。威廉三世在极其艰难的时候建立了一套内外政策体系,这样他的继任者就能在更加有利的时候取得可以长久的成果。

但英格兰的胜利并不是光靠幸运获得了优秀的领导人。这也是出于它的海军和经济实力,以及开放但高效的政府,使得党派之争几乎是在无意间催生了英格兰的国家精神。1706年的一系列事件为一场长达20年的斗争画上了句号。这一结果不完全符合全世界的预期和各种现行的理论。这一结果树立了另外的标准,18世纪的人在理论上推崇备至,而19世纪的人更是试图将它付诸实践。

如果说法国的旧制度在布伦海姆和拉米伊的战场上首次受到了冲击,那么80年后它将因财政困窘、国库空虚而彻底瓦解。英格兰光荣革命的安排之所以能保存下来,是因为它付得起钱。中央政府新制度的象征、新英格兰国家机器的脉搏,就是它的财政部门。新体制的核心就是,现在财政部的地位超越了国王、内阁、议会、纳税人和各支出部门。不管律师们如何口若悬河,爱国者们如何大声疾呼,士兵们如何浴血奋战,如果他们的努力得不到戈多尔芬及其傀儡(某种程度上前面这些人也都是他的傀儡)财政部秘书威廉·朗兹先生的巩固与操纵,一切都是枉然。要是英格兰的财政状况和法

---

① 当时的《邮差报》(Postman)等报纸表达了这样的观点。英格兰纺织品的出口量在1706年增加了15%,这很大程度上归功于尼德兰市场的打开。Add. MSS. 17677,BBB,f.457.

国一样糟，那么战争就打不赢，远近闻名的政治体制也无法运作。财政部工作、内阁政策和议会控制之间的复杂制度，是斯图亚特王朝末期英格兰天才人物最原创也最广为人知的发明。要是孟德斯鸠能从这些枯燥乏味的制度安排中寻找英格兰自由的奥秘，那么他就不会误入歧途了。可能他就会发现新的财政部制度怎样让行政部门和立法部门和谐运作甚至积极合作；这个乡绅和小店主的国家是怎样有智慧地让对立原则统一起来的。

在光荣革命后头20年的财政部里，我们看到了常设公务员制度最优秀的传统初现雏形；我们看到了受过训练、专门化的君主臣仆在一个更加大众化的政府体制下取得了新的地位，并接受下议院对他们的工作进行日常监督，以换取能不受打扰地持续为国王服务。

这种新的情况有一个新的问题。由于议会制政府就是党派政府，只要内阁易手，哪怕是低级别公务员的职位也可能不保；"一朝天子一朝臣"有可能成为英格兰政治的规则。1702年高教会派托利党的确就是这么主张和计划的。但英格兰幸运的"混合"政治体制中比较古老的部分，即国王的特权，挽救了这种局面。安妮出了名的"固执"以及戈多尔芬本质上的"公务员"心态，使他们可以不顾各自在《偶奉国教法案》问题上的立场，去保护财政部的官员。新上任的财政大臣几乎保留了全体财政部委员，而书记官更是原封不动。良好的财政状况对国王非常重要，尤其是在战争时期，因此安妮和戈多尔芬会去保护新生财政部的官员，使他们免于沦为党派更迭的牺牲品。要是让轮番上台的辉格党和托利党肆意向公务员发泄党同伐异的情绪，那么财政部的传统就会被扼杀在摇篮里，君主制所维护并体现的公务员队伍将彻底丧失稳定性和独立性。

另外，国王的财政权力之前就完全依附于立法机关。议会对征税和相应支出的控制早已不是什么有争议或可以逃避的问题了。光荣革命后，这种控制变成了正规化的惯例，而财政部官员在其中扮演了一个清楚的角色。下议院不会再因为议员不负责任的动议而投票征税与否。现在是由财政部官员拟定当年的征税计划，然后由大臣们提交下议院。这些提案不像后来是被整合在一揽子的预算法案里；但不管怎样，每项提交下议院的征税提案都符合财政部拟定的总体计划。下议院常常会对计划作出细节上的修改，但这都是合理且切实可行的。财政部有好几个官员同时也是下议院议员，他们在游说和辩论过程中发挥了积极的作用。①结果，哪怕下议院对大臣不太友好（如安妮在位的第二、第三个冬天），财政作为最棘手的问题也没有遇到什么特别的麻烦。只有把《偶奉国教法案》附加到《土地税法案》是个例外，而那次其实对于投票表决庞大而复杂的征税计划也并没有什么摩擦。

在拨款问题上也是如此，下议院对开支的控制并不亚于征税。议会只给具体部门的开支定了一个总数，大臣不必为一些大的计划外开支做出说明。从光荣革命到安妮去世，为宣战媾和专门拨款的制度得以完善，下议院的委员会会对账目进行定期审计。大臣和财政部官员同样也会与立法机构直接沟通，以专家的身份对所提出的政策进行解释、辩护和修改，以回应地方绅士提出的批评。经过这些会议，支持他们的绅士学习到了治国和财政方面的知识，懂得体谅政府的需求和做事方式。在这种英格兰特有的制度下，国王、政

①　著名的财政部秘书威廉·朗兹在整个安妮在位时期被政府安排去做五港之一的西福德的议员。这是正面利用腐败选区的一个范例，与舞弊相去甚远。据说朗兹是最早提出"千方百计筹款"这种说法的；不管怎样，他的家族把这句话当作了格言。

府和财政部都被用一根根缰绳牵到了下议院那里——不过下议院究竟是牵着他们走，还是被牵着走，很多时候还不好说。这在总体上是令人钦佩的安排，为良好的财政、透明的执政和开放的政府提供了基础。这种精心设计的相互控制机制保证了立法机关和行政机构的相互信任，让下议院在为战争掏钱时慷慨大方，这与他们的先辈在对待查理二世时的那种小气形成鲜明对比，当时议员对于他们表决通过的钱要怎么花、花在哪儿，只有非常不成规则的控制。

在这一新的制度下，下议院议员愿意越来越多地让大臣和财政部采取主动。在安妮在位末期，下议院通过了著名的"第66号议会议事规则"，这一规则至今仍 1713年6月11日 禁止在未经大臣提议的情况下表决将公共资金用于任何目的。①

在查理二世时期，财政部仍然是为国王本人服务的。这种情况现在越来越少。威廉在拨款方面要依赖议会，但他对国家财政各种错综复杂的问题也有研究和深入理解。安妮女王就无法弄清各种细节了。财政部官员有义务就他们的政策作出解释说明，不过是向内阁和下议院，而不是向安妮本人。内阁、财政部和下议院在权力和人事上密切相关，所以他们如果想有所作为，就必须通力合作。正因如此，财政大臣就不可避免地要成为政府真正的首脑，而且随着时间的推移，就越来越被人们视为"首相"了。

政府的债务也不再是君主个人的债务了，而是变成了国家的公债，通过议会发放并以其信用作为担保。到安妮在位末期，所有的借款都成了议会根据财政部建议设立的国债。

---

① 1707年3月29日还通过了"第67号议会议事规则"："除非通过全议院的一个委员会，本议院不会为了拨任何款项，或者发放或支付属于国王任何数量的金钱而处理任何请愿、动议或议案。"

　　不过税收并不仅仅是表决和拨款这么简单；它还包括从纳税人手中征收这一困难的工作。法国政府面临的难度也很大，以致他们又倒退回了"包税制"这种民怨很大的权宜之计，包税人只要缴足了给政府的总数，就可以任意盘剥其他老百姓了。联合之前的苏格兰也同样将征收国内税包给个人，他们可以"从中揩油"。[94]这种"包税制"在世界历史上毁掉了很多社会和帝国，并在1662年威胁到了英格兰，当时国内税收也被"包出去"了。但在查理二世在位期间，财政部重新恢复了对税收的控制权，而在安妮时期，收上去的每一笔税在财政部都有据可查。关税专员和国内税专员在组织上是分开的，但都归财政部领导；两个专员署的各个重要职位都由财政部任命。不过，尽管英格兰当时在税收制度方面领先于其他国家，这一体制仍然无法与现代税务局那种可怕的效率相提并论。正如我们之前所指出的，安妮初年征收所得税的尝试因臣民的消极抵抗而作罢。①

　　安妮在位时期自始至终都在争取让国王可以独立地选任大臣，而她在1706年秋天和初冬时节输掉了决定性的一战。辉格党和高教会派托利党一样，都认为只要他们控制了下议院的多数议席，就应该也能把持内阁。其中的关键问题也关乎今后英格兰的政体——大臣们究竟是国王名副其实的臣仆，还是议会乃至党派实际上的仆人？在1689年所制定的政治框架内，这两种解释都能说得通，这一问题仍悬而未决。正因如此，1706年12月桑德兰伯爵在违背女王意愿的

---

　　①　我从D.M.吉尔小姐1931年10月在《英国历史评论》（*English Historical Review*）上发表的有关1660年至1714年财政部的论文获益颇多，她慷慨地让我读了论文的初稿。这篇论文非常重要。

情况下被强行任命为国务大臣一事是政治实践方面的里程碑；这也是"忠实的弗里曼夫人"和"可怜的莫利"之间高层政治斗争闹剧的第一幕。

辉格党"小集团"的大佬们①决心要让他们中的一个作为国务大臣进入内阁。他们在政治上意气相投，相互之间也忠贞不贰，所以让谁去当这个大臣倒也无所谓。安妮对萨默斯有偏见，又觉得沃顿这个人生活不检点，而桑德兰伯爵是马尔伯勒公爵的女婿，因此他更有可能被女王所接受。于是"小集团"就把他推了出来；正如他们对能推心置腹的萨拉所说，"这是在拧一根钉得进去的钉子"。但其实安妮也不喜欢桑德兰伯爵，虽然他诚实又能干，但他难以与人交好，脾气暴躁，常常憋不住话，或者在和为人君者话不投机时也不知道稍微包装掩饰一下。更重要的是，她发现如果"小集团"有人当了国务大臣，那么内阁很快就会成为辉格党的内阁，而不是她自己臣仆的内阁了。

马尔伯勒公爵和戈多尔芬倒是更想维持原状。他们不希望与辉格党或别的什么人分享最高权力。但在1706年的秋天，戈多尔芬日益觉得应该报答一下辉格党在议会里的支持，要不然冬天议会重新召开时，政府就会沦为少数派了。马尔伯勒公爵人在国外，要到11月中旬才能回来，需要再过一段时间才能有同样的想法。尽管他和桑德兰伯爵有密切的家庭关系，但他比戈多尔芬更不喜欢这一改变的提议，更不要说身为狂热辉格党人的萨拉了。不过在他回到英格

① 有关辉格党"小集团"的五位大佬，他们是萨默斯、沃顿、哈利法克斯勋爵、桑德兰伯爵和奥福德伯爵。

兰之前，朋友和妻子一连串的信让他觉得这确实有必要。①

　　只有哈利一人反对这一改变，以及这一改变所开创的党派政府
制度。早在8月辉格党人就互相警告说，哈利是他们的敌人。
1706年　
在9月和10月，哈利写信给戈多尔芬说他反对让辉格党领
导人进入内阁，表示政府仍然可以依靠两党"温和派"的支持，托
利党的感受不应被进一步疏远，以及非正式的辉格党人仍然会不顾
"小集团"的指示，继续支持政府。鉴于我们对当时辉格党议会纪律
的了解，他最后这个非常重要的观点是错误的。至少戈多尔芬是这
么想的，于是他在辉格党提出最后通牒时屈服了。这份最后通牒是
在9月底以桑德兰伯爵给他岳母萨拉的信中传达的：

　　萨默斯大人、哈利法克斯大人和我已经彻底讨论了这个问题，
我们达成了最终的决定，即这件事以及其他答应好的事情必须得办，
否则我们将不再与财政大臣合作办事；我们还会让我们的朋友们知
道，我们和财政大臣之间有什么分歧，不管后果如何。

　　这话已经说得很直接了。即便如此，戈多尔芬和萨拉还是花了
两个多月，再加上马尔伯勒公爵不久也加入支持他们，才瓦解了安
妮顽固的抵触。

　　她的观点于公于私，看了都让人无法不心生同情。

─────────────

　　①　萨拉与戈多尔芬之间的友谊和政治联盟非常密切，而且一直如此。她后来不
仅严厉攻击托利党领袖，就连对考珀以外的辉格党领导人也是如此。但她对戈多尔芬
的情感非常真挚。现存于奥尔索普庄园的萨拉的圣经在空白页上写着："1712年9月
15日早晨2点，戈多尔芬伯爵在马尔伯勒公爵位于圣奥尔本斯的宅邸中去世，他是古
往今来最好的人。"

　　您坚持（她写信给戈多尔芬说道）让桑德兰大人参与政务，这样该党就能有一人身处机要，好在今年冬天顺利开展工作。而且您认为如果不接受的话，他们就不会在议会中积极为我服务了。可是有理智和荣誉的人不太可能会因为事情不随他们所愿就拒绝为国尽忠啊！

　　人性就是这样啊！但不可阻挡的事实是，党派政治正在把安妮和哈利那种由爱国者女王选贤任能组建非党派内阁的愿景变得不可能了。马尔伯勒公爵试图用她能理解的话来解释当前形势：

　　陛下（他写道），事实是有一个党派（即托利党）的首脑已经公开反对您和您的政府了……现在要是陛下再惹恼了另一个党派，上哪里去搞500万英镑来继续打得正热火的战争呢？没有这些钱，之前的努力可就都白费了呀！

　　而且和苏格兰联合的事情要怎么办呢？因此她徒劳无功地表达了自己精彩绝伦的观点：

　　我所想要的就是可以自由鼓励并任用所有同心忠诚为我服务的人，不管他们是叫辉格党还是叫托利党，而不是受制于一个党或另一个党。

　　她徒劳无功地宣布不喜欢"那些暴戾的人"，即高教会派托利党，"那些人对我非常恶劣"。这都不能让辉格党满意，因而也无法在议会召开时挽救政府，除了让桑德兰伯爵当国务大臣。安妮和她

的密友之间筋疲力尽的斗争持续到了12月，就算她最终屈服，双
方的关系也不如从前了。安妮与丘吉尔夫妇之间长期的密切关系第
一次受到了严重的冲击。萨拉在吵到最激烈的时候，写信给安妮
说道：

我必须冒昧地说，一个在其他事上都很清醒的人被"托利党"
这个名头所蒙蔽，看上去很像鬼迷心窍了……您会相信任何坏人或
公开的詹姆士党人，只要他们为了自己的目的而自称托利党人，而
把其他人称为辉格党人。

还有：

我像在临终前恳求神赦免我一样真诚地祈求全能的神，让莫利
夫妇可以在为时尚早时看到他们在这个观念上所犯的错误。

萨拉一生气，字就写不清楚了，安妮误把"观念"（notion）看
成了"国家"（nation），一字之差就扩大了这些责备之词的情绪，因
而使得这段臣民对君主说的话显得更加有失体统。后来是因为戈多
尔芬亲自干预以及解释了误会，才弥补了一点裂痕。不过看错了一
个元音字母就能危及一段友谊，这段友谊恐怕也已经过了最好的时
期吧。

最后马尔伯勒公爵带着国外的军事胜利和外交失败返回国内，
安妮在12月3日议会召开的当天屈服了。桑德兰伯爵接替查尔斯·赫
奇斯爵士被任命为南方事务大臣。哈利仍旧担任北方事务大臣，但
他在内阁里的权威大幅缩水了；其实他早已不是首席国务大臣了。

哈利法克斯勋爵有一个兄弟当了副总检察长，还有其他辉格党人获得了较低的职位或被晋升爵位。在这一轮洗牌中，诗人马修·普赖尔失去了贸易专员一职；马尔伯勒公爵仍旧当他是朋友，但萨拉和戈多尔芬与他反目，就连热衷赞助文艺的哈利法克斯勋爵都不愿听他申辩了。他遭遇的不公对待以及之后的生活困顿将这位本质上立场温和的政治家推向了托利党一边，未来他将在外交领域替托利党大显身手。

安妮政府的党派属性要到1708年11月才完全定型，但到1706年圣诞节，辉格党的势力就开始占据上风了。[95]

安妮姗姗来迟的屈服正好在议会召开时发挥了充分的作用。辉格党心情愉悦，遵守了他们的承诺。的确，除了党争胜利之外，他们还有其他高兴的理由。自上一次议会召开以来，1706年12月3日比利时和意大利都被拿下了，安妮的臣仆也就没有什么特别的需求，她忠实的下议院也就没什么可给的了。下一年的税金，如土地税、酿酒税等，都在圣诞节前快速过关，向全欧洲展示英格兰的战争决心。①高教会派托利党就给萨伏伊公爵花的某些军费开支质询大臣，这些计划外支出事前并没有得到议会批准，要是在别的时候这可能可以拿来弹劾大臣，但议会大多数议员以这是战争需要而灵活变通为由，免除了相关处罚。

这一年圣诞节议会乃至整个国家的一件大事就是大力褒奖马尔伯勒公爵。议会两院都向他表示感谢，而且也没有哪个党派敢把他

---

① 下议院议长在将征税法案提交给安妮时说："正如在敌人得知联军出征之前，马尔伯勒公爵在拉米伊取得了辉煌的胜利，敌人在得知议会召开之前，您忠实的下议院也批准了补助。"

的成就和其他英格兰陆海军将领相提并论了。他当世无双，是拯救并弘扬这个国家的英雄。安妮打算每年从邮政局拿出5000英镑给他的子孙后代，这一想法在四年前曾因高教会派托利党的反对而被否决，但现在却在一片欢呼声中获得通过。由于可怜的布兰福德勋爵英年早逝，马尔伯勒公爵绝了男性继承人，因此议会批准由他的女儿及其男性子孙继承他的公爵爵位、伍德斯托克庄园和布伦海姆宫。

　　胜利的装饰点亮了伦敦的冬日。拉米伊战役缴获的军旗无法挂在威斯敏斯特厅里，因为那里已经挂满了布伦海姆战役缴获的军旗。于是它们被从白厅出发的盛装阅兵队伍举着，经过圣詹姆斯宫安妮的窗前，穿过喧嚣的街道，抵达市政大厅并被挂在那里。在游行途中，乘坐一辆女王御车的马尔伯勒公爵在坦普尔巴受到了伦敦城高级市政官的隆重欢迎，平时只有王室成员才能获得这种待遇。安妮在6月已经在圣保罗大教堂为拉米伊战役做了一次感恩礼拜；她在1706年12月最后一天再度去那里为这神奇的一年里的大小胜利感恩。议会两院成员陪同她，并由马尔伯勒公爵举着王国宝剑走在她前面。这是他们两个人一生的辉煌时刻。马尔伯勒公爵尽管已经五十有六，却仍旧英姿勃发。但他身边那位可怜的女人却艰难地忍着疲惫与疼痛，作为伊丽莎白女王声望和国运的继承者盛装出现在她的子民面前。

　　之后的女王致辞、议会两院的致答词以及会上的辩论丝毫没有表现出想要议和的意思。上议院表决支持将"整个西班牙王国还给国王查理三世"。下议院向女王保证：

　　英格兰下议院决定坚定不移地协助陛下改善这一成功战事中任何有利的地方，绝不为任何似是而非的和平借口所动摇。

在这种种表现中间，我们能看到国家高昂的斗志，以及愿意为了公共事业付出代价的决心；不过在对待和平条款的态度上是不是也有同等规模的智慧和仁慈，可能就很值得怀疑了。不管怎样，通过与苏格兰联合的条约才是此次会期真正的智慧所在，也是戈多尔芬—辉格党同盟留给历史最好的证明。[96]

第十章　安妮时期苏格兰的状况

"我们通过条约获得的任何东西都是牢固而持久的；它可以留给子孙后代。至于你用武力拿到的东西，我看这都是浮云。"奥利弗·克伦威尔如是说，而这对他在英伦三岛大部分事业的命运也是一语成谶。他通过对两国人民都有利的条件来联合英格兰和苏格兰的政策很有远见，但在复辟时却烟消云散了，因为它依靠的只是"武力"。40年过去了，现在有人打算通过"条约"实现类似的联盟，这样它才能"持久"，可以"留给子孙后代"。

我们不能认为安妮在位时期英格兰和苏格兰实现联合是因为两国人民睦邻友好。其实恰恰相反。导致联合的动机是这两个国家相互交恶。两国的政治家都认为把两个国家的议会合而为一是避免战争的唯一途径，只有这样的政治机制才足以承受南北不列颠长期敌意的冲击。

幸运的是，此时的英格兰不像克伦威尔时期，并无意强迫苏格兰联合。在安妮在位时期，联合只能是你情我愿的，而只有双方都做出牺牲才能换来这样的你情我愿。苏格兰人要牺牲掉自己独立的议会；而英格兰得从他们视如禁脔的殖民地贸易中分苏格兰人一杯羹。

当时不列颠岛上这两个民族对彼此的态度与过去的一个半世纪非常不同。自彭斯和沃尔特·司各特以来，英格兰人对苏格兰低地高地的传统和传奇故事心驰神往，有时甚至有些矫揉造作了。他们成群结队地去苏格兰一睹美丽的景色，并且在自己国内和全世界的殖民地都公开赞美苏格兰人淳朴的品质，甚至有几分艳羡。

但在安妮登基时，两国人民相互的不了解依旧造成了很多敌意与轻蔑。两个民族之间的接触很少，有的话大多也是不愉快的。志在四方的苏格兰人更宁愿去欧洲大陆而非英格兰闯荡——詹姆士党人流亡到了意大利和法国，长老会派的商人和士兵去了斯堪的纳维亚半岛、德意志和荷兰。爱丁堡的律师前往莱顿大学，为的是在罗马法的发祥地完成他们的法学教育。[97] 苏格兰人被粗暴地排除在英格兰殖民地之外，而他们也没有自己的殖民地。除了向来对苏格兰事物充满敌意的边民外，很少有英格兰人会翻过切维厄特丘陵去办事；这些心胸狭隘的诺森伯里亚人常常会警告从南边来的旅行者，说苏格兰是"世界上最野蛮的国家"。[98] 每年会到苏格兰旅游观光的人恐怕不会超过半打。而这些人中神经不够强大的很快就会因为脏乱的旅馆里恶劣的住宿条件而跑回英格兰，虽然那里有上好的法国葡萄酒和新鲜的三文鱼，但还是不能弥补其他佳肴的缺乏和极度肮脏的住处。① 英格兰旅行者除了抱怨自己的待遇外，也同样对不得不把马关在"连猪圈都不如"的马厩里满腹牢骚，说这可怜的牲口

① 法因斯小姐（威廉三世或安妮时期）和约翰·珀西瓦尔爵士（1701 年）都满怀厌恶地折了回来，他们明显是试图从西部的坎伯兰进入苏格兰的。假如他们从另一侧的贝里克和更加富裕的洛西恩入境，他们可能可以一直骑行到爱丁堡，正如泰勒在 1705 年所做的，尽管他也抱怨"娱乐活动没什么意思"和"当地居民粗鲁无礼"。*Fiennes*, pp.170–172; *H.M.C. Egmont*, Ⅱ（1909），p.206; *Taylor*, Jos., pp.94–99. 另参见 *Macky's Scotland*, p.3。

在那里没有干草吃，只能嚼稻草。[99] 不过要是这些旅行者有人引荐，倒是可以像出门在外的当地绅士一样，在绅士的府邸上享受享受苏格兰人的殷勤好客，如果这样的话他们可能就没有那么多微词了。

和我们今天所认为的不同，当时苏格兰也没有什么东西可以吸引那些想要一饱眼福的人。当时的英格兰人不会觉得粗犷的荒原风光有什么好看的；苏格兰人在内心深处无疑是热爱“褐色的荒原，蓬松的森林”的，但他们当时还没有通过文学将这些还不太自觉的激情传达给自己的同胞，更不要说给那些不友好的邻居了。从贝里克骑马去爱丁堡的英格兰人对低地景色嗤之以鼻，觉得那里除了令人抑郁的荒地，就是粗放的燕麦田。地块都是敞开的，没有被圈起来；几乎没有树；除了在爱丁堡近郊，完全看不到英格兰国内那些精美的豪宅和公园、井然有序的农场和壮观的堂区教堂。至于高地的群山，极个别敢深入其中的英格兰人都说那里“可怕”“骇人”，以及“当石楠花盛开时是最难以忍受的”。[100]

除了笛福之外，很多英格兰作家在写到苏格兰时都言辞粗鄙，[①] 而几乎所有人都对苏格兰缺乏理解与同情，这让联合前夕的危机期间两国人民的关系进一步恶化。苏格兰人也尽力反唇相讥：1705 年在爱丁堡出版的《给吃猪肉者的一味药，或作专治英格兰膨胀的苏格兰手术刀》(*A Pill for Pork-eaters, or a Scots lancet for an English*

---

① 为了避免有人说我有夸大之嫌，这里举两个典型例子。“E.B.”在《苏格兰志略》(*Description of Scotland*)（1705 年）中写道：“他们（即苏格兰人）将誓言等最为神圣的纽带撕扯得支离破碎。他们中间对自己的国王没有什么是不能拿来买卖的……尽人皆知的滑稽民族……他们的妇女又丑陋又愚昧又放荡，等等。”《苏格兰游记》(*Observator's Trip to Scotland*)（1708 年）中写道：“这个民族骄傲自大，虚荣自夸，血腥野蛮，是毫无人性的屠夫。他们中的骗子和小偷已经登峰造极了。”他们教会的礼拜还被说成“亵渎神明，我都不好意思提”。

swelling）呼吁：

> 因为英格兰像地狱一样傲慢无礼，
> 非揍一顿不能治住他们嚣张的胆气，
> ……
> 让另一次班诺克本战役来消解，
> 我们长期忍受的羞辱与怨恨。

在这场两个国家的口水仗中，带头的英格兰人主要是高教会派托利党，因为他们希望两个国家和两个议会继续分开；他们对苏格兰尤为厌恶，因为那里长老会牧师无情地欺压那些"被批斗的牧师助理"以及受迫害的主教制派残余。但即便是辉格党人和托利党温和派也对苏格兰满腹狐疑，认为那里是詹姆士党的老巢，是不列颠岛反英格兰政策的策源地。

一个苏格兰人不是詹姆士党，就是长老会信徒，但不管怎样他都能让五分之四英格兰人对他不抱同情。英格兰人不管信什么教、信不信教，都对苏格兰长老会严苛的社会纪律感到震惊或可笑。克伦威尔的士兵在统治苏格兰时，曾经因为坐了堂区教会里的"悔改凳"而被人耻笑；而在安妮时期，不管是讲究自由的英格兰不从国教者，还是权威一般的国教乡村牧师，都对这种改造人道德的戒具很不感冒。[101]除了这些问题之外，当苏格兰人的民族及个人自豪与贫困联系在一起时，缺乏想象力的英格兰人都会感到滑稽可笑。衣着破烂的"绅士"还要表现得很骄傲，身穿绒面衣服的英格兰商人觉得这简直荒唐透顶。而苏格兰人每次遇到这种不礼貌的取笑，只会变得愈加自豪倔强。[102]

的确，苏格兰人也非常讨厌英格兰人，觉得这些邻居满身铜臭，目空一切。民间诗歌、传统和历史——这些对于一个富于想象、情感充沛的民族有着很大的影响——都把英格兰视为自古以来的宿敌。400年来与南边邻国断断续续的战争成了苏格兰传奇故事和歌谣的主题。在这个古老的王国里，没有哪个地方是当地居民不曾讲述英格兰人如何在当地烧杀的。弗洛登之耻犹未雪，以它为主题的歌谣仍能拨动每个苏格兰人的心弦。甚至两国共主都被用来将英格兰的意愿强加于苏格兰的教会与政府之上。查理一世和劳德侵犯了苏格兰人的信仰，直至他们拿起武器捍卫自己的独立；克伦威尔在邓巴战役中征服了他们，让主教制派和圣约派都沦为英格兰分离教派军队的附庸；查理二世和詹姆士二世对苏格兰施行严苛的政令，令反对者血流漂杵。威廉三世在格伦科屠杀了高地人，而且在达连殖民地计划上迫于英格兰人的压力而违背了全体苏格兰人的利益。

詹姆士党人和长老会派只有一个共同点，就是再也不能让他们共有的国家可耻地屈从于南边的大国了。自从光荣革命以来，爱丁堡的议会就一直以它漫长而不太光彩的历史上从未有过的活力独立运作，它就充当了这一国家决心的代言人。

不过要摆脱这种局面有两种不同的办法。其中一种是解除共主关系，让苏格兰再次成为拥有自己国王的国家。这是大多数苏格兰詹姆士党人和很多长老会信徒的愿望。但所有人心里都清楚，如果这样的话，哪怕马尔伯勒公爵的大军不会像不久前的克伦威尔军队那样彻底征服苏格兰，最好的情况也是回到和英格兰打打停停的时代。另一种比较和平的办法就是让英格兰人和苏格兰人分享殖民帝国的贸易及其他特权。所有人心里都清楚，这样做的好处是苏格兰可以变得比独立的时候更加富裕；但不利之处在于，只有牺牲掉爱丁堡的独立议会才能换取这些特权。

议会是在高街上的一座大楼里召开的，它在这个故事里非常重要，所以我们现在要好好讲讲。这座大楼被称为议会大厦，它在联合后被分给了首府的律师，至今仍是苏格兰最有名的场所。在它高高的木屋顶下，贵族议员、男爵议员和市镇议员坐在一起开会；他们被当作三个不同的等级，但他们在同一个议院里辩论投票。

男爵或郡议员不同于英格兰众议院里的类似议员，他们并不是由四十先令土地完全保有人选举产生的，而是由一小撮被古代苏格兰法律定为国王直属封臣的绅士一个一个选出来的。市镇选区也是如此，它们和英格兰市镇选区里最腐败的一样"腐败"。因此苏格兰议会的代议成分就比英格兰议会更弱；这样代表人民只能说是"虚拟"的。一部分是因为这个原因，还有一部分是因为苏格兰的社会结构在本质上仍然是封建贵族制的，因此贵族议员是议院中最为强大的势力。主导辩论、率领阵营及制定法律政策的主要就是他们。[103]

贵族的主导地位并不仅限于议会。在乡村地区的每一处地方，普罗大众都因为传统、自豪、畏惧和获得庇护的希望而与一些大家族联系在一起，这些家族在苏格兰人心目中代表了他们各自所在的地区。小领主即低地乡绅会学习使用武器，他们常常会带着武器去海外参军；当地贵族会在豪宅里设宴隆重款待他们，去赞同他们的抱怨，促进他们的利益，并推心置腹地希望他们能到自己的麾下，如果政府委任了自己什么职务，就去支持政府，如果政府无视了自己的诉求，就去反抗政府。[104]

如果辉格党和詹姆士党兵戎相见，正如安妮时期好几次差点发生以及1715年真的发生的那样，阿盖尔公爵、阿瑟尔公爵、马尔公爵和其他一些大贵族就会在各地竖起招兵旗，只是在低地可能没有在高地那么普遍。要是全体贵族团结起来反对政府，那么人数稀少的苏格兰官军是完全吃不消的。爱丁堡的政府和枢密院最重要的职位都是由贵族把持的，他们固然是远在伦敦的安妮按照戈多尔芬的建议任命的，但其中也会根据苏格兰的政治军事形势，对他们的实力和影响力进行非常认真的权衡。有些贵族是死心塌地的詹姆士党人，比如信奉罗马天主教的戈登公爵，或者像哈密尔顿公爵和阿瑟尔公爵这样是半吊子的詹姆士党人，因此安妮就不太方便任命他们为大臣。更多贵族如昆斯伯里公爵、阿盖尔公爵、特威代尔侯爵、斯泰尔伯爵和马奇蒙特伯爵是"站在革命一边"，并且坚决拥护苏格兰长老会和汉诺威继承。还有一些如马尔公爵主要考虑的是他们能从政治上捞到什么好处，进而见风使舵。

的确，几乎所有参与政治的贵族都是想谋个一官半职，因为他们几乎都感到依靠穷乡僻壤里那一点点货币或实物地租实在难以维持封建统治；而且他们也从小被教导认为当官是填补大贵族财政亏空的天然法门。[①]但话说回来，很多贵族不仅仅想求富贵，也愿意为国尽忠，这样的人在詹姆士党和辉格党阵营里都有，而且其中还有些是精明能干的政治家，知道怎样才能谋求国家真正的福利，而他们的贵族地位和出身又使得他们不必看底层民众的脸色行事。促成联合的正是这样的人。

贵族下面就是小领主，或者叫乡绅。他们居住的石制豪宅非常高大，有着用枕梁托着的三角形屋顶，在没有乔木和灌木的地面上

---

① 1703 年，西菲尔德伯爵在写给政府的一份请愿书中建议对大臣和官员实行我们现在所说的"减薪"，认为这会"给广大人民很大的恩惠，不仅是因为他们要掏的钱变少了，而且对于一个穷国的广大人民来说，最大的不幸莫过于看着新官上任通过榨取公款致富，正如光荣革命之后所发生的一样；大多数被任命的官员将他们的财产扩大了两到三倍。"*H.M.C Laing*，Ⅱ（1925），p.43.有关司各特虚构的这一时期苏格兰枢密院令人不快的一幕，参见 *Bride of Lammermoor*，end of chap. v。

显得既荒凉又坚固。那里的建筑形式不像在英格兰那样丰富多彩。很多乡间别墅都是从早期的防御塔楼七拼八凑发展而来的。朝向凛冽北风的那一侧几乎没有窗子，哪怕这一侧可以看到的风景最好，甚至是唯一有风景看的地方。但在近些年里，尤其是富裕的洛锡安一带的地主开始在房子周围种一点树，既可以抵御寒风，也可以看看微薄的果树林能不能有什么出产。但草坪、林荫道和带墙花园的时代还没有来到。带着日常的气味和垃圾的农舍与豪宅毗邻而立；围墙的一侧是庄稼地，另一侧是凌乱的花园，里面种着药草和当地花卉。[105]

房屋内部同样也没有英格兰那种奢华的物件。家具是最普通的，地板上没有地毯，墙上也没有墙纸、嵌板、挂毯或绘画。除了那种令人艳羡的"生火房"，卧室里都没有生火的地方。客厅里摆着一张收起来的床用来留宿客人，因为让好交际的绅士晚上骑马回家不是很安全，和让汤姆·奥桑特从他更加卑微的家中离开一样。盛情款待就是在一道菜里加上很多没什么味道的肉，然后就着苏格兰麦酒和法国的白兰地和干红葡萄酒往下咽——如果是在高地，就会喝威士忌。安妮时期的苏格兰人只知道茶叶是一种昂贵的药材。艰苦朴素是不得已而为之，但整个民族的天性还是热情好客的。邻居可能会突如其来地骑马到访，一待就是半天；他们都会受到热情的欢迎，因为在乡间别墅里打发时间的手段比同时代的英格兰要少得多。[106]

在爱丁堡及其他城镇，高尔夫球是一种历史悠久的运动。苏格兰各地的人都会用猎狗、猎鹰、圈套来捕猎野兔、松鸡、黑琴鸡或鹧鸪，有时还会用长枪。但一度随处可见的赤鹿现在活动范围已经缩小到了高地的峡谷之中。[107] 数量庞大的三文鱼和鳟鱼不仅可以供人垂钓，也是廉价的食物。在有些地方，绅士已经吃腻了三文鱼，而农场工人如果成天吃这种东西，也会罢工抗议。[108]

低地的绅士基本对半分成长老会派和主教制派，这种区分几乎和辉格党与詹姆士党这种政治对立是一致的。在英格兰，托利党人是指接受了保持革命安排的主教制派，因为其教会的国教地位与特权得以保留，如果按照这种概念，苏格兰是没有托利党人的，因为革命后苏格兰主教制教会失去了国教地位，甚至都不被法律所宽容；所以苏格兰的主教制派一定是为了自身解放的詹姆士党人。这就是英格兰和苏格兰在政治上的本质区别。

长老会派的家庭及宗教纪律往往比主教制派更严格。詹姆士党人的家里常常有更多的享乐与自由。不过虔诚的长老会派信仰和严肃的公共义务感并没有阻止卡洛登的福布斯大碗喝酒、迎来送往、求知若渴和向往自由。1702年，埃尔金有一个长老会牧师挨家挨户地嗅，搜查并没收"搞迷信的鸟"，也就是圣诞节烤鹅，一个有着同样信仰但没有那么偏执的小领主写信给一个主教制派朋友说：

> 亲爱的阿奇，我不是好的长老会信徒，但我可以在尤尔节吃烤鹅腿、去"赭石"酒吧玩。您要是在星期四晚上过来，那个医生、您和我可以尽情玩乐，要是您把约翰神父（即主教制派教士）带来家里胡闹，逗我们开心，您也算抵了输给我们那15先令了。[109]

"约翰神父"似乎比到处搜查烤鹅的牧师更能与人打成一片。

我们必须记得，在安妮登基的时候，主教制派的集会场所和长老会堂区教堂差不多，礼拜的时候都是吟唱《诗篇》、布道和即兴的祷告。直到安妮在位的后半段，有些主教制派集会场所才开始使用英格兰的公祷书。除了教会制度方面，两个对立教派的教义无什么区别，如果考虑到主教制派也有教务评议会和堂区教会法院来调查、纠正道德问题，那两者的差别就更小了。因此两个教派只在政治方面存在重大分歧；这并没有触及普通苏格兰人的心理及文明根基。自由思想还没有从沙夫茨伯里伯爵和博林布罗克子爵的国度传播到休谟的故乡。几乎所有的家庭都会定期去堂区教堂或主教制派集会场所礼拜，绅士家庭尤其如此，他们所接受的文化内核是一样的，只有浓与淡的区别罢了。贫穷、教义的分歧超越了严重的政治对立，共同塑造了苏格兰的民族性格，并让全体苏格兰人团结在一起对抗切维厄特丘陵南边更加富有、自由放荡的文明。在安妮在位末年，艾迪生和斯蒂尔的《旁观者》（Spectator）才开始在苏格兰绅士小姐中流行开来，这是南不列颠对北不列颠最早真正的思想渗透之一。因着联合，这样的影响开始变得越来越多。[110]

当时苏格兰小领主会把自己的子弟送到乡村学校里，这进一步强化了国家团结的观念以及对其中各阶层的深刻理解。由于生活拮据和热爱祖国，苏格兰绅士送儿子去英格兰公学里念书是不可想象的。乡村学校的教育加强了年轻领主对祖国山川的热爱，而当他们继承家业的时候，他们会对曾经同窗求学的佃户有更多的同情。身处社会顶层的人也不会为苏格兰口音浓重而感到羞耻，而各地的传统和民谣是上下阶层共同的遗产。这就是为什么在两代人之后的彭斯和司各特时代，苏格兰的诗歌与传统可以在那些贫富阶层缺乏共通文化的可怜地区广为流传。苏格兰既比英格兰更封建，也比英格兰更民主。纵然阶层泾渭分明，但不同阶层的人之间可以畅所欲言，这着实令人惊奇：那些在学校里同桌学习的人之间，以及他们并肩战斗的父辈之间，都是这种关系。

但在安妮时期，苏格兰还没有享誉世界的文学与思想。它过于贫穷，宗教过于狭隘。但光辉伟大的种子已经开始萌芽了；正是这样的贫困与这样的宗教塑造了这个民族的思想和性格。早在斯威夫特的时候，虽然他讨厌信奉长老会的苏格兰人，但他承认苏格兰的年轻人比英格兰的年轻人受过更好的教育；而笛福略带夸张地写道：

> 您会发现罕有绅士是不学无术的。不，您通常不会在苏格兰看到做仆人的，但他能读或能写。

1705年，卡洛登的福布斯前往莱顿大学完成法学教育，他发现严肃刻苦的海外同胞与在壮游途中"闹事放荡"的英格兰公子哥形成了鲜明对比，后者"是用轻蔑和无知来报答当地人的忍让和礼貌"。[111]

不过如果按照今天的标准，苏格兰的学校教育还是相当不足的。1633年和1696年两部杰出的法律规定，每个堂区都要设立一所设施齐全的学校。但实际情况却是另外一回事。在安妮时期，很多堂区根本就没有学校，如果有的话，也常常是在一间阴暗漏风的肮脏茅屋里，男女教师的工资一般只能勉强保证温饱。在安妮在位末期，法夫只有三分之二的男性可以写自己的名字，女性只有十二分之一，而加洛韦只有很少的人识字。另外，很多甚至大部分学校只能勉强教一点拉丁语；① 而那些教得比较好的往往是城镇办的市镇学校。乡

---

① "这个王国有将近一千个堂区，大多数只是装模作样地教拉丁文，其实能教的教师还不到五十分之一。只有不到五十分之一能勉勉强强地教还没什么可奇怪的，只有不到百分之一的教师拥有可以让他掌握拉丁文的书籍。"Proposals for the reformation of schools and universities. 1704.

村及市镇学校并不仅仅是小学；在有些历史悠久、师资较好的学校里，学生可以为上大学做准备，而教他们的老师很多自己还是大学生。的确，很多只能吃个半饱的教师虽然买不起书，但他们掌握了最基本的知识；虽然他们只教育了人口中的一小部分，但这部分人就是苏格兰民主的精英，这些小伙子懂得为了求知而付出代价，利用现有微薄的条件进行学习，这是欧洲其他国家所无法匹敌的，因此他们最终将自己和整个国家提升到了文明生活的更高台阶。[112]

苏格兰的大学即将在18世纪冉冉升起，放射出罗伯逊校长、亚当·斯密和爱丁堡哲学家这些耀眼的光芒，但现在还处在一片昏暗之中。激烈的政治动荡对于国家掌控的学术机构是很不利的。查理二世和詹姆士二世的主教制政权将半数苏格兰学者赶出了学术圈，而光荣革命又差不多赶出了另一半。在阿伯丁，威廉三世在政治上的宽容固然能让大多数詹姆士党教师继续在一个服务詹姆士党地区的大学里任教。但在格拉斯哥、圣安德鲁斯和爱丁堡，变动就比较彻底了，新任的教师都是初出茅庐的人。

幸运的是，有一个伟大的领袖亲手去抓苏格兰的学术。威廉·卡斯泰尔斯是最有智慧、最高尚的长老会牧师，他曾经是威廉国王在苏格兰问题上的私人参谋。在安妮登基之后，他无法继续在君主身边谋得这样的职位，于是便返回苏格兰，带领苏格兰长老会做出了走中间温和道路的决策，并领导激发其学术生命力。作为爱丁堡大学的校长①，他面临重重困难：很多深奥学科的课程只是迂腐卖弄，

---

① 他在1703年被推选担任这一职务，市议会还将校长的薪金从41英镑13先令增加到92英镑。这比其他苏格兰大学校长的收入都要高。1709年，卡拉米（Calamy，Ⅱ，p.186）见证了"校长（即卡斯泰尔斯）和各学院院长之间完全的自由与和谐，他们敬他为共同的父亲，而他也对他们温柔以待，仿佛他们是他的孩子"。

徒有其表；大学教师心胸狭隘，禁止学校教授希腊文，这样学校就不能与大学相竞争了；大学里普遍缺乏宽广的胸怀和好学的精神。尽管卡斯泰尔斯曾在爱丁堡枢密院的审讯室里惨遭严刑拷打，但他本人讲究自由，学识渊博。他赢得了手下那些不好对付的人的尊重爱戴，并且让苏格兰国教会及其总会和为教会培养牧师的大学都得到了全新的更高眼界。

大学的学生来自各个阶层，贵族、小领主、牧师、农民和手工业者的子弟都有。大多数学生想要成为有薪俸的神职人员，有些供过于求了。小额奖学金的名额很多，而且农民家庭也非常重视教育，当时受过教育的人也没有太多别的选择，导致想要从事神职的学生人满为患。那些"不合格的牧师"、小领主的家庭教师和收入低微的学校教师日子过得很惨。但那些获得堂区教职任命的人按照当时最普通的标准看，生活就没有那么困难了。1709年，英格兰不从国教者领袖卡拉米在访问北不列颠的长老会之后写道：

> 至于那些在苏格兰长老会有稳定工作的牧师，尽管他们的收入没有英格兰国教会牧师那么丰厚，但他们还是可以过上轻松舒适的生活，受人尊重。

那些一门心思想拿到这个铁饭碗的苏格兰年轻人在大学里是靠着挂在镇上阁楼住处墙上的一麻袋燕麦片维持生活的。在特定的假期里，农村来的学生带着空麻袋走路回家，然后再用父亲"宅边地"里的出产装满后扛回来。[113]

苏格兰庄园里的农民自古以来在日常生活中经常和小领主打交

道，后者每天都要骑马穿过自家的土地，对于这个爱说话的民族讲的刻薄话不可能充耳不闻。不管怎样，他们是在他底下服务的，既有封建关系也有经济关系。英格兰旅行者把这种关系当成新奇事物记了下来。① 苏格兰各地都有领主用来审判佃户的私人法庭，有的是管民事案件，有的是刑事民事都管，尽管这种封建法庭在英格兰早就销声匿迹了。远在伦敦的政治家认为这种"人上有人"的现象会直接威胁到新教继承，因为苏格兰的附庸将不会受到皇家法庭的保护，并且把人身和财产都委身到詹姆士党领主底下。[114]

农民们经营的小农场是一年续一次租约，这就让他们得看小领主及其代理人的脸色了，而且会让他们彻底打消自主改良耕地的念头。另外，小领主也很少投资来改良佃户的农场。哪怕他愿意，他们也囊中羞涩。一块能收 500 英镑地租的土地在苏格兰算是巨额财产了，50 英镑算是正常的，而很多"戴小帽的小领主"只能用 20 英镑的地租和"宅边地"里的出产来养家。更重要的是，超过一半的地租是用实物支付的：绵羊、家禽、燕麦片、大麦和泥炭被佃户运到庄园住宅的门口——不能用车运，因为他们没有，只能用吃了半饱的马左右两边驮过来。小领主寒酸的家庭还有另一项收入来源，就是鸽子笼里的鸽子，它们是从周围的野地里抓来的，用于将佃户大部分微薄的庄稼转化成肉食，端上小领主的餐桌。最后，苏格兰农民和中世纪英格兰的农奴一样，在小领主的"宅边地"上施肥、撒

---

① "贵族和绅士强力地管辖普通民众"（*North Eng. And Scot.* in 1704，p.52）。"普罗大众往往对他们的小领主顶礼膜拜"（*Kirke*，p.16）。"缺少了英格兰佃户那种又长又宽松的租约，他们的小领主没有不鼓励他们进行改良"（*Morer*，p.4）。1700 年，一位苏格兰作家承认了英格兰人的种种指责，并补充说："我想我们是从法国人那里学会这些压迫农民的手段的。" *The Interest of Scotland*，pp.77–78.

种、收割，这常常是在天气不是那么差的间隙，因为要不然农民就会用这一宝贵时间来保证自己不太稳定的收成，好让家人在来年免于遭受饥饿。

贵族或小领主通常会愿意当个好地主，这不仅是习惯要求，也是条件允许的，并且要报答那些祖上跟着自己家族出生入死的人。但至于生活拮据的"戴小帽的小领主"以及那些住在外地的大贵族的代理人就非常不好说话了。在安妮去世十几年后，苏格兰最有智慧的观察者仍然会有这样的抱怨。1729年，《论圈地》（*Ways and Means of Enclosing*）的作者是这样写贵族和绅士的：

大多数穷人的一大不幸是，帮您打理产业、管理财产的管家们，很多时候为的是他们自己而不是您的利益；他们从您可怜的佃户身上盘剥两倍于高尚的您所允许的劳役，而且佃户要用最高的价钱来贿赂他们才能保住祖上传下来的地，如果有人出价更高，佃户就要被赶出去，通过这些手段，他们很快就能发财，拥有自己的管家了。

甚至到1733年，帕特里克·林赛还写道："只要我们的农民还因为短期租约无法保证长期占有土地而生活困顿，那么任何的改良进步都无从谈起。"只有随着时间的推移，长期租约开始普及，大笔资金被用来改良土地，到沃尔特·司各特爵士开始采风之旅时，低地的景观因为围墙、篱笆、人造林和精心修葺的农舍而焕然一新，苏格兰人们才过上富足的生活。[115]

在这样的条件下，也难怪安妮时期苏格兰有九成的土地没有用围墙或篱笆圈起来。牲畜在白天必须被一直拴着或有人看着，到晚上必须被锁起来。只有在洛西恩，较为富裕的地主开始用石墙将他们的土地圈起来。草草竖立的篱笆也不是随处可见，如果没有篱笆也不会被认为是什么坏事，因为人们相信在其上筑巢的鸟儿还会来吃庄稼呢。人们对树木也有同样的疑虑。尽管法律规定了惩罚措施，但树苗还是常常被农民特别是牲畜所破坏。但除了在庄园住宅和教堂的周围，能让他们破坏的树木也不多。按照罗伯特·布鲁斯的"遗嘱"中的指示，人们在英格兰入侵期间曾在原始森林中避难，但这些森林现在几乎绝迹了。而现在为了防风和生产商用木材的植树造林运动还尚在襁褓。①总体上讲，当时苏格兰的树木比之前和之后的时候都稀少。时不时能看到一些地方有一定规模或人们所称的树林，特别是在克莱德赛德，而在遥远且人迹罕至的北方，仍有古老的森林在高地的寒风中婆娑作响。即便是在低地，那些曾经遍布全境的桦树、桤树和栎树，现在仍部分残存在溪谷和小溪陡岸潮湿的洼地里。[116]

农民的住房和光秃秃的景观及缺乏改良的农业很相称。如果要准确地设想安妮时期一户苏格兰农家的样子，我们就必须把后来精致的石制农场抛诸脑后，而想一下和爱尔兰西部小屋比较接近的东西。它几乎都是一层的，常常只有一个房间。建筑的形制材料以及贫富状况因地区而异，但泥墙或未施砂浆的石墙（上面的洞用草或稻草堵上）非常普遍；烟囱和玻璃窗很罕见；土地就直接是地板了；很多地方是牲畜住在房间的一头，人住在另一头，中间没有隔断。

---

① 佩尼库克的约翰·克拉克是促成联合最受人尊敬的政治家之一，他在1703年3月写道："我觉得对植树和种苗圃非常有兴趣。家父说这种兴趣是他传给我的，我开始在住宅南边、埃斯克河附近山坡上一处旧煤矿种植最早的人造林，我们根据《堂吉诃德》里的山洞把它命名为'蒙特斯诺斯洞'。"*Clerk*（*Rox.*），p.45.

一家子人围坐在石头或泥堆上，中间用泥炭烧着火，升起的烟有一部分从茅草屋顶的洞中冒了出去。格雷厄姆先生写道："尽管它们又脏又暗又臭，但人们还是喜欢茅舍温馨的感觉。""越脏越舒适""尘土越多伤心越少""污泥有好运"之类的俗话给了不得不生活在这种环境下的人们一丝慰藉。但英格兰旅行者发现他们身上痒得不得了。而且由于他们在没有排干的土地上劳作，其中半数还没有从沼泽和芦苇荡开垦出来，然后还穿着湿漉漉的衣服回到潮湿的家中，很少有衣服可以更换，因此他们常常饱受风湿和疟疾的折磨，寿命也因此缩短。

男人和女人穿的衣服都是当地织工和裁缝做的，有的常常还是在自家茅舍里纺织染色的。小孩都没有鞋可以穿，很多大人也得光着脚。男人头戴又宽又扁的圆形蓝色羊毛小帽，这在全世界看来是最典型的苏格兰帽子了。只有小领主和牧师会戴英格兰式的礼帽；但他们穿的衣服还是农村裁缝用家里纺的布制成的。甚至南不列颠来的不从国教者都吃惊地发现，牧师不管在不在教会里，居然都没有黑色教袍可以穿，他们在巡查和布道时穿的是平信徒围的领带、五颜六色的斗篷和普通羊毛制成的背心。[117]

和撒克逊时期之前的英格兰一样，苏格兰最肥沃的土地仍旧是远在山谷底部的未排干的沼泽，而农民只能艰苦地赶着牲畜从贫瘠的山地上劳作。巨大的犁构造原始，除了犁刃和犁头外都是木制的，常常还是农民自己做的；八到十头瘦小的公牛在六个激动的农民鞭策呵斥下，沿着山坡拖动着这样的犁。在这一队人畜的共同努力下，一天可以耕半英亩的地。

一组农民常常会共同耕种他们的土地，并根据"条耕"制度分享收成，每个农民获得一"条"地上的出产——每次收获时的"条"

都不一样。一块地租为50英镑的农田可能有12个或20个佃农耕种，土地每年都会在他们中间通过抽签米重新划分。这种制度，加上小领主不稳定的年度租约，导致农业改良无法进行。共同协作的农民——有些农民很是倔强，这类农民中还产生了卡梅伦派和其他脱离苏格兰长老会的派别——之间会发生争执，有时可以让共同耕作停顿数周之久。

农田还进一步分为"宅边地"和"外边地"。"宅边地"靠近村庄的房屋，充分得到当地收集来的肥料滋养，有时还包括主人家茅舍屋顶覆盖泥炭的草皮。①但约占土地面积四分之三的"外边地"就没有施肥，它们被作为劣质草场连续用上八到十年，然后再耕种个一两年，直到退化得与荒野没什么区别。

所种植的庄稼有作为主食的燕麦，以及用来做烤饼或苏格兰麦酒——在高地的威士忌大举入侵之前，这是低地人有益健康的全民饮料——的大麦。此外还会种植豌豆和大豆，供茅舍厨房烹饪。但芜菁甘蓝和人工牧草仍闻所未闻，而马铃薯只有少数园丁会种植，用来给小领主的肉食当配菜，农民不会种植它来作为大众食物。[118]

这些原始的耕作习惯是人们所认同的，在它们的统治下，人们总是处在饥荒的边缘。他们的收成并没有因为这些耕作方式增加多少，还要分成三份，根据经典的老话说：

一份吃，一份种，一份给小领主交租。

---

① 在威廉和安妮时期，只有少数先进的庄园开始用石灰作肥料。Scot. And Scot. I, p.205; Agnew, Ⅱ, pp.203–204.

小领主自己也贫穷困顿，无力改善自己的生活或帮助他的佃户。但随着时间的推移，小领主开始能够利用联合所带来的贸易条件，对农业制度进行革命性的变革，给各个阶层带来新的繁荣。

安妮在位初年出现了缓慢的复苏，这倒不是因为有什么大的变革或改良，而是偶然获得了大的丰收。威廉在位的后六年在苏格兰的记忆中是"惨痛的年份"，连续六次的天气灾害导致作物无法成熟。整个国家除了进口粮食别无他法，人们倒地饿死。很多堂区的居民数量减少到了原来的一半或三分之一。在人们就联合条约唇枪舌剑时，整个国家仍在一点点地从这段灰暗的经历中恢复过来，它影响了北不列颠人的心态，让他们变得更加迷信，在政治上变得更加偏激，尤其是在对待那些非但见死不救，还阻挠达连殖民地计划、令苏格兰的光景雪上加霜的英格兰人。幸运的是，在威廉治下的荒年过后就是安妮治下的一连串丰年。在联合通过之后的1709年，歉收再度导致饥荒，令农场和小村庄人去屋空，而大的村庄则人满为患。在农业生产方式彻底改变之前，只要一次恶劣的天气就会导致这样的结果。[119]

在这种环境下，用于维生之外的农业财富主要来源就是牛羊。羊毛可以维持家庭纺织业，而牛羊都被大量出口到英格兰。畜牧业主要集中在加洛韦，但即便是加洛韦的畜牧业也还没有从掠夺破坏中恢复过来。据估计，1705年苏格兰向英格兰出口了30000头牛；通常的价格是每头1英镑到2英镑。在苏格兰小领主为数不多的收入来源中，最为重要的就是这种"黑牛"贩卖活动。苏格兰的牛羊个头都比较小，甚至和当时英格兰的小型牲畜相比也是如此。他们的牧场大多是未经改良的荒野。因为没有围栏，牛群晚上就要被关在室内。那些没有被卖到英格兰的牛很多在冬天邻近的圣马丁日被宰杀，因为喂养它们的干草很少，块根作物更是没有。在接下来的六个月里，用盐腌渍的肉会被端上绅士的餐桌，而不管什么时候，肉类都很少成为农民的食物。这些可怜的牲口在黑暗中关了一整个冬天，只能吃一点稻草或煮熟的糠，饿得只剩皮包骨，等到苏格兰的春天姗姗来迟，它们被从牛棚带到牧场上，一半被农民扶着，一半被抱着，看着着实可怜。也难怪这一年度仪式被称为"抬举"。[120]

苏格兰的生活水准几乎在任何物质方面都非常低，但生活的艰辛并没有压垮人们的意志，即便是威廉时期"惨痛的年份"也没有。普通民众比在更为富庶的英格兰更加不愿意成为救济的对象。这两个国家的济贫法制度完全不同。自伊丽莎白时期以来，英格兰的济贫事业就一直是由国家承担；它们是用强制性的堂区税收维持的，在安妮在位末期达到了每年100万英镑，这还是在私人捐赠和宗教及私营慈善事业之外的，所以在当时被认为是国家的沉重负担。苏格兰没有这种强制性的税收，济贫是教会而非国家的责任。给贫民的捐赠是私人进行的，会在教会里公开宣布，有时还会用挂在墙上的纪念牌留念。教会里还有济贫箱，勤俭节约的苏格兰人会不停地将它们塞满，大部分是当地流通的劣质铜板，有一小部分是很有价值的优质钱币。执事是教会的平信徒官吏，大部分堂区都会设，尽管不是全部；执事的职责就是将这些善款发放给真正有需要的人，而他们大多高风亮节地不愿接受。那些极其贫穷的人非常希望自己能免于接受这种救济，而且他们也尽了自己的努力，非常令人钦佩。

堂区教会法院也会颁发可以在特定区域挨家挨户乞讨的许可证给那些"叫花子"或"蓝袍子"。他们中有很多人像司各特小说《古董家》里的伊迪·奥基尔特里一样，为孤零零的村庄带来新闻而受人待见，并且保存了当地的掌故和传奇故事——是受人欢迎的体面人物，在农村社会里有一席之地。

但不幸的是，还有更多的乞丐是没有许可证、不受待见的流浪汉。安妮时期苏格兰的"强求膳宿者"就相当于都铎时期英格兰的"身强力壮的乞丐"。索尔顿的弗莱彻大胆估计他们多达20万，这相当于苏格兰全部人口的六分之一到五分之一，尽管没有证据支持这一说法，但"惨痛的年份"无疑使这支破产无业的队伍更加壮大了。但"强求膳宿者"的数量足以令只有孤零零的村庄和两三户人家的小村子的乡村地区为之胆寒；一帮"歹人"会在光天化日之下抢劫，拿走农舍里最后一块面包皮、带走牛棚里最后一头牛，常常还会从不幸的父母怀中拐走小孩。"强求膳宿者"的规模和威力是苏格兰因为不像英格兰那样拥有正规济贫法所付出的代价。而且这个国家也没有试图组建常规的警察队伍。[121]

索尔顿的弗莱彻是一个冷酷的共和派爱国者，他将自己的喜好强加给当时的苏格兰政治制度，提议用让"强求膳宿者"强制服劳役的办法来解决这一问题；他的想法只不过是对苏格兰现行做法的进一步延伸。煤矿和盐矿大多是由"奴工"开采的，他们是名副其实的农奴，如果逃跑的话会被抓回来受罚。即便是基于自由合同的现代企业，例如哈丁顿郡的纽米尔斯纺织厂，也会在"工场里设有监狱"，逃跑或违反合同的工人会当即受到惩罚。但纽米尔斯雇工的状况在当时已经算好的了，那些在矿山里世代劳动的"奴工"会被主人当作奴隶来对待，其他人也会以一种怜悯而恐惧的口吻谈论他们。[122]

第十一章　安妮时期苏格兰的状况（续）

　　如果说苏格兰在农业方面落后于英格兰，那么它的工商业也好不到哪里去。它的出口商品几乎都是粮食或原材料——牛和三文鱼出口到英格兰，煤和三文鱼出口到荷兰，盐和铅出口到挪威，鲱鱼出口到伊比利亚半岛。苏格兰人自己穿的衣服都是农村纺织工制作的，供本地消费；只有非常少的亚麻或羊毛纺织品被卖到了国外。哈丁顿纽米尔斯的纺织厂虽然很有名，但说不上红火。此外在马瑟尔堡和阿伯丁等地也有其他羊毛纺织厂，它们都吵着让苏格兰议会给钱给垄断地位，但只有部分要求得到了满足。另外，生产羊毛的地主则迫使立法机关允许他们将羊毛原料出口到瑞典和荷兰，不惜损害苏格兰纺织品在这些国家的市场，这也与英格兰成熟的政策背道而驰。鲱鱼贸易是这个国家最主要的财富来源，即便如此，荷兰渔民在苏格兰近海捕捞的鲱鱼也比苏格兰人自己捕捞的多得多。爱丁堡议会的一大工作内容就是制定各种法规，鼓励引导这个国家微薄的制造业和贸易。[123]

　　虽然苏格兰官兵在联军中为祖国赢得了荣誉，但和法国的战争对于国内的苏格兰人来说并不是什么大事。那里没有出现像拿破仑战争以及更后来的战争时期的那种狂热。因此爱丁堡议会于1703年通过了一部《葡萄酒法》，将跟敌人这项最热门的贸易合法化了。英格兰人在得知这一非常不合时宜的举措时都震惊了，因为他们自己也不过是和法国的港口有一点走私活动。但英格兰不敢采取任何措施，因为只要他们的巡洋舰扣押了一艘装载着白兰地、干红葡萄酒和詹姆士党奸细的船只，可能第二天就要和苏格兰开战了。[124]

　　自从复辟以来，格拉斯哥就被认为是这个王国的第二号城市，在贸易和制造业方面则可以坐头把交椅。或许是因为威廉时期的饥荒和经济萧条，格拉斯哥的人口近来有所减少：在1707年联合条约通过时，它在有百万人口的苏格兰中只有12500名居民。格拉斯哥的商人手里有15艘商船，载重量总计1182吨，而即便是这些小型船只也只能在城外十余英里处卸货，因为当时克莱德河只能供一叶扁舟行驶。在联合条约开放"治安法官尼科尔·贾尔维"及其同胞与英格兰殖民地进行烟草贸易的资格之前，没有哪个苏格兰企业被允许和英格兰的领地进行贸易，所以他们的贸易活动仅限于欧洲大陆。在安妮时期，格拉斯哥仍旧是一个小集镇，在中央的十字路口有一排柱廊，商人在此进行小规模的交易。①此外，它还是苏格兰四个拥有大学的城镇之一：一位英格兰旅行者在布伦海姆战役那一年发现，"学院里只住着四十名学者，但属于学院的有两三百名，他们都穿着红色的袍子，和在阿伯丁及圣安德鲁斯一样"。[125]

　　第四个拥有大学的城镇就是爱丁堡——这是苏格兰法律和法庭的中心，也是三级议会以及另一个更为持久的"议会"——苏格兰长老会全会——召开的地方。苏格兰国王留下的霍利鲁德宫空巢也

---

　　①　我们看到一条1704年的史料："这座城镇有两条又宽又长的直街，在城镇中央相互交叉，而且都铺设得很好。"两条街交汇的地方"充当交易场所"，而且"每一边都是走廊或房屋下的小拱门，可供商人行走并在此躲避恶劣天气"。*North of England and Scotland in 1704*, ed. 1818, p.47.

在这里。在一英里长的教士街和高街——当时一位英格兰旅行者称之为"全世界最宏伟的街道"[126]——另一头，爱丁堡城堡耸立在磐石之上，身穿红色军装的小股苏格兰陆军替远在外地的安妮女王看守着这里。无所事事的士兵俯瞰爱丁堡的烟气和屋顶，不断地想这个不列颠最动荡的地方在酝酿着什么，以及他们下一次要镇压的暴动是宗教、政治还是经济引起的呢。

爱丁堡古老的城市卫队手持洛哈伯战斧，尽管他们是整个苏格兰的笑料，但入室行窃和抢劫在这个王国的首都几乎闻所未闻，人们都夜不闭户。这一事实很好地体现了苏格兰人的诚实，或许也很好地体现了孕育他们长大的宗教信仰。这一宗教牢牢地控制了这座城镇，在这个苏格兰首都及文化中心里取缔了所有的戏剧和舞蹈，以及在主日"无所事事地看着窗外"、闲逛和在街上快步行走。这也难怪皮特凯恩博士会写诙谐的打油诗来讽刺教士，也难怪私下聚集嘲弄苏格兰长老会的"地狱火俱乐部"和"硫黄俱乐部"会比戏剧和舞蹈更容易招致教会的怀疑。①

更为体面的苏格兰上层阶级在爱丁堡的主日找到了一丝慰藉：时尚界聚集在高街的称重处教堂自我欣赏，互相攀比，称重处教堂常常被称为"少女集市"，而苏格兰长老会全会于1709年徒劳地通过了"一项反对在礼拜时鞠躬或互相攀谈的法律"。[127]

但就算是苏格兰长老会也不会试图阻止周间在利斯河沙滩上赛马、打高尔夫球、斗鸡和畅饮。酒馆里一周有六个晚上塞满了各阶层的男士，手里拿着麦酒或干红葡萄酒，一直待到10点治安法官

---

① 1710年，首届舞蹈大会在教士们的谴责下召开了。但直到若干年后，爱丁堡都没有剧院。*Wodrow. Anal.*, Ⅲ, p.476.有关爱丁堡的警务与低犯罪率，参见 *Graham*, Ⅰ, pp.92–97, also p.123。

下令击鼓，劝告所有人必须回家时。届时高街和教士街上到处都是三五成群的各色人等，摇摇晃晃地匆忙赶路，粗鲁的高地脚夫一边吃力地抬着轿子，一边用盖尔语骂着脏话，这时爱丁堡头顶五层、六层甚至十层的窗户以及马桶正在往街上倾倒一天里收集的污物。住在上面的人如果懂礼貌的话，会在倒之前喊一句"泼水啦"。在外寻欢回家的人则回应道："住手！"并甩着鼓囊囊的肩膀跑起来，如果运气好的话，他那又大又昂贵的长假发就不会被污物的洪流弄脏。污物随后流入宽阔的高街以及附近深得像井一样的胡同和小巷，让这个夜晚的空气臭不可闻，直到第二天一大早城市卫队马马虎虎地把它们清理掉。只有在主日的早晨这些污物才会原封不动地留一整天，让苏格兰的首都充满了虔诚过头的"风味"。

爱丁堡出了名的下水系统让很多英格兰旅行者"有话要说"，这反过来让苏格兰人（用笛福的话说）"中伤批评其他民族，不愿意让日子过得舒适干净"。但只有把他为苏格兰人辩护的话一并引用才显得公允：

要是让任何其他民族生活在同样不幸之中，我说的是同样多岩石多山的环境、七层至十层甚至十二层拥挤的建筑、缺水（他们千辛万苦只能弄来一点，而住在最高层的人更是得走很远去取），伦敦或布里斯托尔也会变得和爱丁堡一样肮脏；因为尽管有不少城市的人口更多，但我想世界上没有哪个城市有这么多人住在这么小的空间里。

的确，爱丁堡是法国式城镇的极端案例，即为了安全和防御仍旧龟缩在自古以来的范围之内，因此不得不一层一层地往上堆叠住房来容纳新增人口——与英格兰城镇平静随和的规划正好相反，城镇不断向郊区延伸，每家每户都能拥有自己的独栋房屋，甚至还有自己的花园。法国的影响以及苏格兰动荡的历史将首都限制在其城墙之内，城市转而向高处发展。的确，在不是太久以前，一个绅士在没有围墙的房屋里过夜还是一件要命的事，比如在田间教堂被杀的达恩利。而苏格兰大贵族在爱丁堡也没有豪宅，不像英格兰贵族在伦敦的布卢姆斯伯里区和河岸街有住宅，因此他们在议会开会期间不得不各自蜗居在高街的楼房里。

从霍利鲁德宫到爱丁堡城堡之间是一条山脊，而教士街和高街占据了中间山顶的部分，两头的山坡一边朝南通向牛街，另一边朝北通向北湖。在这两个山坡上挤满了高高的胡同和小巷，爱丁堡的人口都集中在这里。但在南边与高街平行的牛街同样也在城墙内。在北边就没有平行的街道了，因为现在王子街和威弗利火车站所在的地方当时还是北湖的一片汪洋呢。笛福精妙的批评似乎一语成谶：

> 假如把湖给填平了（应该是很容易的事情），整个城市就可以扩张到下方的平原上，无疑会在那里建起漂亮的街道。不仅如此，我怀疑到时候山上的街道都会被废弃，整个城市可能要冲出城门跑向北边了。

石制的房屋为了牢固而牺牲了生活上的便利。在北国寒风的吹打下，这些像堡垒一样破败的"巴别塔"纹丝不动。笛福写道："没有瓦片被风吹到街上，砸伤路人的头；没有烟囱和山墙倒下掩埋房子里的居民，像我们常常在英格兰看到的那样"，正如1703年的狂风让砖砌成的伦敦损失惨重。爱丁堡比较老旧的房子楼梯都建在外边，没有护栏，爬起来令人头晕目眩，它们往往是从街道上依次通向每一层楼，每一层都住着一个家庭。与英格兰公寓不同的是，更高的楼层更受人欢迎，租金也更多。较新的房子通常楼梯是在里面的，而且安装的是玻璃窗而不是木窗。

在这样一个城镇里，每一间楼房都算作单独的"房屋"，而且房屋都没有编号，所以可以想象送信或陌生人都很难找对地方。①的确，如果没有一群纪律严明、眼光锐利、机智灵敏、靠得住的"杂役"，在过去的爱丁堡办事几乎寸步难行。[128]

苏格兰的文学集中在首都；在18世纪的下半叶，彭斯和司各特、休谟和亚当·斯密将点燃这个民族富于想象和理性的能力以及苏格兰的历史传说与民谣，照亮整个欧洲，但在这时还没有任何伟大复兴的迹象。素材已经在这个民族的心中和思维习惯里，只欠一把普罗米修斯之火。在农民的茅舍里围着炭火吟唱歌谣、讲述故事、辩论教义的过程中，苏格兰人的心智得以成熟发展。除了《圣经》之外，当时的印刷品主要是神学或政治方面的小册子。

苏格兰没有本土的新闻业。当时有两份在爱丁堡每周发行三次的报纸，分别是历史悠久的《爱丁堡政府公报》（*Gazette*）及其1705年创办的竞争对手《爱丁堡新闻报》（*Courant*）；这两份报纸都是枢密院特批才存在的；它们都是枯燥乏味的官媒，在形式上对伦敦的报纸邯郸学步，上面刊登的都是欧洲大陆和英格兰的新闻，却没有告诉苏格兰人他们自己的事情。随着苏格兰枢密院因联合而解散，爱丁堡的出版业获得了某种程度的自由，在安妮在位末年开始有了

---

① 1702年一份典型的爱丁堡地址如下："致桑德顿的阿奇博尔德·邓巴先生，送达爱丁堡十字路口下方胡同北端铁雷维尔三楼邓巴上尉的抄写室。"*Dunbar*, I, p.33.

自己的新闻业，发行的报纸也更为丰富多样。[129]

　　苏格兰农民在封建式的纽带和中世纪式的贫困下挣扎，他们只有一种办法可以逃离他们物质方面的宿命——宗教。他们还没有其他方面的精神食粮。在艰难的环境下翻看膝盖上的《圣经》，和牧师或好友进行愉快的辩论，他们就拥有了一片思考和想象的天地，深刻、狭隘且浓烈——不管这是好是坏，反正和我们今天大众在走马灯一般支离破碎的信息和观念之间频频游走迥然不同。政治家从来不会咨询他们对政治的看法，他们在等级议会里也没有自己的代表，他们将全部的兴趣都投入了能反映他们影响力的各级教会法庭事务中——堂区有堂区教会法院，12个堂区有教务评议会，上面还有省长老会议，在爱丁堡还有一年一度的全国性总会。在这各级法庭中，平信徒都有代表，不像约克和坎特伯雷的教牧人员代表会议只有神职人员参加。人们常说苏格兰长老会总会比那个三级议会更像苏格兰的议会。堂区教会法院中没有地方政府的代表，平信徒长老们可以让牧师畏惧三分，这算是和现在英格兰的堂区俗务委员会最接近的了。

　　堂区教堂的屋顶是用草皮或茅草搭起来的，是一座摇摇欲坠的小型建筑；它没有中世纪教堂的那种华丽和舒适，要是在英格兰可能更适合作谷仓。在乡村地区，教堂除了给长老和少数大家族之外，很少设有靠背长凳。①大多数人是站着做礼拜，或者坐在"矮凳"上，当年珍妮·格迪斯就是通过扔矮凳来表达对使用公祷书的抗议。但

---

　　①　在安妮或乔治一世时期爱丁堡附近的一间教堂里，一位英格兰上校的妻子希望给她的靠背长凳做个衬里，因为擦得不干净的木板弄脏了她的衣服。牧师的妻子喊着警告她："做吧！我丈夫会把它当成可恶的教皇党。"*Burt*，Ⅰ，pp.51–52.

就是在这么简陋的地方，每个主日都人满为患，要举行两场长达三个钟头的礼拜，而每一场的会众有很多还是在荒野上徒步走好几英里过来参加的。由于室内空间过于狭小，不少善男信女挤在教堂的院子里，由一个小伙子把《圣经》摊在墓碑上朗读给他们听。

最庄严感人的公开宗教仪式是圣餐，这是在户外的一张长桌上举行的，人们聚集在夏日的天空下，提醒在场的每个人杀戮年代在旷野举行过更加危险的集会。从6月到8月，八个或十个堂区联合起来轮流举行圣餐，很多人会挨个儿去参加，不会觉得跋山涉水40英里是什么难事。1710年，圣约派历史学家罗伯特·伍德罗写道："我在这个地方参加了很多次圣餐"，"每次领圣餐的人数大为减少了"。但他还是会谴责安妮时期出现的"爱做生意的罪"以及"属世界的灵"，这让他在"革命后一两年的黄金时期"看到的"人们属灵上的饥渴"有了些许减少。① 但除了伍德罗这样为主大发热心的人会敏锐地看到之外，世俗事务对人心的争夺还没怎么开始，但在这个为了达连殖民地计划蝇头小利就能举国疯狂的民族，一点物质上的繁荣很快就能让对俗世名利的追求膨胀起来。[130]

在安妮时期，老一辈长老会牧师的教育大多中断过，他们的精神也因为受迫害的经历而变得不太正常，充满怨恨。一个认识这些老牧师的人描绘道：

他们是虚弱、只受过半吊子教育的人，他们的生活无可指摘，他们的性格既严苛又淳朴。他们的偏狭和他们的会众相得益彰，后

---

① 1696年，加布里埃尔·森普尔在全会上做证说："我经历过复辟前的日子，也经历过遭迫害的年代，但自从革命以来我还没有见过圣灵这么多地浇灌在我们身上。"

者尊敬他们在大是大非上的高尚立场，自然对他们的缺陷和小弱点睁一只眼闭一只眼了。

英格兰人一听到"长老会雄辩"这个俗语就会想到对宗教奥秘的粗暴态度，对穿漂亮衣服或带伦敦报纸《旁观者》进教堂这种无伤大雅的行为横加指责。但有一位英格兰人写道：

要是英格兰的牧师职务也和在苏格兰一样那么勤劳忘我，获得的激励又那么少，我敢说数以千计的神职人员会希望他们自己学的是做技工而不是当牧师。这里没有不劳而获、无所事事、脑满肠肥的牧师，也不需要用尊贵的地位或晋升来刺激他们的雄心。

的确，大多牧师是农家子弟出身，他们的志向就是领导一个堂区，并受到居民们的信任。与此同时，年青一代的牧师正在成长起来，他们在承平年代受过更好的教育，思想更加平衡，说话也更为讲究，他们不久就会成为温和派，与那些曾经被邓迪子爵龙骑兵追捕而变得偏执的老一辈牧师公开发生冲突。[131]

一群高傲的平信徒长老组成堂区教会法院，与牧师一起对日常生活进行干预，已经到了有些过度的地步了。堂区教会法院和上一级的教务评议会每周都在审理涉嫌说脏话、诽谤、吵架、不守主日、巫术和性犯罪等案件。有些调查和审判进行得很合理，也有益于公序良俗，这样的案件在英格兰是由一般的治安法官负责的。但其他的就无理取闹，让人无法忍受了，比如有一个妇女因为在禁食的日子提了个桶而被控告，一个克鲁斯琴手因为在洗礼日上演奏而被控告。犯了通奸罪或不贞罪的男女要坐在教堂里的忏悔凳上示众，会众里的年轻人会对他们嘲弄嬉笑——包括一些过来看热闹的詹姆士党小领主——而那些正人君子会对他们严加责备，牧师更是毫不客气地谴责，有时会将这一惩罚延长到6个、10个甚至20个主日。被判受罚的人常常排成一长列，而他们要穿的"袍子"因为一直用个不停而必须频繁更新。为了不受这种奇耻大辱，可怜的女孩子会试图掩盖怀孕的迹象，甚至不惜杀掉刚出生的孩子。安妮时期的枢密院常年在处理对此类案件执行或免除极刑的问题。

堂区教会法院和教务评议会的活动得到了公众舆论的很大支持，要不然它们也不会在英格兰类似教会法庭被废弃之后仍能长期存在。但它们也招致了不少人的嫉恨，特别是上层阶级。用罚款代替刑罚的做法固然常常出现在涉及绅士的案件中，这种属实的妥协会让那些思想阴暗的人想到教皇党蒙昧时代教会法庭的政策！纵然有这样的减缓措施，让一群出身寒微的长老和牧师来监管日常行为仍然冒犯了小领主和贵族自豪的家族；这是很多对长老会礼拜仪式和教义本无异议的人会去支持主教制派和詹姆士党的一个潜在原因。反教权思想在苏格兰强化了詹姆士党的势力，正如它在英格兰强化了辉格党的势力一样。但我们必须记得，忏悔凳也好，堂区教会法院也罢，这些在查理二世时期实行主教制时仍继续存在，这时在大量仍由主教制派牧师把持的堂区也没有消失。[132]

总的来说，主教制派和詹姆士党对上层阶级支持的依赖要大于长老会和辉格党。约翰·诺克斯的教会纪律被执行得越严格，教义和做法往往就越民主。牧师任命问题是冲突的一大焦点，铁杆的长老会人士主张牧师要由堂区居民选举产生，这不仅是教义对牧师职分的要求，也是因为那些想要任命牧师的私人赞助人对长老会派的信仰常常令人怀疑。在光荣革命期间，私人赞助制度一度被废除：1690年的法律剥夺了个别贵族和小领主任命牧师的权利，并将这一权利赋予了堂区内的长老和信奉新教的业主，而会众也能行使否决权。1712年，在托利党执掌威斯敏斯特宫的议会期间，赞助人制定牧师的权力又得到了恢复，这是联合最早的后果之一。即便在做出这一决定之前，这个苏格兰教会历史上最伤脑筋的问题远没有得到最终解决，安妮在位初年经常发生因一个堂区通过长老会民主制选举的牧师不合当地大贵族心意而导致的激烈争论。

主教制派的小册子嘲笑长老会人士缺少成型的政策，"在与贵族和绅士就牧师人选问题发生的各种争议中不断与底层民众站在一起，仿佛你们教会就是靠这样的人来维护的……苏格兰的贵族和绅士对普通民众有很强的控制，因此你们在这么明显的问题上犯了非常愚蠢的错误"。甚至访问苏格兰的英格兰不从国教者都对当地教会敢于冒犯"大人物"感到震惊和担忧。不管约翰·诺克斯的教会在其他方面有什么问题，但它能让苏格兰饱受压迫的人民敢于直视他们的封建主子。[133]

在安妮登基伊始，苏格兰主教制派的地位是最不正常的。他们的礼拜仪式、教义、教会组织和纪律——除了有主教之外，其实主教的权力也不大——与长老会派国教并无二致，只是侧重点有所不同而已。但这两个群体却势同水火，因为教派的差别正好和辉格党与詹姆士党的政治分歧重合了，而这背后又是双方在过去两代人的时间里相互造成并牢记的积怨和过节。

和英格兰的不从国教者相比，苏格兰的主教制派处境一度有好有坏。一方面，在1712年之前，没有任何宗教宽容法赋予他们的礼拜合法地位。另一方面，超过六分之一的堂区教会仍然被他们的牧师所占据。在阿伯丁郡、高地和整个东部边境地区，公开身份的长老会牧师可能会遭到围攻，其野蛮程度堪比光荣革命那个冬天在西南部地区"批斗"主教制教会"助理牧师"的惨况。1704年，一位长老会牧师到丁沃尔就职时遭到了一群男女扔石头、殴打，最终被赶跑，后者高喊"威廉王已经死了，我们的国王还活着！"

这种大众情绪在东北地区普遍存在，这更多是出于政治上的恩怨、对西南部辉格党徒的地域仇恨以及对久经考验的主教制派老牧师的个人忠诚，而不是因为信仰上的差异。在1707年，苏格兰约900个堂区中仍有165个堂区的牧师是忠于主教制教会的。有的牧师会宣誓效忠政府，但其他牧师坚决忠于詹姆士党原则，不愿服从政府。这些在革命洪流中幸存下来的牧师被称为"本堂牧师"，当局考虑到他们得到了堂区居民的拥护而放了他们一马；但长老会全会和枢密院联合起来，打算不让这类牧师的后继者"闯入"教会。这样，只要再过一代人，主教制派在国教内部的立足点就会彻底消失。毕竟主教制派今后就都是不服从国家礼拜仪式的人（有的人现在已经不服从了），而且其中大部分人还反对当前王朝，他们的处境只会更差，不会更好。[134]

但绝大多数主教制派神职人员在革命的时候就已经被剥夺教职了。在安妮时期，他们的生活非常困苦，运气好的能给一些大家族当私人牧师，更多的人不得不依靠苏格兰同教中人或英格兰国教人士的救济，后者将他们看作为了共同的信仰而受苦的人。不光是英格兰的托利党人慷慨解囊，就连热心的索尔兹伯里主教伯内特也为这些可怜的牧师捐了200英镑，虽然他后来成了英格兰辉格党人，但他原来是苏格兰的温和派。1707年，一些主教制派牧师实在揭不开锅了，便救助于爱丁堡面包师公会的"慈悲心肠"，他们从那里得到的善款正好是伯内特给的百分之一。[1]主教制派的"集会场所"不受法律保护，但大多也不受干扰，特别是当主持礼拜的牧师宣誓效忠政府的情况。在爱丁堡据说有14个集会场所"像教堂一样开放并自由活动"。[135]

爱丁堡的枢密院不断被要求采取行动，不是打击主教制派，就是扶植主教制派，他们在苏格兰的地位有点模糊不清，强大过，也弱小过，许多主教制派牧师拒绝为安妮女王祈祷，而他们都反对汉诺威继承。在格拉斯哥、邓弗里斯和西南地区，有时会冲击他们的礼拜。但在其他时候，群众的狂热会更加严厉且法不责众地倾斜在罗马天主教徒身上。枢密院不断发布公告，要执行法律打击"耶稣会士、教皇党不法之徒及其容留者"。[2]但在高地、阿伯丁郡和班夫郡，罗马天主教徒可以"近乎公开地去"他们的教堂，"就像新教徒去他们的堂区教堂一样"——而且主教制派和天主教徒拥有共同的事业，即拥护詹姆士党的王位觊觎者。

这就是安妮登基时苏格兰各宗教势力之间的关系。一位倾向托利党的女王登基，高派教会在英格兰重新崛起，反偶奉国教的法案

① 卡斯泰尔斯也散尽家财资助贫穷的主教制派教士。在他的墓前有两个人泣不成声；他们是拒绝宣誓的主教制派神职人员，长期受到这位对立阵营里的友好人士资助。Story's Carstares, p.366; John Watson, Scotland of the Eighteenth Century, p.150.

② Popery Reviving, 1714; Privy Council Register, Edinburgh, passim; 例如在1704年1月17日，尼斯代尔有一帮人以搜查神父和耶稣会士为由，闯入贵族绅士的住宅；1704年2月7日，一个"在2月2日聚集的好战领主集会开进邓弗里斯"，他们在十字路口处焚烧了大批天主教书籍和圣像。有关格拉斯哥冲击主教制派集会场所的骚乱，参见P.C. Registers, March 8, 1702/3。

在威斯敏斯特宫议会提出，这些事情引起了苏格兰长老会人士的恐慌。他们觉得安妮的政府会立刻对他们的国教会进行打击。书写了上一代人"受苦"的史学家伍德罗在得知威廉驾崩时写道："主啊，求你让我预备好受苦以及所要面临的任何事情。"长老会人士将他们的恐惧变成了争论，具体形式就是用小册子打笔仗，反对当前有人提出要给予主教制派宗教宽容的主张。在安妮在位的头两年，苏格兰支持和反对宗教宽容①的小册子无论是在数量上还是在激烈程度上都超过了那些有关这个国家将要参与的欧洲战争的小册子。但一旦大家发现英格兰的托利党女王不会和苏格兰的詹姆士党结盟，长老会人士的恐惧和主教制派的希望都将大大降低，而联合的问题很快压倒了其他所有问题。[136]

在安妮在位的最初几个月，长老会的第一波警觉达到了顶峰，同时长老会内部也出现了危险的趋势，一些不太明智的神职人员强调教会固有或神授的权力，重提过去圣约派有关教会独立于甚至高于国家的主张，想要以此来维护教会的安全。卡斯泰尔斯知道这会导致灾难，便不遗余力地给同教中人鲁莽的热情降温。[137]

苏格兰长老会在革命期间恢复国教地位时并没有按照以前圣约派的立场重新强调它的固有权力，这导致了卡梅伦派的分裂。他们可以说是苏格兰长老会中的"拒誓派"，因为他们和英格兰的"拒誓派"一样，不肯宣誓效忠革命后建立的政府。他们不会效忠一个"不合乎圣约"的国王或女王。在安妮时期，卡梅伦派在西南地区势力

---

① 1703 年的《滚石头的，石头必反滚在他身上》（*A stone returning upon him that rolled it*）中有一句话能非常好地反映这场争论的激烈程度："我现在给我的敌人再来一剂药；看看他的大脑和肠子里能拉出什么腐物和毒液，他的同胞就能明白他是什么货色。"主教制派的塞奇和国教会的卡斯泰尔斯倒是不和他一般见识。

最大，还有着光荣的武装斗争传统。一旦安妮政权出现危机，詹姆士党奸细就会在他们中间积极活动，企图邀请他们和这些曾经迫害他们的人结盟，一同起事推翻政府。另外，国教牧师也在做他们的工作，试图弥合长老会派弟兄之间的分歧。但卡梅伦派继续我行我素，将长老会国教斥为"信奉国家至上的教会"，而且有些捕风捉影地指责他们"宽容教皇党和主教制"、与天主教君主结盟参战以及其他全国性的罪。[138]

如果说煽动反抗王权的罪名会让英格兰高教会派托利党如坐针毡，那么苏格兰长老会也同样难以接受"拥护国家至上主义"的指控。因为苏格兰长老会不同于英格兰国教会，它并非都铎和斯图亚特诸王的附庸。这个教会是约翰·诺克斯和贵族联合会（这一自发组织的团体曾不顾王权的反对，完成了宗教改革的事业）一手建立的。因此苏格兰高教会派托利党人士主张的是教会而非国王的神授权力。在17世纪，国王和教会

1689 年至 1707 年

兵戎相见，激烈的冲突严重损害了苏格兰的福祉。最后，光荣革命所做的政治安排为国王和教会的权力划定了明确的边界。结果是爱丁堡的议会在它最后18年的时间里可以更为独立地塑造苏格兰，拥有的权力比以前国王和教会赋予它的还大。

长老会在1689年恢复国教地位后，同意将古老的圣约束之高阁，并出于现实需要承认了世俗权力的至上地位。但它的承认是带有很多疑虑和保留的。属灵权威和属世权威都要小心翼翼地遵守彼此之间的楚河汉界，特别是在长老会全会召开的时候。每年春天，全国神职人员和平信徒的代表会在爱丁堡聚集。主持会议的是安妮的宗教事务高级专员，由某个苏格兰大贵族担任，他坐在高高的宝座上。但主持具体事务的是当年担任会议主席的一位神职人员。由于全会

的法律不需要御准就能生效，国王除了能下令将全会解散之外没有别的制衡手段。虽然这一权力通常是不拿来用的，但1703年担任宗教事务高级专员的西菲尔德勋爵确实行使了这一权力。光是知道这一权力的存在就能避免很多过激的事情了。

但全会并不太乐意在理论上承认国王有解散它的权力。[①] 在1703年的争端过后，一项奇妙的妥协体现了这种双元控制。从那以后，每当全会结束时，坐在主席台上的会议主席会以教会元首耶稣基督的名义宣布解散，并以同一属灵权威指定来年开会的日期。然后王室宗教事务高级专员从宝座上起身，以女王的名义宣布全会解散，并指定下一次会议的日期，和会议主席之前指定的一模一样。这样所有老谋深算的苏格兰人都能心满意足地回家了。[139]

在第一卷中，我解释了巫术信仰在英格兰社会上层已经大为衰落，以至于在这个按照文化精英理念进行统治的国度，基于法律和大众迷信的巫术迫害越来越不被许可了。在苏格兰，这种现象才刚刚开始出现。部分上层阶级已经越来越少认为某事是借助魔鬼的力量所为，但群众和教士仍然对此非常执着。在安妮女王时期，苏格兰有多名被指为女巫的人被处死，更多的人被流放国外。在乔治一世时期，这个岛国发生了最后一例对女巫处以极刑的案件，那是发生在边远的萨瑟兰郡。1736年，威斯敏斯特宫议会撤销了大不列颠全境对巫术处以死刑的法律。再过上一代人，女巫和"大黑魔"在彭斯和他的农民朋友那里就成了笑话，而不是什么可怕的事。

---

① 非常具有代表性的是，安妮时期英格兰的高教会派托利党试图将解散教牧人员代表会议的权力从大主教手里转到君主手里，而苏格兰的高教会派托利党试图将解散全会的权力从君主手里转移到会议主席手里。

正如我之前所描述的，在安妮时期的英格兰，简·韦纳姆巫术案引发了一场舆论争议，让公众注意到巫术的真实性问题，基本上令巫术信仰大为减少。在1704年至1705年，苏格兰发生了一起类似的事件，以"皮滕威姆女巫案"闻名，但它的结局却悲惨得多。英格兰的简·韦纳姆得以逃过一劫，而苏格兰的珍妮特·康福德却在皮滕威姆人长达三个小时的"批斗"下惨死。同样被指控行巫术的托马斯·布朗在"饥寒交迫下"死于狱中。在漫长的审理过程中，爱丁堡的枢密院多次进行干预，虽然不是很有成效，但它都是站在理性这一边的。枢密院令那些幸存下来的被控妇女得以获释，但杀害珍妮特的凶手们却逍遥法外。

但幸运的是，这一案件被当地的詹姆士党小领主捅到了公众舆论上。和他们的敌人、皮滕威姆的牧师帕特里克·考珀相比，他们对借助魔鬼力量一事的态度更为理智；考珀在年轻的时候曾在宗教迫害中"受了很多苦"，而或许正因如此，附近的小领主在他最初来就职时曾予以反对。他们现在拿这件事大做文章，指责他煽动杀害了珍妮特·康福德。在随后的小册子骂战中，有人提出了相反的说法。[①]但不管他是否亲手拷打被囚禁的妇女，是否没能在讲坛上对杀人一事予以谴责，他无疑鼓励人们相信巫术是真实存在的，而这些妇女就是被扣上巫术的罪名。他和大多数同僚确实认为不相信巫术

① 人们一般都会引用对考珀进行攻击的《一位法夫绅士的来信》（*A letter from a gentleman in Fife*）和《一位法夫绅士致一位贵族的信》（*A letter from a gentleman in Fife to a Nobleman*）。但回应这些小册子的《义斥虚假报道》（*A just reproof to the false reports*）也应该拿来一起参考。有关考珀之前和附近小领主的关系，参见 Fasti. Ecc. Scot.，1925 中的"皮滕威姆"目。"批斗"珍妮特·康福德一事很可能给了史蒂文森写经典恐怖故事《丑陋的珍妮特》（*Thrawn Janet*）的灵感，不过剩下的故事就大相径庭了。

存在就是"无神论"、就是罔顾神的话语。[140]

　　长老会并非这些大众迷信的源头。它鼓励了一些迷信，也压制了另一些迷信。这些迷信的根源可以追溯到宗教改革之前、皈依基督教之前甚至原始时代的直觉和习俗，它们在这个到处是高山、荒野和尚未被征服的自然的国度仍旧根深蒂固，其上的人民（哪怕是在低地）祖上是凯尔特人，他们的生活状况在许多方面和遥远的古代相差无几。当男主人在半夜从浅滩涉水回家时，他会听到水鬼在激流中吼叫。精灵在溪谷的树林中游荡，如果不作法安抚它们，它们就会在牛棚中杀死牲畜，或从摇篮里带走小孩。在泰河以北，人们会于5月1日在传统的高地上点燃篝火并围着跳舞。每个地方都有各式各样安抚精灵鬼怪的方式，用以保护庄稼和牲畜，其中一些可以追溯到人类开始耕作放牧的时候：

　　当森林枝枝杈杈常有鬼出现，
　　多么神圣，空气、水流，还有火焰。

　　人们会拜访有魔力的水井，乔木和灌木上装饰着格子呢布片，以及那些出于害怕或感恩的人所献的供品。在高地的某些地区，这种仪式就是人们的主要信仰；在低地，它们的地位没有那么重要，但依然是这个去教会礼拜的生活和信仰真真实实的一部分。

　　由于乡村地区没有正规的医生，民众用的药都是传统偏方，有时这和民间巫术之间的界限并不是那么清晰。有男女"智者"可以增加人们的福祉，也有男女巫师可以破坏人们的生活。教会鼓励人们消灭后者，但却无法阻止人们去寻求前者的帮助。毕竟牧师不是无所不能的。他们连人畜无害的娱乐都予以禁止，怎么可能是无所不能的？男男女女不顾教会的禁令，在克鲁斯琴和风笛声中"跳舞祈福"；无论老少，大家都不会抛弃这些比长老或教皇更古老的仪式。辟邪消灾的魔咒和习俗有上百种，可以管一生的各种事件——出生、结婚、死亡、搅奶油、出门远行和撒种。

神迹奇事被认为每天都会发生，远超同时期的英格兰，那里对神迹的怀疑已经相当强烈了。鬼魂、兆头、魅灵是苏格兰人生活的正常内容；大家遇到事情就会传说有活尸参与到人们的普通生活中，并信以为真；和荷马时代的希腊人一样，苏格兰人在荒野遇见陌生人后可能不太确定他看到的是人是鬼，或者是否"不吉利"。时常有人看到"大黑魔"趁夜潜伏在茅舍门外的阴影里，或是翻过教堂北侧的院墙溜走。那些曾在荒野被龙骑兵追杀的人（如为他们著书立说的伍德罗）总是为各种奇事瞠目结舌，认为这是神显现或是魔鬼作祟。牧师在会众中助长了这样的信仰。单独在山上长时间放牧的牧童经历过奇怪但有时很美好的幻象：伍德罗记载1704年有一个人宣称"在牧场放牧的时候，一个英俊的人向他走来，嘱咐他要多祷告、学会看书；他认为这个人就是基督"。第二年伍德罗又记载另一个年轻人曾掉到井里，但"一个英俊的人用手把他拉了出来。当时周围没有别人，所以他们认为这无疑是一个天使"。这是比较古老的苏格兰，不是大卫·休谟、亚当·斯密和《爱丁堡评论》的苏格兰，甚至不是彭斯和司各特的苏格兰，尽管他们从这些光怪陆离的故事中吸取了灵感。[141]

如果说连低地原始自然的环境都能孕育原始的信仰和对自然的幻想，那么在高地就更是如此了，那里是山间精灵鬼怪的故乡，有在船底深水暗处产卵的无定形怪物，有人能预人祸福、看人吉凶，别人都得跟着好好准备，保住小命。低地人很少跨境进入高地，即便是贝利·尼科尔·贾维那次著名的远征，心中也是惴惴不安，那里的山峦阴沉沉的，前人没有留下地图，也没有开辟道路，是凯尔特部落的地盘，他们说的语言不同，衣着有异，社会法律制度比苏格兰南部还古老上千年；他们既不服长老会，也不服女王，只听命于他们的首领、部族、习俗与迷信。直到韦德将军经略营建高地之前，没有可以穿越高地的公路。高地蛮荒阴郁，又风光壮丽——但尚未被人赏识——人群龟缩在它的各个角落里。

在伦敦甚至是爱丁堡，人们对高地状况的了解非常有限，还不如街对面书店里有关非洲最遥远地方的书来得准确。在伯特先生的书信出版之前，没有哪部有关高地的著作是说得过去的。[①] 在莫雷尔对苏格兰的记述开头几页，他告诉了安妮时期英格兰人几乎一切他们对身处的奇妙岛国蛮荒北部想了解的情况。但这几段文字的信息量寥寥无几：

高地人的庄稼不算少，但还是无法养活他们的庞大人口，因此他们每年都会带着牲畜下来，和低地人交换他们家庭生活必需的燕麦和大麦……他们每年有一两次会大举南下低地，抢劫当地居民后返回，然后各自散去。

格子呢布使用得最普遍。它们不仅可以在白天当衣服穿，在晚上还能当毯子或床，因此在作战的时候并非只是花架子。低地人说他们常常是劫掠者，可以用这种方式来更好地隐藏赃物，可以在失

---

① 奇怪的是，有一本关于群岛（刘易斯岛等）的书还不错——*Description of Western Islands of Scotland*, by M. Marton, gent., 1703, London。它在约翰逊博士的时候仍然是有关群岛最好的书。

主不知情的情况下把东西带走。这种格子呢布有七八码长。它们是从脖子到膝盖遮蔽全身，只有右手露在外面。他们很多人除了背心和衬衫（不超过膝盖以下）外里面什么也不穿，因此他们会在中间与内衣等长处将格子呢布束起来，这样就不至于露出下体了。

虽然这只是在户外，但你很少看到他们不带剑或匕首。他们会携带火绳枪或其他火器；他们在防守时非常依赖圆盾，就是拉丁人所说的"大圆盾"，是正圆形的盾牌，用他们多能找到最坚固的木材制成，内侧用兽皮镶边，外侧用兽皮覆盖，周边钉上铜钉，坚固得一般子弹都无法穿透，刀剑就更不用说了。①

当这些部族民没有和低地人交易牲口、独自在家的时候，他们过的是怎样的生活呢？如果我们想当然地认为他们生活在部族共有的土地上，在首领的统治下过着田园牧歌般的生活，然后突然在1745年叛乱后变得面目狰狞，这可就错得离谱了。其实，安妮时期的自耕农不得不从部族首领的"转租户"那里承租一块地，后者转租的条款非常苛刻，压迫极其严重。山区的土地贫瘠且多石，常被暴雨侵蚀，而且没有用肥料改良；农业工具和技术甚至比苏格兰南部更加原始；小农场的住宅不过是茅屋一间。情况得不到改善，因为

---

① *Morer*，pp.5–11.我在引用时有几处省略，但并不影响原意。需要注意的是，苏格兰短裙有时是一整块格子呢布。

1706年11月，笛福从爱丁堡写给哈利的信（*H.M.C. Portland* Ⅳ，p.349）中体现了他作为英格兰人对高地人的印象："他们是非常可怕的家伙，我只希望女王陛下能派2.5万高地人去西班牙，因为那个民族也一样自豪而野蛮。他们都是绅士，容不得他人冒犯，而且傲慢到极点。但绝对荒唐可笑的是，一个这样的人带着一身山地习气，配着阔剑、圆盾、手枪，腰间插着匕首，手里拿着手杖，趾高气扬地走在高街上，仿佛自己是什么大人老爷，而且还赶着一头牛！"

峡谷地带仍然无法支撑稀疏的人口。随着部族人口的增长，小块的土地一分再分，导致灾难性的后果。不难预料的是，一旦道路或政治军事征服将高地与外部世界联系在一起，部族成员就会发现他们的生活方式是可以改变的，然后大规模地背井离乡。在安妮时期仍然只有少数高地人移民到低地从事较为艰苦的工作，或者去欧洲大陆参加法国供养的"爱尔兰"团，其中的普通士兵有很多其实是高地人。

部族首领握有生杀予夺的大权，而且尽最大可能行使这样的权力，让部族成员俯首帖耳，这一权力向来得到传统忠诚的巩固，常常还伴随着对首领的爱戴。但它取决于不确定的个人因素，即首领是暴君还是慈父，或者在两者之间。正如路易十四向农民征税以维持他的大军，首领出入身边也有一大批武装亲属和随从，他用部族其他成员的劳动来养活这帮不事生产的人；但在这个重视个人及家族荣誉的民族里，精打细算、与邻为善的生活习惯并不招人待见。

除了历代阿盖尔公爵，很多部族首领也是在苏格兰政治有一席之地的贵族，沾染了一点法国或英格兰文化的习气。但这些文明的首领和他们不太文明的部族成员有诸多共同点——对部族的自豪，对竖琴、风笛、故事、歌谣的热爱，透过这些媒介，部族诗人将昔日的恩怨和幻想编制成活生生的盖尔语文学。如果说峡谷的阴影和群山怀抱的海边比不列颠岛其他地方更加贫穷野蛮的话，那么这里也更加富有诗意和狂野的想象。[142]

决定一个部族是加入詹姆士党还是"与革命站在一边"的是首领本人。但历史和传统已经替大多数部族做好决定了。阿盖尔公爵家的坎贝尔部族自天下大乱以来就一直支持长老会和辉格党，因此许多与强大的坎贝尔部族有仇的小部族在过去曾追随蒙特罗斯侯爵和邓迪子爵，在今后的战争中仍将加入詹姆士党一方。但还有一些部族因为不太关心伦敦或爱丁堡的政治，并没有死心塌地地支持哪一边。苏格兰枢密院在威廉堡等孤零零的据点维持少量驻军，并给许多首领发放政府津贴。除此之外，安妮女王在有事的时候只能指望阿盖尔公爵的忠诚了。她的令状在高地是行不通的，她支持的各部族的宗主，并不是直接的统治者。

政治、宗教和抢牲口都相互交织在一起了。1705 年，一位狂热的长老会人士在给哈利的报告中告诉他"毗邻高地人的""伦诺克斯郡"是这样的：

> 大部分绅士不怎么信神，他们赞成任何强征民兵的意见。普通民众都是狂热的新教徒，他们有义务自卫，抵御高地人来抢光他们的牲畜、造成他们生活困难，特别是在冬天。尽管他们不能压制住高地人，但他们抵挡住了小股的高地劫掠者，我们的弟兄在这里建立了基督教社区，让基督教可以在这些野蛮人的边境上蓬勃发展……西部高地（阿盖尔公爵的地盘）总的来说比较文明像样，并因为他们敬畏福音而遭其他高地人忌恨。或许可以像优西比乌评论罗马人那样说高地与群岛："全能的神容许哥特人和汪达尔人洗劫罗马人，因为他们再也没有那么积极地传福音了。"

这种状况激发了长老会全会和苏格兰基督教知识推广协会的热情；自 1704 年以来，他们投入了数千英镑在高地建设图书馆、学校和长老会传教点，当地原本的宗教格局为长老会、罗马天主教、主教制派和原始异教所瓜分，具体比例很难确定。他们立刻取得了一些成功，但在有的地方，传教点被部族首领下令捣毁，而在另一些地方则逐渐消失。直到 1745 年后南边的军事政治入侵实际上摧毁了部族制度，长老会传教士才获得机会，高地真正的皈依得以实现。[143]

　　这就是不列颠岛统一前夕苏格兰的大致状况。在实现这一目的的过程中，严酷的爱德华国王失败了，克伦威尔也人亡政息；在武力无济于事的时候，安妮女王将用更符合她的母性手段实现成功。

第十二章　导致《联合条约》的苏格兰事态
（1702—1705）

在威廉国王在位时期，苏格兰经济萧条、政治动荡，但它也一劳永逸地确立了教会政策，而且其间好坏参半的成就让那些善于思索的人们意识到，只有和英格兰结成更为紧密的联合，才能拥有政治经济全面发展的美好未来。

在光荣革命后，长老制度及其压舱石总会一并得到恢复。但它在圣约派当权时期篡夺的那些凌驾于国家之上的过分权力并没有卷土重来。现在和它齐头并进的是它昔日的盟友兼对手三级议会，后者头一回完全摆脱了国王的控制，能够真正代表苏格兰人发声了。1690年，非常议会废除了此前朝廷和枢密院用来掌控议会的立法委员会。在威廉和安妮在位时期，爱丁堡的议会在苏格兰历史上第一次可以畅所欲言，并提出自己希望的法案，不用顾及英格兰朝廷和爱丁堡枢密院的脸色。它在与王权的斗争中认真效仿威斯敏斯特议会的先例，采用英格兰人的策略，比如卡住钱袋子直至国王对他们的不满做出回应；只不过它这一切努力背后的动机是要率领整个国家和英格兰抗衡。

那些一致忠于苏格兰利益的人尽管在王朝和宗教问题上存在分歧，但他们可以言辞激烈、不受约束地运用这一新的自由，起到最好的效果。这是苏格兰第一次可以通过议会与英格兰平起平坐地对话。在达成《联合条约》的谈判过程中，爱丁堡议会在最后18年的寿命中为整个国家换取了它现在拥有的物质利益，可谓死得其所，不辱使命。但它和威斯敏斯特议会不一样，在革命之前很少作为苏格兰的代言人，因此整个国家对它的感情还没有浓烈到完全见不得它丧失独立的地步。假如当时苏格兰人像英格兰人一样热爱自己的议会，那么联合可能就永远无法获得成功了。①

　　但如果说威廉时期苏格兰在教会和政治问题上成就颇多的话，那么在经济方面可就是惨不忍睹了。在连续几年史无前例的饥荒后，达连殖民地的惨败更是雪上加霜。出于收益期待和爱国热情，整个王国几乎每个人都在"非洲及印度贸易公司"上投资了几个苏格兰镑。该公司酝酿了一个大胆的计划，想在能够控1698年至1700年制大西洋及太平洋贸易的要地建立一个苏格兰殖民地，全国上下为之一振。所选的地点是达连地峡，那里不仅瘴气肆虐，而且还在西班牙人的地盘上！英格兰商人不愿有人染指他们的贸易，而英格兰政治家此时和西班牙关系密切，他们都对这一计划表示不满和反对。除了听从英格兰臣民并继续坚持他的欧洲大陆政策外，威廉别无选择。抛开对英格兰的愤怒不谈，苏格兰人的确让威廉意识到他已经不是说一不二的国王了。当时的情况让苏格兰人更加强烈地要求有一个完全属于自己的国王，或者是一个能将苏

① 为了更加全面地了解苏格兰及《联合条约》，我向读者推荐三本精彩的权威性著作：戴西和雷特的《对苏格兰联合的思考》（*Thoughts on the Scottish Union*）、休姆·布朗的《英格兰与苏格兰的联合》（*The Union of England and Scotland*）以及威廉·劳·马西森的《苏格兰与联合》（*Scotland and the Union*）。

格兰和英格兰的利益一碗水端平的联合。达连公司①的官方代言人写道：

> 被这样的君主如此对待，我们受到的伤害溢于言表，同时也表明我们的惨况已经无药可救，除非是把两个王国彻底分开或者彻底联合。

从此以后，爱丁堡市面上开始出现许多鼓吹与英格兰联合的小册子，其中有些对当时的要害问题捕捉得相当到位。如果说那时苏格兰已经有了雷声，那么很快也要开始下雨了。

威廉通过惨痛的经历已经认识到，他作为一介凡人是不可能当好两个议会及贸易政策针锋相对的王国的共主君王的。他的前任能让苏格兰议会充当枢密院的门房。但他和他的继任者却要面对两个你死我活的独立议会。唯一的解决办法就是把它们合二为一，这就是他的遗命。而安妮女王既然继承了他的所有难题，也将继续奉行他的政策。和对法战争问题一样，安妮女王在联合问题上与辉格党及托利党温和派立场一致，但与昔日高教会派盟友有分歧，后者不愿看到一个会迫使英格兰保证苏格兰长老会国教的联盟。威斯敏斯特议会两院在威廉弥留之际就这一问题进行辩论，上议院暂且赞成联合：就连诺丁汉伯爵也宣称苏格兰是"威尔士亲王得以复辟的一

---

① 为了方便起见，我用"达连公司"这一常见名称来指代"非洲及印度贸易公司"。这里的"印度"可以是东印度，也可以是西印度群岛；事实上在达连殖民地闹剧前后，该公司的贸易活动都是通往非洲沿岸和东印度洋的。参见 *Darien Shipping Papers*，1696–1707（Scot. Hist. Soc.，1924）以及 G.P. 英什先生的叙述性著作 *The Company of Scotland*（Scribner，1930）。

大空子"，而两国议会合并或能阻止。马奇蒙特伯爵写道："反对声音将来自下议院中的高教会派托利党。"

几天后威廉驾崩。伍德罗写道："他终其一生是多么优秀的君主啊，可惜了改革宗的教会，他们的坚城被挪去了。"尽管他在位时期发生了种种灾异，长老会主流和大多数苏格兰人还是为他感到深深的惋惜。只有那些觉得圣约被破坏的卡梅伦派狂热分子以及主教制派和詹姆士党人才会对他心怀厌恶。即便是贝尔黑文勋爵这样的爱国演说家，在反对英格兰及威廉的联合政策集会上也盛赞威廉是"我们的救主和恩人"。[144]

安妮的登基不仅让长老会和辉格党人惊慌失措，也让主教制派和詹姆士党人踌躇满志。这么虔诚的高教会派信女想必会推翻威廉新设的、只有12年历史的长老会体制：相传这位丧子不久又身体欠安的母亲为她在革命时期的不当举措感到懊悔，将会为她的弟弟在她身后登基铺平道路。此外，她难道不是宠信马尔伯勒公爵和戈多尔芬吗？这两个人可从来没有断过和多名詹姆士党代理人的密切联系呢。这些足智多谋的绅士在1703年还提议让马尔伯勒公爵把一个女儿嫁给王位觊觎者。

但只要还在和法国打仗，一封英格兰财政大臣写给苏格兰御前大臣的信就表达了戈多尔芬的真实想法和安妮的真实立场：

女王之所以是苏格兰女王，是拜革命所赐，如果不能保证这一点，我恐怕她不会在苏格兰保证任何事情了。我们目前处于一个事关其他国家的紧要关头，苏格兰议会不管最后做出明智或愚昧的决定，都会在某种程度上影响到整个欧洲。

在战争期间，王位觊觎者的小朝廷就是敌人的一枚棋子；凡尔赛宫和圣日耳曼宫一直在密谋联合入侵苏格兰，至少在苏格兰推翻安妮并拥立其弟。因此，如果她想不受干扰地在欧洲进行战争，那么她就不能得罪苏格兰的辉格党人和长老会，因为一旦爆发叛乱，只有这些人才会站出来支持她。詹姆士党人或许有时能对她说点好听的，但绝不会为她赴汤蹈火。[145]

所以在即位三天后，她就在对英格兰议会的第一次讲话中表达了建立两国更紧密联合的愿望。这样的联合必将维护苏格兰的长老会体制，保证汉诺威家族继承整个不列颠，并让詹姆士党人的所有幻想化为泡影。

就在新任女王在伦敦发表重要讲话的同时，苏格兰的反对党贵族日夜兼程赶往朝廷，为的是向她致敬，并恳请她解散威廉在苏格兰的大臣及辉格党议会。但当他们抵达伦敦时，他们发现自己被分量更重的人抢先了，尽管他们带头的可是大名鼎鼎的第四代哈密尔顿公爵詹姆斯·道格拉斯。[146]

哈密尔顿公爵因萨克雷的《亨利·艾斯芒德的历史》中那位以他为原型的虚构角色而最为英格兰读者所熟悉，他在微妙平衡的苏格兰政治中是最为举足轻重的人物。所有人都关心他会如何不断改变立场。他的主张模棱两可，为人也游移不定，再加上从祖上承袭了重要的位置，鬼使神差地让他这个反对《联合条约》的领袖最后促成了条约奇迹般的通过。他风度翩翩，气场十足，能言善辩，非常适合成为党派领袖，如果他能一以贯之地领导的话。他的贵族地位近于王室，人望甚高，以至于他的追随者尽管在他每次改弦更张的时候都有些微词，但从来不会打心里憎恨他。

在威廉时期，哈密尔顿公爵强有力地率领着地方党来反对辉格党政府。这个地方党由大部分因没能当官而心怀愤懑的长老会人士组成，因此他们可以更加肆意地反对苏格兰屈从于英格兰利益的政策。他们也包括个别詹姆士党人；但这些矢志效忠流亡朝廷的人很少能在推动革命的非常议会中保住席位并一直坐到1702年。[147]大部分詹姆士党人认为他们自成一党。

哈密尔顿公爵本人是王位觊觎者的人吗？威尔士亲王的代理人是这么认为的，因为他尽管从未谋反，但一直和他们密谋起事。圣日耳曼宫方面把他视为第一流的詹姆士党人。凡尔赛宫方面也将自己及教宗那边的资金交给他，用于收买苏格兰议会议员并挫败威廉和安妮政府的政策。①但他也是地方党——或许可以被称为全国反英格兰党——的领袖，党内主要都是长老会人士。他是地方党和詹姆士党之间唯一坚固的纽带，但后来他在联合问题上一而再，再而三地辜负了这两拨人的期望。

除了詹姆士党大业和反英爱国情绪之外，这位显贵的伟岸外表下还有什么别的动机吗？首先，他在英格兰有大片地产，假如他坐视苏格兰彻底与英格兰分道扬镳，那么这些地产很可能会被没收；400年前阻碍布鲁斯和巴利奥尔两大家族反英爱国的也是这个因素。其次，有流言说假如汉诺威家族和詹姆斯·斯图亚特都被排斥在外，

---

① 有很多人提到政府收买议员投票支持联合，值得一提的是，哈密尔顿公爵也用法国和教廷的资金收买议员进行反对政府的活动。不管怎样，我并不认为这些贿买活动在任何程度上影响投票结果：那时候人们常常会做一些这样的事情来鼓励某一党派。*Legrelle*，Ⅳ，p.299，note（路易十四写给塔拉尔元帅的信，1701年3月24日）；*Macpherson*，Ⅰ，p.666 "他（哈密尔顿公爵）在上一次苏格兰议会召开期间散出去了大笔金钱"；Head，*The Fallen Stuarts*，pp.130–134，339；*B. M. Add. MSS.* 20242，f. 23，27；*C.S.P. Dom. Anne*，Ⅱ，pp.vi，54证实了哈密尔顿公爵在1703年7月收取了敌国的资金。

那么作为最靠近王室血脉的新教徒，哈密尔顿公爵本人很可能坐上苏格兰王位。当詹姆士党代理人对他犹犹豫豫不肯起事感到不耐烦时，他们就怀疑哈密尔顿公爵有如此企图。而且凡尔赛宫方面就此与他有过接触，没有让圣日耳曼宫方面知道。他和其他相关人士都小心翼翼地不敢泄露这些危险的企图，因为这会把汉诺威家族和斯图亚特家族两边都得罪了。他心里时不时想到有朝一日入住霍利鲁德宫，这和他的其他更为明显的行为动机搅和在一起，再加上他天生的性格缺陷，导致他在有机会为"海那边的国王"出力时总是裹足不前。[148]

哈密尔顿公爵的主要对手（不是争夺苏格兰王位，而是争夺苏格兰政府）是昆斯伯里公爵，这人也叫詹姆斯·道格拉斯，他更加谦恭有礼，八面玲珑，①但在个性上更为稳固，且政治意图更为明确。他一向坚决"站在革命一边"。虽然他不是积极活跃的长老会信徒，但他是个立场坚定的辉格党人。詹姆士党人称他为"头号叛匪"。不过他的手段比较温和，虽然从未忘记他的最终目标，但他总是尽可能地结交盟友。他愿意考虑给予主教制派宗教宽容，但绝不是想以此来颠覆长老会体制。有几次他遭到了长老会人士的反对，他还能与温和的詹姆士党人在议会结成一段时间的同盟，只要后者不会让他偏离既定的路线。尽管如此，他是苏格兰最强大的政治家，而且他还作为威廉的王室高级专员在达连殖民地危机期间拯救了这个国家。昆斯伯里公爵虽然在安妮初年犯下了不止一个严重错误，但他的品质使他最终成了联合的首席工程师。他是出了名的贪婪，但在

---

① 在威廉在位末期，据说"昆斯伯里公爵从来没有伤害或冒犯过任何在他政府里面的人"。*Carstares Letters*，p.515.

当时却以诚实著称。苏格兰政坛常年钩心斗角，阴谋诡计此起彼伏，党派不断改变立场，像万花筒一样，一个政治家如果不懂得灵活地与人做交易，那么他就无法行之有效地处事。

第二代阿盖尔公爵约翰·坎贝尔就不那么灵活变通了，但他的一根筋如果和昆斯伯里公爵的手腕结合在一起，自然有他的妙用。阿盖尔公爵是那些不愿妥协的辉格党人和长老会人士的领袖；他作为大部族首领和英勇的军人，在跟女王及同僚说话的时候也是一样直来直去。

在爱丁堡议会中最终促成联合的苏格兰贵族"三巨头"最后一位是西菲尔德伯爵。他直截了当地向历任政府毛遂自荐，尽他最大能力忠实地服务公众，但却没有任何党派偏见和归属。他一向不会被别人的热情所左右，还因为在达连殖民地一事上没有跟着爱国狂热分子犯糊涂而不招人待见。这样冷静的人对于任何政府来说都是有力的盟友。

在登基后的头几个星期，安妮和戈多尔芬忙于英格兰和欧洲事务，无暇顾及苏格兰的事情。出于这部分原因，他们拒绝了哈密尔顿公爵一行的要求，让威廉的大臣继续留任，并听从了昆斯伯里公爵的建议。他的建议是不要解散现有的议会，这是他犯的第一个错误。

苏格兰没有《议会三年任期法》。之前给威廉和玛丽献上王冠的非常议会直到威廉驾崩的时候仍然在任。鉴于它的起源和持续的时间，它已经无法代表苏格兰实际的民意了。詹姆士党人从一开始就认为它是非法议会；甚至长老会人士也认为既然新君登基，就应该有一个新的议会，这么做不仅合法，而且更合理。即便是在最好的情况下，旧议会也没有批准联合的道义权威。如果它继续召开，也只会让自己更不得人心。一场大选势在必行，但昆斯伯里公爵对此却畏畏缩缩，担心地方党甚至詹姆士党会获得颠覆其政府的权力。他软弱地试图推迟大选，并有悖公平地利用现有的议会，因此招致了很多不满，一时间让地方党和詹姆士党更为密切地结盟，团结在他的政敌哈密尔顿公爵的旗下。

根据1696年威廉遇刺后制定的现行法律，旧议会将在他死后20天内召开，但会期不能超过六个月，而且只能处理与保证安妮即位 1702年3月 有关的必需事务。这在实践中非常不方便，因为路途遥远，很难在安妮即位后20天内将苏格兰的要人统统召集过来，而且也没有这个必要，因为爱丁堡的枢密院已经采取了必要的措施，确保安妮的权威不受挑战了。

现在这个20天的期限已经过了，把这个死而不僵的议会再召集过来处理日常事务是否合法呢？是否方便呢？安妮咨询了爱丁堡的枢密院；后者经过投票表决后根据大多数给出了肯定的意见。

于是旧议会在1702年6月9日重新召开，此时距威廉驾崩已经90天了。所有的詹姆士党人以及那些不跟现政府一条心的长老会人士都认为这是一个非法议会。就在这个姗姗来迟的议会召开前10天，苏格兰枢密院奉伦敦方面的命令对法国宣战，这对苏格兰的爱国者又是一记羞辱。在人们看来，战争和平的问题不是由苏格兰人自己讨论的，而是昆斯伯里公爵和戈多尔芬在圣詹姆斯宫里决定的。[149]

贵族、男爵和市镇代表在大厅里刚一就座，哈密尔顿公爵立刻 1702年6月9日 在议会正式成立之前起身，不顾御前大臣的打断，"用缓慢而坚定的语气和高亢的声音"朗读了一份宣布议会非法的正式抗议书，"旋即和80名贵族及平民议员一起离开会场"。他们"迈着庄严的步伐"齐步走出大厅，按着地位排列，带头的正是器宇轩昂的哈密尔顿公爵。在外面的高街上，爱丁堡半数市民等着向他们欢呼。他们在人群的簇拥下来到"交叉钥匙"旅馆，并在酒席上盟誓共同反抗非法的暴政。安妮女王的政府在苏格兰出师不利。[150]

约120位议员留下来处理议会事务，他们不可避免地被冠以"残缺议会"的绰号。人们说他们"都是一个人家的小孩子"，即都是忠于政府的辉格党人。他们通过了党派色彩浓厚的决议，不过都无关紧要，并且批准了赋税，但因为大众普遍不承认这个残缺议会的合法性，其中只有一小部分能收上来。可尽管这个议会饱受攻击和鄙夷，它还是为国家的大政方针定下了基调，后来合法的议会也不得不萧规曹随。其中通过的一项法律允许安妮任命谈判专员与英格兰协商联合事宜，条件是苏格兰国教会的长老会体制不可动摇，且谈判专员所达成的条款需由两国议会批准或否决。[151]

一个辉格党的议会自然会投票支持联合。更为不得了的是，这个议会拒绝为了满足英格兰方面的要求而确定新教继承，除非英格兰对苏格兰做出让步。不管是长老会人士还是詹姆士党人，所有真正的苏格兰人都清楚，能够向那个财大气粗的邻国施加压力、迫使他们开放与英格兰殖民地贸易的唯一手段就是让苏格兰王位问题悬而未决。主张联合的人和主张彻底分离的人都认同这一点。更重要的是，指定汉诺威家族继承英格兰王位的1701年《王位继承法》在通过的时候连假装考虑或征求一下苏格兰的看法都没有，这令他们大为恼火。出于本能和利益考量，愤怒的苏格兰人立刻决定拒绝附和《王位继承法》，直到英格兰能公平合理地回应他们的不满和诉求。①

因此，当御前大臣马奇蒙特伯爵匆忙向"残缺议会"提交一部

1702年6月27日 与英格兰近来通过类似的《永绝王位觊觎者法》时，即便议会只剩下了亲政府的辉格党人，最终也只是以57票对53票的微弱多数通过。他的同僚大臣迫使他让这一法案流产，而昆斯伯里公爵更是在几天后宣布休会的讲话中公开批评了他。

于是，这个大名鼎鼎的、曾经确立革命安排的非常议会通过的最后一项法律是启动联合谈判，同时拒绝减轻英格兰对于王位继承问题的恐惧。抛开那些愤怒和党争不谈，那个时期的苏格兰政治家并不缺乏机智灵活和爱国热情。[152]

1702年至1703年冬天，安妮根据两国议会授予她的权力分别任命了苏格兰和英格兰的谈判专员，双方在白厅宫的斗鸡场会面，拟定联合计划。他们在11月、12月和1月反复会谈，所达成共识的程度及特点相当可观。苏格兰谈判专员马上就同意了汉诺威继承和两国议会合并。但英格兰谈判专员在好几次会谈中都对他们所坚持的条件——全面开放苏格兰对英格兰及其殖民地的贸易——提出反对。不过在转过年的时候，他们突然在这一关键问题上做出让步，因为这是苏格兰人的底线。

———————————

① 伍德罗是最坚定的长老会人士，他在得知英格兰的《王位继承法》后写道："在我们也宣布汉诺威继承之前，现在看来是时候维护我们的宗教和自由了。自革命以来我们从来没有过这样的裂痕。主让我们的代表看到，要是一个像德意志新教徒那样信仰不坚定的君主继承我们的王位，我们的贸易、个人自由乃至教会体制的存续会面临怎样的景况。" *Wodrow Anal.*, I, p.5.

英格兰谈判代表超越了狭隘的商业利益群体的意见，做出了这一妥协。此外，安妮政策的趋势和最初几个月相比开始越来越倾向于托利党，英格兰国内的国教会势力也强劲反弹。反对偶奉国教的人不愿对苏格兰的长老会做出保证。①1702年冬天，新一届的英格兰议会召开，其中托利党的势力比春天那个有可能直接通过联合法的议会要大很多。英格兰谈判专员眼看所达成的让步没有得到任何明确的否决意见，表现得越来越为难，丧失谈判热情，与会人员一再没有达到规定的人数。最终安妮宣布谈判专员们休会到10月——也就是说这件事不了了之了。在宣布

1703年2月3日

休会的讲话中，安妮如实地评价说"你们已经取得的重大进展，超过了此前任何的条约"。

谈判专员们的努力是被外部因素所中止的——英格兰的托利党反弹和苏格兰的反英格兰反应，两者都在新议会的选举中得到了体现。《联合条约》在安妮登基最初几个月似乎近在眼前，但因为两国之间日益增长的矛盾而流产了三年之久，这向双方表明他们要么就立刻动手打一仗，要么就根据1702年失败但并非毫无意义的谈判所勾勒的条款实现联合。[153]

就在谈判专员们的工作半途而废时，苏格兰的大选产生了新的议会，而它终将成为最后一届苏格兰议会。大选本身在

1703年春

当时看来是对联合政策的致命一击。全国上下一致反对那些屈从于英格兰、利用"残缺议会"的非法会期来嘲弄苏格兰民

---

① 在与英格兰谈判专员的私下会面中，约克大主教主张联合后在苏格兰恢复主教制度，但诺丁汉伯爵有些犹豫，而罗彻斯特伯爵认为在谈判中提出这一要求是不可能的。*Jerviswood*, p.11.

意的大臣。政府使出了惯用的伎俩，通过给予官职和恩荫的手段来左右拥有选举权的一小撮绅士和市民，但这次收效甚微。政府的支持者显然成了少数派。本届议会出现了威廉后期议会所没有的新因素——一些公开的詹姆士党人以"王党"的名义重新组织起来，在坚决效忠威尔士亲王的同时，表示愿意有条件地忠于他的姐姐。

但势力最大的还是地方党，他们将回头代表苏格兰的不仁来对抗英格兰的不义，但他们也同样要捍卫长老会体制免遭詹姆士党或英格兰人的侵犯。有谣言称英格兰一干新任的托利党地方长官将对苏格兰长老会发动攻击，这让苏格兰政府丧失民心，并让长老会尽全力在大选中支持地方党。

因此政府缺乏满足英格兰政治家愿望所需的大多数席位，既不能扶助主教制派，也不能确立汉诺威继承。英格兰在政治上过于倾向辉格党，在宗教上又过于倾向托利党，无法顺应苏格兰的民意。新当选的议会中反英情绪浓厚，联合一事似乎变得越来越遥不可及了。不过，如果事态的发展表明非英苏联合不能保障"新教利益"，这个议会也不见得就一定不会为了新教原则而勉为其难地牺牲国家尊严。

面对着这个反对情绪高涨的新议会，苏格兰政府的处境极其尴尬。在光荣革命之前，爱丁堡的枢密院直接接受英格兰的命令，议会则默默地悉听遵命。自从革命以来，苏格兰议会则对英格兰的干涉抱持猜疑和敌意的态度，而在1703年它的反抗精神达到了顶峰。不过即便是这个时候，任何苏格兰政府都不得不与英格兰大臣们保持密切联系，因为一旦高地部族和低地詹姆士党人造反，英格兰是苏格兰政府所能指望的最后一根救命稻草。苏格兰的政局四分五裂，导致它不可能真正地实现完全自治。可是长老会人士也好，詹姆士党人也罢，整个国家都热切地渴望着能独立自主，对英格兰的指手画脚感到非常不舒服。

　　从大选结束到5月新议会召开这段时间，安妮完成了圣诞节前就开始的工作，对苏格兰政府进行重组，在其中加入了一些"托利党人士"，在苏格兰其实就是詹姆士党人。包括不明智地提出《永绝王位觊觎者法》的马奇蒙特伯爵在内，较为强硬的辉格党人则被排除出去了。更为灵活的西菲尔德伯爵接替他出任御前大臣。阿瑟尔公爵也担任了王玺大臣。他们将协助担任王室高级专员的昆斯伯里公爵，小心谨慎地谈判争取议会中"王党"分子的支持。

1703年3月　　安妮发布诏谕，允许流亡在外的詹姆士党人返回苏格兰，而他们都是从与英格兰交战的国家里回来的，兜里满是各种阴谋计划。甚至有人说要给予主教制派《信仰自由法》，以致激起了爱丁堡的市民暴动，而地方党中的长老会人士也谴责政府试图"用法律来确立邪恶的东西"。[154]

　　最后一届苏格兰议会召开的时候，各种党派和企图就是这么混乱，而标志着议会正式开幕的是历史悠久的"骑行"仪式。贵族议

1703年5月　　员身穿长袍在前，男爵和市镇议员在后，每人都根据身份地位有一众护卫跟随，从霍利鲁德宫隆重地骑行穿过"武装市民组成的巷子"前往议会大楼，过去好奇的爱丁堡城常常能看到这样的场景，但它将再也不会出现了。

　　大臣们和詹姆士党人之间的讨价还价让议会最开始的工作得以顺利进行，哈密尔顿公爵也不再提"残缺议会"非法的问题了。但新议会乃至整个国家的长老会情绪都非常强烈，以致双方答应好的《信仰自由法》很快就胎死腹中。政府与"王党"之间的脆弱联盟以瓦解告终。主导议会的是地方党的人，詹姆士党人转而与他们结盟，奉哈密尔顿公爵为所有反对党群体的共同领袖。

昆斯伯里公爵的政府因内部的政治分歧而四分五裂，在三级议会中失去了多数席位。志得意满的反对党控制了立法机关，开始迫使大臣们和伦敦的女王接受他们所不喜欢的法律，以此来维护苏格兰的独立地位。最终成为法律的不是政府预期的主教制派《信仰自由法》，而是一部《新教及长老制度保障法》。安妮还不得不批准了一部《战争与和平法》，规定不论何人继承她的王位，都无权在未经议会同意的情况下宣战。戈多尔芬对这部法律感到十分惊恐，认为苏格兰人在考虑与英格兰的敌人媾和：他写信给阿瑟尔公爵和西菲尔德伯爵说道，这是证明两国议会联合必要性的另一有力论据。事实上为安妮执掌整个大不列颠的戈多尔芬从他的这些经历中意识到了两国联合完全有必要。[155]

1703 年至 1707 年的这届议会令人瞠目结舌，它一开始的时候频频挑战英格兰，最后却以通过《联合条约》告终，它不像革命前的议会那样对大臣们恐惧战兢，俯首帖耳。它自始至终都能相当自由地进行辩论，甚至有些无法无天了。佩尼库克的克拉克写道："各个党派非常激烈地相互倾轧，以至于我们常常像波兰国会一样，手里拿着剑，至少是把手按在剑上。"虽然根据我们现代比例代表制的观念看，这个议会的组成可能显得比较奇怪，但它仍然代表了苏格兰的各个党派和利益群体，与之前的议会迥然不同。亲政府的辉格党人对长老会阵营充满猜疑的爱国热情畏惧三分。议会里还有苏格兰的"加图"、共和派人士索尔顿的弗莱彻，所有人撕不得他的面皮，此外还有詹姆士党的大佬们，他们在议会中的行动是受凡尔赛宫方面指示的，而且对方还承诺一旦法军在巴伐利亚取得胜利，"可以迫使荷兰求和并腾出手来支援苏格兰"，就会给予他们军事上的援助。[156]

就在这样党派斗争和自由辩论的激烈氛围下，议会于1703年夏天逐条制定著名的《保障法》①，旨在保证这个国家的自由，使其免遭英格兰的侵犯。这不是那些希望与英格兰亲善的大臣的主意，而是那些想要挑战英格兰的反对党的手笔。

英格兰的政治家不拘是托利党还是辉格党，都想让苏格兰人接受汉诺威继承，戈多尔芬尤其如此。安妮的健康日益恶化；她可能挺不到战争胜利的那一天了，而如果苏格兰的王位继承出现争议，那么英格兰和整个欧洲最后可能要臣服在路易十四的脚下。在拉米伊战役特别是布伦海姆战役之前，这样的恐惧深深困扰着英格兰。但英格兰的需求就是苏格兰的机会。因此《保障法》理直气壮地规定，一旦安妮驾崩，苏格兰议会将召集推选继承人，该继承人应出自王室血脉且为新教徒，但如果英格兰事先不能满足苏格兰有关国教体制的条件并承认"自由贸易、自由航行和开放殖民地"，那么苏格兰就不会和英格兰推举同一个继承人。②詹姆士党人为该法欢呼雀跃，认为它葬送了汉诺威继承。这"另一位继承人"想必就是詹姆斯·斯图亚特了，如果他能改信新教的话，而且如果王位虚悬造成的混乱足够厉害，哪怕他不改宗想必也能登基。当然，哈密尔顿公爵自然对这个既出身王室血脉又是新教徒的"另一位继承人"有着别样的解读。这部法律为他不可告人的最高野心铺平了道路。

但对索尔顿的弗莱彻这位克己执着的爱国人士而言，甚至《保障法》都不足以维护苏格兰的自由，使其免遭英格兰奴役。他敦促

---

① 在苏格兰议会，一项仍在议会表决中的议案被称为"法律"（Act），而不像在英格兰被称为"法案"（Bill）。

② 引号内的文字见于1703年苏格兰议会通过的文本，但不见于1704年获得御准的文本。*Acts Parl. Scot.*, pp.70，137。

三级议会抓住机会，逼迫安妮制定一个近乎共和的议会制政体。这就是他著名的"限制"王权的计划。这可以是添加到《保障法》里面，或者干脆取而代之，他都无所谓。弗莱彻的"限制"是在安妮驾崩后，"只要我国与英格兰共有同一位国王"，就将授予"一切文武官职以及各项津贴等此前赋予国王"的权力从君主转到议会手中。君主特权被一笔勾销，因为这是英格兰用来统治苏格兰的工具。如果安妮拒绝批准这些改革，那么弗莱彻认为他们除了通过《保障法》并"将王位与英格兰进行分割"外别无选择。

弗莱彻的"限制"计划在议会得到了充分的辩论，但最后以三分之二的多数被否决。詹姆士党人不愿剥夺君主特权以长议会权威，特别是未来的议会很可能还是由长老会人士所主导，而国王则不会是长老会信徒！更重要的是，那些既不拥护政府也非詹姆士党的普通议员开始忧心忡忡地意识到，他们所在的议会太像"波兰国会"了，以至于无法让人放心地将行政权力赋予它。这个纷纷扰扰的议会就是这个四分五裂的国家的缩影，除了像弗莱彻这样顽固的人之外，哪个人愿意让这样一个议会来维持国家的和平与秩序呢？

1703 年 7 月 7 日

这样，本届议会的第一次会期在 1703 年 9 月结束，弗莱彻的"限制"计划遭到否决而《保障法》获得通过，但它还没有获得不情不愿的女王批准，尚未生效。昆斯伯里公爵畏惧国内同胞的情绪，建议安妮批准《保障法》，或许在她去世前还能找到应对办法；但戈多尔芬和诺丁汉伯爵作为英格兰政治家，还不敢让安妮做出这一决定。[157]

在新议会第一次和第二次会期之间发生了一场耸人听闻的事件，它在英格兰被称为"苏格兰阴谋"，而在苏格兰则被称为"昆斯伯里公爵阴谋"，这一事件令政府垮台，爱丁堡议会中的党派重新站队，苏格兰对英格兰的愤怒情绪也进一步激化。

1703年春，政府颁布大赦，允许流亡在外的詹姆士党人返回苏格兰，从法国潜回国的阴谋分子从平时的涓涓细流涨成了一股洪流。[158]在回国的人当中，除了那些比较单纯想造反的人之外，还有一个高地部族首领洛瓦特男爵西蒙·弗雷泽。他因为强暴了阿瑟尔公爵的姐妹而被没收财产并剥夺法权，现在为了能恢复财产或者得到一点现金，哪怕再卑鄙的事情他都愿意干。他愿意被政府或詹姆士党收买，或者同时吃两边的，而且他捏造起证据来眉头也不会皱一下。而且想要指控苏格兰半数的政治家也不用怎么捏造证据，因为有太多实打实的证据可以证明他们和流亡小朝廷暗通款曲。早在1702年，弗雷泽就主动表示愿意给安妮的政府效力，但没有得到回应。[159]他随后前往法国并改信天主教，还凭借煞有介事的言行和召集16000名高地战士的承诺，混进了圣日耳曼宫和凡尔赛宫。①贝里克公爵作为王位觊觎者身边最优秀的谋士以及法军中最善战的英格兰人，从一开始就讨厌弗雷泽的那股做派，而且身为军人的他也怀疑在高地起事是否靠谱。他深知蒙特罗斯侯爵和邓迪子爵的故事，他问了弗雷泽好些问题，其中最关键的是：

那些武装的战士能否一直由国王的将领指挥，这样他就不至于今天有一支大军，明天却又跑没影了。[160]

---

　　①　这些身穿硬麻布衣服的高地战士数量在不同的文件中有所不同，基本上是根据写的人当时有多急迫。

但法国人却比较积极，因为当时布伦海姆战役还没有爆发，马尔伯勒公爵信誓旦旦地向詹姆士党代理人保证，他绝不会被迫和法国交战。[161] 弗雷泽身负重任被派往苏格兰。在他携带的文书中有一封是詹姆士二世的遗孀——摩德纳的玛丽的信，写给的是一个不具名的苏格兰贵族；弗雷泽在这份文件上写了他的私敌兼昆斯伯里公爵在政府中的对手——第一代阿瑟尔公爵约翰·默里的地址。然后他把这封基本属于伪造的信件交给了昆斯伯里公爵。这后来成了引发政府内部不和的祸根。

昆斯伯里公爵一下子就上了当，更让他轻信的是，弗雷泽还要向他带来对哈密尔顿公爵以及他在政府内外其他敌人不利的证据，其中有些是确凿的。于是他给了这位告密者金钱和保护，并派他继续假扮詹姆士党代理人，前往高地收集更多的证据。与此同时，他将对阿瑟尔公爵的指控呈到安妮面前。

这一举动基本上令苏格兰政府垮台，昆斯伯里公爵一度被苏格兰几乎所有政治家所孤立。特别是这一举动迫使阿瑟尔公爵投入了詹姆士党的怀抱，并在未来几年成为反对联合的主要领袖。虽然阿瑟尔公爵所在的部族和家族有着强烈的詹姆士党倾向，但他本人为威廉尽了犬马之劳；他为人谨慎，虽然和其他任何贵族一样与圣日耳曼宫方面有通信，但其本质也只是在将来有事的时候当个保险而已。在1703年夏天，阿瑟尔公爵忠于安妮并与她的大臣戈多尔芬结成紧密的同盟，还希望通过这层关系让儿子塔利巴丁侯爵娶马尔伯勒公爵的小女儿，特别是他宣称"他们家其他女儿都成了贤妻良母"。但这一切到圣诞节就都变了；被昆斯伯里公爵和弗雷泽的指控所逼，阿瑟尔公爵投入了詹姆士党，激烈地反对安妮的政府。不过需要指出的是，他后来在1715年的叛乱中是站在汉诺威王朝一边的。[162]

弗雷泽的把戏暴露得太早，没有取得成功。作为搞地下政治活动的老手，"阴谋家"弗格森看穿了弗雷泽和昆斯伯里公爵之间的联系，及时警告了阿瑟尔公爵、哈密尔顿公爵和其他受指控的人。在布伦海姆战役之前的冬天和春天里，苏格兰政坛上充斥着他们喊冤叫屈的声音。英格兰和苏格兰都被震动了，但感受却大不相同。苏格兰人对昆斯伯里公爵勾结弗雷泽陷害自己的对手和同僚感到愤怒。英格兰人生气的是，在欧洲战争最为危急的时候，苏格兰曝光了一场詹姆士党阴谋，但却被轻拿轻放了。由于辉格党人怀疑诺丁汉伯爵为了救阿瑟尔公爵而掩盖了阴谋，①上议院决定不仅要彻查此事，而且要在安妮委派大臣进行调查的同时自己另行调查。托利党把持的下议院对此表示抗议，认为这是对王权的冒犯；但他们没有根据制度规定要求与上议院开会讨论，而是直接跑到安妮那里告了上议院一状。这一事件让议会两院之间又多了一个争论的焦点。

上议院仗着有英格兰民众反詹姆士党的情绪撑腰，让萨默斯有理有据地执笔，将他们的立场公开出版，诉诸群众的力量。他们还通过决议，称：

近来苏格兰有人与法国朝廷及圣日耳曼宫方面密谋危险之事，而这样的阴谋乃是汉诺威家族继承苏格兰王位一事未能确定所致。

上议院的这一系列做法特别是他们的言论在苏格兰激起了强烈的

---

① 掩盖的情况很有可能存在。威廉三世常对那些不时针对臣下的曝光进行掩盖，那些是政坛上时常出现的丑闻，往往都确有其事。苏格兰阴谋的一名证人麦克莱恩据说曾揭发马尔伯勒公爵和戈多尔芬与詹姆士党有书信往来。*Leadam*，pp.39—40.

愤慨，后者认为这表明了英格兰议会企图要染指苏格兰的事务。[163]

与此同时，弗雷泽在他所激起的风波中离开了不列颠，厚着脸皮回到法国，他向路易十四报告说，他曾准备在布雷多尔本发动2万高地人起事，而且他还拒绝了拉拢他为昆斯伯里公爵及安妮女王效力的高官厚禄。但他得罪了太多的詹姆士党人，罪有应得地在法国锒铛入狱，只不过时间太短了。[164]

1704年初，拜弗雷泽的阴谋所赐，昆斯伯里公爵在国民和同僚中间人心丧尽，再也不能治理苏格兰了。于是安妮和戈多尔芬将他和他的党派撤职，用长老会反对党即地方党的领袖取而代之——特威代尔侯爵、罗西斯伯爵、罗克斯堡伯爵和詹姆斯·约翰斯通。他们率领着20余名议员（大多是贵族）组成了一个独立的辉格党，当时被称为"新党"或"飘摇舰队"（Squadrone Volante）。①他们目前暂且承担了政府的重任。他们的领袖特威代尔侯爵被詹姆士党人称为"一个心地善良、头脑简单的人"，而被辉格党人称为"人非常好，只是还不能完全胜任朝廷斗争"，确实后来表明他不是昆斯伯里公爵的对手。[165]

1704 年 3 月

"飘摇舰队"首先来到伦敦，代表地方党和詹姆士党去攻击昆斯伯里公爵的利益。但他们发现昆斯伯里政权已经快不行了，便抛弃了詹姆士党盟友以换取当官上任的资格。他们对戈多尔芬轻言许诺，说他们将在爱丁堡议会的下一次会期通过更令后者满意的安排，让汉诺威家族将来继承苏格兰王位，只要安妮能同意对继任者的权力做出某些限制的话。基于这些条件，他们走马上任。令弗莱彻大为

---

① 这一名称显示当时的苏格兰绅士热衷于意大利的语言和文学。

不满的就是这种情况，即苏格兰政府或起或落，都是跟伦敦的英格兰政客讨价还价得来的。[166]

但"飘摇舰队"答应戈多尔芬的事超过了他们的能力范围。他们刚刚才利用了苏格兰民众的反英情绪，居然没有想到这样的情绪有多深厚。他们也低估了被他们欺骗的詹姆士党人心中的愤恨。最要命的是，他们忘了昆斯伯里公爵还在呢。他会尽全力报复挤掉他的人，因为他和他的敌人一样，也非常乐意改变自己的政治原则。他对此完全不会介意，因为他知道怎样见风使舵，继续前行。既然地方党的头头脑脑为了乌纱帽愿意投靠英格兰，那么昆斯伯里公爵就扯起"爱国"大旗领导反对党。他再度与詹姆士党人做交易。双方同意如果哈密尔顿公爵和阿瑟尔公爵不在下一次会期中拿昆斯伯里公爵阴谋做文章，那么后者将和他们一道反对确定汉诺威家族继承王位。于是在1704年夏天议会召开后，替戈多尔芬管理苏格兰的官场新手们势单力薄，和他们的前任在去年一样困窘。[①]的确，对政府来说，1704年的会期比1703年更糟糕。詹姆士党人到处散播，说不管大臣们怎么假装，安妮并不希望确立汉诺威家族为王位继承人。哈密尔顿公爵和昆斯伯里公爵齐心协力，再度将《保障法》呈交御准；而且这次议会坚决拒绝给政府拨款，直到《保障法》最终获得通过。

在1704年8月的第一周，戈多尔芬和安妮如坐针毡。大臣们在英格兰议会和苏格兰议会都没有掌握多数席位。马尔伯勒公爵在多瑙河的战事虽然在舍伦贝格旗开得胜，但却没能迫使巴伐利亚选帝

---

① 詹姆斯·约翰斯通可能是这一无能政府中最有才干的人了，他在会期结束时写信给戈多尔芬说："我告诉马尔伯勒公爵大人说，和我干的事情相比，我更宁愿跟着他去前线打仗，而且我干的事情有一半我都不懂。"Hume Brown, *Union*, p.182.

侯投降，而且联军还迫于塔拉尔元帅的优势兵力不得不撤出巴伐利亚。一边是整个欧洲即将注定成为法国野心的掠物，一边是英格兰迅速失去对苏格兰的控制。面对着执政的重担，"飘摇舰队"的政治家们就像他们的名称一样软弱无力。特威代尔侯爵没能完成答应好的任务。复仇心切的昆斯伯里公爵为了挽回在苏格兰失去的民心，决定强迫英格兰接受苦涩的《保障法》。要是安妮还是不愿批准，那么税款就不会获得通过，3000人的苏格兰小股陆军将因欠饷而解散，而在这个马尔伯勒公爵折戟德意志的关头，苏格兰将陷入叛乱和无政府状态。仍在政府中的西菲尔德伯爵警告戈多尔芬，这年秋天可能会发生外敌入侵和内部叛乱，而政府对此无能为力。

　　因此，戈多尔芬被这些黎明前的黑暗吓破了胆，建议安妮屈从于苏格兰人的压力。根据他的建议，安妮于8月5日（旧历）批准了《保障法》。她不知道的是，就在三天前，她的军队在布伦海姆取得大捷。当她心情沉重地签下字的时候，帕克上校已经带着捷报在半路上了。他抵达英格兰为

1704 年 8月 5日至16日

时已晚。假如安妮在8月5日得知了胜利的消息，她肯定不会签署《保障法》，而苏格兰的历史进程将大不相同。

　　但造化弄人，一个重要的举措就这样做出了。这一举措最终将引向何方仍在未定之天。《保障法》旨在将两国王位分割开来。但它有可能导致两国议会合并，因为戈多尔芬的屈膝满足了苏格兰的自豪感，进而软化了它对英格兰的态度。更重要的是，《保障法》的生效迫使英格兰严肃对待苏格兰的意愿。英格兰现在要一劳永逸地做出选择，就是要与北方邻国永远为敌，还是要实现互惠互利、使两国有可能完全联合。英格兰究竟会做出明智的选择还是愚蠢的选择呢？[167]

第十三章 拟订《联合条约》（1705—1706）

在1704年至1705年威斯敏斯特议会的冬季会期里，除了著名的"附加"《偶奉国教法案》，苏格兰《保障法》的通过是英格兰面临的另一大问题。高教会派托利党利用这两个问题来报复马尔伯勒公爵和戈多尔芬，试图颠覆政府，丝毫不顾这对英格兰和欧洲会有什么后果。而辉格党与托利党温和派政府达成共识，辉格党在这两个问题上出手相助，换取他们进入政府。

布伦海姆战役后的冬季会期是旧议会的最后一次会期，戈多尔芬、哈利与萨默斯、哈利法克斯侯爵和沃顿在其间一道制订了一个明智而谨慎的药方，用来治愈苏格兰反对派的狂热，希望通过两个民族的认同来解决不列颠问题。与此同时，高教会派托利党在诺丁汉伯爵、罗彻斯特伯爵和哈弗沙姆男爵的领导下借此机会煽动英格兰人反对顽强不屈的苏格兰人。幸运的是，安妮在位中期英格兰政策的趋势是不利于高教会派托利党的，而安妮本人也反对昔日盟友的鲁莽建议。因此对英格兰而言，1705年至1706年与安妮在位初期或末期相比，更加有利于进行艰难的《联合条约》谈判。

早在12月，高教会派托利党就公开抨击戈多尔芬是建议安妮签
1704年12月　署《保障法》的奸臣。由于政府坚信辉格党也会一道

谴责这一旨在阻挠汉诺威家族继承苏格兰王位的法律，处境非常被动。和当时通常的情况一样，主要的辩论发生在上议院，其中的政治领袖决定各自党派的策略，而他们在下议院忠实的党羽则心领神会。安妮知道她的臣仆戈多尔芬有难，亲自来到上议院为他站台，"先是坐在宝座上，然后（气温变凉后）坐到了火炉边的长凳上"。[168]

哈弗沙姆勋爵在辩论中首先发难，指责大臣们背叛了英格兰的利益及汉诺威继承。没有人敢去为《保障法》辩护，连戈多尔芬自己也不敢，他辩解说接受这一法律只是为了避免苏格兰出现更糟糕的情况，即发生叛乱。由于布伦海姆战役让英格兰上下的自信心重新为之一振，这样的理由听上去比实际情况更加怯懦愚蠢。戈多尔芬显然非常难堪，说话结结巴巴。但他说得有理，指出"这项法律可能造成的伤害迫在眉睫，而且是可以阻止的"。伯内特主教是土生土长的苏格兰人，他说了些缓和的话。但那些能左右政府命运的辉格党"小集团"大佬会采取什么立场呢？哈利法克斯侯爵首先发言，对戈多尔芬大肆攻击了一番。假如这就是辉格党的最终立场，那么政府就输定了，英格兰与苏格兰和解的一切希望也将化为泡影。但就在哈利法克斯侯爵还站着发言时，沃顿从对面走到了政府所坐的长凳那边，显然与戈多尔芬有一番"非常严肃的对话"。看到这一场景的人都认为他是在向四面楚歌的政府提出辉格党的结盟条件。至少在这番耳语过后，辉格党"扭转了整场辩论的走向"。讨论的后半部分持续了好几天，而萨默斯和沃顿所表达的立场显然很谨慎。他们建议说对苏格兰人提出的挑衅不能置之不理，也不应火上浇油。在提出谈判的同时应该对苏格兰的贸易进行临时性的报复，好提醒它如果选择成为一个完全独立的王国，那么它将因为这一孤立而面临非常严重的后果。

这一精明的政策最早是辉格党领导人提出来的，政府接受了这一政策并将它变成《外国人法》。虽然苏格兰人对这项法律非常厌恶，但它最终将他们引向了《联合条约》，而假如英格兰采取其他更为激烈的措施，很有可能会导致不可挽回的灾难性后果，就像后来那些不明智的做法在北美和爱尔兰所导致的一样。[169]

《外国人法》经过议会两院的漫长辩论，在旧议会的最后一天正式成为法律。它立场坚定，同时态度温和，让苏格兰自由选择，

1705 年 3 月 14 日　究竟是两国平等谈判达成《联合条约》，还是接受汉诺威继承并保持两国关系现状。只有当苏格兰固执地坚持其公开的主张，想要分割两国王位并另立国王时，才会导致某些后果。除了个别例外，所有的苏格兰本国人将被视为出生在英格兰君主管辖之外的外国人；苏格兰的主要出口商品——牲畜、亚麻制品和煤炭——将不再进口到英格兰或爱尔兰。如果苏格兰不能接受前两个选项之一，缓解《保障法》所造成的局面，那么这些惩罚性措施将于1705年圣诞节生效。①

虽然《外国人法》在苏格兰引起的愤怒和《保障法》在英格兰引起的一样，但这两项法律从结果上看都是情有可原的，因为它们都收到了良好的效果，让对方看清了真实的处境。《保障法》告诉英格兰人，苏格兰必须得到平等对待，否则它就要分家另过。《外国人法》告诉苏格兰人，如果他们分家另过，那么他们本已萧条的贸易将雪上加霜——但如果他们反过来和英格兰组成更为紧密的联合，

---

① Dicey and Rait's *Thoughts on the Scottish Union*，pp.170–173精彩地勾勒了《外国人法》的梗概，并对它的公平与巧妙进行了评论。罗斯堡伯爵在听到英格兰有意禁止牲畜和亚麻制品进口的传言时说："如果真的是这样，我们就完蛋了。"*Jerviswood*，p.13。

整个帝国都将任他们的子孙后代自由地贸易驰骋。

在1705年最初的几个月里，《外国人法》仍然在议会里过关，而两个国家似乎已经到了兵戎相见的地步了。《保障法》的最后几条规定的是在苏格兰全国范围内武装并组织民兵部队。苏格兰先辈们从邓斯山丘开始起兵反抗查理一世及其英格兰主教的那种精神头又开始酝酿起来了。地方民兵每周在各自堂区教堂门外训练两次。光是在艾尔郡据称就有7000名民兵进行操练，其中很多还是令人闻风丧胆的卡梅伦派狂热分子。就在苏格兰南部拿起武器的同时，高地战士已经磨利了他们的双手阔剑，只待峡谷间传来一声号令。长老会人士与詹姆士党人并肩前进。苏格兰人仍然是一个战斗民族，他们喜欢打仗，也做好了打仗的训练，那些讥笑他们贫穷的人也对此胆战心惊：

犯我者必受罚。①

与此同时，英格兰边境各郡门户洞开。诺森伯兰和达勒姆有可能再遭苏格兰人占领，就像1640年莱斯利的蓝帽军跨过特威德河和泰恩河一样轻松。如果煤田被苏格兰人夺取，伦敦的燃料供应就会中断。一位北方的绅士在写给他议会里的朋友托马斯·科克的信中说道：

---

① 英格兰人对于苏格兰武装民兵的举动感到紧张是合情合理的，但坚定的苏格兰辉格党人马奇蒙特伯爵在给萨默斯的信中指出了武装民兵还有不那么令人紧张的一面。他说詹姆士党人一直都在秘密武装自己，准备开战；现在长老会人士也准备好了。*Marchmont*，Ⅲ，p.282.另参见 Defoe, *Union*, p.84。

1705年4月，从苏格兰回国的英格兰人报告称："这个国家非常盛气凌人，邓弗里斯镇将所有男子都武装了起来，每个月训练一次，而且有相当数量的刀枪工匠最近从法国过来，所以他们正在全力武装自己，如果联合失败，就迫使英格兰做交易。这个城镇里有七百乡勇。" *H.M.C. Portland* Ⅷ, p.177.

这不是苏格兰人第一次成功入侵这个国家了，现在有些记得莱斯利入侵英格兰的人还健在，当时的事情极大鼓励了后来不幸的内战。我想法国国王应该不会让他们缺乏入侵英格兰的资金吧。[170]

英格兰既愤怒又紧张，但所幸没有出于惊慌失措而采取行动。《外国人法》稳步推进，直到最后获得御准。当时出现的一些小册子认为，《联合条约》虽然要让给苏格兰人从事殖民地贸易的自由，但这总是好过在边境上深沟高垒、在和平时期维持军队以及时不时地爆发战争吧。英格兰人反陆军的偏见让他们在这场争论中保持了理智。1月底，下议院否决了让北方六郡自行武装抵御入侵的提议，他们做出这一决定既是担心适得其反的引发战争，也是害怕出现各种难以预料的问题：要知道诺森伯兰有很大一部分乡绅是天主教徒和詹姆士党人。议会决定仍旧倚靠正规军来抵御入侵，尽管这意味着可能要让马尔伯勒公爵把几个团从佛兰德调回国。戈多尔芬决定不向苏格兰人的内战威胁妥协，他写信警告西菲尔德伯爵说：

英格兰现在已经不像当年那样是苏格兰人想来就来的了。我们有实力，而你们的入侵可能给了我们还以颜色的意愿。再说哪怕法国人对苏格兰人的援助比我所预料的大，法国人向来是很好的仆人，却也是世界上最坏的主人。

的确，尽管詹姆士党代理人向法国方面报告说现在是出手的时候，特威德河以北的所有教派和党派都联合起来反对英格兰，就连哈密尔顿公爵都蠢蠢欲动，但路易十四也被告知"苏格兰人不会愿意看到法军在他们的国土上登陆"。[171]

就在这英苏关系的重要关头，发生了格林船长的悲剧。这件事情很有可能引发战争，但经过一连串幸运的变化，它最终消除了苏格兰人的怒气，他们在获准将两个英格兰人和一个同案的苏格兰人明正典刑、报仇雪恨之后感觉气消了不少。隔了这么长的时间，格林船长被判刑处决的故事读起来更多是让人惋惜而不是愤怒，特别是我们要知道当时对于证据的观念仍旧非常不科学；毕竟这距离泰特斯·奥茨在英格兰兴风作浪还不到30年呢。

没有什么事情比达连计划失败和英格兰东印度公司对偶尔绕过好望角的少数苏格兰小船的持续敌意更令苏格兰人感到痛心和敏感的了。1704年初，应东印度公司的请求，一艘达连公司的船只"安嫩代尔号"在唐斯被扣押，理由是它虽为外国船只，但船长征召了英格兰的水手航行前往印度，这侵犯了公司的特权。其实这是威尔士籍的船长勾结东印度公司，出卖了自己的雇主。"安嫩代尔号"被判定有罪，依法扣押。

1704年7月底，这一英格兰人以邻为壑的无礼行径传到了苏格兰，掀起了轩然大波，而就在这个非常不赶巧的时候，英格兰商船"伍斯特号"驶入了利思港。船长托马斯·格林是个26岁的单纯小伙，觉得生活非常美好，他刚刚结束了前往加尔各答的航行顺利回国。由于担心来自敦刻尔克的法国私掠船，他没有选择在缺乏护航的情况下经英吉利海峡和多佛尔海峡直接驶向伦敦，而是经爱尔兰和拉斯角绕了一大圈。在抵达福斯河口后，他驶入了爱丁堡的海港，在这里等候一支有足够海军护航的南行船队。在战争期间，从南方水域返航的船只绕这么大一个圈子开往泰晤士河并不少见，而敦刻尔克的私掠船有时会向北到设得兰群岛那么远的地方袭击英格兰船只。①

在某些信教的人看来，格林的到来就是"神的旨意"：现在可以讨回天理了。这艘驶入利斯的英格兰船只就像亚伯拉罕那只扣在稠密小树中的羊一样，等着被拿来做牺牲品。达连公司的秘书罗德里克·麦肯齐认定"伍斯特号"是该死的东印度公司的船，雇了几个"俊小伙"假扮友好的访客登船，然后武力夺取，这可比格林船长所犯过的错更加接近海盗行径了。

这一切都是为了对"安嫩代尔号"被扣一事进行"报复"；但结果发现"伍斯特号"根本不是东印度公司的船只，而是一艘"分开合股"的无照商船，和达连公司一样痛恨东印度公司对东方海域的垄断。然而它所携带的货物价值不菲，而且船东、船长和大部分船员都是英格兰人。它被扣押在福斯海岸对面的本泰兰。

到了12月，麦肯齐对船上货物的非法主张还没有获得法院的裁决。在这四个月里，"伍斯特号"的船员一直在利斯和爱丁堡的公共场所里徘徊。他们中有些人"不胜潘趣酒之力"，开始编一些故事吓唬那些没有出过海的人，有一两个还明里暗里说了一些与他们有矛盾的上司坏话。他们的闲话掉进了苏格兰人猜疑的深厚土壤里，长出了引发冲突事端的枝丫。当时人的爱国情绪和麦肯齐的贪婪无赖很快就抓住了这些只言片语，准备指控格林犯有海盗罪行。

---

① 例如 Add. Mss. 37155，fo.156。我们现在从船东的档案中得知了"伍斯特号"航行及格林船长在印度洋活动的细节；理查德·坦普尔爵士在 The Papers of Thomas Bowrey（Hakluyt Soc.，1905）和 The Tragedy of the Worcester（Benn，1930）中刊载并精彩地分析了这些史料。这一事件仍旧是历史悲剧，但它已经不再是历史悬案了。格林及其船员没有对"速归号"或其他任何船只表示反对海盗罪行。报告见于 State Trials，XIV，pp.1199–1311。

一艘名叫"速归号"的苏格兰船只已经很久没有音讯了，现在有谣言说它是在印度洋某处遇上了格林，船被抢劫，船长和船员被杀。其实它是在马达加斯加被真正的海盗约翰·鲍恩给抢了，之后船只被烧毁在马拉巴尔海岸。"速归号"有些船员已经回到了英格兰，准备指证事情的真相，但这在苏格兰还不为人所知，直到后来格林的罪状已经在苏格兰人心目中被做成了铁案，世上再也没有任何证据可以撼动得了了。

从1705年1月到4月，苏格兰人想的说的基本都是格林案的事情。除了像当时年轻的阿盖尔公爵和更加年轻的卡洛登的福布斯这样最为清醒的少数人，全国上下都被激情冲昏了头脑。

按照枢密院的命令，格林和他的船员被逮捕受审。除了一个名叫费迪南多的印度人作了伪证，[①] 所有的呈堂证供都是赤裸裸的道听途说；另一个印度人和船上的医生估计是想报私仇，便在公诉方和苏格兰汹汹民意的影响下将他们之前说过的只言片语发挥了一番，但也没有觍着脸说自己看到了什么真凭实据。证人证言相互矛盾。枢密院在1月已经派了自己的六个贵族前往本泰兰被扣船只处检查船上的每一件物品并做了报告，并没有发现"伍斯特号"及其货物有任何海盗行为的蛛丝马迹。只要详细考察一下那三个有私怨的证人提供的证据，或者公诉方没有使小手段将剩余船员一起受审，从而阻止他们作证，哪怕是爱国情绪再强烈的法庭都能发现事情的真相。但是在1705年3月21日，格林和14名船员被判处在利斯沙滩上执行

---

① 他在案件结束后就去世了。有人说是麦肯齐杀了他，因为他提出要收回他编造的证词。虽然法庭认定相关证据足以判格林绞刑，但却不足以定麦肯齐的罪，哪怕他是个十足的无赖。

绞刑,在接下来的几周里分三批执行。①

爱丁堡的庭审受到了边界另一头的密切关注。就像苏格兰人相信格林有罪一样,英格兰人都相信他是无辜的。在得知他即将问绞后,伦敦群情激昂,苏格兰籍居民害怕遭到攻击,不得不在家里躲了好几天。苏格兰国务大臣约翰斯顿从伦敦写信回国说道:

> 格林一案太可恨了。它耽误了所有的工作。我听说内阁用了两个钟头讨论这个事情。萨默斯说他不懂苏格兰法律,但根据他知道的任何法律,整个审理过程都是非法的,因为被抢劫的船只并没有提告。简而言之,没有人相信这一结果。我惊讶地听到有人认为证据是被收买的,而那些认罪的人不是屈打成招,就是被许诺认罪就能免他一死。辉格党说这是詹姆士党人一手操弄的,将在选举的时候拿来大做文章。②

安妮应不应该批准死刑执行呢?她觉得当这两个敌对国家的女王真的很为难,就像威廉在达连事件期间觉得两国国王不好当一样。如果安妮赦免了"伍斯特号"的船员,虽然这可以满足英格兰以及法律公正的要求,但苏格兰人同意联合的所有可能都将丧失殆尽,而且战争还会一触即发。3月28日,杰维斯伍德男爵在爱丁堡写道:"如果女王免他们一死的话,议会的工作就前功尽弃了,我担心这个

---

① 本案被充分收录在理查德·坦普尔爵士的那两本书中,完全可以供读者参考。枢密院委员会到本泰兰考察一事见于 P.C. Reg. Ed. Jan. 2 and 16, 1705。Temple, *Tragedy of the Worcester*, pp.126–130 对 Alexander Hamilton, *New Account of the East Indies* (1727), I, pp.317–320 中的陈述进行了分析。

② *Jerviswood*, p.70.

恼怒万分的民族将很难与英格兰联合，无论什么条件都不行。"

在伦敦，她身边的是新任王室高级专员、年轻的军人阿盖尔公爵，他一直在敦促安妮抛弃软弱无能的特威代尔侯爵及"飘摇舰队"，并将苏格兰政权全权交给他、昆斯伯里公爵和久经考验的辉格党。阿盖尔公爵只要一声令下就能招来6000名战士，比安妮在苏格兰军队多一倍。最重要的是，他很有胆量，不仅在拉米伊战役中面对法国人如此，就是在格林一案面对他的同胞时也一样。约翰·坎贝尔虽然有自己的问题，但他也是一介男子汉，这在哈密尔顿公爵、特威代尔侯爵和罗斯堡伯爵的世界里显得更加伟岸了。他坚信爱丁堡方面存在司法不当的问题，而且大声疾呼，不顾个人得失。

他说服安妮应该推迟行刑并进行调查。他作为安妮的新任王室高级专员就此事写信给御前大臣西菲尔德伯爵，但这似乎还不足以让爱丁堡的枢密院冒险去救格林。而且哈密尔顿公爵还抱怨说："阿盖尔公爵这信的口气就像是写给他在金泰尔庄园的管家似的。"几天之后，安妮亲自写信下令缓刑，原定在4月4日执行的第一批死刑被推迟一周。

安妮插手伦敦事务的消息在爱丁堡引发了暴动，这种级别的民愤在一代人之后决定了没那么无辜的波蒂厄斯的命运。这两件事确实有很多共同点，假如司各特打算以"伍斯特号"的悲剧为主题写一部浪漫小说，那么他肯定能用《中洛辛郡的心脏》的历史背景充分发挥他的才华。

御前大臣西菲尔德伯爵也对格林的罪状非常怀疑。他在达连殖民地事件上的表现说明他不是那种会被大众狂热带跑偏的类型。假如枢密院能支持他，特别是"飘摇舰队"的大臣们能有最起码的勇气，他或许就能帮助安妮和阿盖尔公爵救下这个无辜的人——至于后果怎样又有谁能说得准呢？他在4月10日即行刑前一天紧急召集大臣们到枢密院开会，但罗斯堡伯爵和几乎所有当时在苏格兰的女王臣仆都故意缺席了。只有15名枢密院成员出席了，大约只是法定人数的一半，而他们中大多数都没有担任任何君主任命的职务。

一封来自安妮的加急信寄到了，日期写的是4月3日；她说她研究了枢密院寄给她的庭审报告；她的信息大意就是，在没有得到她进一步指示的情况下，先不要把人绞死。但爱丁堡的囚徒已经决定要在明天执行绞刑。假如枢密院再推迟行刑哪怕一天，他们都有可能像之前荷兰的德维特一样被碎尸万段。再给他们说句公道话，他们也不得不考虑赦免格林等人必将让联合前功尽弃，甚至可能引发战争。这样的决定哪怕是刚正不阿、一身是胆的人都很难轻易做出来。

让这些本来就不是很有胆气的人更加难受的是，同一个信使还带来了安妮寄去的其他材料，是"速归号"水手伊斯雷尔·菲帕尼和彼得·弗里兰斯的宣誓陈述书，他们证明他们

1705年4月10日　的船只不是被格林抢劫的，而是被海盗鲍恩在马达加斯加抢劫的，而且被抢劫的那一天"伍斯特号"还离得很远。这一新证据在枢密院被宣读，想必进一步动摇了与会人员对格林等人有罪的观点。最后一幕令人揪心的场景见于枢密院记录的档案中：

之后开始投票表决，"是否给予请愿人缓刑到下一星期，直到进行充分的商议"。然后点名并计票，枢密院中三人赞成给予缓刑，[1]另

---

[1]　这三个支持西菲尔德伯爵给予缓刑的勇敢者分别是洛锡安侯爵、巴肯伯爵和拉姆齐将军。*Jerviswood*, p.74。*Jerviswood* 和 *P. C. Registers* 显示这一决定性的会议是在4月10日举行的，但在4月11日行刑那天还开了一次会。

有三人反对。其余的在场成员不是表示"不明确"（nonliquet），就是拒绝投票，于是御前大臣要投出他决定性的一票。大人（即西菲尔德伯爵）表示，他愿意投票赞成并签署缓刑，前提是他得知道是否有足够数量的成员也愿意签字，要不然缓刑令就是无效的。各位大人随即被挨个儿询问是否签字，除了那三个投票赞成缓刑的人之外，只有三个人表示愿意，剩下的都表示拒绝签字，加上御前大臣同意签字的人只有七个，不足以签署有效的缓刑令。因此人犯将在原缓刑令到期后接受法律的制裁。

第二天上午就是格林等人的死期，高街和跑街从头到尾挤满了人。他们都手持武器，有的人拿着剑或枪，剩下的人也拿着大棒。方圆五十英里的农民也赶来给

1705 年 4 月 11 日

爱丁堡市民助长声势，据说街上的武装人员有八万之众。枢密院再次开会，最后这次只有 11 个人出席，为了给自己找"权威性"，还改到霍利鲁德宫的枢密院会议室开会。他们不得不穿过声势浩大和意图昭然若揭的人。这哪还要考虑什么"权威性"啊？在昨天的会议过后，事情的结论就已经板上钉钉了。枢密院就这样看着格林和他的两名同伙走上了不归路。

御前大臣西菲尔德伯爵准备沿着高街回家，他告诉暴民们，他们很快就要得偿所愿了，希望他们能让出一条道。但即便如此，他还是在特龙教堂对面遭到了袭击，他的马车被掀翻，仆人被殴打，他本人被迫躲进附近的一间房屋里避难。假如他宣布缓刑，估计就被五马分尸了。

现在焦点转移到了利斯港的沙滩上，潮汐标尺处已经立起了海盗绞刑架。大批民众涌向那里，但现场没有足够的空间容纳所有人，

而"人可以踩着大伙的脑袋一路从爱丁堡走到利斯港的沙滩"。当英格兰人格林和辛普森以及他们的同案、勇敢的苏格兰人马德被押赴刑场时，长长的路上挤满了冷酷无情的面孔。一个亲历这一恐怖场景的人听到他们——

欢呼，仿佛打了胜仗一样，并用最尖刻恶毒的话进行谩骂。来到了行刑的地方，良善的神啊，一边看到那些人在弥留之际，即将进入永生，同时群众一片欢腾，还有人高兴地问道："他们国家的人怎么不来救他们咧"，真是令人感慨。这些人都相当能忍，除了宽恕之外没有回别的话，要的只是他们发发善心和为他们自己祷告。

他们一死，很多人欢喜的心情一下就变了。有的人泪洒当场，而没有人再要求处决更多的人了。"伍斯特号"剩下的船员不久就获得缓刑并很快获释。让民众陷入疯狂的是国家的颜面，并不是他们真的就嗜血好杀。流血曾经是苏格兰独立自主的神圣象征，民众随即慢慢地恢复了理智。三个人——两个英格兰人和一个苏格兰人——为了这个国家而殉命，这个新生的大不列颠国家，假如统治苏格兰的权力从伦敦阻止了他们的枉死，这个国家可能就不会出现了。人们没有在卡尔顿山区或别的地方为他们建烈士纪念碑，但所有的英国人都应该深切地铭记格林、马德和辛普森这三个名字。

18世纪苏格兰最伟大、最杰出的政治家卡洛登的邓肯·福布斯当时只是一个年方二十的法学院学生。当他听说"伍斯特号"船员一案上证人证言相互矛盾时，就知道事情的真相是什么了。不公和残暴一向能让他义愤填膺，哪怕是自己人干的也一样。在一代人之后，他就波蒂厄斯一案在英国议会里保卫苏格兰的独立免遭英格兰的侵犯，还提到了格林等人被处决的事情：

> 我想起来都有点后怕，我当时极其哀痛，并冒着生命危险去绞刑架那里照料那几个无辜的可怜人，他们死的时候冤情感天动地。不仅如此，我还带着格林船长的头颅去到了他的坟墓。[172]

英格兰人对格林的死感到非常不满，但他们唯一可以安全实施的惩罚就是撤掉"飘摇舰队"的大臣们，他们在枢密院召开关键会议的时候怯懦地缺席了，这让他们在苏格兰遭人鄙夷，在英格兰遭人痛恨。安妮派往苏格兰议会新会期的王室高级专员阿盖尔公爵要求将他们革职，并让昆斯伯里公爵和他本人领导下的原辉格党大臣官复原职。他的要求得到了英格兰辉格党大佬们的支持，而戈多尔芬政府也日益依赖这些人。"飘摇舰队"在去年夏天的议会以及今年春天的格林一案中一败再败，让戈多尔芬丧失了对这些亲信的信任；而安妮尽管非常不喜欢昆斯伯里公爵，说他"不仅背叛我，还好几次欺哄我"，但还是不得不让他出任王玺大臣，以让阿盖尔公爵留任王室高级专员。灵活又可靠的官僚西菲尔德伯爵仍旧担任御前大臣。

这三人是改组后政府的主心骨，而且如果综合考虑性格和能力，他们是苏格兰最有可能挽救这个岌岌可危的国家的三名政治家。在即将到来的1705年夏天，他们的任务是让议会要么接受汉诺威继承，要么启动《联合条约》的谈判。如果失败的话，《外国人法》就会在圣诞节付诸实施，甚至有可能爆发战争。

在6月28日三级议会召开之前的近两个月时间里，政府内部仍然有分歧，没有决定好到底是推动议会接受汉诺威继承，还是开始

《联合条约》谈判。不管选哪个，形势看上去都不是很有利。还没有成为詹姆士党人的马尔伯爵在政府的安排下提议任命一个对英联合

**1705 年
7 月 20 日**

谈判委员会。议会倾向于考虑确立汉诺威继承并限制苏格兰王权，拒绝受理他的动议。但当议会发现还是不相信自己有能力独立治理苏格兰时，它再度否决了弗莱彻半共和制的"限制"计划。确立汉诺威继承的方案和"限制"计划一块儿搁浅了，议会在接下来的会期里不得不重新考虑马尔伯爵有关《联合条约》的提议，现在就剩下这条路能阻止英格兰方面迅速启动《外国人法》了。

西菲尔德伯爵曾经认为，如果将"飘摇舰队"全部赶出政府，就会出现他们与詹姆士党勾结并阻挠议会各项工作的危险。之前昆斯伯里公爵下台后就是这么干的。但目空一切的阿盖尔公爵坚持要求清除所有"飘摇舰队"的人。幸运的是，为了联合的前途考虑，他们在反对党中的表现比执政时要好得多。他们昔日的同僚西菲尔德伯爵很有心计，从没有完全断绝与他们的联系。不管在不在政府里面，苏格兰最后一届议会有很多议员虽然各有各的"小九九"，但同时也会真心实意地为苏格兰的福祉考虑。[173]

在 1705 年的 8 月 31 日和 9 月 1 日，苏格兰议会做了一系列重要的表决，决定了苏格兰联合谈判专员的条件。安妮应威斯敏斯特议会的请求，将任命英格兰谈判专员与他们会谈。一旦两国的谈判委员会碰面并拟定了共同提案，那么这些提案将在下一个会期提交各自的议会，等待批准或否决。詹姆士党人以及地方党中更为激进的爱国人士反对任何谈判的主张，但议会总体上对于联合没有那么反感，因为他们刚刚再度拒绝以其他任何条件确立汉诺威继承。于是联合的反对者们没有直接反对任命对应谈判专员，而是试图通过提出注

定失败的条件来破坏谈判。

哈密尔顿公爵首先提出：

联合的条约不应在任何方面有损本王国的基本法律、古老特权、官职、权利、尊严与自由。

这实际上是不许谈判专员们议定一个合并性质的联合以及两国议会合二为一。谈判的范围仅限于松散的联邦，而英格兰方面明显不会接受这样的条件。哈密尔顿公爵试图破坏谈判的动议只有两票支持，遭到挫败。两国国家的命运就被这一表决所确定了。

1705年
8月31日

反对派于次日发动了第二次进攻。他们提议在英格兰议会撤销《外国人法》之前不得开始任何谈判。鉴于苏格兰国内对于该法的意见很大，反对派认为这一条款肯定能通过；这样的话《联合条约》就无从谈起了，因为英格兰人是不会被迫撤销《外国人法》的。为了扭转这一局面，政府巧妙地提议不将这一条款加入设立谈判委员会的法律中，而是另外向女王陈情，希望在不友善的《外国人法》被撤销之前不要继续进行联合。当这一修改付诸表决时，御前大臣西菲尔德伯爵告诉一些获准进入议会大楼旁听的英格兰访客说，这一表决将决定"英格兰和苏格兰是否继续争吵下去"。政府再次以微弱多数胜出，而哈密尔顿公爵愤怒的姿态显露了他的失望与担心。

1705年
9月1日

在这重要的一天里，传说爱丁堡城里有人听见哈密尔顿公爵宣称"这顶帽子是我的，蒙神保佑，我要戴上它"。如果他想要继承苏格兰王位，那么阻挠联合当然符合他的利益。到目前为止，他的所作所为就是强烈反对联合，和下一年一样。但在9月1日晚上，他以一种无法充分解释的方式背叛了自己的主张和追随者。在就《外国人法》进行表决后，很多反对党成员离开了议会大楼，认为今天的事情就这么结束了；但就在政府那边的长凳还满座的时候，哈密尔顿公爵站起身，"以一贯自大而诙谐的语气"，提议苏格兰谈判专员应由女王任命，而不是议会，因为他宣称议会存在太多的"纷争与不和"，无法做到不偏不倚。

他完全没有告诉他倒霉的同党这一方向的改变；的确，他为了逃避他们的质询，告诉他们不会在这一天提出这一问题。反对党坚定地认为议会不会让女王来任命苏格兰谈判专员，因为她总是听信英格兰那边的建议。他们也同样坚定地认为议会会任命那些反对联合政策的谈判专员，以阻挠谈判的进行。现在他们的领袖背着他们与政府达成了协议，破坏了他们认为必胜无疑的计划。

显然哈密尔顿公爵对这个摇摆不定的议会的表决结果没有那么大的信心。政府已经在好几次表决中以最出人意料的结果获得了胜利，而他担心自己无法赢得跻身谈判委员会的多数票。[①]因此他与阿盖尔公爵秘密约定，如果能让安妮获得任命权，就把他任命为苏格兰谈判专员之一。

政府非常积极地支持哈密尔顿公爵的动议，而索尔顿的弗莱彻和一些少数还没有退场的詹姆士党人则痛斥他背信弃义。其他反对

---

①　其他人也持同样的看法。辉格党人佩尼库克的约翰·克拉克爵士就认为，如果把所有的詹姆士党人和"飘摇舰队"领袖排除在名单之外，政府就能赢得大多数投票。*Clerk（Rox.）*, p.57.

党成员则一时不知所措。议会投票决定由女王来任命谈判专员。[①]当

**1705 年
9 月 1 日**

天晚上，这整部有关谈判专员任命及指导意见的法律就审读通过了，因为苏格兰议会一旦真的运作起来，动作还是很快的。

詹姆士党人洛克哈特写道："我们从今天开始算苏格兰的灭亡。"午夜时分，一群坚定的联合派人士在议会大楼里畅饮祝愿条约顺利成形，与他们一起的还有那些见证了今天永载史册重大事件的英格兰访客。他们说："我们应该从现在开始不再分什么英格兰人和苏格兰人了，我们都是英国人。"但在第二天早上，这些访客就在爱丁堡街头被当作格林的同胞受到攻击，而嘲讽"吃猪肉的"英格兰佬的民谣在各地都变得脍炙人口，表明这样的联合仍然任重道远。佩尼库克的约翰·克拉克爵士在被邀请出任谈判专员时准备为联合竭尽全力，但他也认为他们做的是无用功，因为他们的同胞会拒绝与英格兰达成任何条约。伯内特听他在苏格兰的通讯员说，议会只是把谈判当成了"缓兵之计"。联合的小船已经奇迹般的躲过了好几个劫难；如果它准备开进港口的话，它的好运就还没有到头。[174]

不过从今以后，危险都将来自苏格兰这边。英格兰已经吸取了教训，并尽到了它的本分。在特威德河以南，1705 年冬天的总体氛

1705 年 12 月

围比以往更有利于联合。夏天举行的大选让高教会派托利党黯然下台，戈多尔芬和辉格党的联盟全面把持政权，他们都认为有必要进行联合，觉得这是目前唯一可以让汉诺威家族和平继承苏格兰王位的办法了。为了让谈判取得开门红，新

---

① *Crossrigg*，p.171 说的是"以约 40 票胜出"；*Lockhart*，I，p.133 记的是 8 票；而 *Taylor，Jos.*，p.118 写的是 4 票。官方对这一数据并没有记录。

一届议会在首个会期里就不顾高教会派托利党的抗议，撤销了《外国人法》。这项法律已经完成了它的使命，让苏格兰人坐下来谈判，现在可以"过河拆桥"了。马尔伯爵写信给卡斯泰尔斯说道："英格兰人在这件事上非常坦诚，做的工作超过了我们自己所提议的，应该能让苏格兰民众感到满意"，英格兰"这一优雅而自愿的举动"挪去了通往《联合条约》道路上的一大障碍。[175]

从圣诞节到1706年2月，选任苏格兰谈判专员这一重要工作一直在紧锣密鼓地进行，其间也少不了各种争吵。议会把这一权力交给了安妮，而安妮又把它交给了昆斯伯里公爵和戈多尔芬。昆斯伯里公爵通过上一个会期在爱丁堡的一番运作，已经完全恢复了昔日的声望。如果说阿盖尔公爵是政府坚定的脊梁，那么昆斯伯里公爵就是它勤劳的右手。而且在这个时候，阿盖尔公爵与同僚闹矛盾的老毛病又犯了。安妮根据昆斯伯里公爵的建议，拒绝任命哈密尔顿公爵这样积极反对联合的人担任条约谈判专员。可是阿盖尔公爵已经向哈密尔顿公爵许诺，如果后者把任命谈判专员的权力交给女王，那么他就能获得这一任命。当约翰·坎贝尔发现兑现不了自己的承诺时，他觉得自己也必须拒绝担任谈判专员，转而前往拉米伊参战，留下昆斯伯里公爵掌控整个局面。

除了阿盖尔公爵，其他人也建议昆斯伯里公爵把"飘摇舰队"的贵族及其他反对党领袖安排进谈判委员会，这样或许能让《联合条约》之后在苏格兰议会里顺利过关。但昆斯伯里公爵担心他们会在伦敦谈判中制造麻烦，只愿意任命那些明显积极拥护联合的人。一个例外状况表明，这就是他的规矩：39名苏格兰谈判专员中有半数担任着政府职务，但他们中有乔治·洛克哈特这么一个詹姆士党人。他不像哈密尔顿公爵那样是大贵族，在日常工作中显得人微言轻，因此他只能在那里默默地如坐针毡，向他的党派及子孙后代汇报情况。

直到1706年4月第一个会期前夕，英格兰那边的谈判委员会才任命完成。戈多尔芬在任命谈判专员时依据的原则和昆斯伯里公爵一样。唯一有高教会派托利党之嫌的英格兰谈判专员是安妮宠信的教会人士——约克大主教夏普，他和坎特伯雷大主教特尼森一起奉命代表英格兰国教会监督谈判过程。其实夏普从未出席过会谈，也没有在报告上签字，而辉格党人特尼森倒是频频出席，最后还欣然签上了自己的大名。其他约30名谈判专员中大部分是辉格党人，剩下的是托利党执政派。戈多尔芬、哈利、赫奇斯和哈考特都在其中，还有沃顿、哈利法克斯侯爵、桑德兰伯爵、奥福德伯爵、德文郡伯爵、首席大法官霍尔特以及他们的重要参谋萨默斯勋爵，^①后者虽然因为安妮的偏见而当不了官，但现在他能为这个国家做出最大的贡献、最终证明他在政治方面的才能了。^[176]

1706年4月16日，谈判工作开始，他们在9个月内完成了《联合条约》草案并最终得到两国议会的批准，大不列颠就此诞生。虽然这些精心挑选的两国联合派代表拥有基本共识和善意，但谈判工作仍旧需要非比寻常的手腕与智慧。

首先制订的是某些议事规则。苏格兰和英格兰谈判委员会将分别开会，开会地点在白厅宫宴会厅马路对面斗鸡场的两个会议室里。

---

① 艾迪生无疑是对萨默斯有偏好的，但他也算熟悉内情。他在《自由地产保有人》（*The Freeholder*）第39期对萨默斯著名的评价中写道："如果他没有完成两国联合及'摄政法案'的全部工作，也不会有人否认他是这两项伟大工程的头号设计师"，因此在艾迪生看来，他就是汉诺威家族和平继承王位的决策元勋。

他们只有在安妮到场的正式场合才会聚到一起，仅有一次例外，那就是两个委员会就苏格兰在英国议会中的席位数这一敏感问题进行公开辩论的时候。除此之外，所有的工作都是通过两个委员会互通书面会议记录的方式进行。此外还规定了在双方对全部条款进行审读并接受之前，任何成果都不具有约束力；在谈判结束之前，一切工作都要对外保密。

这些规定都很有智慧，因为外部的民意非常活跃，特别是在苏格兰，人们盯着他们在伦敦的谈判专员是不是有任何被英格兰人摆布的迹象。他们的敌人洛克哈特就在其中，"记着笔记"，或许有朝一日还会"出版"。鉴于此，双方同意"在条约谈判期间，英格兰谈判专员不得与任何苏格兰谈判专员一起用餐或饮酒"，可以说再慎重不过了。①

双方事前都知道主要问题的谈判底线。1702年至1703年那次失败的谈判这时就显得很有价值。苏格兰谈判专员在谈判开始前就清楚地知道，英格兰方面坚持的是合并性质的联合以及两国议会合而为一，至于联邦制则根本不予考虑。当时的英格兰人对于荷兰联省共和国的联邦体制非常了解，深知其中的缺陷。假如在爱丁堡仍有一个议会，那么权威仍然会被分散，苏格兰治理起来可能比以往更加困难。

另外，英格兰谈判专员这次也意识到他们必须让未来的"北不列颠人"有毫无保留地参与整个"大不列颠"贸易的权利。在教会问题上形势就更加明朗了：苏格兰谈判委员会依照相关法律，无权

---

① 基于类似的原则，在持续了一代人以上的争取爱尔兰自治漫长斗争期间，伦敦的爱尔兰民族主义议员决不受邀和他们在议会里的英格兰盟友一起用餐，这对于长年离家的人来说是非常大的牺牲。

就宗教问题进行谈判。长老会体制是明摆着的。简而言之，如果要进行联合的话，那么就必须是一个议会、一套贸易和税收制度以及两个国教会。

在1702年至1703年的谈判期间，苏格兰谈判专员曾主动提出合并性的联合。但从那以后苏格兰人对英格兰的敌意有增无减，而比起安妮初年的"残缺议会"，现任的爱丁堡议会民族主义氛围更为浓厚。到了1706年，苏格兰谈判专员已经不敢重提合并的提议了，但

**1706年
4月22日**

他们可以让英格兰谈判专员提出来，然后他们被迫接受，于是英格兰方面主动出手。萨默斯起草了这一著名的提议，然后从斗鸡场的英格兰会议室传到了苏格兰会议室，内容如下：

> 英格兰及苏格兰两王国将永远联合为一王国，名曰"大不列颠"。这一大不列颠联合王国将由一个议会所代表，而女王陛下无后，大不列颠王位之继承将遵循英格兰《王位继承法》中的条款，由汉诺威家族承继大统。

苏格兰谈判专员们用余光瞥了一下他们同僚洛克哈特愠怒的脸，

**1706年
4月25日**

其中有些人还记得一年前强烈要求诛杀格林并在高街上驱赶的御前大臣，觉得最好还是抵抗一下，表现出一番爱国热忱来。他们转而提议一个非常松散的联邦，有一个君主和自由贸易，但议会不合并。这不过是掩人耳目。其实苏格兰谈判专员几乎都认为，让这两个相互不友好的民族组成联邦是不现实的。他们相信英格兰同僚们会予以拒绝，而后者果然很快就这么做了。

苏格兰谈判专员们在虚张声势一番挽回颜面之后，干脆利落地

接受了合并性联合，"并规定联合王国的全体臣民应享有在联合王国及其所属殖民地内部进行贸易与航行的自由与便利"。英格兰谈判专员回应称，他们认为这一规定是"一个完全联合的必然结果"。

条约的基础就这样奠定了。由于这一基础事先已经经过了充分的准备，两边的谈判专员也是根据他们公开的观点精心挑选出来的，只需要几天的时间就能将这一重大问题确定下来，没有发生任何严重的危机。[177]

他们的任务还有八个星期的艰苦工作才能结束。两国谈判委员会闭门讨论，决定了一系列敏感的问题，假如将这些问题付诸公开讨论，那么就永远不可能达成一致了。

虽然苏格兰放弃了自己的议会，但它将保留属于自己的法律。未来的英国议会固然可以为苏格兰制定新法，不管是专门为它制定的，还是英格兰也同样适用的。苏格兰原有的法律仍旧有效，只有那些与《联合条约》相抵触的除外。苏格兰的法律制度与英格兰的普通法迥然不同，也被原封不动地保留了下来。这一法律制度直到今天都是苏格兰思想独立的保证，就像苏格兰国教会是它信仰独立的保证一样。不光是苏格兰的土地法保留了那些英格兰已经没有的封建元素和形式，苏格兰的整套法律制度和它的宗教一样，仍然在自己的思想世界中运行，它们追求的都是世间万物的基本原理，而英格兰法律追求的则是合适的古代法律文书和先例。在之后的黄金时代里，苏格兰的思想传统基本上得到了《联合条约》和本土法律的保护。苏格兰德高望重的法院以及土生土长的法官、出庭律师和事务律师在"今后的任何时期"都予以保留，而"任何苏格兰案件都不得提交到衡平法院、王座法庭、高等民事法庭或其他任何在威斯敏斯特厅办公的法庭"。条约的表述就是这样小心谨慎。但上议院不在威斯敏斯特厅，所以尽管在条款里没有明确规定，但苏格兰法庭的案件还是可以上诉到这一大不列颠最高法庭的。

爱丁堡的枢密院暂时不动，但条约显然考虑到了今后要废除，就是在"直至大不列颠议会认为应该改变"这句话里。枢密院在苏格兰不是很受爱戴，因此它在1708年被废除时并没有引起什么民愤。自此苏格兰的行政和立法权力都集中到伦敦去了——但司法权力并没有。苏格兰的政治家不得不满足于在大不列颠的治理上分一杯羹，但爱丁堡的律师们可以长久保持本地的传统以及这片土地所孕育的特有思维方式。

世袭管辖权，即苏格兰贵族的私人法庭残酷压迫着所辖的人民，在英格兰律师和政治家眼中是腐朽的可憎之物。不过如果《联合条约》想在爱丁堡议会中顺利过关，那么贵族的利益就不能触动。因此这些封建时代的残余被专门规定予以保留。40年后，在最后一次詹姆士党叛乱——垂死的封建制度最后的挣扎——被镇压后，《英国议会法》将这一制度废除。

两国谈判委员会最艰难的工作是确定威斯敏斯特议会中苏格兰议员的席位数。如果按照财富和税收比例，苏格兰可以在下议院拥有13个议席；如果按照人口的话，则是85个议席。经过漫长的讨价还价，最终双方达成妥协的席位数是45个。这些议员将由苏格兰陈旧且不具代表性的选区选举产生，就和之前选举产生爱丁堡议会一样，直到1832年的《改革法》加以改变为止。上议院中的苏格兰成员固定为16人，由苏格兰全体贵族推选产生。苏格兰人也有资格跻身大不列颠贵族之列，并借此进入上议院。

苏格兰获得的财政安排非常慷慨。据估计，苏格兰的人口只有英格兰的八分之一，财富只有英格兰的四十分之一。而苏格兰的土地税份额则被固定为四十分之一。大不列颠只有一套税收和关税制度。但由于现在苏格兰的纳税人要参与分担英格兰在联合之前所欠的国债，苏格兰将因为这一额外的负担而得到一笔数额不菲的"等量补偿"，合计39万8085英镑10先令——约翰·克拉克爵士已经把它换算成了英镑。

　　毫无疑问，这笔"等量补偿"可以争取苏格兰议会有些不甘愿地批准联合。因为条约规定这一大笔交给苏格兰的钱将以两种形式花掉，在民间和议会都大受欢迎。达连公司股东们的钱在威廉时期打了水漂儿，他们从来没想过在有生之年还能再见到这些钱，他们这下可以连本金带百分之五的年利率一块收回了。这一条款得到了忠实而全面的执行，许多苏格兰家庭因此变得更加富裕了。约翰牛把手伸进了他阔绰的口袋里——他现在越来越习惯干这样的事了——希望能抹掉那些有亲人命丧达连殖民地之人不堪回首的记忆，至少是抹掉"达连"这个词在每个苏格兰人心中勾起的悲愤之情。达连公司的悲剧就此画上句号，它的职员和秘书终于得偿所愿——包括罗德里克·麦肯齐——它的账簿永远地合上了。此时此刻，这些承载着一个民族痛苦经历的记录正尘封在它们的旧壁橱里，只有好奇的历史学家才会将它们打开，真是"七情俱净"。

　　根据条约的明确规定，这笔"等量补偿"款的另一个主要用途是偿还苏格兰政府欠的债。这些欠款的债主主要是大贵族和政府官员。除了詹姆士党人之外，任何人都不会认为付清国债是在贿买议会议员。但这一安排肯定为《联合条约》提供了方便。受益于这一条款的人虽然不全是联合的坚定支持者，但大部分都是。

　　1706年7月22日，约60名谈判专员中除了6人之外都在条约上签了字。次日，他们一道从斗鸡场前往圣詹姆斯宫，将他们的工作成果呈交到安妮面前，后者正与一群侍女、外国使节和其他贵宾坐着等候。谈判专员的队伍里包括她的大部分重臣。他们两个两个一排地走到她面前，每排是一个英格兰专员和一个苏格兰专员。御前大臣西菲尔德伯爵代表苏格兰发言。掌玺大臣考珀代表英格兰发言，他犹豫了一下，手脚笨拙地从兜里掏出了讲稿，用老戏骨那种处变不惊的冷静宣读了起来，"而在场所有人都对他很不耐烦了"。安妮回应如仪。除了接到布伦海姆战役捷报，这是她在位时期的另一个重大时刻。最近在今天下议院——位于当年的下议院所在地、圣斯蒂芬礼拜堂的原址——入口大厅安装了一系列壁画，其中一幅画的就是当时的场景，这一选择可以说是恰如其分。[178]

第十四章　批准《联合条约》（1706—1707）

安妮之前的处境非常可怜：她治下有两个不讲理的国家，英格兰要她当伊丽莎白一世，苏格兰则要她当前者的对手玛丽一世，而且还是同时的；这也难怪她会非常爽快地接受谈判专员们提议的条约，结束这种两国共主的状态。但代表她臣民的两个议会是否也会接受联合，依然不明朗。英格兰上下两院批准条约是没有问题的；但大臣们决定等条约在爱丁堡议会通过之后再提交到威斯敏斯特议会。假如英格兰先接受了，苏格兰方面就会因为面子和猜疑而警觉起来，认为条约就是英格兰的东西。最好是让苏格兰议会将它作为自家谈判专员的成果先接受了，然后南不列颠再骂骂咧咧地批准。

虽然英格兰议会通常是在冬天召开，但苏格兰议会的惯例是在夏天召开。但在1706年的夏天，谈判委员会还在工作，因此苏格兰议会推迟到10月3日召开，这成了苏格兰议会的最后一个会期。

条约的具体内容直到那时才公布，但苏格兰谈判专员妥协接受"合并性联合"的说法已经传开了。议会刚一召开，半个苏格兰就在高喊着"条约叛徒"。

但另一半的苏格兰喊的口号比较少，或许考虑的问题比较多。那些爱好安定生活的人渴望能有明确的王位继承、殖民地贸易以及将苏格兰的利益与富庶强大的邻国捆绑在一起；他们预见到了拒绝条约会给和平和长老会体制带来怎样的危险，那些大声疾呼反对条约的人要么对这样的危险视而不见，要么他们是詹姆士党人，对这样的危险暗自窃喜。让这些不情不愿的苏格兰人开始接受联合的原因中，有英格兰通过布伦海姆和拉米伊两大战役赢得的声望，以及英格兰在地中海和其他地方确立的海上霸权。1706年秋天，英格兰俨然是欧洲公认的盟主了：现在与它拉近关系比安妮在位初期更为有利，而得罪它与法国结盟则变得更加危险。选项变得越来越明朗了。

联合派进一步提醒同胞们苏格兰敝帚自珍的"独立"究竟是什么样子。一方面，联合对苏格兰有良多益处，另一方面，所谓的牺牲大多也是想象出来的。在两国共主的体制下，苏格兰并不能真的做到像一个独立国家一样自给自足。它没有自己的舰队来抵御外敌入侵。①它的三千陆军数量太少，如果没有英格兰军队的支援，既不能维持高地治安，也不足以镇压低地起义。它没有外交代表，贸易量也非常少，因而在欧洲人微言轻。至于美洲，苏格兰自从达连殖民地失败后就再也没有立足之地了。甚至它的国内独立也是名大于实。索尔顿的弗莱彻揭示了这个残酷的真相，他抱怨苏格兰的大臣是伦敦的戈多尔芬任免的，这些大臣也是唯英格兰内阁马首是瞻。1706年12月，"飘摇舰队"的詹姆斯·约翰斯顿在与马尔伯勒公爵讨论《联合条约》时说道：

现在情况是，苏格兰到底是要接受英格兰政府的统治却没有贸

---

① 苏格兰有两艘小型巡洋舰，偶尔会分别在一侧海岸巡逻；枢密院的记录详细记载了它们的活动。但保护苏格兰免遭入侵的工作完全是由英格兰舰队承担的——就像在1708年的那样。

易利益，还是接受英格兰议会的统治且有贸易利益。[179]

苏格兰并不是一个真正独立自主的国家。而且假如它通过另立国王来获得独立，那么它就必须与英格兰为敌并投入詹姆士党和法国的怀抱，这样就要牺牲掉长老会体制。而如果真的这样的话，它很有可能被英格兰重新征服，到时候它的处境就还不如以前呢。

这些考虑最终在议会大楼占据了主流，它们让"飘摇舰队"不顾与昆斯伯里公爵政府的矛盾，将手里的20票投给了支持《联合条约》一方，决定了表决的结果。[180]更重要的是，这些理由也在社会上占了上风。就像现在用报纸和广播政治演说进行论战一样，当时是用小册子打笔墨官司，①将支持和反对联合的理由摆在民众面前。相当一部分民众特别是长老会里的教士和平信徒领袖被说服至少不参与对《联合条约》的攻击。

在那些反对联合的小册子中，有些说法不是凭空捏造就是愚蠢至极，但另一些说法还是有理有据的。并不是所有人对条约的恐惧都是空穴来风，但幸运的是，后来实际的事态发展打消了他们的疑虑。例如有人指出虽然联合声称会"世世代代"保障苏格兰的某些制度，特别是长老会体制，但其实没有任何法律可以阻止英格兰主教制派占绝对多数的英国议会通过法律来摧毁这些制度。的确，英格兰有强烈的道德义务来维护条约的主要条款，但这一义务毕竟对子孙后代没有法律上的约束力。大不列颠联合王国里并没有像今天美国联邦制下的最高法院这种高级司法仲裁机关来维护苏格兰的权

---

① 我不光利用了国家图书馆所藏的小册子，还利用了查尔斯·弗思爵士慷慨借给我的一批藏品。

力，裁定立法机关通过的法案是否符合《联合条约》。威斯敏斯特议会是说一不二的。它曾经在英格兰屡次改变宗教制度，今后也有可能改变北不列颠的宗教。它有权通过一项法律来废除苏格兰的长老会制度——要是它愿意的话，连基督教也能废除了。

所以问题是苏格兰能否信任邻国的诚意？怀着严重的疑虑，它决定试一试。

苏格兰对英格兰荣誉的信任并不是所托非人。的确，这一条约中不少写明是永久性的条款应被英国议会撤销或修改。例如封建司法管辖权于1747年被废除；后来苏格兰学校和大学的职位也向长老会之外的人士开放。不管这是不是"违背《联合条约》"，这些改动完全合法，而且苏格兰的民意也支持，所以也完全合理。当然，有些英国议会的法律在当时会被一些苏格兰党派认为是违背了1706年约定的精神，例如1709年辉格党的《叛国法》及1712年托利党的《信仰自由法》和《恢复圣职推荐权法》。但英格兰在整体上已经坚守信用200年之久，而且现在也没有要破坏它的意思。

虽然后来人以后见之明会认为那些反对联合的人没有算对利弊得失，但这些人确实是出于强烈的爱国情感做出那样的呼吁。他们最有力的反对理由是联合牺牲掉了爱丁堡的议会。这一牺牲真的很难割舍，因为自从光荣革命以来，苏格兰三级议会开始将自己凝聚到整个国家的利益之下，这在它漫长而不光彩的历史上是从未有过的。苏格兰的议会生活刚开始蓬勃发展，而联合将它扼杀在了萌芽状态。但联合之所以对整个不列颠势在必行，恰恰就是因为苏格兰议会在威廉和安妮在位时期变得有名有实了，它的独立行动不管多么符合某些人的要求，但这让英格兰君主无法在现有条件下和平地统治苏格兰了。因此必须基于苏格兰能接受的经济、宗教条件，组成一个大不列颠的联合政府。

毫无疑问，有一得必有一失。爱丁堡议会的撤销扼杀了苏格兰人对正常政治活动刚刚产生的兴趣。在18世纪的苏格兰，宗教、农业、贸易和文学得到了全面发展，但政治生活却没有。苏格兰人对他们所谓的"代表"在威斯敏斯特宫的所作所为毫无兴趣。雷特教授写道："长老会总会保持更为有效的代议机制，再度取代议会成为全民关注的焦点所在。"[181] 在随后的100年里，苏格兰在物质和思想上得到了前所未有的发展。直到18世纪末，随着支持或反对议会改革的骚动出现，苏格兰的政治生活才开始艰难地复苏，人们对即将到来的民主制度或期盼或恐惧，涌现了一批新的党派和新的政治激情。

1706年10月初，议会大楼里开始对《联合条约》进行辩论和表决，这一直持续到1707年1月底。只有少数讲话被出版并流传至今，其中不乏条分缕析之论，表明议员们对这一重大问题进行了高水平的讨论。但其中最出名的言论却是最为荒唐的。贝尔黑文勋爵慷慨激昂的雄辩在刊行于世后风靡一时，但它当时在议会大楼里引起的只是一阵笑声，因为发表讲话的是一个"粗野肥胖，又黑又吵的人，像屠夫而不是贵族"。

我想（贝尔黑文勋爵喊道），我想我看见我们古老的祖国喀里多尼亚就像凯撒一样，坐在我们的元老院中，悲怆地环顾四周，以王袍蔽体，遭到了致命的一击，然后喊出了最后的话："你也有份吗，我的儿子？"

对此，马奇蒙特伯爵回应道：

瞧，看他做梦的样子！当他醒来时，会发现这只是一场梦。[182]

很快议会就出现了微弱多数的局面，让《联合条约》逐条在怒气冲天的议会大楼过了关。作为王室高级专员主持会议的昆斯伯里公爵既机智又坚定，而"飘摇舰队"的贵族大公无私地决定在这一重大问题上支持这个曾经挤掉他们的政府，这决定了英国的命运。在贵族议员当中，支持联合的比例比在男爵议员和市镇议员更多，但这三个等级几乎在每一次表决时都是支持联合的占多数。大约有40名议员没有投票，他们占了总人数的六分之一到五分之一。显然只有外部压力能够阻止议会批准条约了，而这种压力是以三种形式动员并施加的——陈情、暴动和威胁发动武装叛乱。

有90份陈情是反对联合的，而没有一份支持联合。不过在34个郡中只有14个有陈情活动；66个市镇中只有19个；938个堂区中只有69个；68个长老会议中只有3个。来自这些有反对意见的郡和市镇的议员几乎每一次都对联合投了反对票，因此在这一问题上议会并没有严重违背苏格兰的民意。御准自治市会议以24票赞成、20票反对、22票弃权的结果决定陈情反对联合。联合派宣称那20票所代表的财富能收上来的税比其他的市镇要多得多。格拉斯哥和爱丁堡的暴民固然强烈反对联合，但更为富有的市民则倾向于支持这一变革。苏格兰的民意有分歧，但也并非旗鼓相当。可是那些反对条约的人要比那些支持条约的人来得更加愤怒和积极，因为即便联合派也是有血有肉的苏格兰人，在接受联合之余免不了会为"旧时代的结束"而有一声叹息。[183]

对议会审议工作影响更大的不是陈情，而是暴动。因为暴动就直接发生在议会大楼的门外。爱丁堡的暴民自从在光荣革命那个冬天取得成功以来，一直渴望让这个国家的政府屈从于他们，很像后来巴黎的暴民。他们刚刚通过威吓手段让格林上了绞刑架，现在他们决心用类似的办法来阻挠联合。因为联合一旦获得通过，立法机构就将搬到伦敦，而枢密院这一行政机构可能很快也会随之而去，这样爱丁堡暴民的政治地位就将彻底丧失。

但昆斯伯里公爵和阿盖尔公爵不是那种能被吓住的人，不会像"飘摇舰队"的大臣在格林一案中被吓住一样。10月的最后一周发生了第一次严重的暴动，爱丁堡的城市卫队表现欠佳，没能阻止暴民撞击议会大楼上锁的大门，于是政府从爱丁堡城堡调来了近卫步兵团，"阿盖尔公爵阁下一马当先，率领着近卫骑兵团"，士兵们以战时状态占领了高街和议会胡同。等级议会里的反对党将这一保护他们继续辩论的措施斥为暴政，并"宣称这是爱丁堡从未有过的举措"。但大多数议员并不想被暴民打得头破血流。从此以后，暴民们只能每天在哈密尔顿公爵往返议会的途中向他欢呼，还有就是在王室高级专员昆斯伯里公爵的水晶马车前往霍利鲁德宫时进行追逐：车驾前面是近卫骑兵，后面跟着气喘吁吁的侍从，再后面就是一边喊叫一边扔石头的暴民——这种表演不是很体面，但相对安全。

丹尼尔·笛福作为英格兰政府的非正式耳目这段时间一直都住在爱丁堡。他把有关苏格兰舆论的长篇且时常令人不安的报告送给他的雇主哈利，然后再转交给戈多尔芬，后者说这些报告是"严肃而功不可没的记录"。笛福也作为英格兰不从国教者的代表密会长老会的主要教士，向他们展示前者的来信，信中说英国新教的利益有赖于联合的通过。他称自己"每一天都见一个长老会总会的成员"，还写道"每天晚上和早上我都有一个牧师委员会来解答他们良心上的问题"。佩尼库克的克拉克写道："他是我们中间的间谍，但这一点不足为外人道，否则爱丁堡的暴民就要把他碎尸万段了。"虽然他做的事情是保密的，但他从外貌和衣着上就能看出是英格兰人，所以他向哈利坦陈说，当他走在路上的时候——身后总有人喊着"不要联合""英格兰狗"——"我不敢跟您说我没有怕过，或者没有想到德维特先生的下场"。[184]

但命运对他另有安排，不会让他因为一点口角就死在高街上。此时此刻，半个地球之外太平洋的一个无人小岛上，一个苏格兰水手正垂头丧气地走在岩石山脊的草丛中，他肩上扛着枪，身上穿戴着奇怪的山羊皮衣帽，绝对是安妮女王所有臣民中最无依无靠、被人遗忘的那个。笛福当时还没有听说亚历山大·塞尔扣克的大名，但他之后会将他的故事流传千秋万世，传遍五洲四海，比什么马尔伯勒公爵的战役、什么缔造大不列颠的条约获得通过要出名得多。

11月和12月是决定联合命运的关键时期，此时爱丁堡全城被这如临大敌的戒备状态震慑住了。但3000人的军队还不足以镇住整个苏格兰。在格拉斯哥，市镇议会拒绝了反对联合的请愿，因为"治安法官尼科尔·贾尔维"及其同类已经在幻想去英格兰殖民地捞一笔呢。于是暴民们发动骚乱，控制了城市。一个团的卡梅伦派叛军从乡下攻占了邓弗里斯。艾尔郡和整个原圣约派活跃地区都揭竿而起。眼看着反对联合的人就要进军爱丁堡并"召开议会"了。

《联合条约》还算幸运，因为它的敌人相互之间矛盾更为尖锐。西部地区的叛乱是为了让苏格兰长老会不至于落入威斯敏斯特的主教制派议会手中。但东北地区的主教制派乡绅秣马厉兵、聚众起事可绝对不是出于这一动机；穿短裙的部族战士在峡谷间等候进军爱丁堡的命令也不是因为他们热爱长老会。昆斯伯里公爵雇了克尔斯兰的克尔和埃克特的坎宁安两个代理人到卡梅伦派中间活动。两人先是鼓动这帮势不可当的狂热分子占领邓弗里斯并焚烧了联合派人士的住宅，从而获取了他们的信任，然后向他们宣传说，参与教皇党徒、主教制派、法国人和詹姆士党的阴谋是有罪而危险的。他们甘愿充当王位觊觎者的工具吗？克尔就这样说服这些西部地区的狂热分子停下了向首都进军的脚步，最终四散而去。英格兰军队已经开往边境，但除非爱丁堡危在旦夕，否则他们无意跨过边境。

　　与此同时，北部和东部的詹姆士党人并没有进军。他们已经准备就绪了，但没有人下命令。他们的领袖哈密尔顿公爵和阿瑟尔公爵相互嫉妒，不愿计划协同行动。事后的调查显示法国人没有许诺派兵支援，而英格兰的詹姆士党人在安妮健在时不愿起事。和以往一样，哈密尔顿公爵在危急关头背叛了那些指望他的人。他喜欢在议会里扮演爱国公爵，喜欢在高街上被暴民奉为偶像。但他出于各种各样的动机，总是没有踢出临门一脚——他还算有一点政治智慧，也担心爆发内乱，还要顾及他在英格兰的产业，而且他的财政也是捉襟见肘，他也不是真的想帮助王位觊觎者登基，他还梦想着自己坐那个宝座呢；他是不会下令发动内战的。他甚至有可能暗自担心，联合或许真的是最好的出路。他曾在9月与马尔伯爵敞开了谈这个问题。然后在11月危机即将爆发时，他"与王室高级专员在寓所里谈了四个钟头，来去都是乔装打扮的"，而他"也经常和御前大臣见面"。曾经有一次反对党计划集体脱离议会，作为革命的前奏；他同意带头，但在当天上午又派人传话说他"牙疼"。当他的同党好说歹说迫使他来到议会大楼时，他拒绝采取行动。有这样一个领导人，叛乱肯定成不了。

联合派还有一点走运的是，这个极为重要的会期一反传统，在冬天召开。在圣诞节前后，苏格兰道路泥泞不堪，昼短夜长，这也让很多犹豫不决的人觉得不应该离开火炉，车马劳顿地去打仗。

"世事的起伏本来就是波浪式的……"当他们还在犹豫要不要登岸的时候，"潮水"就已经退了。龙骑兵收复了格拉斯哥，暴民首领被捕。1706年12月过得波澜不惊，而在新年又会有新气象。大臣们和他们的盟友向英格兰写信说，条约稳妥了。[185]

民怨没有沸腾的首要原因是长老会早在1706年11月就得到了其联合后地位的重要保障。在伦敦参与拟订条约的苏格兰专员被禁止讨论教会问题，这一问题将由爱丁堡议会自行考虑。从11月7日到12日，议会辩论并通过了一部《苏格兰王国新教及长老会制度保障法》，并将它作为《联合条约》的核心部分。该法保护长老会体制的现有特权及垄断地位"继续适用于这片土地上的人民，世世代代不得更改"。英国议会在1712年通过《信仰自由法》并恢复苏格兰教会的圣职推荐权算不算违背了相应的条款，这还有待争议。不管怎样，因着《教会保障法》，尊重长老会体制的基本原则就成了威斯敏斯特议会最强烈的道德义务了。

将这一法律纳入条约极大地缓解了苏格兰长老会的恐慌。血气方刚的牧师们在秋天还宣扬条约是将苏格兰出卖给英格兰的主教制派呢，但一到冬天，火气慢慢就消下去了。詹姆士党人洛克哈特无奈地写道：

议会一通过保障他们教会的法律，那些教徒中哪怕是最狂热的也冷淡了下来。

这段时间长老会总会一直在爱丁堡开会；幸运的是这次担任会议主席的是审慎的卡斯泰尔斯。总会一开始对条约存在一定敌意，但在11月《教会保障法》通过之后，它的立场转向中立，甚至有点支持。和往常一样，卡斯泰尔斯坚定而温和的影响力此时起到了非常正向的作用。有人认为，假如总会受到误导，在12月投票反对联合，那么条约绝无可能在议会过关。但它的表决结果平息了骚乱的浪潮。

主教制派在议会内外过度狂热的反应让长老会人士产生了警觉，他们警告后者说联合将摧毁长老会，并发誓说那个保障法一定保障不了教会。这些乡绅表演得过头了。他们反对联合的真实意图昭然若揭，就是他们不愿看到新教继承和苏格兰长老会今后永远成为大不列颠政治制度的基本组成部分。

在长老会人士看来，条约仍然有一个严重的瑕疵，即圣礼审查制度。英格兰国教会圣餐礼审查制度虽然在实践中因"偶奉国教"而存在灵活的空间，但它在原则上却阻止了苏格兰长老会信徒担任大臣和其他在英格兰的大不列颠政府职位。虽然条约有部分补偿措施，将所有在苏格兰的政府职位保留给长老会信徒，但毕竟对苏格兰人和英格兰人而言，现在政治前途和权力的中心已经集中到伦敦去了。但实际上这一不满意见更多只是理论上的，而不是实践上的，因为18世纪的风气趋向于宽容（这一点在1706年还无法清晰地预见），苏格兰长老会信徒为了能戴上大不列颠的乌纱帽，都会毫不犹豫地领一下英格兰国教的圣餐，哪怕其实没有人给他们官做也无所谓。①不过在《联合条约》通过的时候，苏格兰国内对圣礼审查这一不公平的做法非常不满。但英格兰人显然不会改变自己国内的《忠诚宣誓法》，哪怕是为了北不列颠人也不行，所以改变不了的东西只能将就着接受。[186]

除了增加了保障长老会的法律之外，苏格兰议会对谈判专员所提交的条约基本没有什么改动或增添。有些修改是关于贸易和税收方面的细节问题，苏格兰国内对此的压力比较大。但大臣们顶住巨大的压力，拒绝接受这些改动，因为如果把修改后的条约提交英格兰议会，将会引发危险的争议。例如因着这违背了英格兰经济政策的基本原则，他们成功回绝了苏格兰继续获准出口羊毛原料的要求。[187]

到了1707年1月，《联合条约》真的以英格兰能接受的内容通过了苏格兰议会的批准，这出乎了不少人的意料，詹姆士党人和极端民族主义者十分懊丧，转而回想他们有过十几个挫败联合的机会，当时只要有一丁点运气，或者是他们能和自己的敌人再多一点合作，他们或许就能成功。像洛克哈特这样的詹姆士党人永远无法原谅哈密尔顿公爵。他们也不相信有很多人因为从更大的视野上看到了这个国家的需要，转而有些不舍但满怀期待地接受了这一重大的变革。洛克哈特在阴谋论里获得了一丝慰藉，认为联合是因为英格兰大肆收买苏格兰议员才得以通过的。他用来支撑这一指控的证据是英格

---

① 著名的亨利·邓达斯是皮特的朋友兼内阁同僚，他是苏格兰长老会信徒，一度还积极参加长老会总会的工作。但他曾就圣礼审查制度对托马斯·萨默维尔博士说："博士，我不认为你们曾经这么狭隘。您会有所顾忌而不愿领英格兰国教会的圣礼，或是和他们的信徒一起领圣餐吗？"*Somerville*, p.232.另参见亚历山大·卡莱尔博士在总会中讲话的引文，见于*Dicey and Rait*, pp.248-249，254-256。温和主义在苏格兰的发展也极大方便了圣礼审查在实践中的运作。

兰方面在1706年10月和11月分两次付钱给苏格兰政府，共计2万英镑。这笔钱当然不是白给的，但1712年托利党议会进行的调查并没有发现这笔钱到底起到了多大的作用。这笔钱有一部分到得很及时，无疑是为了推动条约的通过。可能有些钱真的让少数立场摇摆不定的人打消了疑虑，但大多数的钱其实是落入了那些向来坚定支持联合的人的腰包。昆斯伯里公爵一直闹着要政府把欠他的一大笔钱给还了，当他在1705年东山再起时，政府同意还他的钱。这2万英镑中有超过一半都去还他的债了。欠债还钱，天经地义，怎么能说是贿赂呢？

然而洛克哈特说其中有些拿到钱的人并不是政府的债主，或者他们得到了双倍的偿还。但他的证词很有偏见，而且空口无凭。有些人的情况既无法证实，也无法证伪。至于其他人，如昆斯伯里公爵、马奇蒙特伯爵和罗斯堡伯爵，他们拿到的钱确实是替政府还债的。阿瑟尔公爵也拿到了钱，但他从头到尾都坚定地反对联合。

如果我们假装认为英格兰没有用钱来为联合疏通关节，那肯定是自欺欺人。如果英格兰没有使钱，那反倒奇怪了，因为无论是英格兰议会还是苏格兰议会，当时的政府在平时都习惯于给支持者这样或那样的赏钱。甚至反对党之所以能聚拢到一块，除了希望今后能上台做官，还有现钱的引诱。反对条约的人自己也通过哈密尔顿公爵拿了法国和教廷的钱呢，苏格兰辉格党人宣称"这给联合的通过造成了很大的麻烦"。但这并不能证明詹姆士党人和民族主义者反对联合是因为被集体收买了。因此洛克哈特说"联合就是大规模贿买议员的产物"也同样没有道理。条约之所以有人支持，有人反对，那是因为人们对深刻的公众理由进行了认真的考虑，他们并非不关心国家的利益，当然也必须承认，他们也关心自己的得失。[188]

　　1707 年 2 月，苏格兰议会通过的《联合条约》在御前讲话中被提交给英格兰议会。上下两院的高教会派托利党领袖都发言反对联合，主要的理由是联合承认苏格兰长老会并让一帮长老会人士进入威斯敏斯特宫的上下两院。诺丁汉伯爵宣称它摧毁了"英格兰的政治制度"。要是在上一届议会，《联合条约》估计举步维艰，但现在即使约翰·帕金顿爵士滔滔不绝地讲一个国家有两个国教会如何如何的不合适，也无济于事。这一点在当时的理论和实践看来确实是个反常做法，但未来那个古怪灵活、拼凑出来的大不列颠正是靠这样一长串反常做法、矛盾现象和制度创新维持的。

　　除了在一些枝节问题上，上下两院的反对党都不敢提出进行表决。辉格党议员和支持政府的托利党议员都支持联合，来自北方各郡的议员不拘党派也是如此，他们担心边境重启战端，让苏格兰人占领泰恩河的煤田。大多数主教也支持条约。特尼森大主教说了一番令高教会派托利党人扫兴、让苏格兰人宽心的话，他声称"所有心胸狭隘的教会都会自食其果；他认为苏格兰长老会和英格兰国教会一样都是纯正的新教教会，虽然他不敢说前者尽善尽美"。他提出了一项保障英格兰国教会的法案，和保障苏格兰长老会的相应法律一样附加到《联合条约》里。特尼森的法案旨在让那些保护英格兰国教会权力及垄断地位的现有法律在大不列颠的政治体制中获得核心地位。高教会派托利党说这一保障还远远不够，但沃顿大人则认为没有必要。他当时正因为辉格党政策的胜利而志得意满，用最令人愉悦的方式在议会中说，"教会没有这一法案也足够安全，因为《圣经》上说它是建造在磐石上的，阴间的权势不能够胜过它"。这话如果是特尼森或诺丁汉伯爵说出来的，大家还愿意洗耳恭听，可说出这番话的竟然是沃顿这样的人，上议院的贵族就不知道如何是好了。[189]

苏格兰议会没有必要再对《联合条约》投一次票。英格兰议会原封不动地批准了爱丁堡议会通过的条约；添加的内容只有那项保障英格兰国教会的法律，这样做也是事先得到了苏格兰议会批准的条约内容许可的。因此昆斯伯里公爵只要跟爱丁堡议会说一声，英格兰已经批准了条约。在3月底之前，他就结束了最后一届苏格兰议会最后一个会期的工作了。[190]

英格兰毫无遗憾，怀着感恩的心情等待着1707年5月1日的到来，这一天是大不列颠在法律上正式成立的日子。但在苏格兰，自然有些人会老泪纵横。4月底有"31头鲸鱼"因搁浅死在了柯卡尔迪的海滩上，民众为之惊恐；全国上下都把这一灾异视为凶兆。在5月1日当天，一个爱丁堡的通讯员写信给马尔伯爵说：

今天没有什么像南不列颠那样庄严的事情是值得注意的，这里没有出现这样的情况。今天这里的钟声敲响的第一个旋律是"为何我应在婚礼日悲伤"。这里有一份鲸鱼在柯卡尔迪海滩搁浅事件的出版物，我在信中将它寄给大人您。

但与此同时，昆斯伯里公爵正带着《联合条约》，在4月的天气里神采飞扬地穿过英格兰。他从贝里克德边境南下，一路上受到民众的欢呼，在通往伦敦的路上，每座城市的官员都设宴款待他，而各郡的绅士都骑马前来向他致意。"他在巴尼特受到了英格兰大臣和大多数当时正出席议会两院贵族的迎接。他们的队伍有46辆马车和超过一千名骑手"。最后一任派驻苏格兰议会的王室高级专员就这样前呼后拥地穿过喧嚣的街道进入了伦敦。在英格兰的苏格兰人首次发现自己受人欢迎，并发现"伦敦市民心中有真正的喜悦和满足"，后者"对假如联合没有实现而在苏格兰引起的动乱很是恐慌"。

5月1日被定为英格兰的节假日。安妮在400辆马车的跟随下，前往圣保罗大教堂参加另一场为神保佑她治下取得最重大胜利而举行的感恩仪式。[191]

这样一边倒地庆祝联合的氛围很快结束了，几周之后苏格兰人和英格兰人就开始相互指责。这段历史的后几页记录了这两个拧到一块的民族新的嫌隙和误解；苏格兰人期待在帝国全境获得自由贸易后就能马上实现经济繁荣，但现在看来一时半会儿还实现不了。这个新的束缚虽然不太舒服，但却套得很紧；如果说繁荣之后才会到来，那么这个束缚作为联合的直接后果，一天之内就全数实现了。同时，那些联合派政治家的直接目的要到安妮驾崩时才能实现：汉诺威家族继承大不列颠王位，同时不能有对头在霍利鲁德宫登基。但毕竟联合的条款是建立在英格兰人和苏格兰人相互之间平等公正的基础上的，这一努力将在多年之后获得更大的回报——两个民族的全面和解。比起一个与苏格兰为敌的英格兰，大不列颠更为强大、在各方面也更为富足——在军事、商业、殖民、思想、科学、文学和音乐上都是如此。

而且虽然苏格兰失去了自己的议会，但它没有丧失作为一个民族的灵魂和特质。的确，只有当联合让它摆脱了贫穷与孤立，苏格兰才能获得全面发展。苏格兰的黄金时代——彭斯和司各特的时代——还没有到来。这个黄金时代的景象将令笛福微笑，令斯威夫特轻蔑——英格兰对苏格兰的传统和传说推崇备至！苏格兰接受联合时的愤怒和不情愿也并非没有意义；假如苏格兰欣然接受，没有任何不满和遗憾，它或许就会沦为它的官方名称——"北不列颠"了。

第十五章　反法同盟受挫（1707）

　　1706年这个"奇迹之年"终结了法国在欧洲的霸权并取得了大同盟最初承诺的战争目标。但1707年的战事将揭露同盟实力的局限，显示法国并非没有自卫的能力，而西班牙本土也不像它的海外省份，是外交官们可以在海牙拿来讨价还价的。阿尔曼萨战役、土伦战役、维拉尔元帅袭击德意志和马尔伯勒公爵未能在尼德兰有所斩获，这些事情加在一起令那些在战事开始时扬扬自得的人大失所望。

　　但在每一条战线上，同盟的失利并不单单因为法国和西班牙奋起反抗，也同样是因为英国、荷兰和奥地利之间相互猜忌，这些业已存在的猜忌因为取得了如此大的保障和成功而变本加厉。三方在去年夏天就比利时总督职位的矛盾在1707年结出恶果，奥地利在德意志和地中海的行动变得比之前更加慵懒自私，荷兰的监军一反拉米伊战役所展示的那种通力合作，又开始与马尔伯勒公爵的阵前决策公然作对。马尔伯勒公爵比历史上其他任何伟大统帅更能忍受盟友从中作梗，但在这一无所获的年份中，他的书信里还是对欧洲各地痛失的良机大发牢骚，主要是针对奥地利，但也包括德意志诸侯和荷兰。约瑟夫皇帝拒绝与匈牙利义军讲和，这继续让英格兰大臣们大为不满，而近来对意大利的征服又拉开了萨伏伊公爵与帝国宫廷之间激烈矛盾的序幕。戈多尔芬在6月写道："维也纳没有哪一个想法是不直接抵触同盟利益的"；而维也纳的大臣们居然还有脸抱怨说奥地利是同盟中唯一没有从战争中得到好处的！[192]

在西面，法国的敌人正因相互争吵而裹足不前，在东面又有一团乌云笼罩了上来：查理十二世及其接连获胜的瑞典军队驻屯在萨克森腹地，并威胁要从后方进攻神圣罗马帝国。还好他没有在布伦海姆和拉米伊战役之前到来。

查理十二世是瑞典历史上的"狮心王"。他将自己的国家作为对外征战、获取荣耀的基地，而且和查理一世一样，也被击毙于一座小堡垒的墙外。他没有更为高级的治国政策。除了野心和复仇之外，他还有一个理想化的动机，即救助在东欧受迫害的新教徒。军事战略是需要谨慎行事的，他在这方面非常不足，就像他在政治上缺乏智慧一样，但他在带兵治军和战术指挥方面还是很有建树的。后人对他斯巴达式的造型非常熟悉，不戴帽子、假发和饰物，只是身穿单调的军大衣和长筒靴。长筒靴似乎就是他的精气神所在，因为他无法安安静静地坐在宝座上治国，总是需要带领军队四处打仗，对于他莱布尼茨在1707年对雷比勋爵写道："他的举止和穿着就是老派军人的样子。"①

查理十二世已经在纳尔瓦战役中打败了俄罗斯，还征服了他的敌人、萨克森选帝侯奥古斯特担任国王的波兰，将斯坦尼斯劳斯扶

---

①　莱布尼茨还补充道："瑞典国王出发去检阅分散在全国（萨克森）各地的部队，而荷尔斯泰因的行政官员在他后面追了四十多里格都没能赶上。当国王回来的时候，我正在阿尔特兰施泰特，而我看到他在用膳。整整半个钟头，国王陛下在吃饭的时候没有说一个字，也没有抬过眼，只有当坐在他左边的年轻的符腾堡亲王开始逗狗玩，他才停下来瞥了一眼。"*Kemble*，p.458.

上王位取而代之，并穿过西里西亚一路将奥古斯特赶到德意志的选帝侯国里去了。1706年秋天，瑞典军队占领了萨克森，查理十二世在距莱比锡只有几英里的阿尔特兰施泰特建立了简陋的行在。在之后的一年里，他较少到处跑了，此时激战正酣的欧洲各国开始齐刷刷地注视着这颗来自北方天空的流星，之前它在波罗的海的战场上闪个不停的时候还不是那么容易引人注目。

的确，阿尔特兰施泰特在1707年成了欧洲外交角力的主战场。它属于中立地带，法国及其他帝国都可以过来会见、争取查理十二世。西欧列强已经有好些年没有和瑞典认认真真打交道了，因为这位马上国王对于接见外国文官没什么兴趣，而瑞典的大臣们对他的决策影响力甚微，无权以他的名义办事。英格兰出色的驻瑞典公使约翰·鲁宾逊牧师①比他的国人更加了解斯堪的纳维亚，他在波兰曾有幸与查理十二世谈过话，但没什么成效。1706年11月，他赶到阿尔特兰施泰特，发现路易十四的代理人正在积极地煽动瑞典进犯奥地利边境，这对查理十二世是手到擒来的诱惑，可以用武力一举解决掉他和约瑟夫皇帝的所有矛盾。如果他们游说成功的话，他们的主子或许会去收复马尔伯勒公爵从他那里夺去的多瑙河及代勒河土地。

在友好的君主之间很少能出现像查理十二世和约瑟夫之间那样的矛盾，而且他们的矛盾也不是一两下就能解决的；但这些矛盾也不太可能在这两位顽固的君主之间引发战争。他们之间的第一个矛盾是西里西亚帝国臣民中新教徒的处境问题。他们的教堂被侵占，

---

① 他后来担任了王玺大臣、乌得勒支和会谈判代表并先后出任布里斯托尔和伦敦的主教。由于他和斯堪的纳维亚及牛津大学奥里尔学院都有联系，今天在他母院的四方院子里还有一块北欧古字碑文作为装饰。

自由被践踏，这违背了瑞典参与担保的《威斯特伐利亚条约》中的某些条款。查理十二世决定替他们做主。他的态度令人想起了古斯塔夫·阿道夫，再度挑起了帝国境内新教势力和天主教势力之间的对立。他有意组织一个欧洲新教君主的联盟，如果它成立的话，将会动摇基于另一原则而建立的大同盟。

他对维也纳方面的其他要求则是比较私人性质的，这些鸡毛蒜皮的事因着两国宫廷的敌对关系而变得难以解决——什么一个匈牙利贵族对他出言不逊啦，什么奥地利没有扣留退入其领土的俄罗斯军队反而把他们放跑啦。

英格兰和马尔伯勒公爵就得来缓和这些矛盾。必须让约瑟夫为西里西亚新教徒采取一些行动，还要说服查理十二世不要去管德意志和欧洲的其他宗教问题。幸运的是，查理十二世虽然讨厌约瑟夫及其耶稣会谋臣，但他也同样讨厌路易十四这个迫害胡格诺派新教徒的元凶。而且他知道自己在沙皇那边还有问题没有解决：只要约瑟夫同意对他让个步、服个软，他就会带着大军转向俄罗斯茫茫的荒野上去了。

马尔伯勒公爵是天生的调停家。在外交圈子中，大家在几年前就知道这位在波兰征战的神秘小将虽然在波罗的海贸易问题上与英格兰有矛盾，但他"亲英格兰"，因为他不会忘记英格兰舰队曾在他登基伊始挽救他免遭敌方同盟的进攻。早在1704年，在东欧就有人说"皇帝必须和安妮女王结盟，因为他的国家"在容易受到查理入侵的一侧"保持了和平"。这位古斯塔夫的继承人对于联军打败撤销《南特敕令》的路易十四很是欣喜。他对马尔伯勒公爵很是仰慕，对后者像小男孩一样好奇，特别是会打听马尔伯勒公爵会不会身先士卒地冲锋陷阵，还说他非常想亲自见一见这位伟大的军人。①

就在这样的背景下，马尔伯勒公爵应约瑟夫和其他盟国的请求，在开始尼德兰的战事之前去了一趟萨克森。他取道汉诺威，又去乔治那里烧了冷灶，并于4月底到达阿尔特兰施泰特。瑞典大臣皮佩伯爵接待了他，比他之后在查理十二世那里受到的更加热情，并于次日带他去见查理十二世。这两位禀赋、脾气和命运迥异的名将之间的会面总会让人浮想联翩。马尔伯勒公爵呈上安妮的亲笔信，并"用英语简短地宣读旨意，然后由鲁宾逊先生翻译"。

1707年
4月28日

> 我向陛下呈上我家女王的一封信。若不是她身为一介女主，她定将亲自渡海前来会见您这位举世敬仰的君主。我比女王更加有幸，而且我希望能在像您这样能征善战的君主麾下带兵打仗，这样我或许能学到一些我还不懂的兵法。

每一句话都说到了查理的心坎里。但他之后的战役只能让马尔伯勒公爵学到除查理十二世外欧洲每个将领都心知肚明的事，即没有合适的道路、通信和补给，带着大军穿越俄罗斯一望无际的沼泽和森林不是什么明智之举。

在愉快地正式见面后，双方继续进行私下的会谈。马尔伯勒公爵很快就发现，查理十二世对法国的敌意很深，而路易十四代理人的一再坚持反而让他不想进攻奥地利了。马尔伯勒公爵有理有据地

---

① P.R.O.（S.P.）91，4，惠特沃思自布雷斯劳的来信，1704年12月7日；*Coxe*，chap.liv.（格伦布科致马尔伯勒公爵，1707年1月11日）。

为反法同盟的大业进行辩护，并指出现在组建一个新教联盟并不符合新教的利益。他让查理十二世更加不愿与奥地利开战了，而且变得更加急于回师推翻沙皇，然后在更为合适的时候再来处理德意志的事情。根据伏尔泰的说法，寡居的萨拉对他说，其夫在那次著名的会谈中看到桌上有一幅莫斯科公国的地图，还注意到查理十二世一提到沙皇眼里就冒火，他据此认为像推翻波兰的奥古斯特一样推翻彼得大帝才是查理十二世真正的野心所在。

于是马尔伯勒公爵在根据当时的习惯给查理十二世的大臣付清了英方的膳宿费后，便上了马车向西驶去。他此行对查理十二世没有立刻进攻奥地利发挥了很大的影响。但这件事本身并不能起到决定性的作用。在约瑟夫做出让步之前，查理十二世一人一马也不会离开。直到9月的第一个星期，维也纳方面才接受了所有的条件。查理十二世这才拔营离开萨克森，开进了俄罗斯的密林之中，直到在波尔塔瓦遭遇惨败。[193]

查理十二世要负不少历史责任。他无休止地扩张、复仇，无法安于和平并承担为人君者的应有责任，瑞典这个国家曾经还是对人类文明有贡献的强国，但查理十二世毁掉了瑞典的声望和实力；他一门心思想要进军莫斯科，结果却在欧洲边缘崛起了俄罗斯这个野蛮强大的国家——因为彼得大帝虽然心狠手辣，但他是个政治家，而查理十二世只是一介武夫，而且还是不太明智的武夫。

出名鲁莽的霍茨波，一切都是任性而行。

马尔伯勒公爵在穿过德意志前往海牙的路上，满怀希望地盘算着他构思的宏大计划，他想在这一年付诸实施，摧毁敌人进一步抵抗的能力。各条战线上的行动都在他的运筹帷幄之中。他不会只把希望寄托在他自己在尼德兰所取得的战果上。他当然希望能在那里打一场胜仗，然后直驱巴黎城下。但他知道今年荷兰人不好对付；他知道里尔、蒙斯和图尔奈这样的坚固堡垒在法国边境上最为密集；他还知道路易十四利用冬天的喘息之机招兵买马，现已经在边境集结了超过十万野战军，统帅是能征善战的旺多姆元帅，路易十四还下令避免与敌人正面交战。因此马尔伯勒公爵不相信能凭一己之力结束战争。但旺多姆元帅的军队规模表明法国其他战线空虚。马尔伯勒公爵一直没有忘记地中海战场，他认为可以在这里给法国致命一击。

他今年的计划是这样，首先由欧根亲王从联军在意大利半岛上刚获得的基地出发，跨过阿尔卑斯山进攻。其目标是土伦。皮埃蒙特和奥地利的军队以及英格兰雇用并供给的德意志部队，再加上克劳兹利·肖维尔爵士的英国舰队策应，应该足以让欧根亲王以突袭夺取这座重要的法国军火库。一旦联军的旗帜在土伦升起，路易十四必然接受同盟的议和条件。而且入侵法国南部可以迫使贝里克公爵在西班牙的军队班师回国，从而让英格兰和葡萄牙的军队再度攻占空虚的马德里。

这就是马尔伯勒公爵的宏大计划。他宽宏大度地将首要任务交给他向来信任的战友欧根亲王，但后者这次却辜负了他的信任。假如联军在执行这一计划时能聪明、哪怕是听话一点，土伦早就被攻克了。但维也纳的政治家甚至可能还有萨伏伊公爵都不太乐意替英格兰和荷兰攻占这一重要的海军基地。他们没有为战争的大局考虑，也不知道这一精心安排的计划是有多方参与的，所以严格按时执行非常重要。

就在马尔伯勒公爵不辞辛劳地前往阿尔特兰施泰特去保奥地利的平安时，约瑟夫皇帝却已经在采取措施扰乱他的计划，并事先降低了联军在土伦和马德里的胜算。3月，约瑟夫与路易十四另签密约，让意大利保持中立，这样被困在米兰公国的法国守军就可以回国了；约有12000名久经沙场将士的军队本来应该要投降的，但他们就这样回去充实了法国在西班牙和普罗旺斯的防御力。约瑟夫的目标是在都灵战役胜利后趁机迅速占领意大利各省。比起按照英格兰的指令准备进一步打击法国，维也纳的治世能臣们更在意能不能马上全数吞并米兰和那不勒斯的领地。既然英格兰和荷兰不能将收复的尼德兰领土物归原主，那么哈布斯堡王朝至少可以自取意大利的领地。

出于同样的原因，约瑟夫不顾马尔伯勒公爵和英格兰大臣们的一再劝阻，执意派一支奥地利军队沿着意大利半岛南下，将西班牙的残兵败将赶出那不勒斯。[①]这一痛打落水狗的计划不仅不成熟，也没有必要，反而将欧根亲王进军普罗旺斯的时间推迟了好几个月，而且也削弱了出征的兵力。马尔伯勒公爵将跨过滨海阿尔卑斯山的时间定在了早春时节，不仅是为了保证能突袭土伦，也是为了缓解法国对西班牙的压力。约瑟夫将这一重大的行动拖到了夏末，此时联军早已在阿尔曼萨战役中彻底丢掉西班牙了。[194]

1706年，反法同盟错失了唯一一次能让奥地利的查理登上马德里王座的机会，这还是拜他奥地利同胞的默许所赐。这场奇怪的战事结束的时候，戈尔韦伯爵率领着葡军向东撤离马德里，与查理国

---

① 战争期间双方常常无视弱小中立国的领土，奥地利军队就直接穿过教宗国前往那不勒斯。那不勒斯反法情绪强烈，不战而降，而加埃塔要塞经过围攻后也陷落了。由于英格兰舰队不愿配合，抵抗力弱小的西西里没有立刻被占领。

王的军队在巴伦西亚会合，联军主力就这样集中在地中海岸边。

新年伊始，他们又得到了新的增援。去年秋天，里弗斯伯爵带着8000多人离开英格兰。原本的计划是在吉耶讷海岸登陆：他将在那里宣布自己是法兰西自由的朋友，要恢复三级议会和《南特敕令》；他将组织整个法国南部的胡格诺派新教徒去支援在塞文山区的同教，然后与意大利来的联军合攻土伦。但由于种种原因，这一大胆的计划没有付诸实施，这从长远来看对胡格诺派及法国的政治宗教自由是有利的，因为外国势力过来打了就跑对他们并没有好处。于是里弗斯的远征军改道向南，先是到了里斯本，然后经直布罗陀到巴伦西亚与戈尔韦伯爵会合。当他在1707年2月抵达目的地后，只剩下一半多一点的人马了，这支可怜的英军有很多死于漫长的冬季航行中——比斯开湾风暴大作，恶劣的运输条件又导致疾病蔓延。

在西班牙的联军将领果然有爱争吵的传统。里弗斯伯爵还没有到巴伦西亚就开始和未来的同僚闹矛盾了，他从里斯本写信回国，对戈尔韦伯爵进行严厉的攻击，指责其通敌背叛并要求让自己取代戈尔韦伯爵。这些严重夸大的指控反而让他惹祸上身。国内的大臣都支持戈尔韦伯爵，而且这个老胡格诺派还是辉格党大佬们的红人。詹姆斯·斯坦诺普将军虽然自己也有点脾气，但他常常为别人居中调解，他成功地化解了这两位主将之间的矛盾，最终里弗斯体面地自动回国，将所部人马留给戈尔韦伯爵，直到在阿尔曼萨战役遭到惨败。[1]

同样在1707年初，彼得伯勒伯爵从意大利度假归来回到巴伦西

---

[1]　里弗斯是出了名的浪子，但约翰逊博士可能是出于友情的缘故，误以为他的朋友、诗人理查德·萨维奇是里弗斯伯爵的私生子。

亚，并参加了决定当年作战计划的军事会议。戈尔韦伯爵和斯坦诺普主张采取最为大胆的攻势——再次进军马德里。查理和他的将领则主张采取最软弱、最危险的守势——将军队分散驻守西班牙东部沿海。彼得伯勒伯爵赞成谨慎用兵，他说战争胜败在于普罗旺斯，所以在土伦开战之前，西班牙的联军应按兵不动。他还说法西联军长于野战，尤其是用骑兵。经过一番激烈的争吵，他们做出了最糟糕的决定，这充分反映了多头指挥的问题。戈尔韦伯爵和米纳斯侯爵率领英格兰、荷兰和葡萄牙军队出发，而查理和他的将领努瓦耶勒伯爵则带着神圣罗马帝国和加泰罗尼亚军队驻守阿拉贡、加泰罗尼亚和沿海城镇。假如联军倾巢出动，那么阿尔曼萨战役或许还有胜算。假如联军全部留守，那么战斗将不会发生。

彼得伯勒伯爵此时被国内当局召回，于1707年3月彻底告别西班牙。他在阿尔曼萨战役后给与他争吵最少的斯坦诺普写了一封"我早跟你说了吧"的信：

您知道了西班牙骑兵可以打败英格兰步兵，还有进军马德里没有您想得那么容易。我很感谢那些把我调回伦敦的人。

爱说个不停的彼得伯勒伯爵摆脱了繁重的工作，就在欧洲各大首都和大营跑了一圈，度过了一个愉快的夏天，他让维也纳的政治家相信他是查理三世的朋友和戈尔韦伯爵的敌人，还不请自来地挨个儿造访各个大本营，滔滔不绝地讲了一大堆，把每一个统帅都弄得不耐烦甚至生气了。欧根亲王写道："伯爵大人很能纸上谈兵，但他表达起来总是很不得体。"在阿尔特兰施泰特，他一边说着约瑟夫的坏话，一边又奉承查理十二世是欧洲的调停者，要不是沉默寡言的查理十二世对他极其反感，他差一点就坏了大事。最后在8月终于轮到了布鲁塞尔的英军大本营：

> 彼得伯勒大人把能说的话都对我说尽了（马尔伯勒公爵在沉默而绝望中写道），但丝毫不提他撤下军队去意大利的事情……更糟的是，恶劣的天气让我无法外出，所以他有机会跟我长篇大论；他今天说的事，明天又反悔；所以我很希望他能把自己的想法给写下来。

最后他终于乖乖地回到了英格兰，这是他六个月前就接到的命令。他在秋天抵达了伦敦，正好可以把他功过得失的故事出版出来，并在下一个议会会期带头攻击政府。他在上议院能说的话可多了，因为政府在决定把他从西班牙召回后吃了大苦头，他才走了几个星期，伊比利亚半岛上的英军就遭到了惨败。[195]

4月，戈尔韦伯爵带着部分联军从巴伦西亚向内陆进发。[①]他计划的是从塔古斯河上游进军马德里；但在北上之前，他必须拔掉敌人在穆尔西亚的几处据点，以保证他的交通线。正当他忙于此事时，贝里克公爵率领一支25400人的法西联军逼近。戈尔韦伯爵和米纳斯侯爵麾下只有15500人，而且其中半数以上还是打起仗来百无一用的葡萄牙人。贝里克公爵的军队中法军有近一半，而且虽然西班牙步兵除了打游击战之外也不顶用，但就像彼得伯勒伯爵所警告的那样，他们的骑兵哪怕是对付英军也是一点也不逊色的。

面对这些劣势，戈尔韦伯爵犯了一个致命错误，他想和贝里克公爵在阿尔曼萨决战。由于乡村地区对联军的敌意，他显然没有来

---

① 米纳斯伯爵是名义上的统帅。但军队实际由戈尔韦伯爵指挥。

得及获知敌军刚刚从法国补充了八千生力军。这是因为约瑟夫皇帝一方面放走了米兰公国的法国守军，另一方面让在意大利的奥地利军队掉转矛头进军那不勒斯。阿尔曼萨战役的失利是反法同盟自己一手造成的。

戈尔韦伯爵率军深入一片大平原，以至于当他发现自己是以寡敌众时根本无法撤退，因为那里没有任何可以逃跑或躲藏的地方。进入了这样的陷阱里，他们如果不能杀出一条血路，就只能全军覆没了。

战斗在下午3点打响。双方都将步兵放在中央，将骑兵放在两翼，正如以前英格兰内战时期的一些战斗一样。但由于联军骑兵较弱，所以他们按照马尔伯勒公爵在布伦海姆战役中的战术，在左翼骑兵中间"穿插"部署了一些英格兰步兵。在这一侧，各兵种展开了漫长而激烈的厮杀。当天唯一表现可圈可点的葡军是米纳斯侯爵亲率进行白刃战的骑兵：他的情妇女扮男装追随左右，最后被击毙在他身旁。在战场同一侧，戈尔韦伯爵之前在围攻巴达霍斯时失去了拿剑的右手，他冲进战斗最激烈的地方，在战役的关键时刻被军刀砍伤了眼睛上方，丧失了战斗力。

1707年4月25日（新历）

在中央，虽然英格兰、荷兰和胡格诺派步兵下午开战时已经因为长途行军和口渴而筋疲力尽，但他们还是充分展现了惯有的英勇，将人数占优的法西步兵击退到了阿尔曼萨的城墙根下。要不是因为完全组成联军右翼的葡军骑兵的所作所为，战役可能会取得胜利，至少不会败得那么惨。但他们刀不出鞘就临阵脱逃了。

随着夜幕的降临，敌军大部队包围了还没有逃跑的联军残兵。葡军步骑兵几乎全部撤退，只留下约八千联军对抗两万敌人。如果米纳斯侯爵和戈尔韦伯爵算不上经天纬地的将才的话，那他们也都是英勇的沙场老将，能够在战斗兵败面前不慌不乱。他们成功地率领几个连的骑兵、1500名英荷步兵和英军的6门火炮突围脱险。葡军的20门火炮则落入了胜利者手中。①

另有一支在2000人至4000人之间的英格兰、荷兰和胡格诺派步兵也突出了重围。当天夜里，直布罗陀保卫战的英雄施林普顿将军率领他们退到了战场约8英里外的山区。但到了第二天，他们没吃没喝，弹药也几乎打光了，实在无力继续行军，便向追来的敌军骑兵投降了。这一决定是军官们开会进行激烈争吵后才做出的；有些在场的军官对施林普顿投降的主意非常不满。据说这件事和法军步兵在布伦海姆村投降一事相比，后果没有那么严重，虽然情况更加危急。言人人殊，后世的历史学家也没有足够的信息来做出判断。

这些当了俘虏的英格兰和联军步兵在前一天还英勇奋战。但戈尔韦伯爵则指责两个"刚组建"的英格兰龙骑兵团"没有尽到自己的职责"；他们在戈尔韦伯爵带出战场的英军骑兵中占了大头。胜利的一方也损失惨重。贝里克公爵在他的回忆录中夸大了联军的损失，而说自己只损失了2000人，联军方面则认为这一数字低于实际情况。不管怎么说，这些损失对于这样一场胜利都是值得的；"查理三世"成为西班牙国王的最后一次机会就这样烟消云散了。[196]

有一首显然是当时写作的民谣流传多年，它反映了民谣这种受人欢迎的英格兰传统的某些方面很可能源自参加这场战役的普通士兵的故事：

我们那天整整行军了20英里，

---

① 厄尔将军在1707年6月26日写给马尔伯勒公爵的信（*Add. MSS.* 9099）中说，逃脱的英格兰和荷兰步兵有1500人。贝里克公爵有关他俘虏10000人及全部的火炮并打死5000人的说法是错的；联军一共也就15500人，而葡萄牙军队及时逃跑了。

一滴水也没有喝；

在这场血腥的杀戮之前，我们这些可怜的人几乎精疲力竭。

我们的将领，勇敢的戈尔韦伯爵，

喊道："杀呀，趁你们还行的时候；

杀呀，勇敢的英格兰人，

你们今天是以一敌五。"

荷兰人持剑倒地，

一了他们的夙愿；

三十五连的葡萄牙骑兵，

一枪未放就逃之夭夭。

我听说贝里克公爵

下了命令，

说如果你们击败了敌人，

要留英格兰人一条活命。

对我的同胞好点，

因为这是我的意愿；

葡萄牙人你们随意，

反正他们很快就会跑了。[197]

　　这是一场不同宗教、不同民族之间的战斗，一边是英格兰天主教徒贝里克公爵率领的法军，另一边是法国胡格诺派信徒戈尔韦伯爵吕维尼率领的英军。戈尔韦伯爵兵败阿尔曼萨一事让高教会派托利党大吃了一口人血馒头，他们为贝里克公爵举杯庆祝，说他是"打败法国人的英格兰猛将"。

在1707年剩下的半岛战事里，胜利者接连摧城拔寨。这一年联军再也不能出征，但戈尔韦伯爵的勇气和精力并没有因负伤和失利而减损。他激励着自己的军队，而他们也适时从英格兰获得了补充。战斗力强的正规军进驻巴伦西亚各城，查理派的残余势力也一同保家卫国。在这样的情况下，攻城方付出了沉重的代价才拿下了巴伦西亚的哈蒂瓦和加泰罗尼亚的莱里达，德尼亚击退了法西联军的猛攻，后者在城下丢弃了3000多具尸首。都柏林执事长珀西瓦尔兴奋地记录了德尼亚围攻战期间发生的一件事，他是从他的兄弟、参与这场激战的一名少校的来信中得知的：

> 他们的掷弹兵有3000名步兵支援，再次被英勇地击退了。第一个冲进缺口的是一个身穿教袍的神父，前面举着一个大十字架，大声喊着"基督教在此"。掷弹兵都在他的身后，料想西班牙人和葡萄牙人不会朝十字架开枪，但他们错了，因为珀西瓦尔少校在缺口处部署了50名英格兰士兵，其中一个还发毒誓说这个神父说的是谎话，毫无忌讳地将他击毙，那些一起冲进缺口的军官也落得同样的下场。[198]

不管怎样，这名神父代表着西班牙，就像那个打死他的忠诚士兵代表着英格兰一样。因为继联军上一年丢掉马德里之后，阿尔曼萨战役已经决定了西班牙人心目中的王朝归属。此后的战斗被视为一场民族宗教战争，西班牙及其盟友法国击退英格兰和荷兰异端分子以及德意志、葡萄牙和加泰罗尼亚异族人的入侵，这些侵略者妄想在西班牙扶植一个德意志国王。布道和小册子煽起了民族情绪，反对那些在加的斯和直布罗陀洗劫教堂和女修道院的路德派英格兰士兵。在阿尔曼萨战役之后，巴伦西亚和阿拉贡的查理派或者说反卡斯蒂利亚派再也无法恢复斗志。菲利普五世的军队在这两个省份如入无人之境。只有加泰罗尼亚以及那些位于巴伦西亚沿海、可以从英格兰舰队获得联军支援的堡垒坚守住了，波旁王朝的军队在接下来的好几年里要付出很大的代价才能将它们征服。

反法同盟大可以接受阿尔曼萨战役的失败，从而在《乌得勒支和约》之前五年让欧洲实现和平。但他们在西班牙彻底丧失机会后，开始投入前所未有的精力。奥地利军队结束了在意大利的战事，从1708年开始被大量投入西班牙战场。英格兰也加大了在伊比利亚半岛的战争努力。伦敦和维也纳似乎准备为了西班牙做任何事情——除了把马尔伯勒公爵或欧根亲王派到这个会让名将折戟沉沙的地方。马尔伯勒公爵说他不能离开法国的尼德兰边境，因为如果他这样做的话，法国就会卷土重来夺回比利时。而约瑟夫皇帝不顾马尔伯勒公爵的恳求，拒绝让欧根亲王去离德意志那么远的地方。既然其他人都没有在西班牙取得胜利，那么有人想要迫使路易十四废掉自己的孙子、完成反法同盟自己都完成不了的事情，这种想法可以说既不讲道义也不合逻辑。很快就有人提出这一议和基本条件，说穿了就是要法军迫使心不甘情不愿的西班牙人接受奥地利亲王查理为国王。这一提议标志着反法同盟在西班牙的政策彻底破产。

1707年5月，从萨克森回来的马尔伯勒公爵准备出征，此时阿尔曼萨战败的消息已经让荷兰人气馁，变得比以往更加胆怯惊慌。

这一消息也让马尔伯勒公爵在尼德兰本来就不高的胜算变得更加渺茫，给他对欧根亲王攻下土伦的信心蒙上了一层阴影。因着戈尔韦伯爵的失利，他精心策划、环环紧扣的宏大计划开始分崩离析了。阿尔曼萨战役意味着不仅反法同盟丢掉了西班牙，而且法国在其他所有战线上的实力也将得到增强，而远征那不勒斯则推迟并削弱了奥地利入侵普罗旺斯的行动。在5月底之前，另一场灾难进一步拖延扰乱了反法同盟在各地的计划。维拉尔元帅再度展现他超出其他法兰西元帅的将才，以突然袭击打破了莱茵河上的警戒线，突破了施托尔霍芬防线。法军席卷蹂躏了施瓦本和弗兰肯的大部分地区。他们的先头部队最远突进到了布伦海姆的原野。法军胡乱抢掠一通，并系统性地从德意志西南部的城乡征收了沉重的战争特别税，让维拉尔元帅和他的士兵们赚得盆满钵满，并缓解了路易十四国库空虚的窘境。

这一最新的挫败要怪维也纳和德意志诸侯慵懒怠惰。虽然马尔伯勒公爵一再警告他们，但他们连他的信都懒得回，更不用说听从他的建议了。① 人们或许可以指望这一年的莱茵河战线有所改观，因为巴登亲王路易斯已经死了，可接替他的拜罗伊特藩侯带兵打仗比他还差劲。德意志南部本来兵力就不足，还被分散驻守无关紧要的据点，直到施托尔霍芬防线被突破、国土惨遭蹂躏，都没有人想到

---

① 马尔伯勒公爵在1707年6月13日写给查理三世的信中用非常严厉的语气谈及此事："由于我们在德意志前所未有的疏忽和错误，让维拉尔元帅跨过了莱茵河，导致我们现在只能把赌注全部压在意大利的计划（即攻打土伦）上，根据你们给我方的承诺，我原本希望那里可以有效地牵制住敌人，便在四个月里反复派人或送信，用尽全世界的精力劝告维也纳及各诸侯。" *Add. MSS. 9093*, ff.11–12.

要将兵力集中起来。当德意志军队最终出征的时候，得胜的维拉尔元帅（据他自己说）并没有足够的兵力敢与他们一战。马尔伯勒公爵要求罢免拜罗伊特藩侯，让汉诺威选帝侯接手，后者至少没有那么无能。马尔伯勒公爵为汉诺威选帝侯背书，也取悦了国内的辉格党人，并让他今后能得到这位未来君主的宠信。[199]

　　荷兰人本来就出于政治原因，没有像12个月之前那样积极地支持前方的马尔伯勒公爵了，而阿尔曼萨战败和维拉尔元帅袭击德意志进一步让他们丧失了斗志。主和派的势力在荷兰不断壮大，这是由于当时的人有一种奇怪的观点，即那些积极主和的人必然消极作战。荷兰理所当然地不允许马尔伯勒公爵这一年在摩泽尔河用兵。甚至在尼德兰内部，监军们也不让他攻击敌人。在1707年，他又被荷兰人束手束脚了，这样的情况毁了他每一年的作战计划，只有布伦海姆战役和拉米伊战役的这两年除外。

　　今年的情况确实没有明显的胜算让监军们不得不同意开战。旺多姆元帅的野战军有10万，而马尔伯勒公爵只有8万，而且在阿尔曼萨战役和突破施托尔霍芬防线后，法军士兵士气大振，至少在表面上是这样。而且旺多姆元帅是在蒙斯、里尔、图尔奈等最坚固的要塞之间行动，可马尔伯勒公爵只能躲在布鲁塞尔、布鲁日和勒芬这样无险可守的城镇里，而当地居民经过荷兰人一年的统治，已经对联军离心离德了。马尔伯勒公爵知道监军们在和他作对，一度似乎丧失了信心和主动，至少是想先等到土伦方面的捷报再说，而这样的捷报永远不会来了。在马尔伯勒公爵历年的战事中，只有这一年没有打过任何一仗或攻陷任何重镇。不过直到退伍，他仍旧是攻无不克，战无不胜的。[1]

虽然其他各条战线上噩耗频传，但直到奇袭土伦的行动开始之前，马尔伯勒公爵还没有彻底绝望。英格兰希望神圣罗马帝国在春天发动进攻，但后者却拖到了仲夏时分，这在很大程度上导致了阿尔曼萨和施托尔霍芬的失利。假如联军能占领法国南部的军火库和沿海地带，那么胜利一方或许无法在冬天决定议和的条款。

欧根亲王和萨伏伊公爵维克托·阿马德乌斯终于在7月初跨过了滨海阿尔卑斯山，这支入侵的神圣罗马帝国和萨伏伊联军只有3.5万人，不足以应付像征服普罗旺斯这样大的行动。欧根亲王对此也不是很积极。奥地利宫廷和军方自始至终的基本心态就是，他们是在听从英格兰方面的指令，替英格兰和荷兰从火中取土伦这颗栗子。

英格兰只能通过克劳兹利·肖维尔爵士舰队的协同行动来表达对这次作战的热心。英荷舰队沿着法国南部海岸，与地面部队齐头并进，并通过夹攻敌军侧翼，帮助地面部队挫败了法军的牵制，渡过了瓦尔河口。的确，在这场失败的远征中，陆海军之间的协同从头到尾都堪称典范。陆军必须从海军那里获得粮食补给，并倚靠海军提供火炮及其他攻城所需的物资。这些士兵中没有一个是英格兰

---

[1]　有 Frank Taylor, *Wars of Marlborough*, chap.xvii 珠玉在前，没有必要再详细反驳荷兰监军戈斯林的说法，即马尔伯勒公爵之所以在这一年没有进军求胜，是因为他对上一年没能拿到尼德兰总督职位而闷闷不乐。他的书信显示他在 1707 年仍然是欧洲各地联军行动的主心骨。但或许如克兰斯顿上校所言，他在给尼韦勒的蒂伊伯爵的命令中犯了错误（或者说没有下命令），有可能因此失去了如愿采取行动的机会。正如克兰斯顿所记载的，他无疑在战事接近尾声时因为这一年他所计划的各处联军行动均告失败而变得"抑郁而易怒"。*H.M.C. Portland*，Ⅳ，pp.440–444. 另参见 *ibid.*，416，420；*H.M.C. Bath*，Ⅰ（1904），pp.172–173；*Coxe*, chaps. lvi–lvii, lx–lxi.

人，他们斗志不高，还得在炎炎烈日下向土伦强行进军。他们肆无
忌惮地劫掠沿途百姓，而招致的敌意令他们的处境雪上加霜。联军
听信了胡格诺派流亡者的传言，说他们能在受路易十四压迫的臣民
中找到盟友或中立者。这不过是信口雌黄，欧根亲王的所见所闻不
过多给了他们一个将这场行动斥为白日做梦的理由或借口。

　　他们是在与时间赛跑。当联军出发的时候，土伦几乎是一座空
城，城防设施也年久失修。法国的"意大利军"分散在阿尔卑斯山
边境的多处据点中，不知道敌人会从哪个山谷过来。但当泰塞元帅
一得知联军的路线，立刻就判断出了他们的目标，并下令他底下的
团从各山间营地全速前往土伦。他临时在城后的山丘上以迅雷不及
掩耳之势建了一座工事，取名"圣安妮营寨"。港内法军大舰队的火
炮都被搬到岸上，然后部署到这座新工事上，并由熟悉它们的海军
炮手和军官负责操作。2万法军步兵及时抵达土伦，挡住了联军长驱
直入。这真是狭路相逢，只有勇者才能取得胜利。

　　与之前在直布罗陀和巴塞罗那的失败相比，泰塞元帅在这个至
关重要的夏天表现得可谓精明强干。他们法国的讽刺诗大师在感激
他挽救了土伦的同时，还不忘挖苦说他这次当然能成功了，因为他
熟知攻城是怎么被打退的。上至元帅，下至普通士兵和农民，法国
人在保家卫国时斗志格外昂扬。

　　联军指挥官没能赶上兵不血刃攻占土伦的机会，便在拉瓦莱特
的营中商量对策。欧根亲王主张原路返回，并得到了奥地利部将的
支持。他担心路易十四会在他们后方集中生力军，截断他们的退路。
萨伏伊公爵和克劳兹利·肖维尔爵士强烈反对这样怯懦地结束如此
重大的行动。克劳兹利爵士用他惯常的粗暴言辞告诉欧根亲王，英
格兰已经下定决心拿下土伦，他得到了国内下的死命令，必须进行

攻城。他倒是有资格这么说话，不仅因为地面部队的口粮要靠他的舰队提供，就连这支部队中的大部分也是领英格兰的军饷。至于欧根亲王担心退路被截的问题，肖维尔将军说如果真的到了那一步，他的船可以载着联军人马全部撤走。欧根亲王同意了，但他连尝试攻城都不愿意，这绝不是一个好兆头。[①]

维克托·阿马德乌斯敦促联军在抵达后要马上攻打泰塞元帅在城外山上尚未完工的工事。但欧根亲王坚持认为，如果要攻城的话，就得正经八百地攻城，联军应挖掘堑壕。在目前的情况下，要不要立刻发起进攻或许各有各的道理。但士气也是各种因素之一。2万法军誓死保卫国土，这样的精神头常常在后来的马尔普拉凯战役、瓦尔米战役和马恩河战役中助他们的同胞一臂之力。3.5万联军士气低沉，而且已经开始互相攻讦了。在去年9月，同样是欧根亲王和维克托·阿马德乌斯，虽然是以寡敌众，却能以一当十，没等炮击就冲垮了都灵城外的法军战线。现在虽然联军人数更多，但欧根亲王却不敢立刻进攻了。更为重要的士气优势逆转了。

萨伏伊公爵虽然在行军的时候信心满满，但在欧根亲王不肯全力配合之后，他也变得垂头丧气，觉得成功无望了。他告诉克劳兹利爵士说他"这辈子从来没有这么担忧或低沉过，哪怕是法国人将他赶出自家国土的时候也没有"。既然奥地利人和萨伏伊人是这样相互指责、斗志全无，那么攻城在还没有开始的时候就已经输了一

---

① 这段记载全部出自1707年7月29日欧根亲王本人写给皇帝约瑟夫的信（*Feldzüge*，Ⅸ，Appendix，pp.177–178）。因此不能说这对欧根亲王有失公允。英格兰作家，包括我特别要提到的朱利安·科比特，都非常情有可原地对欧根亲王爱戴有加，视之为马尔伯勒公爵的挚友（他在其他战事中确实如此），因而没有注意到他在攻打土伦时不太光彩的作为；这些作者没有研究像*Kopp*这样的德文史料，特别是欧根亲王本人的*Feldzüge*。

半了。①

由于泰塞元帅在城北的圣安妮高地上构筑了新的工事，联军无法包围土伦，只能从东面进攻。他们成功地占领了北侧法龙山的山顶并攻陷了泰塞元帅在圣凯瑟琳高地修筑的外围碉堡，并从这些地方将堑壕一直往南挖到海边。舰队将船上的火炮、缆绳和物资全部卸下，没有这些东西地面部队可就束手无策了。但在8月的上半月，泰塞元帅的防线日益巩固，军队从北边和西边不断涌进土伦。②联军失去了他们仅有的数量优势。营中疾病横行，恶劣天气影响了与舰队之间的交通，导致食物短缺。士兵们开始成群结队地逃往敌方。

1707年8月22日（新历）　法军发动进攻，成功突围。到8月中旬，所有人都认为攻城必须结束了。火炮和伤病员被送上船，其余的部队则原路返回。虽然有掉队的士兵被农民截杀，但欧根亲王担心的法国生力军并没有出来拦截他们退往意大利的道路。[200]

但土伦围攻战并非一无是处。法国大舰队已经集结在土伦而非布列斯特多年，他们日薄西山的战斗力再次遭到沉重打击。

攻城的最后几天里，在攻占了海港入口处附近的圣路易堡后，英荷舰队已经可以隔着中间的狭长地带对城镇和船坞进行炮击了。他们炮击造成的损失并不大。但法国的海上力量也并非毫发无伤。因为在7月联军第一次攻城时，守军就采取了惊慌失措的行动：大舰队在浅水的停泊处搁浅，这一方面是为了减少船只遭受炮击的损伤，

---

① *Byng Papers*（*Navy Records Soc. 1930*），Ⅰ，pp.226-227.

② 进攻和防守的状况在很多方面与塞瓦斯托波尔围攻战很类似。

另一方面是万一土伦陷落，联军很难将它们直接开走。

由于这一匆忙而笨拙的举动，路易十四残余的海军在战争剩下的时间里严重瘫痪。有些大船被彻底沉入海底，但大部分船只只是搁浅，这样三层甲板中最上层的火炮仍然可以运作。有几艘小船被留在了水面上。法军原本计划在联军撤退后把船只都捞上来，但打捞工作比预计的更难、花的时间更久。很多船只又能行动作战了，但防水或航行能力大不如前。6艘大型军舰和不少二、三级军舰因为无法修理，于次年被彻底凿沉。而由于这样的行动其实需要更多的人员、技术和资金，其他很多船只因此而战斗力或寿命减少。由于路易十四没有更多的钱来修理船只，土伦船只搁浅比英格兰人自己在朴次茅斯或查塔姆采取类似行动更具灾难性。在战争余下的时间里，大舰队静静地躺在土伦港内，凡尔赛宫对它们不管不顾，它们只能自己舔着累累的伤痕——有些是自己造成的——任由英格兰人畅通无阻地称霸海洋。①

克劳兹利·肖维尔爵士年轻时就在尚属弱小的英格兰海军中服役，但他来年却不能回到地中海岸边升旗凯旋了。他在秋天返航回国途中，犯了一个连顶级水手都很难完全避免的
1707 年 10 月 22 日
错误，让他的舰队在雾蒙蒙的夜晚误闯锡利群岛的岩石之间。他的旗舰"联合号"及舰队中的另外两艘船沉没。他

---

① 土伦舰队搁浅一事已有不同的英格兰作家记载，见于 *Buchett*, p.732往后。但我更愿意全部依赖法方的史料。*Pelet* 和 *TesséMém*. 为的是给法国涂脂抹粉，完全没有提及此事。*The Siege of Toulon, collected from the original Papers*, 1746, p.183 为当时法方记录的英译本，其中简单承认了这一事实，但淡化了其规模和影响。V. Brun, *Guerresmaritimes de la France*, *Port de Toulon*, 1861, I, pp.120–126 根据全面的地方及技术信息对此事进行了详细的记载。我的叙述就是以此为基础进行简写的。

被冲到了波斯利克湾的岸边。他失去意识、奄奄一息地躺在沙滩上，一个妇女觊觎他的绿宝石戒指，结果了他的性命。至少她在30年后是这么忏悔的，还把戒指拿给了一个神职人员看。

英格兰人永远忘不了肖维尔的大名，特别是他从船舱侍从一步步爬上来的传奇经历。他被抢劫他的人埋在了沙滩上，但他的遗体被找回并迁葬威斯敏斯特教堂。他坟墓旁的纪念碑颇为有名，但更有名的是艾迪生在1711年3月的《旁观者》上对它的批评：

> 克劳兹利·肖维尔爵士的纪念碑常常让人气不打一处来。他本是一个勇敢粗犷的英格兰海军将领，这是这位英勇之士与众不同的特质，但他的坟墓却把他表现为一位公子哥，戴着长长的假发，躺在天鹅绒枕头上，顶上还有一个华盖。我们常常笑话荷兰人缺少天才，但他们在建筑和此类工程方面绝对比我们品位更好，古朴又不失优雅。他们海军将领的纪念碑都是用公费建的，能够原汁原味地将这些将领表现出来；用来装饰的是海战功勋冠和海军饰物，辅以用海草、贝壳和珊瑚编成的漂亮彩结。

多么希望这段文字能被镌刻在石头上，放在教堂里的纪念碑旁啊。[201]

第十六章　哈利失势

　　历史学家必须对战争和政治并驾齐驱，因为两者可以单独构成一套顺理成章的叙事。在安妮时期伦敦的日常生活中，除了马尔伯勒公爵的胜利、与苏格兰人的条约、瑞典人的意图和法国人之外，"城里"还有许多好玩的事情。刚刚传入英格兰的意大利歌剧就排挤掉了本土的音乐。

　　咱们著名的尼科利尼今天赚了800基尼；据说下星期二演出的托夫特夫人也将大赚一笔。她上个星期日在萨默塞特公爵的府邸演出，当时有30个绅士在场，每亲她一口要付一个基尼；按照这个价钱，有人亲了三口，有人亲了四口，还有人亲了五口。

　　被"大人物"们如此追捧的尼科利尼和托夫特夫人也知道适可而止：

　　马尔伯勒公爵夫人（温特沃思女爵写道）让那个意大利人来唱歌，而她找借口不来，但什鲁斯伯里公爵夫人（一个生性活泼的意大利女人）还是用自己的马车载着强拉她过来；可她生气了，不肯唱歌，因为她一开始是推掉的；虽然她人已经在那里，但她就是不唱，还走掉了。

　　年迈的温特沃思女爵为人亲切善良，她曾感慨"像我这样没用的东西会活得比许多青年才俊更久"；但她在拉米伊战役和奥尔纳尔德战役之间的几年还是活得非常潇洒，专注于搜罗国内各种流行的八卦消息，然后像她年轻时候的大家闺秀一样，用一塌糊涂的拼写将这些事情寄给她当英国驻柏林大使的儿子雷比勋爵。

　　"德文特湖伯爵夫人的新任丈夫每天都乘着他那精美的马车来咖啡馆，并有两名侍从等他，马车停在咖啡馆处，而我们这里其他所有人都是走着去咖啡馆的，因此他被人嘲笑了。"

　　"我保证如果你能看到我火炉旁的样子，一定会发声大笑出来，胖胖（一只狗）在第一个垫子上，猫在第二个垫子上，而八哥（一只猴子）在第三个垫子上，除了它的脸以外全身裹着毯子。"

　　而在1708年寒冷的冬天，可怜的胖胖追随那"许多青年才俊"去了，女主人倍感寂寞：

　　我宁愿花100英镑来救活可爱又可怜的胖胖。它快要死的时候充满了爱意，把脑袋倚在我的怀里，在疼痛难忍的时候也不咬任何人，只是用头依偎着我们，并深情地看着我和苏，苏哭了三天，仿佛死的是她的孩子或丈夫……它非常懂事、善良、爱干净，一点毛病都没有；很少有人比它还懂事。

　　当连粗通文墨的老妪都能写下如此文字的时候，《闲谈者》和《旁观者》的到来就为时不远了。

　　另一件让温特沃思女爵和整个城市都为之兴奋的事情是"情

圣菲尔丁"重婚案。这个故事充满了康格里夫和法夸尔"风尚喜剧"的气息，虽然查尔斯·兰姆不相信其角色和剧情的真实性，但这样的喜剧确实绘声绘色地勾勒出了当时社会腐朽的一面。婚姻被冒险者视为金融投资，双方常常才认识几个钟头甚至几分钟就订了终身。

"情圣菲尔丁"是一个信奉天主教的詹姆士党人，《闲谈者》里的"奥兰多"写的就是他，这个人常常衣着华丽，侍从们也穿着黄色外套和黑色肩带。他生性好赌，如果他胆子再大点的话，说不定就是一流的赌徒。他像维特伍德一样愚蠢，又像米拉贝尔一样英俊而难以抗拒。他的脸庞就是他的资本，而他两次将它投错了市场。他被骗娶了一个女人，后者冒名顶替了一个坐拥6万英镑遗产的女继承人。他发现了这一骗局后把她打了一顿并将她抛弃，并于同一个月即1705年11月重婚，对象正是曾在"快活王"时期主宰白厅宫的卡斯特梅恩伯爵夫人兼克利夫兰女公爵的芭芭拉·维利尔斯。这时她已经人老珠黄，但却有万贯家财。她说她有50岁，但其实已经64岁了。温特沃思女爵写道："她爱上了年轻的菲尔丁，只求他能对她好一点，虽然她为他做了很多事情，还定做了婚纱，但她还是担心他不爱她。"这段感情只维持了六个月。之后他"撬开了她的柜子门，拿走了400英镑"——温特沃思女爵向柏林那边汇报说——"这个事情已经上报纸了。他狠狠地打了她一顿，她从窗户向街上喊'杀人啦'，而他还用喇叭枪向人们射击"。这个情圣的另一场婚姻曝光了；他上了法庭并被判重婚罪，但没有受到严惩。六年后他在贫困交加中死去，而最后照顾他的是当初骗他结婚的原配妻子。

当马尔伯勒公爵在拉米伊战役后的那个夏天凯旋穿过比利时的

城市时，他得知这一狗血故事时会想起什么呢？[①]最后被那个曾经像喜剧一样被骗的傻情圣给骗了。[202]

　　1707年夏天，另一个成功的女演员在政治斗争的舞台上粉墨登场了。对她将要扮演的角色来说，阿比盖尔·希尔的教名起得太妙了：和《圣经》里的同名人物一样[②]，她属于一个庞大而卑微的随从阶级，他们所要做的事情就是对主人极尽讨好效劳之能事。阿比盖尔是马尔伯勒公爵夫人萨拉的远亲，萨拉将她接到了圣奥尔本斯的家中，待她和她的穷亲戚们都不薄。萨拉给她高大而潦倒的兄弟杰克·希尔衣服穿，还送他上学校，虽然马尔伯勒公爵一直认为"杰克·希尔一无是处"，但他还是奉萨拉的命令"让他当自己的副官，后来还让他指挥了一个团"。萨拉在自己承受丧子之痛的时候，还不忘介绍阿比盖尔到安妮女王的寝宫中任职，充分体现了她善良的本性。这位新任女官比她在首任女主人面前所表现得更加机灵上进。在争夺女王宠信的斗争中，阿比盖尔有几项胜于萨拉的决定性优势——托利党的政治倾向，能够完全自控的脾气，以及愿意了解那些她掌控不了的人的想法和愿望。至于她有没有更厉害的品质，她的一生并

---

　　① 《国家传记辞典》（*Dictionary of National Biography*）中有关克利夫兰女公爵芭芭拉·维利尔斯的条目中写道："在1677年底时，女公爵将1000英镑捐给了巴黎沙朗东路圣母无染原罪女修道院的英格兰修女们，她将最小的女儿芭芭拉寄宿在这间女修道院中，马尔伯勒公爵就是她的生父。这位小姐终身未婚，后来发愿出家，被称为'贝妮迪克塔嬷嬷'，她在1691年与阿兰伯爵生下了查尔斯·哈密尔顿，并于1737年5月6日死于蓬图瓦兹女修道院院长任上。"克利夫兰女公爵子女的生父常常很难确定。《国家传记辞典》中关于查尔斯·哈密尔顿的条目又说查理二世才是他的祖父而非马尔伯勒公爵！到底哪个才是对的？

　　② 典故出自《旧约圣经·撒母耳记上》第25章，中文和合本译作"亚比该"。——译者注

没有留下相关证据。①

　　她究竟是什么时候、采取什么步骤开始获得影响安妮的能力并根据哈利的密令行事的，这一点并不明确。但在1707年夏天，丘吉尔夫妇遇到了在过去25年从未遇上的情况——有人和他们争夺安妮·斯图亚特的宠信了。

　　在许许多多令人难忘的场景中，这是头一个——萨拉在愤怒之下也顾不得掩饰对自己不利的信息了，直来直去地通通记了下来：

　　我和女王在一起（我通过从我住处到寝宫的密道悄悄地去见她），突然间这个女人在不知道我在场的情况下，大大咧咧、神采奕奕地走了进来，但她一看到我就停住脚；然后她立刻像变了个人似的，极其庄重地行了个礼，说："陛下摇铃召我是吗？"然后就又离开了。这个举动不需要有人解读，已经再清楚不过了。

　　1707年初夏，阿比盖尔·希尔在安妮的见证下，秘密与马沙姆先生成婚，而萨拉事先却浑然不知。阿比盖尔这样瞒着对她恩重如山的首任女主人，从情理上讲是说不过去的。这件事在政治上的深刻意义，是丘吉尔夫妇无法视而不见的。早在1707年6月3日，马尔伯勒公爵就从战场上忧心忡忡地写信给萨拉说："如果你确定马沙姆夫人和女王谈论了国事，那你应该带着小心批评她一下，这样做是好事。因为她肯定会感激你，而且也会留心你所说的话。"马尔伯勒公爵此番是太高估人性了，他很快就有理由承认这一点了。

---

　　①　在奥尔索普庄园的档案里，萨拉写到阿比盖尔时说："没受过什么教育，没有获得过什么资质，但有些鹦鹉学舌的雕虫小技，有时可以逗女主人开心，如果不是那个人（哈利）在处处指点她，她估计没有能力造成什么伤害"。

在8月和9月，他、萨拉和戈多尔芬相互之间并与安妮和哈利密切通信，谈论哈利通过阿比盖尔·马沙姆对安妮施加私人影响的问题。①

　　1707年秋天的这些通信所解释的情况绝非小事。马尔伯勒公爵也不希望像现在这样严重地依赖辉格党"小集团"。但他知道如果让哈利取代戈多尔芬成为女王背后的操盘手，那么辉格党在议会召开的时候就会群起反叛：要么干脆搞垮现政府，要么迫使戈多尔芬将政府内的所有托利党人都换成辉格党人。马尔伯勒公爵对这两种情况都非常害怕。他既不想听命于一个哈利把持的托利党内阁，也不想听命于一个"小集团"把持的辉格党内阁。哈利营造了一个会导致其中一种情况的局面，这令他很是不满。他看到安妮正在失去对戈多尔芬的信任，他在10月告诉安妮，假如她不再信任他在国内的亲家了，那么他就不能继续在国外为她效劳了。

　　在哈利这一边，他不想要一个彻头彻尾的托利党政府，也不想让马尔伯勒公爵罢帅。但他想摧毁辉格党大佬们对内阁日益增长的影响力，并继续维持一个温和派政府，这个政府到目前为止并不依

---

　　①　下列信件显示阿比盖尔日益自信，而丘吉尔夫妇日益绝望：

　　阿比盖尔致哈利，1707年9月29日："我被（萨拉）很不礼貌地对待，我也同样回敬了，但我们之间一句话也没说，至于她的表情，除了她自己以外任何凡人都描述不出来。"*H.M.C. Portland*，Ⅳ，p.454.

　　萨拉致威廉·特朗布尔爵士，1707年11月13日："您在乡间直接写信给我，让我向女王求个情，除了有关我自己的本职工作外，我不曾有幸与她说任何话，所以我难当此任；这都是拜忘恩负义的马沙姆夫人所赐，是我将这个女人从阁楼里拉出来，使她不至于挨饿。"*H.M.C. Downshire*，Ⅰ，pt.2（1924），p.855.

　　马尔伯勒公爵致萨拉，海牙，1707年11月8日："你说马沙姆夫人的那些话非常奇怪。而且如果你认为她是随风倒的墙头草，那么现在就不要去和她争什么了。相信我，面对风浪划船是徒劳无功的，至少你到我这个年纪就知道了。"*Coxe*，Ⅱ，p.368.

靠哪个党派，而是有赖于安妮的支持和整个国家的拥护。他正在争取温和的辉格党人，例如嫉妒"小集团"权势的纽卡斯尔公爵；他也在争取较为理智的高教会派托利党人士。后者吸取了失败的教训，知道自己"犯下了愚蠢的错误"，正在为他们曾经与安妮及其托利党温和派大臣闹矛盾感到后悔。因此马尔伯勒公爵和哈利都不希望看到一个彻头彻尾是辉格党或托利党的政府。但他们无法继续共事，因为哈利现在想要通过这个新任女官的影响力来瓦解安妮对戈多尔芬的宠信，从而坐上温和派政府的头把交椅。这场冲突的一方是哈利和安妮，另一方是马尔伯勒公爵和戈多尔芬，其动机主要还是个人方面的，它让这四个托利党温和派分道扬镳，哈利和安妮投入了高教会派托利党的怀抱，而戈多尔芬和马尔伯勒公爵也捏着鼻子走到了辉格党"小集团"一边。就这样，这个依靠安妮个人选择组建的非党派政府开始分崩离析，而在安妮在位时期的后半段，严格意义的党派政府成立了，英国政治制度最终采取的就是这种形式。由于阿比盖尔怂恿安妮和丘吉尔夫妇作对，王权再也不能在党派之间保持平衡，变成了党派政府的工具，不是辉格党的，就是托利党的。被这个忙上忙下的女人挑拨离间的人——安妮、哈利、戈多尔芬和马尔伯勒公爵——都没有从这场冲突中获得他们想要的东西。[203]

寝宫中的这个新兴影响力导致的第一个后果就是在议会和整个国家引发了一场公开的权力争夺战，持续了整个秋天和冬天，最后以哈利失势和辉格党胜利告终。这场长达六个月的斗争围绕着那个时代政治的一个典型问题——某些主教职位的任命事宜。国教会的地位和特权极其重要，以

1707年8月至1708年2月

至于控制教会成了18世纪英格兰政治权力的核心内容。这不仅仅因为上议院主教席位的政治属性可以从各个方面影响新一代的教士阶层到底是倾向于托利党还是辉格党，也是因为目前辉格党在上议院的微弱优势是成是败完全在这些主教的上下其手之间。

因此辉格党得知安妮在1707年秋天任命两名托利党人为埃克塞特和切斯特主教后变得非常紧张。的确，自从两年前特里劳尼升任更为富裕的温彻斯特主教——这是他两年前背叛高教会派托利党而获得的奖赏——后，① 埃克塞特主教就一直空缺。安妮新任命的布莱科尔和道斯也是担任主教的合适人选，而且道斯还是拥护汉诺威继承的托利党温和派。但布莱科尔是在与辉格党干将的争论中声名鹊起的。"小集团"气坏了，他们错误地怀疑是马尔伯勒公爵和戈多尔芬出的主意，威胁说如果不撤销任命，他们在冬天议会召开时就要撤回对政府的支持。

这对亲家现在身处背风海岸，一边是辉格党愤怒的狂风，另一边是安妮岩石一般的固执。安妮在8月允许布莱科尔和道斯作为被任命者前来行吻手礼之前确实没有与他们商量。但她公开否认了戈多尔芬认为是哈利的主意的说法。因为在其他类似的情况下，约克大主教夏普——安妮对他的宠信就如同对坎特伯雷大主教特尼森的厌

---

① 不过正如伯内特在对特里劳尼升任温彻斯特大主教的尖刻评论所言，他并不被认为是实至名归的辉格党人。这位来自康沃尔郡的从男爵非常急于实现自己的野心，他在1707年8月写信给马修·普赖尔说："我不怀疑您也盯着温彻斯特主教的职位，但我恳求您在这二十年里不要指望它。在那之后我祝愿您至少能得到它甚至好得多的东西。"*H.M.C. Bath*，Ⅲ，p.436.

恶一样大——才是首先向她提议人选的人。①

不管怎样，现在唱主角的就是哈利和马沙姆夫人，他们不断敦促安妮当个"名副其实的女王"并在任命问题上"不要管她的大臣们"，就像都铎和斯图亚特历代先王一样。他们给安妮进谗言，说她没有违背任何法律，甚至没有破坏威廉施行的惯例。既然他和玛丽在任命辉格党主教时并没有每次都与俗职大臣们商量，为什么她就不能同样自由地任命托利党主教呢？

这既是高教会派和低教会派之间的政治斗争，同时也确实是君主与大臣之间的一个微妙问题。戈多尔芬和马尔伯勒公爵虽然害怕辉格党在内阁里占据上风，但他们更害怕的是，如果辉格党与安妮的臣仆们决裂了，他们会干出什么事来。真是这样的话，议会召开时有什么事情可能不会发生呢？如果政府因遭遇投票反对而垮台，战争又要怎么继续打呢？安妮不愿看到主教职位演变成这样的问题。戈多尔芬对此看得一清二楚：

> 整个欧洲的自由（他在9月11日写信给她说道）和您统治的荣耀全靠议会的下一个会期了。既然这样，陛下为何要得罪那些（辉格党）人呢？他们的原则和利益本来就让他们不是非常积极热衷地帮您渡过战争的难关。如果在布莱科尔博士到底是担任主教、座堂主任牧师还是法政牧师这个问题上让这些重要力量失去平衡，又会

---

① 就在圣诞节前夕，她向夏普透露说："我想要改变自己的想法，不再支持辉格党大佬们，而是支持所有托利党人，如果他们愿意过来的话，所有的辉格党人也一样，那些表示愿意拥护我利益的人理应获得我的宠信。"*Life of Sharp*，Ⅰ，p.323. 萨默斯早在1707年6月就写信催促特尼森"如果直接面谈不方便的话"，写信给安妮讨论教会任命问题，因为"约克大主教可一刻也不会让她消停的"。*Wake MSS. Epist.7.*

有什么后果呢？

　　但这个问题继续困扰整个国家五个月之久，直到议会召开几周后的新年才最终得到解决。布莱科尔担任埃克塞特主教，道斯担任切斯特主教。但作为补偿，低教会派的笔杆子、原奥尔索普庄园的私人牧师特林内尔博士被任命为诺里奇主教；而且在马尔伯勒公爵的极力推荐下，安妮不情愿地给了特尼森大主教博学的辉格党私人牧师波特博士基督堂学院钦定神学教授的职位，令该学院和牛津大学极为不满。议会里的辉格党人接受了这一妥协方案。[204]

　　1708 年 1 月

　　现代人如果不了解的话，一定会对钦定教授职位的政治意义感到吃惊和好笑。但它在当时被认为是一个关键的职位。波特后来在乔治诸王时期成了一个辉格党的坎特伯雷大主教。当时牛津大学和剑桥大学的主要意义就是为国教提供人才和思想指导，其大学生活的政治性质之浓烈可以从剑桥大学发生的一件事情窥见一斑。音乐家托马斯·塔德韦曾在大圣玛丽教堂、国王学院和彭布罗克学院担任管风琴师多年；他在 1705 年被任命为大学的"音乐学教授"。他是个坚定的托利党人，而且生性爱说双关俏皮话。高教会派托利党指责安妮对不从国教者过于纵容了，而塔德韦常常用他的天赋来贬损安妮。有人听见塔德韦说，虽然安妮拒绝了赫特福德郡长（Hertford burgesses）的陈情，但如果是著名的不从国教牧师"丹尼尔·伯吉斯（Daniel Burgess）提交的陈情"，她就会接受。由于教师们都蠢得把这样的玩笑话当了真，辉格党和托利党执政派都被得罪了。就是因为这个无关紧要的抖机灵，这位服务大学多年的著名教授于 1706 年 7 月被带到校长和各学院院长面前接受处分，被剥夺了教授和三个管风琴师的职位。他进行了公开道歉，才在八个月后恢复了职务。[205]

1707年圣诞节前夕，大不列颠首届议会召开，上下两院里的辉格党势力都因为苏格兰议员的加入而有所增强。主教职位的问题当时仍悬而未决，而辉格党在沃顿和萨默斯的领导下决定发威。他们暂时与高教会派托利党结盟反对政府。由于当年的战事差强人意——阿尔曼萨战役、土伦围攻战以及尼德兰前线的无所事事——攻击政府简直不要太容易。

但反对党提出的第一个不满是英格兰商人对海军部的严厉抱怨。海军当局曾于三年前在议会受到全面攻击。这一不满为时已久且确有其事，而且它事关公众利益，确实应该重新公开拿出来谈。但政治家们为何特别拿这个问题来做文章，可能也是因为虽然海军部名义上由安妮那个不太中用的亲王掌管，但实际主持工作的是极端的托利党人、马尔伯勒公爵的弟弟乔治·丘吉尔将军。要么是乔治被革职，要么就是马尔伯勒公爵为了保他而与辉格党达成协议。比较走运的是，罗伯特·沃波尔曾在海军部工作过一段时间，现在他在下议院的辉格党同志面前忠诚地为海军部辩护。

斗争的主战场是在上议院。沃顿力主对丘吉尔将军在海军部的工作进行调查，其态度之激烈令马尔伯勒公爵大为光火。这位辉格党领袖得到了罗切斯特伯爵和哈弗沙姆伯爵的支持，但要注意的是，辉格党攻击的只是海军部，而托利党则将矛头指向整个内阁。刚刚因选举失利而遭受打击的高教会派反对党现在又抬头了；其成员在全国传播辉格党抨击海军当局的报纸和小册子，将其散发到各村以挑动民族的不满情绪。12月，高教会派托利党在莱斯特的一次补选中击败了政府的候选人。

由于海军指挥官常常不顾及商船队的感受以及船东和货主的利益，引起了很大的不满，于是伦敦城提交请愿书对议会调查表示支持。人们长期以来对于抓壮丁这种从港口出海商船上剥夺船员的做法的积怨再度引起了议会的重视。但更大的声浪针对的是护航制度的缺陷：起航的推迟导致贸易错失良机；护航网络的不足让敦刻尔克和马提尼克的私掠船抢了个盆满钵满。最后还有更骇人听闻的丑闻。在西印度洋的基地，克尔准将常常会在为商船提供保护前勒索保护费，有船只因交不起他的不义之财而最后被抢劫。

这些情况都属实，但所导致的后果也只是相对而言的。就在海军辩论进行的同时，牙买加船队满载着财富，在护航下抵达托贝。而且我们必须公允地记住，战争的中期是法国私掠船活动的高潮，因为路易十四现在已经将大舰队搁置在港内，而把法国全部的海上力量都投入到打击英国商贸的活动中。因此英国的商船需要更多的保护，而这样的保护也很快到位了。[206]

1707年至1708年冬季会期的海军辩论虽然一开始是政治上的操作，但还是于国有利。乌烟瘴气的海军部固然没有立刻出现人事变动，因为主教职位的妥协和哈利的失势已经让辉格党心满意足了。但克尔准将名誉扫地。

而且那些激烈的讨论导致了不错的效果；它们让海军部的现任官员相信，慢待英国商人将自食其果；另外也让海军军官们知道，在海军部里有人并不能永远保护他们万事大吉。（坎贝尔《英国海军将领列传》）

甚至在进行辩论的时候，正如海军部所指出的，我方在战绩对比上仍然可圈可点。从1702年5月战争爆发到1707年圣诞节，我方共击沉俘获法国大小军舰70艘，舰上火炮共计1700门，[①] 此外还有175艘私掠船和1346艘敌国商船；而我方损失了35艘军舰和800门火炮，以及1146艘商船，其中有300艘后被夺回。

在战争后面的1708年到1712年，我方船只的护航工作变得更加有力，或者说敌人的打击力量减少了。在这一年冬天之后，商人群体再也没有提出集体抗议，而在1712年，英国对外航运的总吨位比战争开始时增加了五分之一。从战争整体上看，护航工作开展得并不坏，尤其是在战争爆发的1702年，意大利、西班牙和西属西印度群岛的港口并未对我方船只开放，而这些地方在威廉国王的战争时期曾经供我方躲避风暴和法国袭击。[②] 在如此不利的条件下，正是因为英国海上实力的稳步增长才保证了这一还能接受的结果。在乌得勒支和会结束战争前两年，艾迪生在《旁观者》第二期中让"伦敦城的巨贾"安德鲁·弗里波特爵士称大海为"英国的公地"。[207]

比海军部更为紧迫的问题是西班牙。让查理取代菲利普为西班牙国王的企图失败了，而拒绝承认这一点是立刻达成令人满意甚至光荣的和约的主要障碍。但当时的议会还没有接受这一观点，就连高教会派托利党反对党也没有。虽然他们用西班牙的惨败来攻击羞

---

① 不包括那些法国在土伦港自沉搁浅的船只。

② 另外，海军部在1707年12月宣称，威廉王战争时期英格兰商船的损失多达4000艘，但并未提供具体名单或可靠依据，应该是相当夸大的。*Parl. Hist.*, Ⅵ, pp.660–661 以及 G. N. Clark, *Dutch Alliance and the War against French Trade*, pp.62, 127–128.

辱政府，但他们这样做并不是想要求议和，而是主张将我方的主要战争精力转移到伊比利亚半岛上。

他们的合作者就是彼得伯勒伯爵。由于大臣们对他捉摸不定的做派非常不满，严词将他召回国内，于是他就投入了反对党的怀抱。当时还在两党之间观察的斯威夫特写道："这是一个完美的玩笑，看到在英格兰被认为和其他辉格党人一样伟大的彼得伯勒伯爵被自己的党派所厌恶，又被托利党所招抚。"这年冬天，反对党将他捧成了一个英格兰英雄，被人卑鄙无耻地替戈尔韦伯爵这个外国人做了牺牲。他在西班牙的医生约翰·弗赖恩德将他在巴塞罗那等地的丰功伟绩写成名著，供同胞敬仰。

彼得伯勒向他的托利党新盟友建议，与其放弃西班牙，英格兰不如去交"每英镑19个先令"①的土地税；也就是说，既然德意志人在西班牙向来是百无一用，那么英格兰就应该向那里派更多的兵。对托利党而言，这个建议的后半部分比前半部分更加动听，因为提议将尼德兰的英军派往西班牙将是对马尔伯勒公爵和荷兰人的一大打击。诺丁汉伯爵重提他在任时的政策，支持罗切斯特伯爵在上议院要求从尼德兰抽调2万人前往伊比利亚半岛的动议。

这项提议一度把马尔伯勒公爵波澜不惊的脾气给挑动了起来，这两位大人看着约翰·丘吉尔发怒这难得一见的景象很是得意。马尔伯勒公爵的发言是经过深思熟虑的。他强调，如果英军主力从尼德兰撤走，法国人就会卷土重来收复失地。随后的战事证实了这一推测，根特和布鲁日改旗易帜，直到奥德纳尔德战役胜利后才重新被夺回。马尔伯勒公爵的其他说法就没那么靠谱了，他说只要让欧根亲王率1.1万以上的神圣罗马帝国军队就能夺回西班牙。马尔伯勒

---

① 在1971年十进制改革前，1英镑合20先令。——译者注

公爵强烈要求派欧根亲王到西班牙这个"查理国王的最后资源"，遭到了约瑟夫的断然拒绝。这场辩论暴露了英格兰政策的问题：政府既不想放弃西班牙，也没有提出任何夺回西班牙的可行方案。

萨默斯在辩论结束时提出动议，强调"如果西班牙和西属西印度群岛继续被波旁王朝的势力占据，那么对女王陛下及其盟友就没有任何体面或安全的和平可言"。当时托利党还没有反对"不要没有西班牙的和平"这一口号。只有一名上议院成员大胆地说，我们不应该过于反对瓜分西班牙帝国的建议，威廉国王曾经考虑过这一问题，而且我们可能不得不接受这一结果。这位主张慎重与议和的独行侠就是斯卡伯勒勋爵罗伯特·拉姆利，他为人诚实而独立，曾在詹姆士二世权势滔天的时候放弃天主教信仰，在战争中为威廉效犬马之劳，而且还在英格兰北方充当辉格党势力的领袖。[208]

在之后的一年里，上下两院都没有人支持斯卡伯勒勋爵的真知灼见。战争仍旧大有市场。即便是托利党人也只是提议把主战场从佛兰德转到西班牙而已。现在战争已经取得了胜利，土地税纳税人对于税收负担的抱怨没有几年前战争岌岌可危时那么厉害了。他们的税交得光荣自豪，因为和威廉成果平平的战争相比，现在他们看到了交出去的税获得了明显的收益。在法夸尔的《征兵官》（*Recruiting Officer*）中，"平衡"法官说："听着，上尉，只要把我们的钱所流的血给我们，您就不会缺人手啦。我记得在上一次战争中，我们的军队有几年除了待在笼子里、和敌人玩捉迷藏之外就无所事事了。但现在你们给我们带来了军旗和战俘。"

大众要求和平的呼声直到下一个冬天才会出现。正是因为这样的好战舆论，辉格党"小集团"才能在新的一年里打败反对党并组建一个誓将战争进行到底的辉格党政府。

　　1708 年 1 月，无论是在威斯敏斯特宫公开的议会，还是在圣詹姆斯宫秘密的议事室，马尔伯勒公爵和戈多尔芬必须在这两种政策中做出选择了。他们要么与安妮和哈利达成一致，重新和这个与自己割席的托利党反对派中较为讲理的人结盟；要么按照辉格党的条件与"小集团"结盟，以迫使安妮罢免哈利。虽然马尔伯勒公爵会觉得后悔和疑虑，但他们选择后者是有一些明摆着的原因的。首先，他和戈多尔芬曾把极端的托利党人挤下了台，因而招致了很深的私怨，这令他们担心高教会派卷土重来会有怎样的后果。其次，安妮不再信任他们了，而是信任哈利，所以政府里只要有哈利在，那一定是哈利的政府而不是戈多尔芬的政府。最后，上议院的托利党领袖已经公开决心要阻止马尔伯勒公爵在尼德兰的攻势，并剥夺他决定欧洲战略的权力。但辉格党在公众宣传中仍然把马尔伯勒公爵及其成就当作他们的主要成绩；他们考虑战争不仅仅是从国家利益出发，也有他们辉格党的一党之私。

　　在战争的危急时刻里，安妮的宠信曾在某种程度上让马尔伯勒公爵和戈多尔芬享有相对独立的地位，但现在安妮的信任已另有所属，国家生死存亡的时候也已经过去，两党体制在国内又死灰复燃了，这种独立地位也就一去不复返了。这对曾经说一不二的贵族亲家现在必须听命于他人了——他们要么听命于哈利，要么听命于"小集团"。两害相权取其轻，他们选择听命于"小集团"。

　　当议会在新年重新召开时，事态的发展迅速实现了两方的结合。亨利·圣约翰在过去四年里一直是马尔伯勒公爵的人。他在布伦海姆战役和拉米伊战役的那几年里担任战事大臣，因着与这位伟大公爵的私人关系出尽了风头，他对马尔伯勒公爵高山仰止，这是没那么能言善辩的哈利所无法

1708 年 1 月至 2 月

企及的。他曾经给基督堂学院的院长100英镑，用来"在佩克沃特四方院子中央"给马尔伯勒公爵立一尊雕像。自从圣约翰在1704年任职以来，高教会派托利党人士说他是个"偏离正道的乡绅"，即不合格的托利党人。但他现在"又开始变得诚实了"。因为如果让他在与马尔伯勒公爵的私交和今后有机会坐上托利党领袖的宝座之间做选择的话，他一点也不会犹豫的。他仍然忠于"亲爱的师傅"哈利的知遇之恩，是后者带他进入政府的。[209]

在1708年1月底，圣约翰作为战事大臣向议会提交了材料，上面似乎显示在去年议会批准投入伊比利亚半岛战事的29000人中只有8000人出现在了阿尔曼萨的战场上。剩下的人哪儿去了呢？出于爱国热情和想让政府难堪的愿望，辉格党人和托利党人愤怒地提出这个问题。圣约翰所做的解释至少是部分令人满意的。①但人们强烈地怀疑，圣约翰之所以一开始把材料弄成对政府不利的样子，其实是哈利授意他对同僚们使的阴招。不管这样的怀疑有没有道理，戈多尔芬与哈利和圣约翰这边是彻底决裂了。与此同时，哈利的秘书威廉·格雷格刚刚因叛国罪被捕，而且铁证如山，这在目前的危急时刻大大动摇了其主子的地位。

在2月的第一个星期，安妮试图罢免戈多尔芬，并让马尔伯勒公爵在哈利的政府里留任。圣约翰在女王和他所崇拜的英雄之间穿针引线，但以失败告终。马尔伯勒公爵以他不常有的强硬措辞写信给安妮，痛斥"国务大臣哈利先生对财政大臣和我本人所做的背信弃义之事"，并宣称"我无论如何也不想再与这

1708年2月

---

① *Add. MSS.* 22264，ff.16–18 归纳了他解释的主旨，是对当时战损、招募和新兵营问题的有趣研究。他将投票批准的29395人减少到了实际在伊比利亚半岛服役的11621人。名单上的每一个英格兰团都是一个营，名义上的兵力在800人到900人之间。

个人共事"。这对亲家一块辞职了，而安妮和哈利虽然对马尔伯勒公爵的辞职有点失望，但还是坚持他们的计划。"后楼梯有两三天的时间门庭若市"，托利党越来越有希望。人们认为，如果能组建一个温和的托利党政府，那么大选将像以往一样有利于这个可以主持职务任命升迁的政府。

　　但组建一个能面对议会或者哪怕能执政一周的政府看来是没戏了。大臣里的中间派萨默塞特公爵和彭布罗克伯爵拒绝在没有马尔伯勒公爵的情况下任职。乔治亲王在海军将领丘吉尔的煽动下，反对其妻的鲁莽举动。当内阁在星期日举行例行会议时，安妮按照惯例坐在了首席，哈利神采奕奕地开始了会议。萨默塞特公爵打断他说"无法想象没有了将军或财政大臣还能办成什么事"。他表达出了与会者的感受，内阁在一片混乱中解散了。两天后，哈利辞职，马尔伯勒公爵和戈多尔芬官复原职。他们在这场斗争中活了下来，但取得胜利的是辉格党。

1708 年
2 月 9 日

　　圣约翰、曼塞尔和哈考特跟着哈利退出了政府。温和能干的亨利·博伊尔现在和辉格党在一块，他取代哈利担任国务大臣。罗伯特·沃波尔取代圣约翰担任战事大臣。辉格党的下议院议长约翰·史密斯成为财政署主管。此后政府里面就没有反对"小集团"政策的人了。

　　安妮被人强迫了，也被人疏远了。此后她一直处心积虑地想革掉这些强塞给她的大臣。真正把持议事室和后楼梯的阿比盖尔·马沙姆还站在她这一边。在她的安排下，萨拉写道："只要她还住在通往温莎城堡大门对面的小宅子里，哈利和他的朋友就能随心所欲地去见女王。""那些来见女王的人都是秘而不宣的，他们从公园进入花园，阿比盖尔再从那里带他们走密道进入女王的议事室，让这种联系保密了好一段时间"。[210]

长寿的"戈多尔芬政府"在1702年组建时结合了各式各样的托利党人，到1704年变成了一群非党派的女王臣仆，现在在1708年进入末期时成了一个辉格党政府。这三个阶段唯一的共同点就是戈多尔芬——有时被称为"首相"———一直执掌财政部，以及与马尔伯勒公爵关系密切。在这两个铁打的营盘周围就是流水的大臣，一会儿是托利党，一会儿是辉格党。甚至政府与安妮之间的关系也和它本身的组成一样，变化得频繁而彻底。1702年，戈多尔芬和马尔伯勒公爵得到了安妮和托利党同等的支持；从1704年到1706年，他们依靠她的支持来对付两党；在1708年，他们依靠的是辉格党，而安妮推翻他们的企图遭到了挫败。

身为两名国务大臣中更有分量的那一个，哈利办公主事的风格反映了他的个性，不论好坏。他设立了一套了不起的情报收集系统；英国各个角落都有他的眼线，英格兰的舆论动向以及苏格兰更为陌生复杂的事务都通过信件或口头传递到他那里。他的兄弟爱德华写道："自沃尔辛厄姆勋爵以来，没有哪个人比他拥有更好的情报，或者花更多的钱用来收集这样的情报。"这些线人中最得力的丹尼尔·笛福与哈利之间就是这种关系，他在1704年给哈利有关国务大臣工作的备忘录里公然写道："情报是一切公共事务的灵魂。"哈利还知道通过媒体向公众宣传政府立场的好处，并利用笛福的《评论》达到这一目的。①他喜欢搞地下工作，热衷于收集情报，能和普罗大众共鸣，都促使他在担任国务大臣期间进行这些积极的活动。但他

---

① 在1708年哈利失势后，《评论》转而支持戈多尔芬和辉格党政府直到1710年。

也有些不太好的品质，比如他总是鬼鬼祟祟、天马行空，导致他的发言行文常常让人一头雾水，有时连他自己都搞不清楚想表达什么，以致他工作的时候非常随性马虎。

当时国务部并没有标准的公务流程。财政部在一丝不苟的戈多尔芬主持下显得井井有条，而且不管怎样，财政部正在形成自己的一套工作流程和传统。但在国务部则不同，那里雇用供养的职员并不是君主的臣仆，而是国务大臣本人的雇员。[①]当1704年哈利接受该部门时，笛福的备忘录就这一缺陷对他做了警告：

当我还是法国间谍的时候，我曾在一个收发信件的夜晚进入国务部，我能够把诺丁汉勋爵给乔治·鲁克爵士和马尔伯勒公爵的信件直接放进兜里，那些信件就随意地放在桌上，让门房交给邮递员。

笛福写道：假如这样的情况能得到纠正，那么在一位积极上进且对各方面有一套完整"情报"系统的领导带领下，国务部将取代财政部成为这个国家的政务中枢，进而"成为唯一的内阁……这将是毫无争议的首相府"。可哈利尽管热衷于收集情报，并与各色人等建立秘密联系，甚至包括不从国教者中的老朋友，但他还是对笛福有关工作纪律的建议熟视无睹。于是他在威廉·格雷格的悲剧上吃了大亏。[211]

和笛福一样，格雷格曾经也是哈利的一名"情报员"，一度被派往祖国苏格兰收集《联合条约》危机的信息。因着哈利的个人选择，

---

① 见 Mark Thomson，*The Secretaries of State 1681–1782*，pp.128–130。

他当时在伦敦的国务部里有一份固定职位，但对于一个还没有安定下来的年轻人来说，那里的工作氛围是比较令人感到挫败的。由于收发信件时间的缘故，工作是从晚上11点到凌晨4点；虽然格雷格是部门里最聪明的人之一，而且只有他精通法语，但由于没有我们今天"甲级工作和乙级工作"的区分，格雷格的工作很多都是"彻头彻尾的苦差事"。用格雷格自己的话说，他是个花钱大手大脚的年轻人，因为薪水并不理想，对于一小笔一小笔的债务很是头疼。

1707年秋天，诱惑找上门了。一个英格兰商人愿意给他200个基尼，只要他能为自己的船弄到一张法国的通行证，可以往来航行不受私掠船的骚扰。格雷格当时负责塔拉尔元帅和其他在英法国俘虏的通信，由于他的语言能力，他的工作是对信件内容进行审查。通过这层关系，他与凡尔赛宫的战争大臣沙米亚尔取得联系，提出以向敌人提供国务部情报为条件，换取他想要的那张船只通行证。笛福已经警告哈利，盗贼或间谍可以轻而易举地截留重要文件，现在这种事情真的发生了。格雷格寄给沙米亚尔一封信，是安妮写给约瑟夫的，内容是提议派欧根亲王前往西班牙。当时正好有人怀疑大臣的圈子里有人泄密，主要涉及的是船只的动向。于是法国俘虏的邮报被打开检查，格雷格的罪行当即败露。

格雷格对自己的罪行供认不讳，并在审判中承认有罪。因此法庭无须对案件的来龙去脉进行彻底调查，直接判了他叛国罪的极刑。中央刑事法院从重从快的判决给了上议院进一步调查的口实，看看格雷格是否还有同案犯。格雷格说他没有同伙，但由于此案事关公众利益，有理由对他的口供进行彻查。

1708年1月19日

上议院错误地确定了调查委员会的政治属性。其中有七名辉格党贵族，而没有一个是哈利那边的人。[①] 调查耗时三个月，所有的政治家都将目光聚焦到格雷格在新门监狱的牢房里，焦点就是哈利对于他所选任的秘书的叛国行为是否知情。他其实是完全清白的；他最走运的是，这个为了 200 个基尼而背叛国家的可怜罪犯并没有为了逃避先绞后分尸的刑罚而出卖自己的主官。

　　的确，格雷格现在对他的罪行懊悔不已，胡格诺派出身的监狱牧师保罗·洛兰对他赞誉有加，说他珍视自己的灵魂，不愿为了自保而牵连无辜的人。在三年后洛兰写的一封信中，[②] 连续几周一直有人劝说格雷格，只要他松口就可以免除一死。根据判决，他在新门监狱被羁押了 100 天，但直到他最后走上绞刑架，都一直为哈利的清白辩护。

1708 年 4 月 28 日

　　那些辉格党的上议院成员并不希望他作伪证。他们认为哈利非常可能也有罪。在他们看来，哈利就是鬼鬼祟祟、满腹阴谋的"骗子罗宾"，曾经欺骗了他们以及马尔伯勒公爵和戈多尔芬。[③] 他怎么可能没有背叛自己的国家呢？其实他们对他知之甚少。格雷格在狱中受苦的 100 天里，哈利展现了他性格最好的一面——当友人觉得他大难临头的时候，仍然非常冷静与体面。阿特伯里对爱德华·哈利说："你兄弟的脑袋已经放在断头台上了。"但"罗宾"在得知这些提醒后，只是对爱德华说："我知道我什么也做不了，只能完全放手交托

---

① 德文郡公爵、萨默塞特公爵、博尔顿公爵、沃顿勋爵、汤曾德勋爵、萨默斯勋爵和哈利法克斯勋爵。

② 需要指出的是，这封信的史料价值没有在 1708 年写得那么高。但它也不应被忽视。

③ 格雷格案期间针对哈利的言论，例如 1707 年 2 月 28 日金大主教写给斯威夫特的信，有关一次法国入侵的报道："很多人宣称这是哈利的阴谋，如果让他继续在位子上多待三天，法国人就会在格林尼治登陆了。"*Swift's Letters*，I，p.78.

给神的旨意。"在1715年政敌再度将他团团包围时，这种处事不惊、耐心等待的劲头再度帮了他大忙，而更加聪明的博林布罗克子爵则因为慌了手脚而身败名裂。

虽然我们不必全盘接受斯威夫特后来的记述，但调查格雷格案的辉格党上议院委员会的所作所为确实相当难看，至少其中有些成员是这样的。他们的手段放在我们今天是骇人听闻的，但在当时却习以为常。但即便如此，我们还是可以看出社会在100年里有了多大的进步。没有人去动哈利，也没有伪造证据陷害他。在100年前，如果是伊丽莎白或詹姆斯一世刚刚失势的大臣有秘书被发现公然叛国，那么他本人能逃脱在伦敦塔被严刑拷打的命运就很不错了。甚至就在短短一代人以前，像泰特斯·奥茨这样的人如果遇到合适的机会，也会毫不犹豫地跳出来扮演替君主告密这一历史悠久的角色。[212]

第十七章 1708年的入侵图谋及其后果

　　英格兰和苏格兰两国议会的联合终有一天会让两个民族在相互友好尊重的前提下走到一起，但这样的结果在安妮末年还没有出现。这场"婚姻"持久而幸福，但却没有蜜月期，的确，这对"新人"刚走出教堂大门就吵成了一团。

　　1707年5月1日，大不列颠在法律上正式成立。在这件喜事的前夕，有大宗的商品被事先从欧洲大陆进口到苏格兰，它们只要支付旧苏格兰关税，这在大多数情况下只是很小一笔钱。一旦联合正式生效，这些商品就将重新运往伦敦投入英格兰市场，因为在5月1日之后，它们可以从北不列颠免税运送到那里。虽然这种把戏只能玩一回，但人们也不会错过这一机会。1707年6月，40艘船只满载着荷兰和法国的商品驶离苏格兰，浩浩荡荡地开进了泰晤士河。这一景象激怒了伦敦人，他们发誓只要这些外国商品免税进入市场，英格兰人就将低价倾销，让这批商品血本无归。在这种强烈民意的影响下，海关官员不顾刚生效的法律，将这批商品作为走私品扣押。下议院也对扣押行动表示支持，并提议进行事后立法使其有理有据。

　　这些消息传到苏格兰后，之前达连殖民地事件的那种愤怒卷土重来，矛头直指英格兰的敌意与出尔反尔。人们说《联合条约》已经被破坏了。所幸上议院仍旧忠于其调停仲裁的传统角色，拒绝支持下议院的鲁莽行动，想方设法拖到英格兰人的气消了，再将这些商品免税进入市场。

苏格兰吵赢了第一架，但它不得不接受更为永久的失败，让一大批英格兰海关官员进驻"北不列颠"，一边征收新的关税，一边教他们宽纵的苏格兰同僚怎样像英格兰人一样更为严厉地进行管理。这些官员，锱铢必较，不会通融，认为他们的方法才是唯一正确的，非常自觉地保持高效清廉，鄙视贫穷和不卫生，这种态度惹恼了苏格兰人，就像之后惹恼了很多其他民族一样，把一个英格兰税吏扔下悬崖被认为是义举。

在18世纪苏格兰人的心目中，海关成了外国压迫的象征。愤怒的爱国情绪加上牟取暴利的希望，使"自由贸易"成了整个民族的习惯。由于岛国全境财政统一，进入切维厄特丘陵以北的法国红葡萄酒和白兰地要比以前多付四倍到七倍的关税。但"喀里多尼亚"乡绅的酒窖仍然继续以珍藏的红酒闻名，而其中有很多压根没有去海关报过税。

走私商的活动与詹姆士党代理人密切相关。从法国开往苏格兰的船上往往同时载着这两种见不得光的奸人。他们作为英格兰及联合的敌人而受到民众某种程度的拥护，即便在严苛的长老会信徒中也是如此。直到18世纪中叶，这样的联想依然存在，就像在《雷德冈脱利特》（Redgauntlet）和《巴伦特雷的少爷》（The Master of Ballantrae）中描写的索尔韦海岸劳苦大众中的一样。[213]

大不列颠第一届议会的第一个会期通过了一项废除苏格兰枢密院的法律。为了让联合得以彻底实现，整个岛国不仅只能有一个议会，也只能有一个枢密院。这一变革已

1707年冬至
1708年

经隐含在《联合条约》的条文中了，而且在苏格兰也没有激起什么民怨。因为自从光荣革命以来，爱丁堡议会就一直代表整个民族对抗英格兰，而枢密院则没有资格获得苏格兰人如此的爱戴。自两国共主以后，苏格兰枢密院就一直是英格兰朝廷的工具，而且既庄严神圣又骇人听闻的长老会殉道故事仍然铭刻着查理二世和詹姆士二世时期枢密院刑讯室所犯下的暴行。

因此普罗大众并不会认为废除苏格兰枢密院的提议是对其民族独立的又一次攻击。苏格兰各反对党的政治家讨厌枢密院，因为它是台上政敌的工具，特别是被用来操纵选举。为此"飘摇舰队"在威斯敏斯特议会的代表敦促英格兰的辉格党人和托利党人废除爱丁堡的枢密院。戈多尔芬和政府原本打算保留苏格兰枢密院，作为行使自己权威且不受威斯敏斯特议会控制的工具，但他们的想法与南北不列颠各反对党联盟针锋相对。

英格兰的辉格党人还没有完全把戈多尔芬置于他们的控制之下，他们对他长期在苏格兰大权独揽非常嫉妒。他们还是不敢肯定戈多尔芬会在苏格兰坚决拥护汉诺威继承。更重要的是，出于辉格党的原则，他们讨厌苏格兰枢密院这样不对任何人负责、秘密召开且不受议会监督的机构，认为这有可能随时沦为专制王权的工具。萨默斯在一次掷地有声的讲话中提出了这些观点。英格兰的托利党反对派的意见没有那么讲究原则，但他们是出于实际目的，并不信任掌握苏格兰枢密院的那帮人。政府在下议院中以大比例落败，在上议院也以五票之差失败，爱丁堡枢密院连同其糟糕的过去一块儿成为历史。

此时詹姆士党起义和法国入侵风声鹤唳，征收新关税的工作又困难重重，苏格兰的这一管理空缺需要进行填补。因此这项废除爱丁堡枢密院的法律也将英格兰的治安法官制度推广到边界以北。新的治安法官制度虽然还没有取代带有封建色彩的世袭管辖权，但已经与之相互竞争了。苏格兰人民对这一改变也不反感，因为封建法庭之所以在《联合条约》下继续存在，是贵族和小领主讨价还价的结果，而苏格兰人民可不像他们这样珍视这种制度。[214]

自安妮登基以来，教宗克莱门特十一世就一直敦促法国派兵讨伐英国，以帮助信奉天主教的斯图亚特家族复辟，他也出资支持这一计划。虽然罗马方面通过代理人知道英格兰和苏格兰的天主教徒并没有严重的歧视，但爱尔兰的天主教徒不断发出有理有据的抱怨，当局罔顾《利默里克条约》中的条款，对他们进行迫害，这促使教廷重新对安妮采取战争加废黜圣职的政策，教廷曾用这一政策来对付伊丽莎白，不过暗杀手段现在已经不合时宜了。但路易十四在18世纪最初几年并没有入侵大不列颠或爱尔兰的打算，而教廷的钱转而用来收买议员，在苏格兰议会中维持詹姆士党的势力。走议会道路和搞武装斗争在苏格兰詹姆士党人的脑子里相互竞争，即便像洛克哈特这么强硬的人也不那么热衷于发动叛乱了，尽管他们自己可能没有意识到这一点。但现在联合废除了爱丁堡的议会，除非詹姆士党烟消云散，他们必然要采取入侵加叛乱的政策。[215]

圣日耳曼宫的小朝廷支持罗马教廷对凡尔赛宫方面的交涉，力主法国入侵英国，特别是苏格兰。王位觊觎者的大臣们指出，他们的主子复辟对法国各方面最为有利。在1704年，他们就已经能厚着脸皮说："一个信奉天主教的英国国王必然永远是法国的附庸。"[216]的确，这样的说法阻止了英格兰的托利党人成为彻头彻尾的詹姆士党人，至少马尔伯勒公爵和戈多尔芬是这样的。这一考量在苏格兰并没有那么强烈，那里人们的心态还是在法国和英格兰之间中立。联合既然不受欢迎，那么法国入侵就有可能将苏格兰从大不列颠分离出来，至少坚持到路易十四扭转欧洲战局为止。

1706年至1707年冬天，阻止《联合条约》通过的骚动达到高潮，假如法军在这时候登陆，势必引发声势浩大的起义。但在拉米伊战役后的一年里，法国还无暇顾及。他们在随后1707年的战事中取得了相对的成功，让凡尔赛宫有余力考虑在1708年入侵苏格兰的事情了。这至少能引发一些动荡，足以迫使马尔伯勒公爵从尼德兰撤兵，而旺多姆元帅在各大城市居民人心思变的情况下，可以趁机收复比利时。入侵苏格兰能给路易十四带来好处，王位觊觎者并不需要能有机会进军伦敦，甚至都不需要常驻爱丁堡与英格兰强敌对抗。只要能在苏格兰稍微分散一下英国的注意力，法国或许就能在欧洲大陆争取到有利的和平。

法王的大臣们通过代理人纳撒尼尔·胡克进行摸底，后者于1707年4月至6月在苏格兰替他们工作。[①]胡克自吹自擂地说，他是"盲目"听从凡尔赛宫而非圣日耳曼宫的指示行事的：鉴于哈密尔顿公爵想自己戴上苏格兰王冠，胡克一度认真地考虑法国是否应该支持他而非斯图亚特家族的主张，如果这样有可能安抚长老会势力的话。

其实胡克取得的成绩乏善可陈。但他和其他人详细地写下了他执行任务的记录，其中透露了很多1707年苏格兰的状况，以及各种詹姆士党或准詹姆士党派系之间的内斗。但是，我们现代读者可能

---

① 胡克是爱尔兰新教徒出身，似乎老是走极端，而且总处在失败的一方。他在蒙茅斯公爵出征时曾担任他的牧师。他后来成了詹姆士党人和罗马天主教徒，并于1706年归化为法国臣民。见 *Hooke*（*Rox.*），Ⅱ，pp.i–xiv。

会感到震惊，贵族居然可以大摇大摆地对政府表示不忠并阴谋将其推翻，而政府居然没有军队、警察或群众基础来镇压最公开的叛国行为，就这么坐视不管了。不过詹姆士党虽然敢于蔑视外来的管制，但其内部的领袖各怀鬼胎，相互猜忌，貌合神离。

胡克在阿伯丁郡的斯莱恩斯城堡登岸，这是詹姆士党常用的登岸地点之一，他所在的地区是埃勒尔伯爵和阿瑟尔公爵的支持者居多，他们一心警告他不要相信哈密尔顿公爵。的确，哈密尔顿公爵还是老一套，装病不见胡克，而是通过一个化名"霍尔"的罗马天主教神父来与他接触。戈登公爵和阿瑟尔公爵既不太想见胡克，也不太想承诺武装起事。虽然埃勒尔伯爵和其他一些不太重要的贵族联名要求王位觊觎者率8000人的军队归国，但由于缺少强有力的领导，他们并没有制订认真严肃的计划。胡克完全无法消除苏格兰人和法国人之前长久以来的分歧，即到底是苏格兰人起义响应法国入侵，还是法国入侵响应苏格兰人起义。但他在回去后能告诉路易十四的是，除非至少5000名法国正规军先行登陆，否则苏格兰是不会有人采取行动的。

此外胡克没有安排任何事情，他也不是土生土长的苏格兰人，所以也没能带回什么有价值的情报。他完全没有认识到高地部族中詹姆士党人的战斗力有多强，对此他几乎没有去了解。而且他听信了别人说的话，误以为会有很多长老会人士加入法国的入侵，将一个信奉罗马天主教的国王扶上王位并让主教制派从中得益。[217]

对詹姆士党而言，他们没有领导人，民众对联合日益不满，但也越来越清楚他们没有办法摆脱，1707年的夏天就这么过去了。与此同时，西南地区的穷绅士、另一首要阴谋分子克尔斯兰的克尔正在对极端的圣约派发挥他不可小觑的地方影响力，到底是为了詹姆士党还是为了政府，当时并没有人清楚。和古往今来一样，狡猾的小人总是比老实巴交的人更能影响那些头脑顽固的狂热分子。詹姆士党和拥护汉诺威继承的人都以为克尔正在替他们招徕勇武善战的卡梅伦派。根据他自己的说法，他是在替政府工作，而且他无疑拿了政府的钱。

的确，克尔什么人的钱都敢拿，甚至包括威斯敏斯特议会的辉格党和托利党反对派，克尔向他们承诺，他可以证明戈多尔芬与詹姆士党相勾结。1707年至1708年冬天，不断有传言称法国会在春天入侵，而苏格兰又是一副门户洞开的状态，这让辉格党人和托利党人又开始怀疑戈多尔芬是否忠于革命安排。尽管法国和苏格兰的詹姆士党代理人仍旧对他和马尔伯勒公爵抱有希望，但这对亲家死心塌地地忠于安妮女王；只不过他们选择让苏格兰防守空虚，而不是削弱英国在欧洲大陆的兵力。他们依靠海军来阻挡入侵者，如果有必要的话，还能让海军将陆军部队直接从奥斯坦德运到任何可能受到敌人威胁的英国海岸。[218]

以上就是1708年3月路易十四最终派王位觊觎者赴敌时的国内外情况。6000名法国步兵登上了近30艘船，由英勇的私掠船指挥官福尔班伯爵统率，他是敦刻尔克无冕之王让·巴尔特的真正传人。福尔班伯爵有资格傲视凡尔赛宫，他用普罗旺斯人的幽默对待那里的大臣，将这整件事斥为疯狂之举，强调如果他真的要去干这件徒劳无功的事，计划中用来运送军队的慢运输船必须得换成快速的私掠船，这样的船在敦刻尔克有很多，它们安全、能够甩掉久经考验的英格兰军舰——他宣称，否则这场荒唐的出征必将失败，舰队、士兵和王位觊觎者都会葬身鱼腹。如果得到明确的命令，他愿意在做出这些改变的情况下启程，但心里仍有不满。"至于我嘛，我什么也不亏，反正我能游泳。"他轻松地说道。

通过在尼德兰的代理人和在敦刻尔克的间谍，英国政府对敌人的准备工作乃至意图都知道得一清二楚。海军部迅速果决地组建了一支强大的特别舰队，自从2月中旬以来就一直在这座私掠船港口外警戒。[①]在3月初，法国人在远处海面上看到了宾将军的上桅杆，王位觊觎者也在敦刻尔克罹患麻疹，这让法国人不得不放弃这个不现实的计划。一切似乎都要不了了之。不过在风帆时代，任何事都受制于反复无常的风向，而此时此刻宾将军被天气逼回了唐斯，只留下侦察的船只。这时陆军士兵和詹姆士党人争取到了凡尔赛宫的支持。福尔班伯爵的反对被驳回；王位觊觎者身体康复，急于启程；军队匆匆上船，扬帆出发。

1708 年 3 月 6 日至 17 日

福尔班对此次出征的胜算有几分怀疑，他毫不掩饰对船上英国和爱尔兰流亡者的厌恶，以及对他们年轻的苏格兰国王"詹姆斯八世"的同情，他认为后者是船上唯一还算有点胆识的詹姆士党人。[②]从福尔班伯爵自己的回忆录上看，他更在意的是将他的舰队完好无损地带回来这一困难的任务，而不是让王位觊觎者或法国的团登上苏格兰蛮荒的群山。再根据他后来的所作所为，我们不必相信洛克

---

① 戈多尔芬希望他们用沉船封锁敦刻尔克港，形成海上堡垒，但专家们证明这行不通。*Byng Papers*，Ⅱ，pp.125-128.

② 他打算在登陆后以苏格兰国王的身份发出呼吁。他在船上携带的公告是"詹姆斯八世致他古老苏格兰王国的良善人民"，呼吁断绝与英格兰的联合。他在公告中宣布将把一切事务交由新选举产生的爱丁堡议会处理。他没有对长老会做出任何保证，显然他们的教会将被摧毁。*H.M.C. Stuart Papers*，Ⅰ（1902），pp.218-219；*Lockhart*，Ⅰ，p.239.

哈特等人的怀疑，说他收到凡尔赛宫方面的密令，不许王位觊觎者或军队登岸。如果他得到的命令是让他便宜从事，那么他的确完全可以做出非常谨慎的决定。

恶劣的天气帮福尔班伯爵解除了宾将军的封锁，他趁着恶劣天气之间的短暂间隙出发。他在前往苏格兰的这一路上都是强劲的西风和雨雪。詹姆士党人很快就晕船了。他写道："他们已经如愿出海了，看着他们那难受劲我很高兴。我告诉他们'你们什么也做不了。这是你们抽中的酒，你们得把它喝了'。"他有些船只被风所阻，带着其上的1000名士兵返回了敦刻尔克。但如果他让剩下的5000名士兵登上苏格兰任何地方的话，后果可能也将非常严重。假如他有命令或决心，宁愿牺牲舰队也要让士兵登陆的话，很有可能会引发一场内战，足以令马尔伯勒公爵在尼德兰陷入瘫痪。但他没有收到这么悲壮的命令，而他自己也只想着把法国船只平安带回而已。

人们都认为，如果真的要登陆的话，那就应该选在福斯湾。此时爱丁堡城防几乎空虚；克尔说"城堡里连四发炮弹都没有"，也没有"四十个精兵"，确实利文勋爵也准备一旦敌人登陆就溜之大吉。据哈利一个在爱丁堡的通讯员说，弱小的苏格兰军队"武备废弛"，一旦王位觊觎者出现就会倒戈相向。①

但这场入侵行动从头到尾漏洞百出。福尔班伯爵在目标以北"六里格"靠岸，不得不沿着法夫海岸往回行驶，浪费了至关重要的好

---

① 3月13日，福斯湾口的海平面上已经能看到法国人的上桅杆了，利文勋爵写信给马尔伯勒说道："我现在沦落到这步田地了。没有一个子儿来获取补给。没有一张委任状发过来。士兵寥寥无几，没有装备。如果法国人从福斯湾登陆，我就得逃到贝里克去，想到这一点真的很苦恼。" *H. of L. MSS.*（1708–1710），pp.ix，140；*Ker*，I，p.63. 戈多尔芬一直不闻不问，至少对爱丁堡城堡的情况是如此。有关苏格兰军队可参见Portland，IV，p.466。

几个钟头时间。3月12日下午3时，他的船开始驶入福斯湾口，其中一艘船抵达了发生著名猎巫案件的皮滕威姆海岸。当晚入侵舰队停泊在克雷尔和梅岛之间。他们按照约定发出信号，以引起陆地上的詹姆士党盟友注意，但没有得到回应。这一情况非常重要，它让福尔班伯爵进一步肯定了他先入为主的想法，即这场詹姆士党行动就是彻头彻尾的闹剧。

第二天早上，破晓的阳光照到了"四里格"以南的英格兰舰队。

1708 年 3 月 13 日至 24 日

宾将军开始追击的时候已经迟了12个钟头，而且他的船更慢，但他开始通过紧靠海岸行驶追了上来，并及时赶到。尽管他分出了一队船去护送从奥斯坦德前往泰恩茅斯的英军，但他的舰队仍剩了三分之二，其中有些还是三层甲板军舰。福尔班伯爵现在是以寡敌众、以弱敌强，有被堵在海湾里的危险。他赶在皇家海军军旗前头向北逃跑，沿着当年西班牙"无敌舰队"的路线回国。

双方前后追赶。被追的是法国的精锐私掠船，已经在港中清洗修复完毕，状况良好。追赶的是英国军舰，它们身为海上霸主，自然免不了没完没了的巡逻工作，船底也因此变得淤塞。但带头追击的"多佛尔号"和"拉德洛城堡号"是"我们仅有的两艘开得快的船"，它们开进了法国舰队中，开始朝福尔班伯爵的旗舰开炮。炮弹就从"詹姆斯八世"的耳边呼啸而过，而他的表现就和多年前他的父亲与荷兰的海战中一样勇敢。但有些流亡者吓得在甲板上四处躲避，让那些本来就看不起他们的法国人幸灾乐祸。在炮击的同时，詹姆士党人请求福尔班伯爵给他们一艘小船，让他们和国王登上附近的海岸。福尔班伯爵严词拒绝了。他认为他们提出这个主意是出于害怕和冷酷，一心想逃离英格兰军舰的炮击。但福尔班伯爵所钦佩的詹姆斯也支持这一主意，所以如果我们不以小人之心的话，他的同伴们应该想的是既然法军登陆已经无望，那么让王位觊觎者自己登岸也行，哪怕只带几个追随者也有机会发动叛乱。确实这一计划本身相当草率，福尔班伯爵因此拒绝也情有可原。这些晕船的旱鸭子想要不惜一切代价登上陆地，特别他们还是一群祖国近在眼前的流亡者。

追击沿着福法和阿伯丁的海岸进行了一天一夜。但在 3 月 14 日黎明时分，宾将军在巴肯角外看到敌人后队已经在他前面好几英里了，于是他放弃了追击，掉头回去保卫福斯湾口，以免敌人杀个回马枪。英格兰人俘获了一艘较大的敌舰"索尔兹伯里号"，[①]舰上装备有 50 门火炮并运载着法国步兵及一些苏格兰和爱尔兰詹姆士党人，包括年迈的格里芬勋爵。不过安妮可以宽慰的是，她的臣仆们并没有抓到她的异母弟弟。

这个可怜的小伙子仍然想着那个更为大胆的计划。在英格兰人停止追击的次日，他再度要求福尔班伯爵在因弗内斯附近登陆。詹姆士党人和陆军官兵支持这一计划，福尔班伯爵也一度同意了。但天气急转直下，这让福尔班伯爵更加担心如果在马里湾被宾将军追上，他的舰队可能会全军覆没，就像之前在福斯湾差点发生的一样。基于这些原因，所有人最终同意绕过拉斯角和爱尔兰，尽快回国。

这支舰队历经千辛万苦，损失了好几艘船，许多人死于艰苦的航程，但他们终于回到了敦刻尔克。一些在港里的英格兰俘虏目睹了他们下船的场景，描述道：

---

① 它原为英格兰船只，在 1703 年被俘后为法国人所用。

军队下船的时候面色憔悴，衣衫褴褛，我们还看见那个王位觊觎者上了岸，他是个又高又瘦的年轻人，面色苍白，帽子上插着一根蓝色羽毛，外套上有一枚星星；他出发的时候大家向他大声欢呼"国王万岁"，但在他回来的时候默不作声。[①]

马尔伯勒公爵已经制订了增兵苏格兰的计划，而且正在紧锣密鼓地进行。不管怎么样，如果想赶在福尔班伯爵在福斯湾时进驻爱丁堡，这个计划已经迟了至少十天。福尔班伯爵到福斯湾是在3月12日（旧历）。3月21日，10个营的英格兰步兵在10艘英格兰及荷兰军舰的护送下，从奥斯坦德抵达泰恩茅斯外海。3月24日，另一小股军队从伦敦近郊开往北方。4月在苏格兰将有约一万五千久经战争的英格兰军队。如果法军登陆的话，这样的兵力足以抵挡并最终镇压任何叛乱，而那10个营估计也不太可能及时赶回奥斯坦德，去扭转马尔伯勒公爵当年在尼德兰的战局了。

这10个营已经没有用武之地了，因此他们根本没有登上泰恩茅斯。在海岸外逗留了几天后，他们被送了回去，有充足的时间可以

---

① 我对此次入侵图谋的叙述主要出自福尔班伯爵自己的回忆录、*Byng Papers*，vol. II（非常有价值的史料）、*Burchett*，pp.740-747以及*The House of Lords MSS.*（1708-1710），pp.iii-ix and 32-79（特别是pp.41-42 and 48）。*Hooke*，1760，pp.152-163中包含了其他法国人和詹姆士党人的叙述，可与福尔班伯爵的回忆录相对比。对此我还应该补充王位觊觎者自己的说法，这是他对查尔斯·法克逊的指示，后者在1708年晚些时候被派往苏格兰去给萎靡不振的詹姆士党人加油鼓劲："首先你要让他们确信，我们现有的问题和麻烦既有他们的原因，也有我们的原因，即上一次行动之所以失败，是因为我方人员患病、领航员失误以及其他无法预见的事故，导致敌人有机会阻止我们在（福斯）海湾登陆；另外，由于强劲的逆风、舰队的分散、我们对海岸不熟以及缺少补给，阻止了我们在其他任何地方登陆"，例如因弗内斯。*Bodleian MSS.*，Carte，180 f.22.

在奥德纳尔德战役中助阵。他们在海上的经历远非轻松。5000多人被塞进渗水、腐烂、虫鼠泛滥的运输船里，而剩下的1700人则要挤在完全没有住宿空间的军舰中。他们躺在硬木板上，没有床褥和足够的食物，病号痛苦地死去，悲惨程度堪比当时正逃出拉斯角的法军。尽管马尔伯勒公爵很关心手下的官兵，但他对于改善他们在海上的生活条件也是无能为力。[219]

在福尔班伯爵抵达福斯湾口时，爱丁堡高街上詹姆士党人志得意满、反攻倒算的样子让那些忠于政府的人开始紧张起来。但政府圈子里的人认为，如果法军真的登陆，长老会人士将会反对天主教王位觊觎者和主教制派势力。卡斯泰尔斯因长老会的忠诚表现而受到赞誉，国务大臣桑德兰伯爵在3月18日写信给利文伯爵说道，"我们了解到爱丁堡一带民众情绪良好，非常令人宽慰，特别是教会，我敢肯定他们值得大加鼓励"。5月，笛福根据戈多尔芬的指示，在爱丁堡对苏格兰"贫穷、实在，但脾气粗暴、易受欺骗的人民"的总体情绪进行分析，暗示对假如敌军登陆后的事态并不确定：

> 在敌人发起入侵的时候，人们开始说："这是英格兰人和法国人之间的事，让他们掐去吧。"这些自称诚实的人并没有觉得自己在其中有份。就在他们这样的情绪越来越强烈的时候，法军出现了。之后这种情绪就很难判断了，因为在法军出现后很快乔治·宾爵士也来了，中间就隔了一个下午（3月12日）。

由于没有更为肯定的说法，这场没有真正付诸实施的行动究竟原本会发展成什么样，我们只能去猜想了。[220]

苏格兰枢密院已经在法律上被判了死刑，在最后的几周里它忙于应对入侵以及抓捕詹姆士党嫌犯。到3月底，爱丁堡和斯特灵的城堡里已经关满了贵族和乡绅。他们中很多人只是一时大意为詹姆士党举杯庆祝了一下，他们非常乐意改弦更张，不愿为了道义责任而冒着丢掉性命和产业的危险。叛乱前夕的抓捕行动往往让那些表面上慷慨激昂的人暗地里长舒了一口气。哈密尔顿公爵在远征军靠近苏格兰海岸的时候特意待在了英格兰，当女王信使如他所料送来出兵令状时，他估计非常开心。他的对手阿瑟尔公爵与手下的高地战士在布莱尔阿瑟尔，在他交了5000英镑保释金后，当局让他留在那里等候传唤，这被认为是个审慎的决定。惹上更多麻烦的是几个斯特灵郡的绅士，他们过早匆忙地带着自己的人马"出去"，还被人看见了。他们以及其他犯人被押到伦敦接受大臣们的讯问甚至受审，激起了很大的民愤。

索尔顿的弗莱彻被传唤到了爱丁堡的枢密院，最终被认定无罪。但可怜的老贝尔黑文勋爵因为他反对联合的著名言论，被送到伦敦。他仅仅因为"反对联合"就被扣上了对新教继承不忠的帽子，令他极其愤慨，并对此写下长篇大论寄给大臣们，结果被当成"笑话"相互传阅。他获得了保释，但人们对他政治立场的误解令这位老人耿耿于怀，他于夏天去世，大家说他是"被气死的"。

没有人因为入侵事件被处决，即便是那些在战争行动中于"索尔兹伯里号"上被俘的人也没有。其中有一个老格里芬勋爵被当作归国的法外之人，以叛国罪判处死刑。但就连他也被赦免了，"因为女王说她认识他许久了，不忍心看着他受罪"。几年后他死于狱中。桑德兰伯爵对于他所在政府的宽宏大量非常反感，他对纽卡斯尔公爵写道："他们近来对于入侵一事的处理，特别是赦免格里芬勋爵的做法，就相当于对整个世界宣布威尔士亲王为国王了。"

安妮、马尔伯勒公爵和戈多尔芬平素都慈悲为怀，立场也颇为温和。但如此宽大处理另有一层原因。大不列颠第一次议会大选即将举行。①政府刚刚侥幸躲过了一场大乱，不希望因为刑罚过当而在苏格兰失去民心。此外，半只脚踏进政府的辉格党大佬们想敲打一下戈多尔芬，打击他的势力。哈密尔顿公爵与"小集团"达成了协议。他和他的朋友如果保证在之后的大选中支持辉格党反对戈多尔芬的候选人，那么他们就可以马上出狱回家。在势均力敌的上议院中，代表苏格兰的上议院成员可能起到上下其手的作用，因此苏格兰各贵族推举上议院成员的选举就对英格兰的辉格党人至关重要。桑德兰伯爵虽然身为国务大臣，但他对于自己的岳父和戈多尔芬都不忠诚，他在选举在即时写信给罗斯堡公爵说："我不会让你受朝廷党的欺压，因为女王本人不可能长久支持这个党派的。"他虽然痛恨其他人对格里芬勋爵的宽容，但他还是卷入了这场算计，按照辉格党的条件把其他詹姆士党密谋分子放了出来。

就这样，通过与戈多尔芬或桑德兰伯爵及其盟友达成交易，所有的詹姆士党嫌犯都在5月的选举之前获得了自由，除了那些斯特灵郡的乡绅。但即便是这些人被送回了苏格兰受审，审判结果也是"罪名不成立"，尽管对他们不利的事实尽人皆知，但几乎没有人愿意站出来作证。[221]

英格兰人对于3月入侵图谋的警觉和愤怒主导了5月的大选。正当法军开往爱丁堡时，托利党议员弗朗西斯·蔡尔德爵士领导金匠

---

① 在上一个会期中，苏格兰的代表直接出席了威斯敏斯特官的时任议会。

和私营银行家策划对其竞争对手英格兰银行进行挤兑。戈多尔芬的财政部和伦敦城里的辉格党金融势力挫败了这场不爱国的图谋。这一事件在选举期间对托利党极其不利。爱国情绪和对稳定的渴望都站到了辉格党候选人这边。3月31日，诺里奇的座堂主任牧师写信对一个朋友说：

> 假如银行在挤兑的时候被搞垮了，我也就破产了，因为我当时在里面存了4000英镑。我想这个刚刚发生的事情将引起反弹，对下一次大选有很大影响。我希望这不要让辉格党势力过于高涨，因为保持平衡才是最好的。

很多人原本打算投票给托利党以争取迅速议和，但因为这场入侵，他们转而支持辉格党了。在上一个冬天，整个国家似乎不太清楚要不要继续进行战争。1707年12月，斯威夫特在莱斯特写道：

> 这场漫长的战争没有导致领土失陷，也没有让任何人陷入贫困，只是有些人抱怨佃户的租子交得迟了一点。全国上下都爱戴现任政府。

但在六个星期后，他就在伦敦写道：

> 战争的准备工作慢了很多，以至于我们只能期待一场规模中等的战事，而人民已经开始打心里厌倦战争了。

看着同样一个观察者这前后不一的观点，如果没有3月的入侵事件，要想预测1708年5月的大选结果还真的有点大胆。但对英格兰海岸发动进攻是法国国王的挑衅行动，不太可能让一个勇敢的民族走向追求和平的道路。

在投票开始的时候，民众谈论的全是入侵事件，而辉格党利用这一议题打击托利党各派，并取得了一定的成功。他们的《给选民们的建议》据说是"基特·卡特俱乐部一些高级成员"写的，"将教皇党徒和拒誓派斥为不足挂齿，认为辉格党没有嫌疑，而将刚刚这场入侵行动全部归咎于可怜的托利党头上"。[222]

在这种情况下，许多选区庇护人、乡绅、教士和自由地产保有人支持了他们平时所反对的辉格党候选人。尽管辉格党和戈多尔芬之间存在分歧，戈多尔芬和安妮之间也渐行渐远，但政府再度对托利党反对派重拳出击；而且在安妮时期，政府从未在大选中遭遇失败。5月27日，桑德兰伯爵热情洋溢地将选举结果写信告诉了纽卡斯尔公爵：

> 我衷心地向殿下表示祝贺，英格兰全境的选举非常顺利。我想有人会说这是革命以来辉格党势力最强的一届议会。

不知道这是不是英格兰和欧洲最需要的一个辉格党议会的时刻，这样的问题会反复出现。但辉格党议会成了事实，这是入侵行动顺理成章的后果。[223]

不过政府还没有发挥全部影响来帮助辉格党候选人。戈多尔芬、安妮甚至温和的辉格党御前大臣考珀勋爵都不准备为了赢得大选而全面清洗托利党籍治安法官。萨拉为她的兄弟在自家城镇圣奥尔本斯落选大为不满，因为其托利党对手"仍旧掌握城里的司法权力"。[224]

和安妮时期其他任何选举一样，选区庇护人、地主、圣职推荐权人和教会或国家的高级官员都发挥各自的个人影响力，各方也一如既往地动用贿选手段，毫不知耻。就在选举之前，下议院终于磨磨蹭蹭地通过了一项温和的反贿选法案，但被上议院否决了。即便它能通过，当时执行起来也不比今天美国的禁酒令好。

我们即将参与一次议会选举（笛福在他的《评论》里写道）。没有必要再谈论贿赂、拉拢、收买民意什么的了，买卖现在已经是议员选举不可缺少的东西，就像生活少不了面包一样……在集市那天，一个城镇里有两名绅士；他们依次走进一家酒馆。老板坑了他们，给他们喝的麦芽酒收了两倍的钱，不管他们喝醉没有。如果绅士先生不喜欢这样，那他就错怪老板了，因为这么一来，酒馆里所有的顾客都会投票给他了。

酒馆是争取一个普选选区必不可少的中心，然后就是给选民"每人两个基尼"，就像在威尔特郡的拉德格舍尔一样。但在封闭选区里，市政法人可以被打包收买，比如在1708年的塞特福德，"选举是在治安法官中间进行的，价格是50基尼一张选票"。[225]

康沃尔郡的腐败选区都被人"把持"了，但它们继续一点一点地脱离自安妮登基以来高教会派托利党的垄断状态。一个康沃尔郡的托利党通讯员对哈利写道：

艾迪生被一股叫另一个名字的势力突然间推上了洛斯特威西尔

的席位。从整体上看，最近两次选举（1705年和1708年）让我们在这个郡的处境变得更糟而不是更好了。

在康沃尔郡为亨利·圣约翰争取一个席位都办不到了，他不敢冒险去竞选他在伍顿巴西特的传统席位。他准备隐退思考个几年，他写道"这是我从未遇到过的好事"。这段没有出席议会的年月真是恰到好处，他借此恢复了与高教会派托利党的旧交以及在牛津大学等地的联系。

新一届议会召开后，议会投票表决的选举申诉案件"对辉格党和廷臣们非常有利"，厚颜无耻的程度与之前托利党操弄选举申诉时一样。伯内特主教虽然党派色彩强烈，但他向来还是讲究公平体面的，他对自己这方的不义之举深感震惊。这次大选鹿死谁手已经毫无疑问了。[226]

沃尔特·司各特爵士与安妮时期的苏格兰

1708年入侵图谋期间的苏格兰政治就是《黑侏儒》（*The Black Dwarf*）的历史背景，司各特在这本书里对詹姆士党社会和密谋的刻画是他所有作品中最为负面的。《拉美莫尔的新娘》（*The Bride of Lammermoor*）显然发生在联合后的头几年，这本书描绘的主要是惨烈的悲剧与无情的命运，但这位伟大的古物学家能够从他渊博的知识储备中富有想象又巧妙写实地勾勒出一幅当时苏格兰社会的图景，也算是该书的次要价值。

第十八章　奥德纳尔德、里尔、梅诺卡

　　1707年联军在各个战场都一无所获，马尔伯勒公爵深知，如果战争还想有个好结果的话，1708年就不能重蹈覆辙了。上一年的经历也表明，除非他亲自出马，否则一点胜算都没有。他下定决心，计划让欧根亲王与他并肩作战。他之前没能说服约瑟夫皇帝派欧根亲王到西班牙，而且由于比利时人心浮动，加上法国有兵力上的优势，他不能离开尼德兰，因此他策划让欧根亲王过来，两人联手再打一场胜仗，突破边境要塞攻入法国。

　　不过马尔伯勒公爵和欧根亲王的合兵计划必须保密。汉诺威选帝侯是上莱茵地区的神圣罗马帝国的军队统帅，虽然他不像前任巴登亲王路易斯那么无能，但小肚鸡肠却一点儿也不差，他觉得欧根亲王会率另一支神圣罗马帝国军队来与他会合。出于诸多原因，马尔伯勒公爵如果不是因为共同的利益有绝对的需要，他也不想得罪未来的乔治国王。于是他做出了妥协，将军队分为了三股：汉诺威选帝侯率4万人在阿尔萨斯防备法军；欧根亲王率4.5万人在摩泽尔河行动；马尔伯勒公爵率英格兰和荷兰供养的8万人保卫比利时。但这两位布伦海姆战役的战友秘密约定，欧根亲王于仲夏时节从摩泽尔河进军尼德兰，与马尔伯勒公爵一道进攻法国边境。5月3日，马尔伯勒公爵从海牙写信给戈多尔芬说道："至于两军合兵一事，

我们认为最好不要让选帝侯知晓，因为我知道一旦付诸实施，他将
会非常生气；但由于这场战事的成败在此一举，除了瞒着他我想不
出别的办法了。"[227]

与此同时，法国也制订了进攻计划，希望以此争取到"有利的
和平"。1707年的事态在一定程度上恢复了他们的斗志，虽然法国的
经济状况让他们不得不求和，但路易十四认为他今年如果在战场上
再次取得胜利，就能获得有利的议和条款。

法国计划利用比利时人对荷兰统治的不满以及巴伐利亚选帝侯
之前担任西属尼德兰总督时的人望来获得军事上的资本。巴伐利亚
选帝侯的统治和为人深受贵族尤其是妇女的赞许。确实，被马尔伯
勒公爵两场胜仗两度打得流亡国外的马克斯·埃马努埃尔可以说是
比利时—巴伐利亚的"美王子查理"。①3月入侵苏格兰的企图旨在将
全体英军在整个夏天拖回国内，而让巴伐利亚选帝侯在尼德兰官复
原职的希望则与此有关。假如英军撤离，法军将与比利时各城的同
情分子里应外合，大举进攻。但王位觊觎者远征失利，导致派往泰
恩茅斯的10个营的英格兰军队于4月回到了奥斯坦德，这场声东击
西的计划宣告失败。即便如此，法军计划在7月攻打尼德兰仍有一定
胜算。

这将是个大工程。路易十四御驾亲征、看着军队轻取城池的日
子早已一去不复返了；不过太子的儿子勃艮第公爵（如果不是造化
弄人，他就是未来的法国国王了）将名义挂帅，摘取胜利果实。他
身边的骑马少年已经身为"英格兰国王"了——要是他的臣民也这

---

① *St. Simon*（V, chap.xxi）对此有详细描述。因此他认为这一年将马克斯·埃
马努埃尔派往莱茵地区而不是尼德兰是一个错误。

么想就好了。在这两位王子面前，当时的法国士兵打起仗来应该比以往更加卖力。旺多姆元帅被派去担任勃艮第公爵的副官或导师——到底是哪个还真不好说。他久经沙场，勇敢过人，能征善战，其祖父是亨利四世众多子女之一，在普通士兵中很有威望，但他的一身恶习就连凡尔赛宫的廷臣们也看不下去。他常常沉湎于酒色，但还是能够自己振作起来，充满精力和勇气地大干一场。军中立刻就分为了旺多姆元帅一派和勃艮第公爵一派；两名统帅之间不断爆发最为激烈的冲突，他们最终的失败与此有莫大的关系。

不过开局的时候一切都还很好。7月初，法军将领大胆而巧妙地甩开了正在把守却城防不严的布鲁塞尔和勒芬的马尔伯勒公爵。在穿越了他的防线后，他们大张旗鼓地出现在根特城下，城中的内应开门投降。布鲁日也有样学样，法军就这样在布鲁日运河的掩护下、在马尔伯勒公爵的后方站稳了脚跟。马尔伯勒公爵在7月9日写信给戈多尔芬时说道：“荷兰政府在这个国家倒行逆施，以至于我毫不怀疑所有的城镇一旦自己掌握了权力，就会像根特一样对我们使把戏。”

马尔伯勒公爵让人给包抄了。他身体和思想上都不是很自在。他一直发烧头疼——不停地写信给萨拉说“我的血液非常热”；国内传来安妮女王疏远他、辉格党坚决不退让的消息，也让他很是苦恼；他也充分意识到了比利时军政形势的危险，决心非用一场胜利来挽回局面不可。如果他有办法让法军出兵上阵的话，哪怕再等几天就能让欧根亲王从摩泽尔河来增强他的兵力了，他也绝不会让这样的机会流失；因为他深知如果己方兵力增加，法国人就不会冒险与他一战了。经过去年的失败，荷兰监军得到命令，不准对他的行动指手画脚。而在另一边，旺多姆元帅、勃艮第公爵以及各自的党羽正在为攻占根特弹冠相庆，但他们还是有些担心马尔伯勒公爵会回师反击，他们还记得维勒鲁瓦元帅曾经在拉米伊战役中鲁莽地鄙视并挑战这个"穷途末路的冒险家"。两位法军将领因此有了分歧，一个大胆冒进，一个谨慎小心；而两人之间的相互猜忌又进一步加深了他们的矛盾。于是法军不可能采取清晰一致的行动了。驱使他们在奥德纳尔德交锋的正是这样的心理状态。[228]

旺多姆元帅和勃艮第公爵在根特和布鲁日留下了大批守军，然后赶回了法国边境。但他们并没有直接回到安全的里尔，而是在路上逗留，想在马尔伯勒公爵眼皮底下攻占一座要塞。然而，他们就到底要攻打哪一座要塞争论了起来。勃艮第公爵想攻打梅嫩；旺多姆元帅则主张攻打奥德纳尔德，而且坚持己见。他的设想是让军队从根特开往登德尔河上的莱西讷，将联军挡在河东，从而掩护围攻奥德纳尔德的行动。但马尔伯勒公爵从海尔弗灵恩出兵，赶在法军之前到达了莱西讷。

旺多姆元帅计划受挫，转而支持勃艮第公爵攻打梅嫩。他想要从哈弗尔渡过斯海尔德河，占领从哈弗尔到奥德纳尔德的左岸，以此掩护攻城。由于奥德纳尔德及其桥梁都在联军手中，而马尔伯勒公爵显然比法军将领更加积极，后来的事情证明这一计划一点儿也不靠谱。[229]

马尔伯勒公爵已经与欧根亲王会合。亲王的军队正在从摩泽尔河赶来的路上，还要几天才能到，但两位战友都不想因为等他们而让旺多姆元帅逃出他慢悠悠踏入的圈套里。虽然这是个圈套，但法军只要没有被追上或打败，还是能逃出生天。但马尔伯勒公爵的手下两样都能办到。

7月11日凌晨1点，在天还没有亮的时候，爱尔兰人卡多根从莱西讷出发，他和拉米伊战役一样，是马尔伯勒公爵胜利的先兆。他

率领的先头部队以英军为主，包括十几个营的步兵，以及8个营的汉

1708年7月
11日（新历） 诺威龙骑兵，其中就有他们年轻的小亲王——他在半个世纪后作为英格兰的乔治二世打赢了七年战争①；现在他要学着怎样打败法国人。

这支先头部队的任务是在奥德纳尔德下游的斯海尔德河上搭起多座浮桥并挡住一切来犯之敌，保证主力部队在当天晚些时候能够顺利过河。经过了15英里的行军后，他们在上午10点到达了俯瞰埃纳米的山顶上，映入他们眼帘的是从沼泽地上奔流而过的斯海尔德河，对岸就是精美的设防城镇奥德纳尔德。在城内的房屋中间，教堂的塔楼和陡峭的窄顶以及美轮美奂的市政厅鹤立鸡群。但在那天上午，卡多根可没有空看这些，他盯着北方，看到了在6英里外哈弗尔的高地上，法国全军正处在河流的同一侧，准备通过搭好的浮桥过河。他或许及时到位了，但片刻都犹豫不得。他迅速在紧邻城镇的斯海尔德河上将"锡船"搭成5座浮桥，先头部队——骑兵、步兵和炮兵——缓缓通过。

与此同时，法军也从哈弗尔渡过斯海尔德河，有几分悠闲、几分不知所措地向南行军。如果勃艮第公爵和旺多姆元帅换作马尔伯勒公爵和欧根亲王的话，他们会以最快速度全力进攻卡多根，将他连同马尔伯勒公爵派出增援的部队先锋一起赶到斯海尔德河里。反过来讲，如果法军谨慎小心的话，他们会在赫伊瑟、莱德和温吉姆的高地上采取严密的守势。长长的山岭从诺尔肯溪底部拔地而起，像冰川一样光秃。马尔伯勒公爵从莱西讷长途跋涉，在晚上可没有

———————————

① 1760年乔治二世去世时，七年战争（1756—1763）尚未结束，但他见证了1759年的"奇迹年"，英国在欧洲取得明登战役大捷，在美洲夺取了瓜德罗普和魁北克，并在拉古什和基伯龙湾两场海战中打败法国。——译者注

时间攻打这些地方：如果法军愿意的话，他们可以趁夜逃走；或者如果他们想干一仗的话，可以在第二天早上选择最有利的防御地形抵挡住敌人的进攻。旺多姆元帅和勃艮第公爵各自发出了一些相互矛盾的命令，导致法军既没有抓住机会进攻立足未稳的卡多根，也没有采取最稳妥的守势，战役就这样打响了。

从在哈弗尔过河的那一刻开始，敌人的行动就犹豫不决，毫无章法。大部队基本上往赫伊瑟高地的方向移动，而比龙公爵率一支偏师南下攻占埃内并对付卡多根。那些浮桥是马尔伯勒公爵获胜的必由之路，联军先头部队忙着在河边搭建浮桥，比龙公爵的瑞士团有了占领埃内的时间。

时间到了下午，马尔伯勒公爵主力部队的前锋开始出现在俯瞰埃纳米的山顶上。这支大军于上午7点从莱西讷出发，他们行进的步伐显示了全军上下昂扬的斗志。每个士兵都怀着满腔热情，想一雪根特和布鲁日的前耻，他们说那是因为"有人背叛"才丢掉的。法军只不过抢了个便宜，就开始自吹自擂了；他们必须被再次打回原形，就像在拉米伊战役那年一样。马尔伯勒公爵的出现让所有人都志在必得。英格兰人、德意志人、荷兰人、斯堪的纳维亚人和胡格诺派举着各色旗帜行军，但他们都把信心放在一个人身上。他下令他们与时间赛跑，而他们也心知肚明。白天的行军非常费劲，但晚上就能进行他们渴望的战役了。被留下看守辎重的倒霉士兵丢弃不光彩的岗位，与战友们一道冲向奥德纳尔德。他们用多种不同语言欢快地咒骂歌唱，在白杨树阴影下的道路上扬起阵阵尘土。就连一贯沉闷的布拉凯德上校也被感染，流露出一丝丝含蓄的喜悦。"我想到了《诗篇》第103篇，"他写道，"我行军的时候（在心里）反复地唱。"当他们走了15英里到达埃纳米山顶时，他们看到了波光粼粼的河流和路易十四大军的白色军装，便加快了脚步。领头的骑兵从卡多根牢牢搭起的浮桥上"飞驰而过"。他们身后是身穿蓝色军装的普鲁士步兵，从高低起伏的道路上"跑"过，再后面是身穿红色军装的英军。马尔伯勒公爵和欧根亲王并驾齐驱，穿过这些急不可耐的步兵。

卡多根一看到这些后续部队靠近，便从岸边出发去埃内进攻比龙公爵。他率领的是从先头部队中挑选的英格兰精锐步兵。他们扛着枪，排成列向村子行进，一枪未发，甚至没有端起刺刀冲锋，直到他们进入瑞士人手枪的射程之内。那些山民是法军最精锐的部队之一，但有三个营在埃内放下了武器，第四个营在企图撤退途中连同从赫尔讷姗姗来迟的三个营被汉诺威龙骑兵一块儿击溃了。汉诺威龙骑兵为轻取敌军步兵欣喜不已，在兰曹将军的率领下再接再厉，在赫尔讷附近与20个营的法军骑兵交锋，将其击退。在这场两军迎面撞上的精彩冲锋中，小亲王乔治的表现特别突出。他胯下坐骑中弹，一时间人们以为英格兰以后得另找王位继承人了。但这个暴脾气、英勇的小绅士爬起来继续作战。这年夏天，有关奥德纳尔德战役的英格兰民谣传遍全国，讲述了他在对付"法国佬杰克"时的英勇事迹。这是汉诺威继承的加分项。这一天王位觊觎者的表现也很英勇，但他是在与英格兰交战。

这场揭幕战联军旗开得胜，现在两支超过6万的大军要不可避免地正面交锋了。法军主力在赫伊瑟高地一带，但他们一看到比龙公爵兵败、马尔伯勒公爵逼近，开始分批出动，取道鲁伊海姆磨坊，跨过马罗勒溪，试图在赫鲁嫩沃德击败卡多根和兰曹，但为时已晚。马尔伯勒公爵催促主力部队中的普鲁士和其他士兵，一旦过了浮桥，就立刻前去支援突进的先头部队。其中一方一有步兵团到位，就马上在一条越来越宽的战线上加入战斗，像扇子展开一样。一开始战线是从埃勒海姆到斯哈尔肯；后来到下午就从斯哈尔肯沿着迪彭溪两岸一直向西南延伸到联军左翼所在的布鲁万城堡废墟护城河。在这条两英里多长的战线上，这场战争中最激烈的步兵战之一不停地打了好几个钟头，直到夜幕降临才偃旗息鼓。

法军因为踌躇不前，错过了在联军大部队到来之前将卡多根和普鲁士及汉诺威部队赶进斯海尔德河里的机会，但他们尽了最大努力亡羊补牢。英格兰人宣称他们的敌人从来没有打得这么漂亮，当然他们在拉米伊战役中打得很糟。勃艮第公爵在没有告知旺多姆元帅的情况下首先从赫伊瑟高地上下来，后者只能闷闷不乐地接受了这一既成事实。他此时手持短柄枪，在赫鲁嫩沃德作战，他再也不是酒色之徒了，而是伊夫里战役胜利者的后裔；而法国最精锐的步兵跟着他一拥而上，展开肉搏战。

联军尽管当天行军了15英里多，但他们无论官还是兵都更胜敌人一筹。为了特别嘉奖没有带兵就到战场的欧根亲王，马尔伯勒公爵让他指挥右翼，那里的战斗最为凶险，也是由英军士兵组成的。近卫步兵团以及当时就以"浅黄步兵团"（源自他们军装的黄色衬里）得名的著名步兵团都争先恐后地在欧根亲王麾下作战。直接指挥他们的阿盖尔公爵非常踊跃，就像在佛兰德所有重要行动中一样。

奥德纳尔德战役在总体上异于布伦海姆战役和拉米伊战役。两军并没有在事先勘测挑选的地方拉开阵势打。这是一场"遭遇战"。各团完全是随遇而安，到了之后就在交火线列之间见缝插针。这场战役并不是到齐了后当面锣对面鼓地打，而是从一点开始越打越大。和后来的战争相比，这样的情况在当时比较少见，将领必须眼观六路耳听八方，在瞬息万变之间制订并执行计划。在奥德纳尔德战役中，马尔伯勒公爵证明了自己是这种见机行事的大师，就像他善于使用预先安排的战术，在布伦海姆战役和拉米伊战役将敌人击败在事前勘测的位置上一样。当各营从桥头上赶过时，他就将其投入任何最需要的地方。他有一次将洛特姆伯爵的旅从其开始作战的左翼整个派去支援处境艰难的欧根亲王；而他本人亲率最后到达的荷兰和汉诺威步兵，跨过迪彭溪，击退了敌军右翼。这一精心而漂亮的迂回发生在这样一场战役中最激烈的时候，表明他已经对整场战役胸有成竹了。[①]

奥德纳尔德战役与马尔伯勒公爵的另两场大捷还有一个区别，就是骑兵发挥的作用较小，这是地形的缘故，决定胜负的是步兵。战斗中确实有两次联军骑兵的有力冲锋，起到了很好的效果，第一次是前文提到的兰曹的汉诺威骑兵在赫尔讷冲锋，第二次是纳茨默及其普鲁士骑兵在欧根亲王右翼外围的冲锋，他们直插逼近法军的心脏，使欧根亲王的右翼免遭击溃。但在从埃勒海姆村到布鲁万城堡这两英里战线的主要战斗中，只有步兵参与其中，因为那里的地形不允许骑兵进行冲锋。就连炮兵发挥的作用都不如往常，因为火炮很难穿过有围栏的农田及时部署到位。法军将全部火炮留在了后方，因此没有遭到参战部队所受的厄运。但马尔伯勒公爵充分使用了在交火线列中央的火炮。

因为机缘巧合，两军的主要战斗发生在马罗勒溪和迪彭溪沿岸村庄的一片围地、小农场和树林之间。在这个带有围栏区域的每一边，地形就和弗拉芒地区通常的那样，是一望无际的庄稼地，非常适合骑兵行动；汉诺威和普鲁士骑兵的冲锋就是在那里进行的。但

---

① 马尔伯勒公爵比起法军统帅还有一个优势，就是他更熟悉当地的地形特点，他有些部队最近在那里扎过营。勃艮第公爵制止了旺多姆元帅包围欧根亲王右翼的命令，这是因为他错误地认为他们将要经过的地面多沼泽，难以通行，这一错误决定可能给当天的战役造成了致命的影响。

步兵争夺的是两条溪流及其灌溉水道之间的村庄、篱笆墙、果园、一排排白杨树、分散的茅屋和白菜园。当时作为"哨兵"在近卫步兵团作战的约翰·马歇尔·迪恩是这样描述他所参与的战斗的：

双方都打得非常卖力，从晚上5点一直持续到伸手不见五指；在这段时间里，敌人被从一道篱笆打到另一道篱笆，从一个壁垒打到另一个壁垒。但人们还认为他们不可能已经输掉这场战役了，他们有时间像往常一样寻找坚固的掩体，进入村庄，占领房屋，将每一道树篱笆变成阻挡我们进攻的薄墙。

最后是欧根亲王依靠普鲁士骑兵的奋战和英格兰步兵致命的排射，抵御住了数量占优势的法军对他这一侧的进攻，而马尔伯勒公爵率领联军左翼的荷兰和汉诺威步兵，用刺刀将敌人从迪彭溪击退，并穷追不舍，直到每一发火枪射击都能在夜幕下照出亮光来。一位亲历者写道："我们一条条壕沟、一道道篱笆、一座座矮墙和树林地追击敌人，他们慌不择路，人仰马翻。"

这还没完。马尔伯勒公爵一点也没有被这场遭遇战瞬息万变的紧急细节弄晕，他制订了一个宏大的包围计划。他并没有让全部人马都过浮桥。他在荷兰将领中的好友、老将奥沃凯尔克率领一支强大的荷兰步骑兵通过奥德纳尔德要塞的桥梁，穿过城镇，登上奥伊克山丘，那里被法军弃守，但却能俯瞰他们的右翼和后方。奥沃凯尔克在途中分派威克将军率荷兰步兵从侧翼加入布鲁万城堡后的战斗；而他本人率骑兵穿过高地上的奥伊克村，从背后绕过奥伊克树林前往鲁伊海姆，打算包围法军后部。威克的部队抵达后帮助马尔伯勒公爵击退并包围了敌军右翼。但奥沃凯尔克来不及在夜幕降临之前完成任务，敌军右翼和支援部队在夜色的掩护下逃离了战场。假如晚上再多一个钟头的亮光，奥德纳尔德战役就会像普法战争中的色当战役一样，一举击败法国。而且在战争史上起到重大作用的意外事件让他们浪费了不止一个钟头。当奥沃凯尔克在奥德纳尔德渡过斯海尔德河时，要塞桥梁坍塌了，按照欧根亲王的说法，他们花了两个钟头才将桥梁修复到足够安全通行的程度。①

　　随着夜幕笼罩在胶着厮杀的士兵头上，战斗在最激烈的时候戛然而止了，任何亲历的人都对晚上这最后一个钟头勾起了深深的想象。法军看到了一圈火光，在黑夜中闪烁得愈加明亮，就知道自己已经被包围了。而马尔伯勒公爵此时正从另一方向赶来，他担心手下各团会在一片漆黑中相互排射误伤，便下令停火。他的手下端起刺刀向前抓俘虏。敌军右翼整营整连地缴械投降。茅屋和壕沟都被当成了藏身的地方。法国胡格诺派士兵对曾经迫害他们的人使用了计策：他们的鼓手四处敲打法军的退兵鼓，而他们的军官大声喊着与他们交手各团的名字，"皮卡第团的，到我这里来"，"鲁西永团的，到我这里来"，直到一群群上当受骗的人摸黑冲着熟悉的集合口令跑过来，一露面就当了俘虏。那天晚上漆黑一片，又开始下雨，伤员们雪上加霜，呻吟声"非常凄凉"。胜利的一方站了一整夜，都没有卸下刺刀，将成千的俘虏聚拢、看守起来，而法军左翼和后备部队仓皇逃窜，消失在根特的方向上。正如一个苏格兰士兵用蹩脚的打油诗唱道：

　　随着黑夜开始接近，

---

① *Feldzüge*，Ⅱ，i，p.352，and *Appendix*，p.155.

他们像死狗一样躺在篱笆和壕沟里。

因为担心敌情我们拿着武器站立，

直到白天的日光来临。

马尔伯勒公爵一直饱受发烧和头疼的折磨，但他和欧根亲王整夜骑着马和军队在战场上，"被雨淋成了落汤鸡"。到了泥泞的黎明，所有没能连夜逃到根特的法军都被活捉，并有追兵前去追击剩下的法军。胜利者和俘虏随即将湿漉漉的战场留给了军医和他们筋疲力尽的手下，迈着沉重的步伐前去奥德纳尔德休整。俘虏们从斯哈尔肯通过田间小道"成群结队地进城"。在高耸的市政厅下面的市场上，马尔伯勒公爵和欧根亲王——又病又饿又累，但满心欢喜——终于在和他们一副德行的士兵们的玩笑欢呼声中下马了。周围站着躺着的是法国俘虏，他们白色的军装上满是血污；已经有包括700名军官在内的6000人被带进了城里，而再过一两天，被俘的总人数就因为自动开小差或被联军追兵抓获而增加到9000人。100面"旗帜"成了这场完胜的战利品。

正如马尔伯勒公爵所估计的，连同击毙、击伤、俘虏和开小差，"奥德纳尔德战役让他们的军队损失了至少2万人"。"但我们最大的胜利，"他写道，"是他们军中的恐慌……我们可以以半数兵力击败他们，尤其是他们的步兵。"一时之间，法军再度龟缩到了马尔伯勒公爵鞭长莫及的布鲁日运河后。他们的统帅激烈争吵，很多军官威胁要弃旺多姆元帅而去。他保持住了冷静和勇气。的确，他在各方面都非常艰难的处境下的表现可圈可点，唯一的瑕疵就是向路易十四送去了颠倒黑白的战役汇报，并没有将后者蒙骗住。

联军方面死伤在3000人左右，而且宣称这些损失在战役结束后一周之内就能通过在俘虏和逃兵中征召"德意志人、瑞士人和萨伏伊人"填补上来。不管怎么样，比起4个月后在里尔城及其要塞上的损失，联军在奥德纳尔德战役中的损失微乎其微——他们后来在整个围攻战中损失了1.5万人，其中一个晚上就有4000人伤亡。

奥德纳尔德战役只是差一点没有变成色当战役。但它全歼了敌军右翼，在当年的余下时间里重创了法国野战军的战斗力，恢复了联军在士气上的优势，让一举攻克里尔、向法国边境大步推进成为可能。马尔伯勒公爵继布伦海姆战役和拉米伊战役后又添一大捷。梅因沃林先生在收到捷报后写信给萨拉说道："没有什么猜忌或党争可以动得了已经赢得三场如此战役的人。""而如果他能在下个冬天为国内带来和平，他的敌人就伤不了他了，就像大风吹不倒范布勒先生的厚墙。"但他并没有为国内带来和平，甚至在范布勒先生在布伦海姆宫完成他的"厚重围墙"之前，"猜忌和党争"就让英格兰人一度忘了他们应该要感谢他们的大救星。[230]

筋疲力尽的军队经过了一天的必要休息后，马尔伯勒公爵派洛特姆伯爵率一支分队从战场出发，前去夺取并拆除法军从伊普尔到利斯河修筑的防线工事。洛特姆伯爵于7月15日抵达，正好赶在了贝里克公爵之前。防线被夷为平地，通往法国边境的门户洞开，联军在胜利之后迅速拿下了通往里尔的道路。次日，马尔伯勒公爵写道："我们现在可以往任何方向进军了，但直到我们拿下根特，我们都不能攻城，我们只能从那里获取我们的火炮。"

对于奥德纳尔德战役以及法军退到布鲁日运河后形成的这一奇怪局面，马尔伯勒公爵一开始就是这么想的。欧根亲王的人马在战役结束后抵达，将联军的野战兵力增加到了10万人，他们为刚取得的胜利欢欣鼓舞，率领他们的不仅是当时最伟大的两名军人，而且两人还合作无间。战争史上还没有出现过这么厉害的征战机器。在他们和巴黎之间没有什么精兵强将。不过如果联军向前推进，他们身后就会出现一支敌军，虽然绝对没有那么能打，指挥也不得力，但兵力几乎和他们一样多。与此同时，旺多姆元帅占领了根特，切断了通常从荷兰领土沿斯海尔德河或利斯河向马尔伯勒公爵大营运送攻城炮队的水路。因此，如果联军攻打里尔这个沃邦元帅最伟大的工程杰作之一，他们将身处极其凶险不利的境地。但他们通往巴黎的道路可以就此打开。

在这样的情况下，马尔伯勒公爵于奥德纳尔德战役后的那个星期里想出了直捣黄龙的计划。他将绕过里尔，占领英吉利海峡的港口以获得一条更短的新交通线到英格兰，威胁法国首都，或许能在冬天逼敌人订立城下之盟。[1]

有人在为马尔伯勒公爵于奥德纳尔德战役后直驱巴黎的计划辩护时指出，在滑铁卢战役后，威灵顿公爵和布吕歇尔也采取了绕开或无视里尔及边境要塞的计划，并取得了成功。不过给威灵顿公爵更大胜算的是法国国内的政治形势，而且他身后也没有一支 8 万人的敌军虎视眈眈。对马尔伯勒公爵计划的一个反对意见是，如果马尔伯勒公爵放任旺多姆元帅待在尼德兰，后者会有什么企图，荷兰方面无疑将对此深有感触。确实他非常有可能追赶联军以挽救巴黎，

---

[1]　这一计划足以驳斥荷兰监军戈斯林加以及某些居心叵测的英格兰托利党人对马尔伯勒公爵的荒唐指控，说他想要无限期拖延战争，以满足自己的野心和贪欲。他或许——我认为他是——有些过于固执，除了全面胜利能争取到的和约条款外不肯讲和。但正如他的每个举动、每封书信所显示的，尽早实现全面胜利自始至终都是他的目标。

这样他们就能和他再打一仗，这就是他们最想要的。

入侵法国的第二个反对意见是补给的问题。一支大军在没有稳定的补给基地、身后又有敌军主力占据交通线的情况下如此进军，显然违背了当时所认定的一切战争规律。这无疑非常危险。不过这并不像同一年查理十二世盲目深入俄罗斯森林那样愚蠢，因为马尔伯勒公爵希望能通过英吉利海峡港口与英格兰建立新的交通线，将后者作为他的补给基地；同时他计划用阿图瓦和皮卡第的肥沃土地来供养他的军队，就像拿破仑的军队常常也会在所入侵的土地上就食一样。在7月底之前，"全体轻骑兵就蹂躏了皮卡第腹地"，他们被派到那里"在24小时内两次大肆破坏"。法国开始感受到并供养入侵者了，而且还能来得更厉害一点。

但欧根亲王不能接受这么大胆的行动。他否决了立刻入侵法国的计划，马尔伯勒公爵平心静气地接受了，压根没有向荷兰人提出这一问题。1708年7月26日，马尔伯勒公爵以他一贯那种记录事情（确实也是如此）般的平淡冷静，向戈多尔芬宣布了这一极其重要的决定：

> 我已告知欧根亲王我们非常希望能进军法国。他认为这不可行，除非我们拿下里尔作为弹药军火库。之后他才觉得我们可以大举入侵，虽然我们或许有舰队相助，但除非我们掌控了一些设防城镇，否则我们还是不能过冬。

同一天他写信给哈利法克斯侯爵说：

> 您提到的入侵法国的想法与我的意见不谋而合，要是我们的军

队都是英格兰部队，这一计划无疑是行得通的，但我军有很多人担心粮草不足甚于敌人。

如果他能像凯撒、克伦威尔和拿破仑一样彻底掌控自己的军队，那么他这次就会像凯撒、克伦威尔和拿破仑一样采取行动，或者像他自己当年进军多瑙河一样，随处改变补给基地和交通线。假如欧根亲王能全心认同，那么荷兰人的反对也可以被克服，联军就能在不围攻里尔的情况下挺进法国了。[231] 至于接下来的事情，就在未定之天了。①

于是他们没有进军巴黎，而是开始著名的里尔围攻战，那里是法国的重镇之一，欧洲最坚固的要塞，守城的是老练且勇敢的布夫莱尔元帅麾下的 1.6 万法军，外围还有旺多姆元帅和贝里克公爵两军支援，他们加在一块有 10 万人，而且主力部队还挡在了攻城军队的主要交通线上。在某些方面，这项任务比入侵法国更加艰巨。如果说世界上只有马尔伯勒公爵一个人敢想入侵法国的话，那么世界上也只有马尔伯勒公爵和欧根亲王两个人敢想在这种条件下围攻里尔了。这是迄今为止整场战争中最大规模的军事行动；它持续了 4 个月之久，而整场战事的其他事件都不过是它的分支。

要做的第一件事情就是将攻城炮队从荷兰弄过来。平时走的水

---

① 在这一问题上，如果有什么人的意见是有参考价值的话，那一定是沃尔斯利勋爵的。他在研究马尔伯勒公爵生平后不久，我曾听他谈起过并做了笔记。他强烈地认为如果欧根亲王同意这一计划的话，马尔伯勒公爵在奥德纳尔德战役后就能直驱巴黎了。

路因敌人占领根特而被阻断，荷兰用船运来的火炮最远只能到达布鲁塞尔。比利时的道路今非昔比，从陆路运输笨重的攻城炮队几乎寸步难行。可在这样的条件下，从布鲁塞尔到里尔要走上70多英里的路；1.6万匹马拉着100门重型攻城炮、60门臼炮和3000辆车艰难前行，就如法国军事家弗基耶尔侯爵抱怨的那样，"他们就在8万大军的眼皮底下，后者本可以集结起来拦截这一绵延至少15英里的庞大车队"。但旺多姆元帅成了奥德纳尔德战役的惊弓之鸟，不愿冒与敌人遭遇的风险，就这样放任这支笨重的队伍抵达目的地。8月中旬，里尔围攻战正式打响。

欧根亲王指挥攻城，而马尔伯勒公爵负责庞大的掩护行动；这两项任务都极其艰巨。里尔守军丝毫不像野战部队那样畏惧联军，而且布夫莱尔及其工程师已经在这个庞大要塞里将守城这门技艺玩得炉火纯青了。埋设炸药爆破，"投掷炸弹、滚烫的沥青和焦油这种可恶的发明"以及"这场凶残的攻城"中一切零星的杀戮，造成的损失远超联军统帅的预料——最后一共是他们在奥德纳尔德战役中损失兵力的5倍。但出乎法军意料的是，攻城接着进行，补给克服万难持续供应，马尔伯勒公爵的掩护工作滴水不漏。路易十四、沙米亚尔、勃艮第公爵和旺多姆元帅之间的通信显示，他们为这个无法把握的大好机会感到焦躁和不知所措。因为他们没有信心让自己的军队与联军正面交战，因此只能在这场世人希望他们演主角的大戏中当一名无力的旁观者。奥德纳尔德战役造成的士气影响依然盖过了战略形势。

在欧根亲王指挥下参与实际攻城的英军不超过5个营，但他们损失了1600人，^①是他们兵力的三分之一。里尔城下的联军总兵力为1.2万到1.5万。英格兰的大部队被马尔伯勒公爵自己留着，用来把守防御工事抵挡救兵，以及承担护送补给通过法军活动区域这一至关重要的工作。^[232]

到9月底，攻城陷入了严重的危机。欧根亲王负了伤，而马尔伯勒公爵一边健康状况堪忧，一边还得临时承担攻城和掩护两方面的工作。他完成得一样好，因为他对戈多尔芬写道：

在欧根亲王负伤后，我认为我绝对有必要了解一切的攻城工作；因为之前我除了提供掩护外根本没有插手。我考察后发现，工程师并没有与欧根亲王很好地配合，因为当我告诉他所剩弹药不超过四天时，他十分惊讶。我坦白地告诉您，我担心我们的不幸多于无知。我们的处境是这样，还有我们已经无法从布鲁塞尔补给车队，我不得不想办法从奥斯坦德弄一些弹药，要不是我们幸运地有8个英格兰营在那里，我们是根本不可能尝试这么做的。

攻城军队最初途经布鲁塞尔从荷兰获得补给的路线已经被法军切断了。但与英格兰一海之隔的奥斯坦德可以很好地弥补这一损失。这条交通线一旦建立，确实会大为缩短。但9月底已经势如累卵了。如果从奥斯坦德过来的弹药车队被拦截，攻城行动必然立刻失败。

这支关乎整场战事成败的车队由韦布少将和6000名步兵亲自护送。他们没有炮兵，基本上也没有骑兵——只有150名。他遭到了拉莫特将军所部1.2万步骑炮兵的攻击。两军的差距远不止兵力上的二

① *Millner*, p.249.

比一，因为后者是用全部三个兵种对付孤立无援的步兵。韦布毫不气

1708 年 9 月 28 日（新历）

馁，让车队照常前行，并占据了维嫩德勒森林中的一条道路，在敌人过来攻击他们前队的道路两旁灌木丛中设伏。拉莫特的炮兵对正在休息的联军步兵炮击了一整个下午，没有遭到还击，但他们也没有动摇联军的斗志；随着夜幕开始降临，法军步骑兵发起了进攻。他们被两侧的伏击打了个措手不及，激战一番后撤退了，韦布死伤了近千人，拉莫特这边的死伤则要多得多。虽然有兵力优势，但法国军官无法驱使士兵再度上前进攻。联军在士气上的优势甚至比拉米伊战役或奥德纳尔德战役更加明显。法国将领和作者都充分承认他们的士兵表现欠佳。荷兰国内高呼，只要马尔伯勒公爵想发起进攻，监军决不能再阻挠他了，因为没有人能敌得过他的军队。韦布手下中的英国营也不过两三个，所有在维嫩德勒作战的汉诺威和普鲁士士兵都成了"马尔伯勒公爵的人"。

但这一天的英雄是韦布本人。卡多根总体负责安排车队的通行，而且在这项工作上干得不错，但他也只是在战斗胜利后才带着援兵赶到维嫩德勒。可惜《伦敦政府公报》最早报道的是卡多根而不是韦布。后来出版的报纸很快更正了这一错误，但影响已经造成了。有人说马尔伯勒公爵嫉妒有人与他比肩。托利党拿这个大做文章，而韦布这个诚实勇敢却有几分虚荣的士兵一直对此愤愤不平，沦为英格兰党派政客的工具。萨克雷的《亨利·埃斯蒙》让韦布的传奇永载史册。但早在9月29日，马尔伯勒公爵就写信对他说：

卡多根先生刚刚过来，已经告诉我您昨天下午在维嫩德勒对拉莫特先生所部取得的胜利，这必然主要归功于您的指挥和决断。您放心，我一定会在国内给您应有的荣誉。

同一天，马尔伯勒公爵在给桑德兰伯爵的信中将胜利归功于韦布，甚至都没有提到卡多根。[①]他也继续请求安妮将韦布晋升为中将，她在冬天照做了。12月13日，辉格党把持的下议院一致投票，对韦布"在维嫩德勒的丰功伟绩"表示感谢，但托利党在辩论的时候对马尔伯勒公爵进行冷嘲热讽。矛盾已经铸成了，某些托利党人坚信马尔伯勒公爵收了法国人的钱，打算让韦布的车队被法军的优势兵力击溃，这样他就有理由放弃围攻里尔了。[233]

假如马尔伯勒公爵真的想放弃攻打里尔，他可以找一大堆原因，用不着像大卫让赫人乌利亚送死那样对付韦布。法军的下一步就是

1708年10月

扒开堤坝，让奥斯坦德周围一大片地区变为泽国，使陆路有数英里无法运送补给。卡多根弄来了一批平底船，斯泰尔勋爵说这"挺费劲的，但能完成任务"。然后法军接着放水，让水深到他们可以派出帆船在泛滥的牧场上伏击联军船队。要是围攻里尔的军队没能到阿图瓦地区抢掠法国农民的话，他们就要挨饿了。即便如此，他们还是吃不饱，而布夫莱尔元帅在10月22日及时地撤出了城市，退进了里尔要塞中。[234]

现在到了11月，已经过了平常进入过冬的时间，但马尔伯勒公爵和欧根亲王还是咬着猎物不愿松口。旺多姆元帅最后使了一把劲。

1708年11月 28日

他进军布鲁塞尔，希望能围魏救赵。但当法军兵临布鲁塞尔时，城内并没有像根特和布鲁日一样开门投降。就在欧根亲王继续轰击里尔要塞的同时，马尔伯勒

---

① 但在9月21日（旧历，新历为10月2日）桑德兰伯爵在给马尔伯勒公爵的信中写到"卡多根少将击败拉莫特先生所部的消息"；正如他的下一封信（旧历9月24日）所显示的，这是在桑德兰伯爵收到9月24日（新历）马尔伯勒公爵的来信之前。*H.M.C. Marlborough Papers*（1881），p.33.

公爵运筹帷幄，率英格兰近卫步兵团强行军，及时过来救援了。①

12月19日，布夫莱尔献上要塞投降。里尔陷落。

虽然冬天已到，可马尔伯勒公爵此时对根特和布鲁日未被收复仍心有不甘，正如他所写的，"没有它们，我们冬天过得不踏实，明年战事开局也没有优势"。他的军队绝不饶恕法国人因为"有人背叛"才拿下这两座城镇，准备违背一切战争惯例，在严酷的圣诞冬季出兵收复它们。旺多姆元帅这边希望整个冬天能在运河后方留一部分大军来救援布鲁日和根特；但路易十四听信了满心嫉妒的勃艮第公爵，将他召回国内，并下令由无能的拉莫特率守军保卫两座城镇。[235]

当马尔伯勒公爵逼近的时候，堤坝和护城河都结了厚厚的冰，军队可以在其上行进。遭到的抵抗非常微弱，斗志也不高。在1709年元旦前后，他拿下了根特和布鲁日，为他这场最漫长、或许也是最伟大的战事画上了句号。朝秦暮楚的根特市民向他谄媚地欢呼，为他将整座城镇用灯装点起来，虽然士兵们"觉得这种欢庆不过是表面文章"，但马尔伯勒公爵还是非常精明，公开地接受了。他写信给戈多尔芬说道："这场战事现在结束了，了了我的心愿。"[236]

12个月以前，军事形势对法国还不算太糟，但到1709年1月形势就再度对法国非常不利了。它的经济不景气已经有好几个年头了。而这个冬天又冻坏了葡萄藤和地里的谷种。严寒疯狂袭击战火连绵的欧洲，让瑞典国王困在俄罗斯森林的军队主力伤亡惨重，并让饥

---

① 虔诚的布拉凯德上校记载了一个为"布鲁塞尔获救"而设的感恩日（*Blackader*，p.335中的日期有误），他写道"公爵从未忘记在获得胜利和成就后感恩。但这些事情在我们军中饱受嘲笑讥讽"。他发现"不信神的人丧失信心最厉害"。

肠辘辘的法国农民倒毙在茅屋里。就连不可一世的"太阳王"都为臣民感到不忍，准备放下脸面求和。现在反法同盟可以好好想一想他们打算要求什么条款了。

9月，安妮女王的军队取得了另一场胜利，比攻克里尔要轻松得多，但对英国前途的影响却一点也不逊色。梅诺卡岛的马翁港被攻占了。其海港又长又深，四面有陆地环绕，刚好可以容纳风帆时代最大的船只，比起直布罗陀开阔的停泊处，这里可供英格兰军舰过冬休整。从岛上的地形来看，只要英格兰掌握了制海权，马翁港就和直布罗陀一样无法攻克。雷比勋爵写道："我们能在和平时期占有它吗，它比丹吉尔更加有利于英格兰对土耳其的贸易。"[1]有人曾说："6月、7月、8月和马翁港是地中海最好的港口。"[2]它和直布罗陀一道，让英格兰在18世纪主宰了地中海，就像马耳他在19世纪一样。

梅诺卡岛被英格兰夺取绝非偶然。1708年，马尔伯勒公爵、利克、斯坦诺普和桑德兰伯爵（负责南欧事务的国务大臣）都非常清楚它能为英格兰带来的好处。它在他们之间的通信中频频出现，自攻打土伦失败以来，英国必须要有一个能近距离监视土伦舰队残部的舰队过冬港，而马翁港就是完美的选项。这既是出于当下的需要，也是基于对遥远未来的期望。在1707年失利之后，只有英格兰舰队能就近过冬，西班牙东部沿海的战事才能继续进行。因此"查理三世"敦促盟国为他拿下梅诺卡岛，因为从联军手中的巴塞

---

[1]　雷比致鲁宾逊，1708年10月30日，*Add. MSS.* 22198, f.99.

[2]　'Junio, Julio, Agustoy Puerto Mahon
Los mejores puertos del Mediterraneo son.'

罗那及马略卡基地出发可以轻而易举地办到。英格兰同意"西班牙国王"的意见，并暗自决定战争结束后由他们而不是查理继续占有该岛。

1708年6月，海军部报告称，舰队需要在地中海过冬，需要用到马翁港；25日，桑德兰伯爵写信给马尔伯勒公爵说："我确实认为他们说得对，非马翁港不能保证安全。"于是在奥德纳尔德战役两天后，马尔伯勒公爵写信给在地中海的利克将军，这封信堪称陆军人士兼政治家给海军人士书信的典范：

> 您拿到了海军部给桑德兰伯爵信件的副本，是关于舰队在地中海过冬一事。我把它送给您只为了供您参考而已……因为这种情况下要怎样做才稳妥，我国海军军官无疑是最有资格判断的。

后面还附了马尔伯勒公爵亲笔写的条子：

> 我绝对相信没有舰队的帮助什么事情都成不了，所以我建议您如有可能的话去攻占马翁港。

就这样，马尔伯勒公爵一方面将选择权交给了当地的海军将领，另一方面极力表达应该立刻占领梅诺卡的观点。[237]

8月初，利克正忙于巩固查理三世对撒丁岛的统治，为反法同盟在即将到来的和谈中赢得重要的筹码。虽然首府卡利亚里被英格兰一名船长描述为"一座比巴塞罗那更加坚固的城市"，但它在英格兰舰队放了几炮后就投降

1708 年 8 月 13 日（新历）

了。利克自己也说它"只要五六百人就能防住两万大军"。[238]

利克随后将注意力转向教宗，桑德兰伯爵命令他找后者算账。他给克莱门特十一世写了这样一封信：

> 圣父——我家女主、大不列颠女王悉知陛下不仅怂恿鼓励了觊觎王位的威尔士亲王近来在法国的协助下入侵女王陛下的领地，还为此提供了一大笔钱，并公然下令罗马教会祈祷这场出征能成功……女王陛下命我向陛下索要四十万金币，并告知陛下，如果这一要求没有立刻得到满足，我们将对贵国采取军事手段……
>
> 　　　　　　　　　　圣父陛下最忠实的
> 　　　　　　　　　　　　约翰·利克

利克正准备在这封公文之后攻打教宗国港口奇维塔韦基亚，这时舰队里驶来了一艘三桅小帆船，带来了巴塞罗那方面的加急信件，信中斯坦诺普将军和查理三世国王请求利克马上与他们合作夺取马翁港。在军事会议上，利克和众船长决定，这是一个让西班牙联军士兵为皇家海军服务的大好机会，千万不能错过了。教宗得以好好想想今后怎样处理与英国这个海上霸主的关系，而利克和斯坦诺普则合兵夺取梅诺卡。

和西班牙王位继承战争很多时候一样，此次海陆军协同作战可圈可点。关键问题是攻下马翁城外两英里左右的圣菲利普堡，这座要塞拱卫着这座兵家必争之港的狭小入口。首先斯坦诺普与一小队

1708年 9月14日 士兵在圣菲利普堡一段距离处登陆，然后向马翁城前进，他在那里受到了当地居民的欢迎。菲利普五世剥夺了他们自古以来的特权，每一个梅诺卡人都是查理党人。他

们甚至组织了一些民兵来配合联军的后续行动。舰队保卫了这座岛，并以微小的代价拿下了另外两处要地休达德亚和福尔内斯，后者是一座堡垒，拱卫着一个地位仅次于马翁的港口。[①]

但除非他们能拿下圣菲利普堡以及其中的火炮100门和西法守军各500人，否则这一切都无济于事。斯坦诺普率领2000名士兵（约半数为英格兰人）以及海军借调的500人的英格兰海军陆战队。利克本人在做好了斯坦诺普需要的一切安排后就回国了，留下海军将领爱德华·惠特克率领的一支以英格兰海军为主、荷兰海军为辅的舰队配合攻打该岛。[②]

第一次真正有难度的行动是让攻城火炮登岸。在英国占领该岛之前，那里基本上没有道路；最早能算得上道路的是几年后由梅诺卡"铺路工"凯恩将军修筑的。马翁港周边都是山地，布满了岩石和灌木，完全不适合运输火炮。因此有必要尽可能让火炮在靠近圣菲利普堡的地方登陆，以缩短路程，而这是一项复杂的工程。第一次登陆被要塞火力所挫败，因此"我们被迫将登陆地点换到一个更远的海湾，从那里立刻修一条可以运输火炮的道路"。[③]将52门加农炮和15门臼炮搬下船，在崎岖难行的地面上运输，再安装到炮位上，这一切不可或缺的工作主要是由水手们完成的。

在斯坦诺普登陆该岛约十天后，他的炮位终于排除万难，在枪

---

① 在攻克梅诺卡之后，斯坦诺普写信给桑德兰伯爵说："我希望缺少港口不再是阻止舰队在此过冬的理由了，女王陛下现在占有了地中海最好的两个港口，即同一座岛上的这个（马翁）和福尔内斯。"*Byng Papers*，Ⅱ，p.301.

② Leake（q.v.）表明斯坦诺普在记载海军对他的配合时并不是很大度。巴兹尔·威廉斯先生在 *Stanhope*，p.78中的说法则较为公允。

③ 参见 *Add. MSS.* 22231，f.78有些残缺的信件中斯坦诺普的副官约翰·科普（即后来普雷斯顿潘斯战役中的"约翰尼·科普"）的精彩记载。

林弹雨下准备就绪了。圣菲利普堡的外围工事是一道用石头干垒起来的墙，约9英尺高，带有四座配备火炮的塔楼。

1708年9月13日　英军开始炮击并打开缺口，塔楼里的火炮不是被摧毁就是被从架子上震了下来——但代价是斯坦诺普心爱的弟弟、"米尔福德号"帆船船长菲利普阵亡，这令他的战友们悲伤不已。正如他的哥哥所报告的，他"在带领水手参加此次行动上做了很大的贡献"。他冲到敌人的围墙，让两名水手举着他观察敌情，一枚子弹击中了他的额头，结束了他的大好前程，全军上下一片悲哀。

后来的高地"铺路工"韦德准将指挥着攻城军队的右翼。他手下有些掷弹兵没等到命令就冲向前去夺取被打得千疮百孔的围墙，指挥官认为剩下的军队应该予以支援。斯坦诺普顶着猛烈的火力，一马当先冲进缺口。整道外围工事连同它到圣菲利普堡要塞之间的城镇都被攻占了。要塞内部粮草弹药充足，难以攻克。但斯坦诺普威胁称，如果继续抵抗将玉石俱焚，并提出了优厚的投降条件，于是指挥官拉容基埃就投降了。据说是圣菲利普堡内有大批西班牙守军的妻子儿女，削弱了他们继续抵抗的意志。拉容基埃回到法国后出庭受审，被投入了监狱。[239]

就这样，在1708年9月的最后一天，米字旗毫无争议地飘扬在梅诺卡全岛，一直挂了半个世纪，直到安妮女王海军将领宾的儿子因为丢掉它而被判了死刑。

随着英格兰占领马翁港的潮水传遍欧洲，人们知道它要留在地中海了，不再是每年光顾的过客，而是有了自己据点的常住居民。英格兰舰队在意大利和西班牙之间获得永久性立足点产生了许多后果。首先，正如桑德兰伯爵所写的，这"吓得意大利诸侯和城邦不敢参与教宗的争斗了"。的确，这挫败了路易十四在威尼斯、托斯卡纳和热那亚建立一个由教宗领导的亲法势力、对抗那不勒斯和米兰的奥地利军队的努力。克莱门特十一世固然亲法，但他也不希望英格兰舰队按照之前说好的，晚一点打到家门口；而且神圣罗马帝国军队占领了教宗国的北部、威胁要进军罗马，这让他受到了更大的压力。他非常不情愿地放弃了与法国结盟的热切希望，于1709年1月承认查理为西班牙国王，这给反法同盟在即将召开的和会中赢得了一大筹码。由于教宗改弦更张，原本计划攻打奇维塔韦基亚的惠特克将军得到了收兵的命令。此后克莱门特不再煽动法国人侵英国，而是与奥地利一起向英国大臣名正言顺地为爱尔兰罗马天主教徒的遭遇提出抗议，维也纳方面在回应英格兰抗议西里西亚和匈牙利新教徒的遭遇时总是拿这个说事。[240]

梅诺卡问题也为反法同盟中的不和增加了新的燃料。英格兰决心将其收入囊中，而在当地的斯坦诺普对此最为坚决。相由心生，这位军人政治家意志坚定，对国家利益尤为狂热。他充分认识到了马翁港在战时和平时对英格兰的重要性，不断写信回国要钱完善防御，并无私地提出"他自己在那里过上三四年，将它整顿清楚"。他写道："我们的水手们都认为它在各方面都是欧洲最便利的港口。"这也难怪在新王登基后他被封为贵族时，获得的头衔是"马翁勋爵"。

但即便是斯坦诺普，他一开始也觉得有必要在该岛任命一名西班牙总督来代理查理三世。不过他也很谨慎，在圣菲利普堡内只留下英格兰陆军和海军陆战队，并指示其指挥官只听英国方面的号令。然后他转而致力于争取查理三世将梅诺卡正式割让给英国。他此举得到了马尔伯勒公爵和桑德兰伯爵的支持，尽管他们对外交上的困难比他来得敏感，而戈多尔芬则对此更为看重。

首先，谈判必须瞒着荷兰人，他们认为英国在和平时期继续占有马翁港会严重损害他们自己在地中海与之竞争的贸易利益。荷兰重要外交官弗雷贝格宣称，"和奥斯坦德一样，英格兰占有梅诺卡将对共和国非常有害"。既然海牙方面是这副态度，斯坦诺普在巴塞罗那向查理三世讨要梅诺卡的工作就必须秘密进行。查理三世这边最不希望因为割让王冠上的一颗宝石而招致未来西班牙臣民的厌恶。但他严重受制于英格兰。他是绝无可能偿还英格兰给他的资助的，而如果英格兰撤回对他的支持，他在西班牙连一个月的仗都打不下去。因为荷兰人已经对战争感到厌倦，不断减少他们投入的人员、资金和船只。查理三世早在1708年1月就被迫与英国签订密约，在战争结束后将西属美洲殖民地的贸易委托给英国。届时将组建一家英西公司进行垄断。这一丑陋的秘密也同样不能让荷兰知道。

于是当斯坦诺普以英国继续支持半岛战争为条件、逼迫查理三世割让梅诺卡时，后者不敢直接拒绝，而是虚与委蛇、假意许诺、讨价还价，将谈判在1709年拖了整整一年。在秋天，海因修斯听闻了此事，并运用了他当年与英格兰政府拟定"屏障条约"时争取更有利条款的能力。

与此同时，法国截获了斯坦诺普逼迫查理三世割让梅诺卡的急件。1710年1月，他们将此事在阿姆斯特丹公之于世，对当时正在进行的其他所有谈判造成了爆炸性的影响。为了平息荷兰民众的愤怒，英国大臣们不厚道地出卖了斯坦诺普，将他们正式授权他进行的割让梅诺卡谈判撤得一干二净。但不管有没有条约，马翁港一直都在圣菲利普堡英格兰守军的控制之下，而且该岛连同直布罗陀在乌得勒支和会上正式割让给了英国，那时就要简单多了，因为是敌人菲利普而非盟友查理三世被承认为西班牙国王。[241]

同时在西印度群岛以及西班牙海外殖民地，菲利普和查理之间的王位争夺让这片蛮荒浪漫的海岸混乱的局面雪上加霜。说不清到底谁才是西班牙国王，这让那些觉得与英格兰贸易有利可图的西班牙殖民者得以冠冕堂皇地行动起来，精明的贸易获得就在炮口下蓬勃发展起来。①但英格兰私掠船觉得他们的特许状允许他们无差别地攻击一切法国和西班牙船只，因此损害了两国那些想做买卖之人的和平举动。

随着战争的进行，挂着英格兰旗帜的势力在西属美洲水域与日俱增，但增加的主要是私掠船而不是皇家海军。因为在殖民地水域，军舰船长不被允许像在国内一样抓壮丁，但他们的船员却源源不断地开小差到更轻松、更有油水的私掠船上。于是那些人手不足的海军船长奉命返回英格兰。这片区域是本地海盗的大本营，皇家海军与半海盗性质的私掠船之间的此消彼长让原本就无法无天的状况变本加厉了。即便是公开的海盗也能明目张胆地活动，而且势力大到可以与交战双方谈判的地步；虽然这帮无赖的头目是法国人，但他们对法国提出的结盟请求嗤之以鼻，转而寻求安妮女王的保护。[242]

1708年5月底，海军将领韦杰攻击了来自波托韦洛的西班牙运宝船——这是整场战争中在这一区域最著名的行动，或许本博的行动除外。在这两次事件中，两位海军将领手下的其他英格兰船只都弃他们而去，他们只能单枪匹马地与敌军舰队英勇战斗。但韦杰比

---

① 在1708年8月，我们看到了以下记载："五六天前有一些单桅商船从西属海岸来（到牙买加）。现在有10到12艘单桅帆船载着英国制成品以及刚刚带到这里的战利品货物，在两艘军舰的护送下前往波托韦洛。"*C.S.P. Am.*（1708–9），p.56.

本博更幸运。虽然他的劣势非常明显，但不像之前的本博那样毫无胜算，他本人和手下船员的英勇为他赢得了胜利，不仅名扬四海，余下的长寿生命里也因此锦衣玉食。

那些南美银矿的财富本来是要让路易十四和菲利普在来年的战争中重整旗鼓的，这些银锭和银币价值数百万英镑，具体的统计各有不同，它们主要被装载在敌军将领大帆船的货舱中，船上还装备有64门火炮。在午夜发生的战斗中，韦杰的旗舰、装备70门火炮的"远征号"在手枪射程范围内侧舷炮击这艘大帆船，这时后者突然爆炸，几乎把"远征号"弄沉了，船员也差点被着火的木材烧伤。这艘大帆船"立刻沉没，船上的财宝想必数量巨大"，700名士兵和水手也掉进海中。打捞是不可能的，韦杰立刻转向第二艘大帆船，经过三个小时的战斗，将它及其上相对较少的财富一并俘获。第三艘逃进了卡塔赫纳港中。装备有40门火炮的第四艘大帆船被追赶到了岸边，西班牙人在那里将它炸毁。韦杰的"远征号"完成了与敌人14艘船的激烈战斗。两艘不听命令的英格兰船只的船长事后上了军事法庭受审，最后破产，尽管很多人认为他们应该和抛弃本博的人一样被枪毙。

被缴获的财宝金额巨大；沉没被毁的财宝更是数量惊人。桑德兰伯爵写信给马尔伯勒公爵说道："这很有可能是对法国的致命一击，因为我认为这是他们最后的战争资源之一。"可以想象的是，这一消息激起了我们先辈的贪欲和幻想。今天如果从北门进入威斯敏斯特教堂参观，可以看到右手边在查塔姆伯爵纪念碑的俯视下，是韦杰将军的坟墓，上面的大理石浅浮雕刻着这些在热带午夜争夺财宝的古船，其中那艘大帆船正在大火浓烟中被炸成碎片，它的英格兰敌人吃惊地看着它沉没。[243]

不管是在地中海、西班牙殖民地还是本土水域，英格兰在1708年称雄海上。船东们再也不会像上一个冬天的会期那样，向议会抱怨他们得到的保护不力。这一年"商人们得到了更好的护送，没有遭受什么重大损失"。和在陆地上一样，敌人在海上势力行将就木。[244]

第十九章　议和失败

辉格党曾在1708年初将哈利赶下台，又在5月赢得了大选，但到秋天他们仍然没有进入安妮女王及其两位肱股之臣的核心决策圈。戈多尔芬和马尔伯勒公爵在每一个重要举措上都要与"小集团"大佬这个外部势力达成一致，但后者还不是政府本身。桑德兰伯爵固然是国务大臣，但正如他不断抱怨的，他的影响力远没有到说一不二的地步。他与丘吉尔夫妇是姻亲，进而又能和财政大臣扯上关系，但作为政治家的他更看重党派而不是家族，他对"小集团"里的同党也比对内阁里大的同僚来得忠诚。在奥德纳尔德战役这一整年，与轻佻的沃顿和谨慎的萨默斯相比，他对两位姻亲政治行动的言论更为猜忌和尖刻。10月，他写信给不像他这么狂热的辉格党人纽卡斯尔公爵说：

他们党不可能再按照现在这个样子与朝廷互动，还能保住自己的名声或公众的安全了，因为如果看一眼各方面的行政事务，舰队的管理、爱尔兰的状况、苏格兰的事务、对之前入侵的应对、对教会升迁的处理等；这些事情都政出一门，托利党色彩浓厚，十分错乱，就好像罗切斯特勋爵和诺丁汉勋爵在掌管一切似的，表面上由若干辉格党要人占据了若干要职，但既没有发挥什么作用，也没有达成什么目的，他们既不能做正确的事，也不能阻止错误的事发生。

其中的言辞非常夸张，更像是反对党发言人而不是国务大臣说的话。这也难怪安妮不喜欢桑德兰伯爵。6月，她要求将他革职，因为他公然与自己所在的政府作对，在苏格兰选举中另立新党来对付自己的内阁同僚：

虽然我还没有没收他的印信（她写信给戈多尔芬说道），但我禁不住厌恶这种做法。我不得不提醒你，在我让他当差时你对我做的保证，就是如果他干了什么不合我心意的事，你会教训他一顿，让他走人。

但桑德兰伯爵的姻亲们尽管非常不喜欢他的所作所为，却没有办法让他卷铺盖走人。他们知道也试图让安妮知道，在辉格党赢得大选之后，内阁里的辉格党人只能增加，不能减少。他们只能尽量推迟这一可怕的日子到来，也就是到1708年11月新一届议会召开之前。[245]

安妮通过阿比盖尔·马沙姆秘密获得哈利的建议，每个月都与萨拉渐行渐远；但她在奥德纳尔德战役的那个夏天在与马尔伯勒公爵书信往来时还是勉强能说上话。在她给马尔伯勒公爵的信中，她仍然坚持将要独立于辉格党和托利党的目标：

党派非常可怕，除非使用暗语，我都不敢自由地写下我对任何一个党派的想法，生怕出什么差池。我向神祈求保佑我脱离两个党派的手。[246]

她的祈祷并没有蒙神垂听。

与此同时，政坛上流传说马尔伯勒公爵打算踢开辉格党人，独占汉诺威家族的宠信，特别是那位曾在他麾下在奥德纳尔德英勇作战的小亲王。哈利得知（是不是真的就不好说了）：

公爵将在下一个冬天请他或他祖母（已故选帝侯遗孀索菲亚）过来，这样他们就不欠辉格党或托利党的人情，而是全部仰赖他和财政大臣了……辉格党大为惊慌，发誓说公爵决不能独占这么得宠的差事。

该消息称，辉格党打算抢在马尔伯勒公爵和戈多尔芬之前，在下一个会期提议请小亲王访问英国。哈弗沙姆勋爵厚着脸皮去见安妮，抱怨说辉格党想要提出这样的政策，他和他的高教会派托利党盟友之前也提过一模一样的，结果就失去了安妮的宠信。安妮得到警告后，重申她反对让任何汉诺威家族成员来访，在安妮的严词强调之下，马尔伯勒公爵和辉格党人都取消了这一计划，如果他们真的这么想过的话。于是在1708年10月，托利党可以沾沾自喜地认为：

汉诺威方面很有意见。那边的朝廷对咱们这两位国王非常不满，[①]后者对他们也再度冷淡起来了，不再像上一个春天双方打得火热时说什么请他们来访的事情了。

同时桑德兰伯爵继续严重地怀疑两位姻亲打算在安妮死后复辟

---

① 此时"布伦特福德的两位国王"是指代马尔伯勒公爵和戈多尔芬的黑话。

詹姆士党国王，不过和之前之后的许多时候相比，此时两人的想法可能是离圣日耳曼宫方面最远的。[247]

另外，托利党人指责马尔伯勒公爵想坐上王位，私下嘀咕着"克伦威尔"。哈利的一个朋友写信给他说：

历史上有许多先例，指挥的兵力（比马尔伯勒公爵的军队）少得多的人觊觎大位。但我相信历史上从来没有出现过哪个人在品尝过绝对权力的滋味后，还能告老还乡，当个安分的臣民。[248]

早在1708年夏天，对这位英军将领的恐惧已经和其他许多原因一起，促使托利党转向立刻求和、裁军的政策，哪怕让出西班牙也在所不惜。

其他情况也驱使着托利党走向同一条道路。强征无业游民入伍的做法不受人欢迎，而政府扩大征兵范围的提议被全体托利党人和部分辉格党人斥为法国式的穷兵黩武，没能通过成为法律。战争最初的目标已经达到了。广大民众视战争税为越来越沉重的负担。国家财政支出是威廉末期和平裁军时的两倍，而且随着战争越打越大、英国分担比重越来越高，这一花费还在迅速攀升。土地税是不能再增加了，要不然会引起乡绅反弹，让托利党卷土重来。但由于缺乏相应的行政体系，全面增收所得税的尝试也失败了，因此戈多尔芬不得不继续增加间接税，这对穷人或普通中产阶级影响很大，也让全体人民因为感到负担沉重而厌恶战争。财政大臣的另一个办法就是仗着伦敦这座富裕城市（其中大多数是辉格党人）的支持，向英格兰银行借钱。结果战争每年使国债不断增加，戈多尔芬也越来越受制于辉格党人和金融势力。[249]

基于这些原因，即便是温和的托利党领袖也在1708年转向议和。既然哈利和圣约翰这两位"托利党主战派"现在都要求和平了，那么他们想重新领导一贯反战的高教会派托利党就轻而易举了。不管是出于一党之私还是为国为民，各种考虑都驱使着他们往这个方向去。现在喊出和平是响应民意，而结束战争又能遏制辉格党金融势力对政府的控制。圣约翰在10月写信给哈利，敦促他与高教会派托利党握手言和，条件是：

> 有什么能救我们脱离比埃及人更严厉的桎梏呢？一个坚决下达命令的人（安妮）或许可以；但当我回想起上一个冬天的所见所闻，我就对从那里来的任何拯救丧失信心了。我完完全全地相信，除了英格兰国教党之外别无希望，而且……如果我们没能和他们重新建立更多的信任……也是没有希望的。您为什么没有完全争取布罗姆利呢？……您拆散了这个党，就再把它团结起来吧……您似乎孤立无援、危在旦夕，而这个空心方阵将会保护您。

然后在新议会召开前夕的11月6日，他预感到战时政府可能要抛出什么提议，就又写信给哈利：

> 他们想要再组建16个团，并用土地税或酿酒税作抵押，在我看来绝对是鬼迷心窍了，对此我感到很高兴。他们孤注一掷，而我们的奴役和他们的帝国全系于此。看在神的分上，让我们彻底摆脱西班牙吧！

他终于说了出来。党派的紧急情况迫使圣约翰说出了那句符合

392 | 安妮女王时代的英格兰：拉米伊战役与英苏联合

常理但又不能说的话，而这后来证明对英格兰和整个欧洲是"芝麻开门"一般的出路。[250]

随着议会召开时间的临近，辉格党"小集团"的大佬们进一步要求增加他们在内阁的比重，并进入政府的核心决策圈。纽卡斯尔公爵和德文郡伯爵等温和派辉格党人给予他们全力支持。该党已经赢得了夏天的大选，要求权力是顺理成章的事。这在当时或许还是一个新的事物，但它已经在一点一点、坚定不移地渗透到政治理论中去了，因为在政治实践中对它进行抵制无异于螳臂当车。虽然马尔伯勒公爵和戈多尔芬在心里也倾向于安妮那由来已久的原则，即君主的臣仆是超越党派的，但他们知道如果不给辉格党领袖职位来讨好他们，战争所需的供给就无法在新一届下议院中获得通过。

安妮则更加难以说动，因为辉格党要求让彭布罗克伯爵取代她心爱的丈夫乔治亲王担任海军大臣。亲王本人虽然没有强烈的党派倾向，[①]但他深受马尔伯勒公爵的弟弟、狂热的托利党人乔治·丘吉尔将军的影响，曾在后者的教唆下反对萨默斯担任官职的要求，还为安妮对萨默斯的偏见煽风点火。马尔伯勒公爵希望在不撤掉亲王的情况下安抚辉格党，便让他弟弟辞去了在海军部的职务。但辉格党仍不依不饶，要求亲王也一并走人。他们的目标是让彭布罗克伯爵得到亲王的职位，好将彭布罗克伯爵现有的两个职位——爱尔兰总督和枢密院院长——分别让沃顿和萨默斯担任。安妮为了保她的

---

① 熟悉他的威斯特摩兰伯爵宣称，假如他还在世的话，他一定会利用他对安妮的影响力来反对1710年高教会派托利党的反弹。*H.M.C. Westmorland*，p.50.

1708年
10月28日 丈夫，准备在其他问题上做出妥协，但就在双方快要僵持不下的时候，亲王在议会召开前两周去世，他的位子也就轻而易举地空了出来。

这位木讷心软的人从来没有利用过他的地位在英格兰谋点什么，他的去世令双方达成一致变得简单起来。必须任命一位新的海军大臣，而彭布罗克伯爵这位最倾向于辉格党的托利党温和派在海军部不会受到任何政治上的反对。安妮女王也没有心情继续抵制辉格党的其他要求了。接下来好几个星期她悲恸欲绝，把自己关在乔治亲王的房间里，远离那两个相互争宠的女人，后者中的每一个都坐立不安地认为对方才是她们主子的亲信。[①]安妮确实应该悲伤一阵子。丈夫的死以及与萨拉闹翻让她在情感上变得无依无靠。刻薄寡恩的阿比盖尔能为安妮·斯图亚特鞍前马后，但很难成为她的知心朋友。

安妮有几个星期不理朝政，算是默认了新的安排。"小集团"的大佬们昂首阔步地迈进了他们打下的权力核心。沃顿成了爱尔兰的封疆大吏，当地新教徒中辉格党和托利党之间的矛盾也越来越像在英格兰那么尖锐。萨默斯担任枢密院院长，在内外重大决策上的影响力与戈多尔芬和马尔伯勒公爵不相上下。

---

① 萨拉写道（*Conduct*，pp.222-223）："在亲王死后，人们以为女王陛下发自内心的哀伤将使她避开会令她触景生情、想起自己丧夫的任何地方和任何物品，但她选择在亲王的房间里闭关，每天在里面待好几个钟头，这样持续了几个星期……女王陛下之所以选择待在他的房间，真正的原因是它的后楼梯能通往马沙姆夫人的住处。"

另外，马沙姆夫人在亲王去世11天后写信给哈利说："自从遭丧以来，派侬夫人（即萨拉）离开她的时间几乎不足以做私人祷告，一直陪着她。夫人的朋友说，这遂了她的心愿，可以让我那坏脾气的表亲凯特（即马沙姆夫人）远离她。" *H.M.C. Portland*，Ⅳ，p.511.我推断，可怜的女王真是闭关哀悼，远离这两个纠缠不清的安慰者。

没过多久，萨默斯就用他睿智讨巧的言辞赢得了安妮的欢心。此前她只是通过政敌的报告了解他。他很快就化解了她对他的偏见，正如后来皮尔首相化解维多利亚女王的偏见一样。此外，萨默斯是"小集团"大佬中唯一与马尔伯勒公爵和戈多尔芬保持良好关系的人。新一届内阁仅有的团结稳定都源自枢密院院长与财政大臣和陆军大将之间的相互理解。哈利法克斯侯爵和桑德兰伯爵从未停止猜疑敌视任何与托利党沾边的人。萨拉也为了她丈夫和好友戈多尔芬奋起抗争。用不了多少个星期，她在给马尔伯勒公爵的信中就严词斥责辉格党人了，就像她之前对托利党人的斥责一样。由于马尔伯勒公爵也对辉格党同僚的私人态度非常不满，这对夫妇终于在国内问题上取得了一致。这一定让他们很是欣慰，因为他们之前除此以外没有别的分歧，而对这一夫唱妇随的考验也即将到来。

我为他做出了很大的牺牲（她在很久以后写道），我费了很大劲才让女王同意了此事。而我记得就在我让他进入政府前不久，我在前往温莎的路上遇到了他，他在看到我以后做了一件非同寻常的事。他在他的马车里站了起来，而当时的习惯是在有人经过时只要鞠个躬就行了。可在他拿到职位以后，他只来拜访了我一次，却对阿比盖尔顶礼膜拜。[1]

---

[1]　出自 *Althorp MSS.* 中萨拉在去世前一个月的 1744 年 9 月 24 日写给马利特先生的一封值得玩味的信。随着萨拉日渐老迈，她变得愈加"无法伺候"。不过对于那些没有与她为敌的人，她一直都能保持慷慨的友谊。这段时间（1709 年 3 月）一段有关她真心善待赫维夫人的记载读起来令人动容："如此的亲切温柔，她对自己的任何子女所做的或所说的都不会比这更多了。" *Hervey*, *L.B.*, Vol. I, pp.240–241.

说他去讨好阿比盖尔肯定不是实情，至少在1710年之前不是，但确实可能因为没有得到太多的鼓励，而很少去拜访萨拉。在各方面看来，这一辉格党与马尔伯勒公爵的新联盟虽然已经拜堂成亲，但却是同床异梦。由于它缺乏内部凝聚力，因此外界想要用诡计分化它或用公开攻击推翻它都非常容易。[251]

在亲王去世后内阁人事发生更迭时，乔纳森·斯威夫特牧师有机会面见这些辉格党领袖。他在当时已经是"大人物"喜欢结交的对象了，但他们还没有发现，只有按着他的意思来，他们才有可能顺利地交往。他全心全意地维护爱尔兰国教会，既反对天主教也反对长老会派，定期会为爱尔兰国教会利益奔走活动，此番他从爱尔兰过来正是为此。他在给都柏林大主教金的信中是这样描述英格兰政府更迭及其对他前途际遇可能造成的影响：

> 这是一个全新的世界……虽然我很小心地不要让我自己的私人利益与公共事务混杂在一起，但既然发生了这样一场革命，我还不清楚我的朋友们会在多大程度上让我为新政府服务，所以我请求您在这种情况下支持我；而且我也向您保证，我不会为了自己的前程利益而背弃做人的良心和诚信，以及全心全意地拥护国教会。

由于他在教会问题上与辉格党存在分歧，他更愿意出任女王派驻维也纳的秘书，而不是充当新政府的笔杆子。他宣称政府已经许给他这个职位了。假如他们信守承诺，或是经过妥协让他来当笔杆子，英格兰文学与政治的历史可能就此改写。哈利听说《木桶的故事》（*A Tale of a Tub*）的作者要去担任女王派驻维也纳的秘书了"。但这并没有成行。其实，斯威夫特在这本非同寻常的书中用平实的语言为国教在天主教和新教不从国教者之间的"中庸道路"进行辩护，这在虔诚单纯的安妮治下妨碍了他在教会里的升迁。他飞黄腾达的时候还没有到来。[252]

由于新一届议会的召开正值辉格党领袖入阁掌权，这个会期是开得最顺利的之一。虽然国内的舆论浪潮正在悄无声息地发生着前所未有的变化，但托利党并没有能在威斯敏斯特议会上下两院发起有力的抵抗。这一会期唯一争论的问题不是在辉格党和托利党之间，而是在英格兰与苏格兰之间，这是有关"叛国法案"的，它有一个令人纳闷的名称，即"改善两王国联合法"。

斯特灵郡的詹姆士党乡绅之前逃脱了苏格兰法庭的制裁，引起了政府和辉格党的警觉。尽管这其实是苏格兰舆论所致，但英格兰人认为这是因为苏格兰的叛国法存在某些缺陷。新政府向新议会提交了一项法案，统一整个岛国的叛国法，而且是以英格兰的叛国法为准。霎时间，苏格兰上下各党派一片哗然。包括昆斯伯里公爵、阿盖尔公爵和伯内特主教在内，上下两院的每一个苏格兰人都谴责此举是破坏《联合条约》承诺给苏格兰的司法分立。反对条约的人总是警告他们的同胞，说解释权掌握在英格兰人手里，现在确实让他们说中了。苏格兰人一开始还有下议院与他们一道反对"叛国法案"，但党派的约束和政府的压力最终让该法案在两院过关，只是为了照顾苏格兰的民意而做了些许改动。

在审理叛国案件时，英格兰法律和之前的苏格兰法律相互权衡到底哪个更好或许见仁见智。这两种法律都有明显的优缺点。现已隐退的原苏格兰御前大臣马奇蒙特伯爵在7月写信给萨默斯说：

我一直认为有关叛国的法律和审判在英格兰比在苏格兰更安全。我的意思是无辜的人更安全，而有罪的人都一样遭罪。

新《叛国法》第8条做出了一个值得纪念的改变，它规定：

任何在苏格兰被控任何死罪或其他罪名的人不得遭受酷刑，除了在被控重罪的人拒绝答辩的情况下，英格兰法律准许将其挤压致死。

"夹小腿"和"夹拇指"这样的酷刑在实践中早已不用了，进而也被法律所禁止。

但不管该法本身有什么优缺点，英格兰辉格党利用在威斯敏斯特议会的多数席位可以全然不顾苏格兰上下一致的民意，这为几年后占多数席位的英格兰托利党在事关苏格兰长老会的问题上所采取的行动开创了先例。这些事情加在一起，以及它们所暴露的那种罔顾苏格兰民意的做派，几乎在安妮末年撤销了联合，这也是引发1715年叛乱的主要原因。[253]

1708年5月，昆斯伯里公爵被封为多佛尔公爵，因此他可以作为不列颠贵族直接进入上议院，而无须经过苏格兰贵族的推选；同样的独立地位也赋予了阿盖尔，他被封为格林尼治伯爵。但大臣们完全没有理会这两位辉格党和政府势力在北不列颠的主要支持者对《叛国法》的抗议。或许是作为补偿，主要处理苏格兰事务的第三国务大臣得以设立；而戈多尔芬不顾其辉格党同僚的意 1709年2月 见，任命昆斯伯里公爵担任首位第三国务大臣。① 后者

_____

① 有关其他两位国务大臣（北方事务和南方事务）见本书附录B的职官表。

随后与桑德兰伯爵就划分国务大臣经费问题发生争执。直到桑德兰伯爵倒台他都一直处于下风，但当1710年托利党政府成立时，他们为了争取昆斯伯里公爵的支持而让他继续留任，并让他平分国务大臣经费，还兼管英国与俄罗斯及波罗的海国家的关系。[254]

就在议会召开的时候，泰晤士河正在结冰。严寒始于圣诞节前夜，而到1709年1月3日，人们已经在河上支起帐篷组织冰上集市了，几天后斯威夫特就"在泰晤士河上一个火堆旁的摊位上吃姜饼"。和蔼的温特沃思女爵写信给她的兄弟说：

我的墨水冻住了，而且虽然我把它用火烤化了再写，但颜色还是很白。要是我能把大霜冻期间每天引起的事故都告诉你，我可能得写满好几页纸，有小孩掉进泰晤士河上的冰窟窿里溺死，邮递员骑马到驿站，结果马被冻死了，而我们的正常通信全靠这些马。

与此同时，马尔伯勒公爵在冰上行军，收复了根特和布鲁日，而有些寄给他的英格兰信件迟了好几个星期，因为送信的船只被冻在了哈里奇港内。城镇乡村各阶层民众的主要话题都是与1683年至1684年令人记忆深刻的大霜冻相比——从那时到现在发生了多少事情！"快活王"时期的大霜冻被公认为程度较轻。当时一直有明亮的阳光，事后是一个干燥的夏天和一次大丰收。而1709年的大霜冻则是乌云密布，冻得人瑟瑟发抖；它断断续续地持续了很长时间，很多牛羊和鸟类都冻死了。之后就是漫长的降雨以及歉收，英格兰的谷物价格翻了一番，法国则陷入饥荒。在这两个国家，自然灾害都令战争带来的苦难雪上加霜，使得人们更加渴望和平。[255]

就在1709年寒冷的2月里，用茅草做屋顶的埃普沃思堂区牧师住宅被大火夷为平地，这已经是安妮在位时期的第二次了，塞缪尔·卫斯理牧师养着这一大家子儿女，为人严苛又有些不知所措，他再次无家可归，几乎破产。在匆忙逃命中，他当时年仅5岁的儿子约翰差一点被落下了，他后来告诉别人，"直到一个人不可思议地站在另一个人的肩上，把我从儿童房的窗户里救了出来……我就像从火里抽出的一根柴"。宗教史有时也会因偶然事件而彻底转向，丝毫不亚于战争史和政治史。[256]

在1709年初，对法战争已经取得了胜利。陆海军已经不辱使命，现在是政治家摘取果实的时候了。路易十四已经被打趴下了，几乎愿意用任何代价求和。但由于奥地利、荷兰和英格兰都在一个重要问题上犯了同样的错误，导致反法同盟错失良机。他们以为只有一场针对路易十四的战争，而他们打赢了。但其实是有两场战争：他们打赢了较大规模的对法战争，但输掉了较小规模的对西战争。在伊比利亚半岛打了五年仗最后得到的结果就是，西班牙人民忠于菲利普五世，把他视为西班牙国王而不是法国人推出的候选人。在1702年，路易十四只要一句话，他的孙子就能从西班牙抽身。在1706年夏天，他仍然可以这样发号施令。但在1707年，凡尔赛宫方面的命令已经不足以让菲利普放弃王位了，而整个欧洲加起来都不能迫使西班牙人接受查理为王，到1709年更是如此。1709年欧洲各国之所以议和失败，就是因为反法同盟拒绝承认这些事实，他们在木已成舟好几年后，仍然坚持凭借一纸对法条约来左右西班牙王位归属。路易十四知道自己做不了这个主，他也是这么说的。于是战争得以徒劳无功地继续打下去，直到英格兰政治发生革命、托利党上台，而他们的领导人早在1708年11月就在私下的通信中相互说，"看在神的分上，让我们彻底摆脱西班牙吧！"

在1707年和1708年，交战双方并没有正式的和谈。但有一个名叫佩特库姆的中立国外交官，他是石勒苏益格-荷尔斯泰因公爵派驻海牙的使节，荷兰和法国政治家通过他间接联系，商议可能的条款。这一联系的主要目的是让路易十四能干的外交大臣托尔西侯爵传达他的想法，而他就是最终谈成《乌得勒支和约》的人。早在1707年10月，他在给佩特库姆的一封信中就显示他已经领悟了西班牙的新形势，这一点反法同盟的政治家直到两年多以后还拒绝承认：

> 至于说不必要考虑西班牙的想法（托尔西写道），我不敢苟同。只要战争仍在意大利进行，法国就对此有决定性的声音。但现在西班牙国王是用自己供养的自家军队保卫他自己的王国，我两天前和一个从马德里来的消息灵通人士交谈，他告诉我国王宁愿死也不放弃西班牙和西印度。[257]

在1708年围攻里尔期间，马尔伯勒公爵开始与他的外甥法兰西元帅贝里克公爵秘密和谈。他一直与这个詹姆士党的外甥保持友好联系，有人认为这部分是为了在万一贝里克公爵的异母弟弟詹姆斯登上英国王位后能有一个强有力的朋友。这一谈判无果而终，因为路易十四的谋臣们仍然希望马尔伯勒公爵会在围攻里尔或收复根特和布鲁日时折戟沉沙；因此他们在秋天居然无意议和，这与下一年春天他们迫切求和的样子形成鲜明对比。贝里克公爵对军事形势不抱任何幻想，对凡尔赛宫没有充分抓住他舅舅的和平提议十分懊恼，宣称"这是马尔伯勒公爵此后反对议和的主要原因"。

即便如此，这一未遂谈判有意思的地方在于，它是马尔伯勒公爵本人提出来的，他非常想为欧洲争取和平，尽管他下一年在寻求获取和平的方法时遭到了惨重的失败。但最有意思的是 1708 年 10 月 30 日马尔伯勒公爵最初写给贝里克公爵信中的一句话：

> 您可以放心，我会全心全意支持和平的，无疑我应该拿到两年前阿莱格里侯爵许给我的善意（l'amitié）证明。

毫无疑问，他说的是 1705 年至 1706 年冬天的一件事，当时阿莱格里侯爵奉路易十四之命提出给他 200 万里弗尔换取和平，但他认为议和条款有损英格兰的利益。他当初拒绝了这笔贿赂，现在又希望拿到这笔"好处费"，他觉得如果能谈成一个英国能接受的和约，接受这笔钱也无伤大雅。他此前此后的举动表明，他无意受贿出卖国家的利益，但他却贪恋法国人的钱，之所以如此，一部分归咎于他所处时代的陋习。

在第二年春天路易十四在海牙向反法同盟求和时，指示说马尔伯勒公爵如果能为菲利普争取到那不勒斯和西西里以换取后者自愿放弃西班牙，那么他可以拿到 400 万里弗尔。马尔伯勒公爵虽然又和托尔西大谈"阿莱格里侯爵"，但他并没有接受这笔贿赂。托尔西写道："当我提起他的私人利益时，他脸红了，似乎很想换个话题。"他确实有理由脸红。在他那深不可测的城府和超凡脱俗的平静背后，他庸俗的一面和高尚的一面经常发生激烈的辩论。[258]

1708 年 11 月初，路易十四拒绝了通过贝里克公爵向他传达的谈判提议。几个星期后他就追悔莫及了。里尔要塞、根特和布鲁日相继陷落，还有俄罗斯般的寒冷冬天，法国葡萄园被毁，农民饥寒交迫，涌进城里就食，终因一无所获而倒毙街头，这些祸不单行的灾难在法国引发了在人们记忆中从未有过的危机，路易十四因此变得真诚、几乎可怜得想要求和了。

1709年从年初到年中，全面和平的谈判一直在海牙紧锣密鼓地进行，其中托尔西被派往那里代表路易十四。他和他的主子被迫一条接着一条地退让。他们急于求和，只要在能力范围内的要求，他们来者不拒。法国国王并没有坚决要求让他的孙子保住西班牙王位，但他知道在西班牙人希望菲利普为王的情况下迫使后者退位是非常困难的，而这一点反法同盟不愿承认。因此路易十四提议应该给菲利普一些好处让他放弃西班牙王位，在其他地方对他进行补偿，例如那不勒斯和西西里。但奥地利和英格兰都不会同意在意大利任何地方扶持一个波旁王朝的人，这一提议便以西班牙帝国不得分裂为由被拒绝了。

经过一番谈判，反法同盟在5月底将他们的要求起草成40条"初步条款"，奥地利和英格兰的全权代表以及荷兰议会签署后作为最后通牒交给了法国。除了一条以外，剩下的路易十四最终全部同意了。遍及世界各地的西班牙帝国将交给查理三世，以免这些地方被留给荷兰或英国。路易十四还向荷兰割让了法国重镇里尔以及梅嫩和莫伯日。为表诚意，他将在签署初步条款后立刻交出他仍在尼德兰占据的地方，例如图尔奈、伊普尔、蒙斯、那慕尔、沙勒罗瓦和卢森堡。他将立刻交出斯特拉斯堡及其上的凯尔要塞，并放弃许多在阿尔萨斯的权力。[1]此外，他还将拆除敦刻尔

1709年5月

---

① 在次年1710年，他提出愿意放弃整个阿尔萨斯。*Torcy*，Ⅱ，p.74.

克的防御工事，让这个令英格兰商人苦不堪言的地方成为不设防的港口。纽芬兰及法国在其上的所有利权都将割让给英国。葡萄牙和萨伏伊将按照之前对它们的保证重新划定边界。如果路易的孙子拒绝让出西班牙，根据第4条路易十四甚至在原则上还要与反法同盟一起逼迫他就范。

路易十四唯一拒绝签署的是著名的第37条，它规定如果整个西班牙的王权没有在两个月之内交付给查理三世，停火就可以宣告结束。这意味着如果菲利普不愿放弃西班牙，赖着不肯走，那么反法同盟可以重新对他的祖父开战，从斯特拉斯堡、图尔奈及其他根据条约交给他们的边境要塞出兵入侵法国。路易十四表示诚意、严格履行他的义务并不能保证他免遭重启战端，届时的军事形势会因为他讨好反法同盟的努力变得更加不利。他拒绝在第37条上签字。1709年夏天，谈判在这一问题上破裂，已经重新开始的战事向着马尔普拉凯战役不断发展。

我必须承认（托尔西在7月写信给佩特库姆说）我越是想找到解决第37条的办法，就越是找不到。要是我们按照我替西班牙国王要求的那样分割领土，我们就不必为此烦恼了。你们坚持让他在没有拿到任何国家的情况下走人，就等于逼着他为自己的王冠而战，并剥夺了法国国王任何能影响他同意议和的办法。

人们在春天就都认为这场漫长的战争终于到头了，现在它又重新开打，让整个欧洲很是难过、震惊。第一个后果就是唤醒了法国背水一战的爱国热情，为了一位甘愿用巨大牺牲来为臣民谋求和平的国王，为了一位愿意献上一切却反遭敌人羞辱的国王。保卫法国边境的军队斗志从维嫩德勒战役的水平涨到了马尔普拉凯战役的水平。英格兰国内的震惊和失望并没有马上表现出来，但在一年之后，这样的情绪与萨谢弗雷尔事件一道引发了要求和平的强烈呼声以及对那些曾拒绝议和条款的政治家的愤恨。

不过这样的反应并没有立刻发生。在1709年春，大多数英格兰人都认为他们已经赢得了战争，而且他们一直被告知，将整个西班牙帝国交给查理就是胜利的果实。

但有一个根本问题，即对法协定不可能让查理赢得西班牙，即便是拙劣不讲理的第37条也不行。戈多尔芬认为，哪怕路易十四全盘接受了"初步条款"，形势也将对英格兰充满凶险。这位财政大臣认为，一旦荷兰人拿到了路易十四根据条约所割让的尼德兰城镇，他们就不愿再参与对法战争了；因此如果战争根据第37条重新爆发，英格兰将来几乎是在没有得到什么盟国援助的情况下与法国和西班牙交战。出于这些原因，当和谈破裂、战争照旧进行时，戈多尔芬并没有觉得遗憾。①

他反对和平的结论是错误的，但他提出的前提条件是对的。他正确地认识到通过对法条约赢得西班牙是非常困难的。他没能得出的正确结论是，西班牙应该交给菲利普，而其帝国将像威廉三世曾经希望的那样被分割；只有托利党才能得出这样的结论。无论是辉

---

① *Geikie*，pp.129–130.戈多尔芬并不是英格兰唯一对"初步条款"的不足感到担忧的人。例如，1709年6月3日，国务大臣博伊尔写信给汤森说："其中作为警告的城镇都无关紧要，除非靠海并对武力征服西班牙必不可少。显而易见，法国国王并不想要整个西班牙帝国。"*R.H.S. Diplomatic Instructions*，France（1925），*Wickham Legg*，p.16.就连马尔伯勒公爵的牧师弗朗西斯·黑尔也在1709年8月写道："对西班牙的战争可能非常棘手、代价高昂，而一旦其他盟国得到了所有它们想要的，负担将完全在英格兰身上。"*H.M.C. Hare*，p.228.

格党还是马尔伯勒公爵和戈多尔芬都不愿放弃这一点，因此他们刚组建的政府尽快被推翻符合整个欧洲的利益。

马尔伯勒公爵和欧根亲王在此次谈判中表现得软弱无能，暴露了他们不好意思也无法制订出切实可行的计划。他们都没有试图改变初步条款的荒谬之处，但他们在谈判破裂后又立刻私下承认它有多荒谬。7月10日，马尔伯勒公爵写信给海因修斯说："我要是法国国王，我还没有派军队去逼我的孙子退位，我自己的国家就丢了。"但他安于将至少是部分责任推卸给辉格党，并没有尝试解决这一僵局，而新上台的辉格党人对现实困难的认识没有他来得真切，因此只要能继续喊出"不要没有西班牙的和平"就心满意足了。马尔伯勒公爵和戈多尔芬仍然坚持这一口号，但他们并不清楚要如何实现。的确，一开始就是他们迫使反法同盟接受西班牙帝国不可分割的主张，而不是辉格党。首先是在1703年他们及诺丁汉伯爵与葡萄牙签订的条约中提出这一主张，后来在1705年至1706年，他们向不肯屈服的荷兰人坚持重申了这一主张。

1709年，荷兰人自己在胜利的鼓舞下，强烈支持将西班牙和西印度交给查理。他们这么做有部分是想要以"屏障"的方式名正言顺地获得一大块尼德兰领土，他们正在与英格兰辉格党人商议有损查理在比利时主权的"屏障条约"。但荷兰人有其他更为直接的理由支持查理对西班牙和西印度的主张。与英格兰人一样，作为一个贸易民族，他们认为他们与西班牙、意大利和美洲的贸易在奥地利王朝治下比在波旁王朝治下更有保障。[①]在议和失败这件事上，英格兰、奥地利和荷兰政治家要平均负担责任，他们都没有像托尔西及其主

---

① 有关这一点是荷兰在1709年和谈中态度的主要动机，参见 *Geyl*，pp.14–20。

子那样努力地为非常现实的难处寻找解决方案。[259]

　　英国政治家之所以1709年在海牙表现得如此不顾现实，原因之一就是在上一年11月和平近在咫尺时，主战派上台执政了。如果辉格党提早四年掌权——如果安妮真的愿意的话，他们或许真有可能——这一政权更迭可能非常符合当时的特点，那时反法同盟仍然需要遏制法国势力的过度扩张。其实，正是因为之前身处政府职位之外的辉格党人同意支持战时政府反对高教会派托利党的顽抗与失败主义，战争才有可能取得胜利。马尔伯勒公爵的大捷、《摄政法案》以及与苏格兰联合都有赖于政府圈子外的辉格党人积极支持。辉格党人为国家出的力虽然得到了公认，但却没有得到重赏，这是因为安妮反对党派政府。最终在1708年11月，辉格党不顾安妮的抵抗，强行闯入政府，这在很大程度上是当年夏天的大选所致，而大选结果本身在某种程度上又受春天詹姆士党入侵图谋的影响。辉格党上台执政正好是在他们最成事不足、败事有余的时候。

　　在安妮时期，辉格党能成的两件大事是遏制法国的势力和确立新教继承。托利党在这两个问题上都存在分歧。但这两个问题又是头等重要的。如果1704年路易十四的势力没有因战争而受到遏止，或者如果信奉罗马天主教的斯图亚特家族成员重登王座，我们国家将重新回到17世纪那种内部纷争、外部积弱的光景，是光荣革命将它拯救了出来。假如没有马尔伯勒公爵的大捷和汉诺威王朝的登基，18世纪大不列颠的繁荣、统一和权势将无法成为现实。在安妮初年，辉格党人帮助马尔伯勒公爵赢得了战争；在她在位的最后几个月里，他们在政敌众说纷纭、惊慌失措的商议中坚持立场，确保乔治国王和平上位。但在1709年，国家需要的既不是战争也不是继承，而是和平。这是辉格党人给不了的。

　　他们打心底里相信，为了将来英国的贸易与安全，必须从波旁王朝手中夺走整个西班牙帝国。但除了与法国无休止地打仗外，他们不知道如何实现。他们似乎并不觉得战争造成的危害有那么严重。他们的政敌对他们的评论不无道理：

　　这个党派是建立在战争和无休止地唠叨有关什么法国、耶稣会士和10万骑象朝圣者的隐形大军这种不着边际的黑话上面的，他们还没有获得足够的权势来在最艰难、最不稳定的和平状态下支撑他们。①

　　辉格党人有意无意地希望，只要战争仍在进行，他们的权力就高枕无忧；虽然我没有证据证明，但这种想法驱使他们愿意继续和法国交战，这并不是什么天方夜谭。假如安妮在我们与王位觊觎者的后台老板交战时驾崩，我们的汉诺威盟友必将毫无争议地登上王位。英格兰不会因为换了国王而转投敌人的阵营。

　　无论如何，辉格党人在议和方面一无是处。马尔伯勒公爵和戈多尔芬也好不到哪儿去。此外，马尔伯勒公爵的政策还有别于"小集团"大佬们，这让1709年海牙和会上本已混乱的英国决策变得更加没有章法。辉格党派了自己的代表查尔斯·汤森去荷兰；他与萨默斯、哈利法克斯侯爵和桑德兰伯爵密切联系，但他并不是马尔伯勒公爵的心腹。汤森得到的指令是迅速与荷兰政府达成"屏障条约"，英国保证将尼德兰的一长串"屏障城镇"给荷兰，而如果有需要，荷兰将派兵确保汉诺威王朝在英格兰或苏格兰顺利登基。马尔

---

① 托马斯·哈利致爱德华·哈利，1708年12月30日。*H.M.C. Portland*，Ⅳ，p.516.

伯勒公爵希望这些谈判能没完没了地拖下去，因为他担心反法同盟会给荷兰太多利益，特别是查理三世仍然许诺让他在战争结束后担任西属尼德兰总督，所以他于公于私都反对分裂尼德兰。

因此马尔伯勒公爵不仅疏远了他的老朋友海因修斯，也没有真正得到汤森和"小集团"的信任，这既是由于国内的私人和党派倾轧，也是由于"屏障"的问题。海牙和会上英国代表之间的分歧导致他们无法在对法条款和著名的第37条上做出合理的决策。马尔伯勒公爵和辉格党都不可能采取积极的行动迫使其他盟国达成和平，但他们之间各有各的算计，使得英国代表团更加不可能在海牙发挥正面作用。[260]

因此战争继续进行。甚至在马尔普拉凯战役之前，马尔伯勒公爵的一些手下就开始前所未有地认为他们要白白牺牲了。8月，里韦特上校从图尔奈写信回家说道：

> 我非常热爱和平以及我国的美好，所以我和绝大多数人一样，都希望这场围攻战中牺牲的这么多优秀官兵没有被什么理由派来送死就好了。

写这段话的人是英勇的军人，而不是政治家：他在下个月的马尔普拉凯战役中阵亡了。[261]

在这种情况下，英军内部不可避免地出现分化，主和派对主战派，托利党对辉格党，阿盖尔公爵或韦布的党羽对马尔伯勒公爵的党羽。这三重对立虽然不是完全一一对应，但却相互影响，愈演愈烈；之前才并肩作战的同袍弟兄因私人恩怨和党派斗争而反目成仇。所以当安妮现在开始不与马尔伯勒公爵商量便提拔军官后，军队的纪律将受到严重影响。马尔伯勒公爵不久写信给戈多尔芬说道：

> 如果女王有意让我为她效劳（我也准备全心全意这么做），为了让军队的纪律恢复到不久之前的良好状态，她必须让我有权号令各部将校，不能让任何人以为他可以从别人那里获得晋升。①

与此同时，1709年和谈的失败让国内的托利党趁机挑起要求和平与裁军的骚动，并抨击辉格党和马尔伯勒公爵是旨在建立另一个克伦威尔政权的军国主义者。除了托利党自身的王党传统外，国民对常备陆军的厌恶以及对英军士兵的畏惧引起了许多人在天性和传统上的共鸣。高教会派和萨谢弗雷尔利用了这些情绪。托利党的酒馆诗人兼小册子作家内德·沃德在1709年出版了《战神卸甲》（*Mars stripped of his Armour*），对陆军进行了猛烈攻击，开篇就是：

> 一支陆军就是一间教会的反面，我们在其中之一学会了虔诚敬神，却在另一个被灌输了一万倍的亵渎污秽。就像所有的宗教都在阿姆斯特丹汇聚，所有的罪恶也在陆军中汇聚。一个团就是一个由布赖德韦尔监狱、王座法庭监狱、弗利特监狱、纽盖特监狱和债务人监狱分派的人所组成的集体。

反对士兵的声浪和反对不从国教者的一样响亮，这在他们刚刚为英格兰付出了无法比拟的血汗之后显得尤为忘恩负义。托利党鼓

---

① 出自我收藏的一封信，上面没有日期，但可能是1710年写的，收信人是用马尔伯勒公爵的笔迹写的"您自己"（即戈多尔芬），尽管信中没有署名。

吹这两者都必须受到压制，要不然马尔伯勒公爵这个克伦威尔第二就会率领着他身穿红色军装的士兵、辉格党人、"宗教狂热分子"和金融势力摧毁教会和王权，拥立他为终身独裁者。这种可怜的荒谬言论在随后几年里充斥英格兰，反映了辉格党在拒绝和平一事上犯的错误有多严重。根据英格兰政治的惯例，这一荒谬言论完成了它被赋予的使命，适时催生了《乌得勒支和约》，对英国和整个世界都是一件幸事。随后这一荒谬言论一直持续到安妮驾崩时终于成为严重的祸害，该轮到它遭受理所当然地灭亡了。

尽管安妮女王、哈利、戈多尔芬和马尔伯勒公爵有志于以非党派的方式来治理英格兰，但部分由于他们各自的缺陷，这一努力在经过一番不无光彩的试验后宣告失败。从此以后，党派将统治国家，由辉格党和托利党轮流坐庄；但大不列颠、它的政治以及它的世界地位这些基础已经一劳永逸地打好了，如果一个党派足够明智的话，就会予以充分尊重。在公共生活中使用暴力的冲动一直非常强，但两个党派中哪一个能首先恢复冷静、走谨慎的道路，它就能笑到最后，成为马尔伯勒公爵和戈多尔芬政权所确立的爱国政府那些伟大传统的真正接班人。

注 释

第1章

[1] P. 1. *H. M. C. Downshire*（1924），p. 841.

[2] P. 2. *Coxe*, Chap. XXX, i. p. 339, ed. 1818.

[3] P. 3. *H.M.C. Coke*（1889），p.52.有关所谓"每价值1英镑的土地征收4先令的税"，参见第一卷第292至293页。有关大地主不喜欢"长势喜人的庄稼"以及随之而来的谷价低落，参见1703年7月3日范布勒的信，Dobree and Webb's *Vanburgh*, Ⅳ, p.8。

[4] P. 4. *Feiling*, p. 375; *Vernon*, Ⅲ, pp. 267–270; *H. M. G. Portland*, Ⅳ, pp. 146–149.

[5] P. 5. *Coxe*, Chap. XXX, i., pp. 343–346; *H. M. G. Portland*, Ⅱ, pp. x–xi, 184–190; Ⅳ, p. 150; Miller, pp. 12–13.

[6] P. 6. Boyer's *Queen Anne*, ed. 1735, p. 177, note（a）; *Coxe's Walpole*, Ⅱ, p. 5; *H. M. G. Lonsdale*, p. 118.

[7] P. 7. *Memorial of the Church of England*, 1705, p. 5; *H. M. C.* Bath, Ⅰ, pp. 63, 76.

[8] P. 8. *B.M. Lansdowne MSS.* 825, ff. 120–121; *Coxe*, Chap. XXX, i., p.341；有关1705年5月马尔伯勒公爵的信, *H.M.C. Buccleugh*, Ⅰ（1899），p.354中有引用。

[9] P. 12. *Coxe*, Chaps. XXX, XXXI; *H. M. G. Portland*, Ⅱ, p. 62; Ⅳ, pp. 150–151, 157; *H.C.J*, XⅣ, p. 501; *Life of Archbishop sharp*, Ⅰ, pp. 403–449;

Abbey，I，pp. 105–106；*P. R. O.*（*S. P.*），84，224，ff. 5，32，448–452；（S. P.）90. I and 90. 3 *passm*；*Add. MSS.*（*St.*），7061，ff. 121，141；7070，f. 153；7073，ff. 164，166；*Hill*，I，pp. 466–480.

［10］P. 14. *H.L.J.*，XVII，pp. 567，579；*Burnet*，V，183（405）；Boyer's *Queen Anne*，ed. 1735，p. 165.

［11］P. 14. *H.L.J.*，XVII，pp. 574–575；*H. of L. MSS.*（1704–1706），pp. xix–xx and no. 2029.

［12］P. 18. *Feiling*，pp.376–377；*Parl. Hist.*，VI，pp.359–367；*H.C.J.*，XIV，p.437；*Coxe*，Chap. XXXII，i. p.361；*H.M.C. Bagot*，p.338 以 及 *H.M.C. Bath*，I，p.64，有关喷泉旅馆的会议；*Burnet*，V，pp.176–178，183（401–405）；有关附加法案派和"卑鄙之徒"，参见*Poems on State Affairs*，IV（1707），pp.1–5以及*B.M. Stowe MSS.*，354，f. 161；*Somers Tracts*，XII，pp.469–486。

至于有人说哈利暗中煽动附加法案以让高教会派托利党身败名裂（*Parl. Hist.*，VI，p.359），我同意*Feiling*，p.376中的观点，没有证据可以证明这种说法，而且它本身也是不可能的。的确，常常天马行空的笛福在11月2日写信给哈利说，"让可以信任的人""推出正在酝酿中的《偶奉国教法案》"，"最后再一阵猛攻"，从而"抹黑并揭露"高教会派托利党，这将是一件好事（*H.M.C. Portland*，IV，p.148）。我们不知道哈利对这一不择手段的提议是怎么想的，但就连笛福也认为附加法案不应被提出。此外，11月16日戈多尔芬给哈利的信（*H.M.C. Bath*，I，p.64）说明了"三巨头"对下议院抛出法案本身或附加法案感到烦恼的原因。

［13］P. 18. *H.M.C. Portland*，IV，p. 152.

［14］P. 20. *Burnet*，V，pp.179 and 220，达特茅斯的注；*Vernon*，III，pp.279–280；*H.M.C. Portland*，IV，p.154；*Bod. MSS.*，*Ballard* 7，Dec. 23，1704，斯马尔里奇的信，论托利党在下议院的衰落。

［15］P. 20. Pamphlets on the subject of Place Bills in Trin. Coll. Library Cambridge（I. 3. 21）.参见第一卷第275页；*Burnet*，V，p.196（412）；*H.C.J.*，XIV，pp.489，499；*Vernon*，III，p.275.

〔16〕P. 21. *H. of L. MSS.*（1704–1706），pp.vii–xiv，383–387.到1710年，海军的债务已经增长到了450万，而且"严重影响了海军的信用"，参见*B.M. Lansdowne MSS.* 829，f. 128中财政部专员的报告。

〔17〕P. 22. *Burnet*，Ⅴ，p.192（翁斯洛的注），224（429）；第一卷第211页，约翰·吉斯爵士的说法。

〔18〕P. 23. *Parl. Hist.*，Ⅵ，pp. 255–257.

〔19〕P. 26. *H. of L. MSS.*（1702–1704），pp. xxvi，259–262；（1704–1706），pp. xxi–xxii；*Parl. Iist.*，Ⅵ，and *State Trials*，ⅩⅣ，*sub loc.*；*H. L. F.*，ⅩⅦ，pp. 676 *et seq.*；*H.C.J.*，ⅩⅣ，pp. 443–445，569–576；*Turberville*，pp. 58–71；*Wharton*，*Life*（1715），pp. 44，50–55；Pickthorn，K.，*Some Historical Princtples of the Constitution*，pp. 126–127；Iloldsworth，*Hist. of Engl. Lav*，Ⅵ，pp. 271–272；Amos，M.，*English Constituion*，p. 25 note；*Add. MSS.*（*L'H.*）17677 AAA，ff. 161–165；*Burnet*，Ⅴ，pp. 112–116，187–192（367，408）；Sir Ilumphry Mackworth *Vindication of Right of Commons of England*（1704），pamphlet.

〔20〕P. 27. *Add. MSS.* 4743，f. 32；*H.M.C. Coke*（1889），pp. 54–55.

〔21〕P. 28. *Add. MSS.*（*L'H.*）17677 AAA，ff. 210–212，233，271；*Failing*，pp. 377–378；*Coxe*，Chap. ⅩⅩⅩⅢ.

〔22〕P. 28. *Verney Letters 18th cent.*，Ⅰ，pp.241–242.这本书以及*H.M.C. Coke*（1889）颇有启发性地勾勒出了与世无争的乡绅日常生活和党派政治之间的关系。

〔23〕P. 29. *H.C.J.*，XV，pp. 276–278；*H.M.C. Portland*，Ⅳ，pp. 187–190，213，320；Foxeroft's *Burnet*，pp. 417–419；*Add. MSS.*（*L'H.*）17677 AAA，ff. 310–311；*H.M.C. Ailesbury*（1898），pp. xiii，190；*Return of M.P.S Blue Book*（1878）；Ilearne's *Collections* I，p. 117；*Rehearsal and Observator*，passim，May–June 1705.

〔24〕P. 30. *Monk's Bertley*（1833），Ⅰ，pp. 183–184；*Parl. Hist.*，Ⅵ，p. 496；Brewster's *Newton*（ed. 1855），Ⅱ，pp. 215–218；*H.M.C. Portland*，Ⅳ，pp. 188–189.

〔25〕P. 31. *E.H.R.*，April 1930，Mr. Norman Sykes' remarkable article；

Portland, Ⅳ, p. 177; *Burnet*, Ⅴ, pp. 185–186（406–407）; *H.M.C. Portland*, Ⅳ, p. 214.

［26］P. 32. *Add. MSS.*（*L'H.*）17677*AAA*, ff. 322–323; *H.M.C. Portland*, Ⅳ. pp.248, 291；有关当选的附加法案派，对比*Parl. Hist.*, Ⅵ, p.362中的附加法案派名单和*Return of M.P.s*（*Blue Book*），Pt. Ⅱ中1705年的部分。*Stowe MSS.*（*B.M.*），354, f. 161b，以"教派"标准对新一届议会进行了另一种有意思的分析。

［27］P. 33. *Coxe*, Chap. XXXⅡ, pp.373–375 以 及 Chap.XL, pp.482–484; *Burnet*, Ⅴ, pp.219–220（426）; Campbell's *Chancellors*, *Cowper*, Chap.CXIV; *Add. MSS.* 28070, ff. 12–13，有关7月11日安妮的信。

第2章

［28］P. 37. *Kunzel.* pp. 465–466, 469–470, 516, 524–525, 553–554; *Parnell*, pp. 79–86 and notes; *Wentworth Papers*（1883）, p. 40; Corbett, Ⅱ, pp. 536–537; *Leak*, Ⅰ, pp. 228–229.

［29］P. 39. *Tessé*, *Mem.*, Ⅱ, p.147; *Leake*, Ⅰ, pp.195–197, 215 and *passim*; *Künzel*, pp.502–503. *Corbett*, Chap. XXXⅡ; *B.M. Add. MSS.* 5440–5441，梅休因、黑森亲王和利克之间的通信；5441, f. 26，在直布罗陀最终解围后，黑森亲王写信给利克说："公众只会且将会为许多重大而幸运的后果而感谢您一个人。"

［30］P. 43. *Berwick*, *Mémoires*，有关1704年至1705年的内容；*Tessé*, *Mem.*, Ⅱ, pp.136–138, 154–156; *Tessé*, *Lettres*, pp.219–238; *Noailles*, Ⅲ, pp.251–253, 269–275。有关奥尔西尼王妃，塔扬迪耶夫人和莫德·克拉特韦尔的书是两本优秀的近作。

［31］P. 47. 有关直布罗陀围攻战，参见*Corbett*, Chap. XXXⅡ以及*Leake*, Vol. Ⅰ。另参见*Künzel*中黑森亲王的通信以及*Add. MSS.* 9773, ff. 140–143; 9774, ff. 60–61, 72, 88, 109, 147, 155, 186, 204, 214, 246；以及*Tessé*, *Mem.*和*Lettres*中泰塞元帅的通信；以及*Add. MSS.* 9115, ff. 14–16中施林普顿的通信；*P.R.O.*（S.P.）, 89, 18, ff. 165, 171–182, 239，黑森亲王等人；*Add.*

MSS. 5442, f. 90, 92–94；5441, ff. 1–38, 有关梅休因方面；28916, ff. 149, 169；28093, ff. 273–274；*Fortescue*, Ⅰ, pp.446–450；*H.M.C. Portland*, Ⅳ, pp.149–150, 一位英格兰工程师的信, 可能是贝内特上尉；*Galway*, pp.4–5；*H.M.C. Chequers*（1900）, pp.177–179；Allister Macmillan, *Malta and Gibraltar*（1915）, pp.429–430；Drinkwater's *Gibraltar*（1790）, pp.9–14；Saver's *History of Gibraltar*, pp.130–139；*Parnell*, Chap.X；Berwick's *Mémoires*, 有关1704年至1705年的内容；*Burchett*, Bk. Ⅴ, Chap. ⅩⅦ；*Noailies*, Ⅲ, pp.252–253, 270–277；De Ayala, *Hist. of Gib.*, translated by Bell, 1845, pp.149–155；Monti, *Historia de Gibraltar*, pp.93–102, 192；Montero, *ditto*, pp.290–291。蒙蒂包含了许多西班牙方面的有价值的细节, 但对法国过于苛刻, 而且将苏萨特下悬崖的日期弄错了。

我有幸（于1928年）在 E.G.M. 古德温中尉（现已晋升为上尉）的悉心引导下进行实地考察, 并在直布罗陀工程师楼与戈德尼上校进行探讨。两位都对我提供了慷慨而有力的帮助。

第3章

［32］P. 49. *H.M.C. Coke*（1889）, p. 51.

［33］P. 49. *Dispatches*, Ⅱ, p. 5；*Portland*, Ⅳ, p. 186.

［34］P. 50. *Coxe*, Chap. ⅩⅩⅨ, I pp. 330–336；Atkinson, pp. 241–243；*Taylor*, Ⅰ, pp. 246–251；*Parker*, p. 98；*Dispatches*, Ⅰ, p. 518；*Pelet*, Ⅳ, pp. 648–673.

［35］P. 51. *H.M.C. Portland*, Ⅳ, pp. 186–187；*Add. MSS.*（*St.*）7059, ff. 65, 67, 69–70；*Coxe*, Chap. ⅩⅩⅩⅢ.

［36］P. 52. *Coxe, Taylor* and *Atkinson*, *sub loc.*；*Lediard, Marl.*, Ⅰ, pp. 480–489；*Paler*, Ⅴ, pp. 383–480；*Villars Memoires*, *sub ann.* 1705；*H.M.C. Portland*, Ⅳ, p. 250.

［37］P. 55. *Coxe*, *Taylor* and *Atkinson*, *sub loc.*；*Millner*, pp.155–158；*Lediard, Marl.*, Ⅰ, pp.492–503；*Parker*, pp.103–106；*E.H.R.*, April 1904, pp.311–314（奥克尼伯爵）；*H.M.C. Hare*（1895）, pp.201–203；*Blackader*, p.254；*Pelet*，V，pp.52-58，574-586；*H.M.C. Portland*，Ⅳ，pp.251-253（克兰斯顿少校论及蒂勒蒙发生的事）。另参见 *The Cavalry Journal*，July 1931，斯塔克少校有关埃利克瑟姆的论文，特别是有关巴伐利亚军装。

〔38〕P. 57. *Taylor* and *Atkinson*，*passim*. *Coxe*，Chaps. XXXVII-XXXVIII；马尔伯勒公爵给海因修斯的信，本书第461页附录；*H.M.C. Downshire*，Ⅰ，2（1924），pp.841-842；*H.M.C. Hare*，p.205；*H.M.C. Coke*（1889），p.64；*Lediard*，*Marl.*，Ⅰ，pp.511-522；*H.M.C. Portland*，Ⅳ，230，237，253-255。有关荷兰民众的感受，参见*H.M.C. Buccleugh*，Ⅱ，2（Shrewsbury，1903），pp.710，796；*Coxe*，Ⅰ，p.445（8月31日马尔伯勒公爵的信）；*Priv. Corr.*，Ⅰ，p.11。

〔39〕P. 57. *Pelet*，V，pp. 75，90，608。

〔40〕P. 60. *Coxe*，Chap. XLI；*Geyl*，pp. 8-10；Marlborough to Heinsius，Nov. 14，1705，*Rijks-archief MSS.*；*Atkinson*，pp. 275-280。

第 4 章

〔41〕P. 66 note. *P.R.O.*（S.P.）89，19，no. 41，1706年梅休因去世后米尔纳给赫奇斯的信，对梅休因进行批评；*Add. MSS.* 28916，ff. 208，213，220-228；9115，ff. 1-3；*Galway*，pp.5-27；*P.R.O.*（S.P.）89，18，ff. 239-240，331，有关梅休因自己对葡萄牙军队的看法；*Parnell*，Chap. XI。

〔42〕P. 67. *Add. MSS.*（*Coxe*）9097，f. 1，letter of Sept. 3，1706。

〔43〕P. 68. *Burchett*，pp. 684-686；*Galway*，pp. 15-16；*Leake*，Ⅰ，pp. 273-280；*Kunzel*，pp. 571-577；*B.M. Stowe MSS.* 471（*Richards Papers*，Vol. XXV），pp. 12-13；*cf* also *Parnell*，*Russell*，*Ballard*，*Stebbing*，*Carleton*，*sub loc.*

〔44〕P. 71. *Leake*，Ⅰ，pp.280-287；*P.R.O.*（S.P.）94，75；*Künzel*，pp.656-666；*Add. MSS.* 8056，f. 323；*B.M. Stowe MSS.* 471，pp.13-15中理查兹的叙述；对比*Parnell*和其他权威性的第二手文献。

〔45〕P. 71. *Künzel*，pp.656-658；信中所写的日期显然是错的。

〔46〕P. 76. 有关攻克蒙特惠奇一事，我已经在1931年《剑桥历史期刊》的论文中解释了为什么更倚重理查兹不带偏见的第一手史料而不是海军或卡

尔顿这两方面的史料。我在第 80 至 82 页第四章附录中刊载了理查兹叙述最为重要的部分，出自 *B.M. Stowe MSS.* 467（日记）471（叙述）。

其他有关攻克蒙特惠奇和巴塞罗那的权威文献有：*Leake*，I，Chap. IX，*Martin*，pp.82–84，都对彼得伯勒伯爵存在偏见，但在舰队的行动方面还是可靠的；*Künzel*，p.666，有关查理三世的信。金策尔的叙述过于依赖 *Carleton*，后者应该看但不能完全相信（有关 *Carleton* 的真实性和有限的价值，参见 *History*，July 1930 中的评论）；*P.to St.*，p.5，有关迪泰纳少校；*Russell*，Chap. VIII 中刊载的一些史料。*Add. MSS.* 28056，ff. 329，373；5442，ff. 102–108；*P.R.O.*（S.P.）94，75，查理三世给安妮女王的信；*Burnet*，V，pp.209–215［420–422］，有关斯坦诺普的一些第二手史料，我肯定在细节上是不准确的。*Friend* 除了所提供的史料外并没有什么价值，而这些史料现在在别处也能看到。另参见 *Parnell*，*Stebbing*，*Russell*，*Ballard* 以及 B. Williams' *Stanhope* 等第二手叙述。

第 5 章

［47］P. 85. *Campbell's Chancellors*，IV，pp. 296–300；*Cowper*，p. 30；*Burnet*，V，pp. 243–244.

［48］P. 86. Cowper，pp. 15–16，25，33，39；*H. M. C. Bath*，I，pp. vii，72–73.

［49］P. 87. *Coxe*，Chap. XLII，i.，p. 515；Nichols' *Lit*，*Anecdotes*，I，p. 134；*Cowper*，pp. 35–36，39；*London Gazette* Nov. 18，1706；*Luttrell*，VI，pp. 36，57，107.

［50］P. 88. *H.M.C. Portland*，IV，p. 268；*Coxe*，Chap. XL，L，p. 485；Add. *MSS.*（*L'H.*）17677 *AAA*，pp. 487–489，496–498；*Hearne's Collections*，I，p. 59；*Parl. Hist.*，VI，p. 460；*Burner*，V，p. 223 [428]；Oldmixon，*Hist. of England*，1735，p. 345；*Remarkes in the Grand Tour of France and Italy*，*performed by a person of quality in* 1691，2nd ed. 1705.

［51］P. 89. 有关内阁、戈多尔芬和安妮的讲话，参见 *H.M.C. Bath*，I，pp.64，78–79 以 及 E. R. Turner，*Cabinet Council of England*，I，pp.456–457；*Parl. Hist.*，VI，pp.451–454；*Coxe*，Chap.XL，i.，p.490；大英博物馆所藏的报

纸，*passim*，例如 *Review*，no. 116，Dec. 1705；*Flying Post*，March 20，1705；
Rehearsal，*passim*，例如 no. 28；*Add. MSS.*（*L'H.*）17677 *AAA*，ff. 513–514。

［52］P. 88. *H.C.J.*，XV，pp. 37–39 ；*Burnet*，V，p. 224（429）；*Add. MSS.*
（*L'H.*）17677 *AAA*，ff. 531–532，550–551；*Add. MSS.* 4743，f. 50.

［53］P. 92. *Cowper*，p. 17；*Burnet*，V，pp. 238–239（436）；*Add. MSS.*
（*L'H.*），17677 *AAA*，ff. 521–524，529–533，551–552，571–574；*The D …*
Deputies，*A Satyr* 1705（*Rosebery pamphlets*，*Edin.*）.

［54］P. 93. *H.M.C. Atholl R.* 12，Pt. 8（1891），p. 63.

［55］P. 93. *Correspondence of Clarendon and Rochester*（1828），Ⅱ，pp.
459–460；A. W. Ward's *Electress Sophia*，p. 382；*Burnet*，V，p. z33（Onslow's
note）.and notes；*Ward*，Electress Sophin，pp. 379–394；*Add*，*MSS.*（*L'II.*）17677
AAA，f. 582；*H. of L. MSS.*（1704–1706），pp. 321–328；Klopp，Ⅻ，pp. 5–19；
Life of Archbp、Sharp（1825），I，pp. 307–311.

［56］P. 95. *Burnet*，V，pp.225–229 以及达特茅斯等人的注；*Conduct*，
pp.150–160；*Add. MSS.*（*L'H.*）17677 *AAA*，ff. 521–524，529–533，571，
582；*Cowper*，p.15；*J.H.L.*，XVIII，p.19。

［57］P. 96. *Parl. Ilist.*，Ⅵ，pp. 519–532；*Burnet*，V，pp. 228–235（432–
434）and notes；*Ward*，Electress Sophin，pp. 379–394；*Add*，*MSS.*（*L'II.*）17677
AAA，f. 582；*H. of L. MSS.*（1704–1706），pp. 321–328；Klopp，Ⅻ，pp. 5–19；
Life of Archbp、Sharp（1825），I，pp. 307–311.

［58］P. 99. *H.C.J*，XV，pp. 132–133，153 and *parssim*；*H.L.J.*，XVIII，pp. 94–
96 and *passim*；*Burnet*，V，pp. 234–235（434）；*Add*，*MSS.*（*L'II.*），17677 *AAA*，f.
583，*BBB*，ff. 80–81，95.

［59］P. 101. *P.R.O.*（S.P.）81，161，1704 年波利的信，例如 4 月 4 日、6
月 27 日；*Ward*，*Electress Sophia*，*passim*；Foxcroft，*Life of Burnet*，pp.429–430，
458–460；*H.M.C. R. 9 Morrison*，p.468，哈利法克斯侯爵的信；*H.M.C. Stopford-*
Sackville（1904），p.33；Maepherson，*Original Papers*，Ⅱ，pp.26–73；*Klopp*，Ⅻ，
pp.22–32。

［60］P. 102. Kemble，p.451.

第6章

［61］P. 106. *Coxe*，Chap.XLIV；*B.M. Add. MSS.* 7062，ff. 231，235-243
（雷比勋爵自柏林）；*Priv. Corr.*，Ⅰ，pp.17-22，Ⅱ，pp.235-236；*Dispatches*，
Ⅱ，pp.475-485，510，514，521；*Klopp*，ⅩⅡ，pp.73-74；*Add. MSS.* 4741，f.
239，有关卡尔奇纳托战役；*Taylor*，Ⅰ，pp.366-370；*Pelet*，Ⅵ，pp.617-
620，3月5日马费伊伯爵被截获的信，显示了马尔伯勒公爵前去意大利想法的
由来。

［62］P. 108. *Dispatches*，Ⅱ，pp. 517-521；*Pelet*，Ⅵ，pp. 16-30，40；
Taylor，Ⅰ，pp. 370-373；*Coxe*，Chap. XLIV, i.，pp. 17-18；*St, Simon, Mém.*，
Chap. ⅩⅩⅡ；*Klopp*，ⅩⅡ，pp. 74-75；*B.M. Add. MSS.* 7062，ff. 235-238.

［63］P. 109. *Drake, Mems.*，p.82，有关三联装野战炮；拉米伊战役时他
正在法军中；*Burnet*，Ⅴ，pp.261-262（450-451）；*Colonie*，p.305；*Pelet*，Ⅵ，
pp.30-31；*Millner*，pp.170-171；*Remembrance*，p.376；*Coxe*，Chap.XLV, ii.
p.30以及Chap.XLVI, ii.，p.37，给戈多尔芬的信。

［64］P. 113. 有关战场北半部的行动，参见*Pelet*，Ⅵ，pp.33-34；*Goslinga*，
pp.4，19；*E.H.R.*，April 1904，p.315（奥克尼伯爵）；*Millner*，p.173；*Parker*，
p.111；*Colonie*，p.306；Boyer，*Annals*（1707 ed.），Ⅴ，p.79，在*Lediard, Marl.*，
Ⅱ，pp.16-17重新刊载；*H.M.C. Coke*，p.72；对比*H.M.C. Portland*，Ⅳ，p.310；
H.M.C. Bath，Ⅰ，pp.82-83，96；*H.M.C. Hare*（R.14，pt.9），p.211。

［65］P. 114. *Colonie*，pp.306-316；*Pelet*，Ⅵ，pp.31，35-36，38；Feuquière，
Mémoires（1741），Ⅳ，p.17；*Tindal*，Ⅲ，pp.747-748以及地图，很有帮助，但
在正文和地图里塔维耶都被错误地写成了"弗兰克尼"。

［66］P. 114. *Millner*，p.172（其中的"Javieres"应作"Tavieres"，即塔
维耶的另一种写法）；*Taylor*，I，p.383；*Parker*，p.112。

［67］P. 116. *H.M.C. Portland*，Ⅳ，pp.310-311；*Lediard, Marl.*，Ⅱ，
pp.17-18；*Pelet*，Ⅵ，p.35；*H.M.C. Clement*（*Molesworth*），pp.233-234；*B.M.
Newspapers, passim*，例如 *Obsevator*；*Taylor*，Ⅱ，pp.383-384；Kane's
Campaigns（1745），p.66；*Parker*，pp.110-112；*Colonie*，312-313；

Millner，p.173；*Goslinga*，p.20；*Coxe*，Chap.XLV，i.，pp.30–31；*Luttrel's Diary*，Ⅵ，p.49；Boyer's *Annals*（ed. 1707）地图中的图画，有关布林菲尔德之死。

［68］P. 117. *H.M.C. Portland*，Ⅳ，pp. 309–310；*Lediard, Marl.*，Ⅱ，p. 27=Boyer，*Annals*（ed. 1707），Ⅴ，p. 83；*Remembrance*，pp. 378–379；*Goslinga*，p. 21；*Pelet*，Ⅵ，p. 36.

［69］P. 119. *Pelet*，　Ⅵ，pp. 37，63；Boyer（ed. 1707），pp. 81–82，or *Lediard Marl.*，Ⅱ，pp. 20–21，38；*Millner*，pp. 173–174；*Taylor*，Ⅰ，pp. 384–385，Ⅱ，pp. 383–387；*Goslinga*，pp. 21–22；*Drake, Mems.*，p. 83；*Tindal*，Ⅲ，p. 748. *H.M.C.*，*R.* 5，p. 348.

［70］P. 120. *H.M.G. Portland*，Ⅳ，p. 311；*Lediard, Marl.*，Ⅱ，p. 19；Millner，p. 174；*H.M.C.*，*R.* 5，p. 348.

［71］P.121. *Goslinga*，p.22；*Millner*，p.174；*Parker*，p.113；*E.H.R.*，April 1904，p.316，奥克尼伯爵的信，其中落款处的"Braunchein"不可能像编辑说的是拉米伊附近的布朗雄，而是蒂勒蒙以西的博夫尚：参见 *Taylor*，Ⅰ，p.392 以及 *Dispatches*，Ⅱ，pp.521–522。

［72］P. 122. *Drake, Mems.*，p.84；*Pelet*，　Ⅵ，p.38；*Villars, Mém.*，　有关1706年的内容；*Lediard, Marl.*，Ⅱ，p.29，即 Boyer（ed. 1707），Ⅴ，p.85；*Millner*，p.177；*Parker*，p.114.双方的损失都有各式各样的统计结果。

［73］P. 123. *Add. MSS.*（*L'H.*）17677 BBB，ff. 287，294；*Observator*，May 18–22；以及英格兰的报纸，有关5月的总体情况；*Hardwicke State Papers*，Ⅱ，p.467；*Coxe*，Chap.XLV，ii.，pp.29–30.马尔伯勒公爵写的是"宾菲尔德"，但威斯敏斯特教堂的坟墓以及其他史料都证明他的真实名字是"布林菲尔德"。

第7章

［74］P. 127. *Coxe*，Chap. XLVI，il. pp. 37–40；*Blackader*，pp. 280–282；*Memoirs of Alesbury*（*Rox*），Ⅱ，pp. 602，604.

［75］P. 130. L. P.Gachard，*Documens inédits concernant l'histoire de la*

Belgique（1835），Vol. Ⅲ，pp.219-236；*ditto*，*La Belgique sous Charles VI*（1838），Ⅰ，pp.lxliii-lxliv；*ditto*，*Hist. de la Belgique au commencement du 18 siècle*（ed. 1880），Chaps Ⅰ - Ⅸ；*Dispatches*，Ⅱ，pp.529-531；*Pelet*，Ⅵ，pp.56-57；*Parker*，p.114；*Taylor*，Ⅰ，pp.392-396；*Coxe*，Chap.XLVI；*H.M.C. Coke*，p.72，有关进入安特卫普。

［76］P. 131. *Coxe*，Chap.XLVI；*Lediard's Marl.*，Ⅱ，pp.85-93；*Remembrance*，pp.386-387；*Millner*，pp.181-185. Tindal's *Rapin*（1744），Ⅲ，p.749 以及 *Description of the Seats of War*，1707，p.322 中有很好的奥斯坦德围攻战。

［77］P. 132. *Parker*，p.115；*Millner*，pp.185-190；*Remembrance*，pp.387-389；*Blackader*，pp.284-285。Tinda's *Rapin*（1744）以及 *Pelet* 的地图集中有很好的梅嫩、登德尔蒙德和阿特围攻战地图。有关拉米伊战役后普鲁士态度的变化，参见 *Add. MSS.* 7070，ff. 200，216以及7062，f. 243。

［78］P. 132. Richard Cannon，*Historical Records of the Scots Greys*（1837），pp.40，50；但 *Dispatches*，Ⅲ，p.105 中约翰·海勋爵死亡的日期更为准确——是8月25日而不是8月15日。

［79］P. 133. *Coxe*，Chap. XLVIII，ii. pp. 75-77；*Lediard's Marl.*，Ⅱ，pp. 108-111；*H.M.C. Hare*，pp. 212-215；*Blackader*，pp. 285-287；Add. MSS. 37155，f.158；28057，f. 316.

［80］P. 134. *Pelet*，Ⅵ，p. 125；*Dispatches*，Ⅲ，p. 160；*Remembrance*，p. 391；*Blackader*，pp. 288-290；*Coxe*，Chap. XLVIII，il. pp. 78-79.

［81］P. 137. *Coxe*，Chap.L，ii.，pp.111-113；*Geyl*，pp.13-15；*H.M.C. Bath*，Ⅰ，p.105.新历1706年10月7日马尔伯勒公爵写信给哈利说道："为了欧洲的好处，我认为这场战争应该再进行一年。"*Klopp*，XII，pp.85-87；*Vreede*，*Correspondance Marl. et Heinsius*（1850），pp.xxix-xxxii and *passim*.

［82］P. 141. *Add. MSS.*（*St.*）7058，ff. 65-66；7075，f. 44；7064，ff. 5，8，62；28016，f. 252.

［83］P.142. *Add. MSS.*（*St.*）7064，f. 25；7058，f. 62 and *passim*；*Geikie*，Chap.I and pp.56-57，有关共管政府；有关1706年后比利时所受的

苦难以及荷兰为了在那里维持战事所付出的牺牲，参见 *Geyl*，p.ii and *passim* 以及 the Dutch Apology of 1712，*P.R.O.*（S.P.）87，4，ff. 202–208，可以证实艾尔斯伯里伯爵的话；*Klopp*，XII，pp.86–96。

［84］P. 145. Geikie，pp.38–89（有关哈利的两面三刀，参见 pp.82–83 and note）；*Add. MSS.*（*St.*）7058，ff. 64–66；7064，ff. 25–26，1706 年 12 月，有关马尔伯勒公爵、哈利法克斯侯爵和斯特普尼反对将奥斯坦德和登德尔蒙德划入屏障；*H.M.C. Bath*，I，pp.105–107；*Dispatches*，III，pp.166，168，194，223。

［85］P. 146. *Add. MSS.*（*St.*）7064，ff. 1，5，8，62；7059，ff. 101，103.

［86］P. 147. *Hill.* II，pp. 695–699；*P.R.O. Ven. Transeripts* 112（Mocenigo），ff 30–31；*P.R.O.*（S.P.），99，57，Consul Broughton，Venice，April 30，1706；Horatio Brown，*Studies in Venetian History*，I，pp. 360–364.

［87］P. 149. *Coxe*，Chap. XLIX，I. pp. 82–84；*Pelet*，VI，pp. 188–288，655–685；*Feldzüge*，VIII，pp. 240–270；Pietro Fea，*L'Asseiio di Torino*（1905），*passim*（pp. 164–165 on the Waldensian episode）；Carutti，*Storia di Vitt. Amedeo*，chap. xvi；*Add. MSS.* 4741，ff. 241，243，245.

第8章

［88］P. 150. *Tessé*，*Mém.*，II，pp.210–218；*Tessé*，*Lettres*，pp.271–272；*B.M. Add. MSS.* 9776，ff. 1–175，250，1706 年 1 月至 3 月泰塞元帅信件的重要合集；*Berwick*，I，p.196。

［89］P. 152. *Add. MSS.* 28057，ff. 93–94.

［90］P. 155. 有关 1706 年巴塞罗那的围攻与解围，参见 B.M. Add. MSS.（Coxe）9115，ff. 6–9，20–31，74–76；Add. MSS. 9776，ff. 176–271（泰塞元帅的信）；5438，ff.47–55（彼得伯勒伯爵致利克的信）以及 ff. 70–72（查理三世自巴塞罗那写给利克的信）；B.M. Stowe 471，ff. 32–35（理查兹）；P.R.O.（S.P.），94，75，斯坦诺普在 5 月 9 日以及 89，19，保罗·梅休因在 5 月 9 日；另见 5 月 26 日梅休因的信，刊载于 Marlborough's *Dispatches*，II，pp.571–574，note；*Boyer*，*Annals*（ed. 1707），V，pp.114–131，围攻战的日

记；P.R.O.（Tr.），14，46，5月12日发自巴塞罗那的法文信件；*Klopp*，Ⅻ，pp.62–71；*Tessé, Mém.* Ⅱ，pp.215–225；*Tessé, Lettres*，pp.277–280；*Leake*，Book Ⅱ，Chap. Ⅻ；*Kemble*，pp.443–445；*Burchett*，pp.692–693；*Martin*，pp.94–95；*Camden Misc.*，Ⅷ（*Haddock Corr.*），pp.49–50；*H.M.C. Hare*（1895），pp.209–210；*H.M.C. R.* 5（*Cholmondeley*），p.348；*H.M.C. Chequers*，pp.192–193；*Byng Papers*，Ⅰ，pp.99–101；B. Williams'*Stanhope*，pp.45–49；*Burton, Anne*，Ⅱ，pp.150–152；*Freind, Carleton, Parnell, Russell, Stebbing*, etc., *passim*。

　　［91］P. 159. *P.R.O.*（S.P.），89，19，7月9日梅休因以及7月27日米尔纳；94，76，7月24日斯坦诺普的信；以及9月3日彼得伯勒伯爵的信；*Galway*，pp.49–54；*Berwick*，Ⅰ，pp.213，222；*B.M. Add. MSS.* 5438，ff. 66–67，彼得伯勒伯爵给海军将领的信；9115，ff. 9–10；22200，f. 3；Cruttwell，*Des Ursins*，pp.191–198；Taillandier，*Des Ursins*，pp.125–134。

　　［92］P. 161. *B.M. Stowe MSS.* 471，ff. 35–45，约翰·理查兹上校的叙述，最为重要；有关彼得伯勒伯爵给利克的信，参见*Add. MSS.* 28058，f. 23；5438，ff. 59–68；有关他与人在查理朝廷的斯坦诺普之间的通信，*P.to St.*，pp.10–34；*P.R.O.*（S.P.），94，76，1706年7月24日斯坦诺普的信；*H. of L. MSS.*（1706–1708），pp.470–492，对照*Klopp*，Ⅻ，pp.140–146，543–549. *Add. MSS.* 9115，ff. 10–11中讲述了戈尔韦伯爵吩咐查理从阿拉贡过来导致了致命的后果，这个故事可能是真的，但还需证实；这也是彼得伯勒伯爵的说法之一，参见*Add. MSS.*（St.）22200，ff. 2–3。

　　［93］P. 163. *Berwick*，Ⅰ，pp.223–229；*H.M.C.*，R. 9，Ⅱ（1884），*Morrison*，p.468；*Add. MSS.* 28057，ff. 194–307；28058，f. 25；*Add. MSS.*（*Coxe*）9115，ff. 11–13；9097，f. 1（马尔伯勒公爵致戈多尔芬）；28058，ff. 23–26；*Add. MSS.* 5438，ff. 65–67（彼得伯勒伯爵致利克）；有关他写信抱怨令马尔伯勒公爵不厌其烦的例子之一，参见*Add. MSS.* 34518，f. 45；*Leake*，Ⅱ，Chaps. ⅩⅢ–ⅩⅤ；*Parl. Hist.*，Ⅵ，pp.986–988；*Galway*，pp.63–69；*Priv. Corr.*，Ⅰ，p.24；*Coxe*，Chap.XLIX；Swift，*Conduct of the Allies*；*Corbett*，Ⅱ，p.550；*Klopp*，ⅩⅡ，pp.140–149；B. Williams *Stanhope*，pp.50–52；*Kemble*，pp.452–454；*Carleton, Freind, Parnell, Russell, Ballard, passim*。

第9章

[94] P. 171. *Dunbar*，Ⅱ，pp. 131–137.

[95] P. 176. *Coxe*，Chap.LI–LII；*Althorp MSS.*，有关一些萨拉写给安妮的尚未出版的信；*Priv. Corr.*，Ⅰ，pp.43–65；*Conduct*，pp.160–173.有关哈利此时的处境，参见 *H.M.C. Bath*，Ⅰ，pp.109–111；*H.M.C. Portland*，Ⅱ，p.195；*Somerville*，*Q. Anne*，pp.622–625；有关普赖尔，参见 Wickham Legg's *Matthew Prior*，pp.128–137。

[96] P. 178. *Coxe*，Chap. LIII；*H.C.J.*，ⅩⅤ，pp. 200–219；*Parl. Hist.*，Ⅵ，pp. 543–552；*Burnet*，Ⅴ，p. 294（469）；*Strype's Stow's London*（1720），Book Ⅲ，p.173；*Add. MSS.*（*L'H.*）17677 CCC，f. Ⅲ.

第10章

[97] P. 180. 参见 Th. A. Fischer's *Scots in Sweden*、*Scots in Germany* 以及 *Scots in Pruisia*；John Davidson and Gray，*Scottish Staple at Veere* 以及 *Caldwell Papers*（Maitland Club），Ⅰ，p.177，有关在荷兰的苏格兰人。有关在法国和意大利的苏格兰詹姆士党人的论著太多，在此不赘述。有关在莱顿大学的苏格兰律师，参见 *Culloden*，p.viii 以及 Hill Burton's *Lovat and Forbes*，p.280。

[98] P. 180. *Taylor*，*Jos.*，p.95.

[99] P. 181. *Calamy*，Ⅱ，p. 204；*Meter*，pp. 2–3，19；*North Eng. and Scotland in 1704*（ed. 1818），pp. 53–54；*Kirke*，p. 15.

[100] P. 181. *Taylor*，*Jos.*，pp.95–99；*Burt*，Ⅱ，pp.6–10. 伯特的观察出自他在乔治一世时期在高地居住的经历；我并不知道在安妮时期有英格兰人在高地核心地区游历的记载。

[101] P. 182. *Calamy*，Ⅱ，pp. 156，199.

[102] P. 182. 我所写的有关英格兰人在苏格兰的游历和观感出自许多地方，无法一一列出，不过可参见 *Swift, passim*；*Hue-and-cry after East India Goods*（1701），pp.3–5；*The Rehearsal, passim*；*Observator's New Trip to Scotland*（April 24，1708）；*Kirke*；*Taylor*；*A Description of Scotland and its*

Inhabitants，by E. B.，1705；*North of England and Scotland in 1704*——一位不知名作者的旅程，出版于1818年。更为友善的是*Morer*和*Calamy*，ii. Chap.vii。

[103] P. 184. 有关苏格兰议会最好的著作是Rait's *The Parliaments of Scotland*（1924）。有关郡的选举参见Elphinstone Adam's *Political State of Scotland in the Last Century*（1887）的导论。

[104] P. 184. 有关贵族权力的有趣例证，参见*Scot. and Scot.*，Ⅱ，pp.46–49。

[105] P. 186. *Graham*（*Social Life of Scotland in 18th Century*），Ⅰ，pp.4–5，16，195–196.我借此机会表达一下对这一最有价值著作的感谢；它的问题是格雷厄姆没有很好地核对他的参考文献，导致他脚注中的页码常常是错误的；他有时也会在其实是转述的地方加上引号。另参见*Scot. and Scot.*，Ⅱ，pp.92–108以及其他数量太多而不能一一引用的参考文献。

[106] P. 186. *Graham*，Ⅰ，pp. 7–13；*Somerville*，pp. 329 note，331–337，369；*Culloden*，*pp. xx-xxi*；*Dunbar*，I，pp. 194–195；*Scot. and Scot.*，Ⅱ，pp. 75–79；*Foulis*，p. 327，July 2，1703.

[107] P. 186. *Dunbar*，Ⅰ，pp. 42–46；*Clerk*（*Rox.*），p. 63；*Foulis*，pp. xxv-xxvii；*Seafield Corr.*（*S.II.R.* 1912），p. 381；*Essays on Wayse and Means of Inclosing*（Edin.，1729），p，x.

[108] P. 186. *Scots Kitchen*（*Marian MeNeill*，1929），p. 20；*Fiennes*，p. 171；*Scot. and Scot.*，Ⅱ，p. 68；*Chambers*，III，p. 353.

[109] P. 187. *Dunbar*，I，p. 128；*Culloden*，Introd. *passim*；*Scot. and Scot.*，II，p. 73；*Graham*，Ⅰ，pp. 27–28；*Burt*，II，pp. 206–207.

[110] P. 188. *Scot. and Scot.*，Ⅰ，pp.6–7，Ⅱ，pp.52–53，60；*Rogers*，Ⅱ，pp.356–359；*Graham*，Ⅱ，pp.12–14. *Caldwell Papers*（Maitland Club，1854），Ⅰ，pp.259–272中有伊丽莎白·缪尔小姐（1714—1795）对苏格兰乡绅阶层男女生活"在我自己的时代的风俗变化的评价"，非常有意思。我上面所写的就有很多出自那里。

[111] P. 189. *Scot. and Scot.*，Ⅱ，pp. 57–59；*Graham*，Ⅰ，pp. 21–22；Swift，*Essay on Modern Education*；Defoe，*Complear Gentleman*（1890），p. 117；

Seafield, 1915, Introd., p. vii; *Culloden*, p. ix.

［112］P. 190. James Grant, *Hist. of the Burgh Schools of Scotland*, Chap.XIII and *passim*; *Graham*, Ⅱ, pp.149–168; Morgan（A. M.）, *Rise and Progress of Scottish Education*, Chaps. Ⅴ and Ⅵ; *Edgar*, Ⅱ, pp.63–66, 73–79, 120–121; James Campbell, *Balmerino and its Abbey*, ed. 1899, p.448, 在 *Graham*, Ⅱ, p.155 中被不准确地引用了。

［113］P. 191. *Calamy*, Ⅱ, pp.152–153, 257–159, 186, 216–219; *Carstares*（R. H. Story）, pp.92–95, 272–280; John Watson, *Scot of the Eighteenth Century*, Chap.Ⅳ, *WodrowCorr.*, Ⅰ, pp.1–2 以及 *Seafield*, 1915, p.21, 有关卡斯泰尔斯的影响力; *Graham*, Ⅱ, pp.182–203; *Culloden*, p.viii; *Scot. and Scot.*, Ⅰ, pp.225–227, 288; *Dunbar*, Ⅰ, pp.1–4; *Proposals for the Reformation of Schools and Universities*, 1704; *Scots Kitchen*（McNeill）, pp.14–15; *Morer*, p.50 证实了 *Calamy*（II. 219）中有关牧师收入的说法："他们在薪俸方面比英格兰国教更加平等，很少有人超过100英镑，也很少有人低于20英镑。"

［114］P. 192. *Bodleian MSS. Carte Papers* 197, pp.96–103, 1707 年洛根的 W·洛根对苏格兰封建管辖权的纪念。

［115］P. 193. *Graham*, Ⅰ, pp.4–6, 162–166. *The Economic History Review*（Jan. 1931, p.128）说格雷厄姆对这一时期苏格兰农业"生动而阴暗的描写""除了在细枝末节和附带说明上，目前并没有受到挑战"。*Dunbar*, Ⅰ, p.93; *Scot. and Scot.*, Ⅱ, pp.188–190, 200; *Essays on Ways and Means of Enclosing*, 1729, p.vi; Lindesay's *Interest of Scotland*, 1733, p.38; *Foulis*, p.xi; *Seafield*, 1912, p.428.

［116］P. 194. *Graham*, Ⅰ, pp. 5–7, 16, 169, 195–200; *Defoe*, Ⅱ, pp. 696–698; *Scot. and Scot.*, Ⅱ, pp. 103, 105, 116–121; *Barony of Stitchill*（Sc. Hist. Soc.）, p. 153; *Calamy*, Ⅱ, p. 182; *Mater*, p. 4; *Kirke*, p. 3; *Ways and Means of Enclosing*（1729）, pp. xlvii–xlix; *Macky, Scotland*, p. 272; W. Hamilton Wishaw, *Sheriffdoms of Renfrew and Lanark compiled in* 1710, pp. 52–55, 65, 67, 71, 143.

［117］P. 195. *Agnew*, Ⅱ, pp.186, 190; *Calamy*, Ⅱ, p.177; *Scot. and Scot.*, Ⅱ, pp.201–202; *Graham*, Ⅰ, pp.180–185, Ⅱ, p.16; *Burt*, Ⅰ, pp.86–

89；*Morer*，pp.18-19；*Taylor*，*Jos.*，pp.134-135；*North Eng. and Scot. in 1704*，p.53；*Observator's trip to Scotland*（1708），有关英格兰人对苏格兰住房条件毫不留情的轻蔑。

［118］P. 196. *Scot. and Scot.*，Ⅱ，pp. 192-193，198，202-203；*Rogers*，Ⅰ，pp. 205-209；*Scots Kitchen*，pp. 18-19；*Barony of Stitchill*，pp. xvii-xviii；*Graham*，Ⅰ，pp. 152-158，171；*Agnew* Ⅱ，pp. 184-185；Adam Smith，*Wealth of Nations*，Bk. Ⅰ，Chap. ⅩⅠ，pt. 3.

［119］P. 197. *Graham*，Ⅰ，pp. 146-152.

［120］P. 198. *Scot. and Scot.*，Ⅱ，pp. 68-59，203，222；Guy Miege's *State of Scotland*，1707，pp. 25-26；*Graham*，Ⅰ，pp. 155，175-176；*Annals of Visc. Stair*，Ⅰ，pp. 254-255；*Motor*，pp. 3，19；*Hooks（Rox.）*，Ⅰ，p. 426；*Agnew*，Ⅱ，pp. 182-186，203-204；*Defoe*，Ⅱ，pp. 733-738；Adam Smith，*IV ealth of Nations*，Bk.Ⅰ，Chart. ⅩⅠ，pt. 3.

［121］P. 199. *Graham*，Chap. Ⅶ；*Edgar*，Ⅱ，pp.3-10，22，32-33，51，61-62；有关英格兰济贫法，参见第一卷第19至21页。

［122］P. 199. Thomas Johnston，*History of the Working-classes in Scotland*，pp. 69-81；*New Mills Cloth Manufactory*（Scot. Hist. Soc. 1905），pp. xiv-xv，37，264；*Graham*，Ⅱ，pp. 264-267.

第 11 章

［123］P. 200.*Acts Parl. Scot.*，*passim*，例如1703年9月1日至3日；*Defoe*，Ⅱ，pp.701，704，782-784；*Dunbar*，Ⅰ，pp.55，144；*Scots Kitchen*，pp.20-21；*Chambers*，Ⅲ，p.353；*The Union of 1707*（Glasgow Herald publica. 1907），pp.93-103 中 W・R・斯科特的论文；*Interest of Scotland considered*，1733，pp.i-iv and 146-147；*New Mills Cloth Factory*（Scot. Hist. Soc. 1905），pp.li-lv，lxxx-lxxxii；爱丁堡国家图书馆中1704年至1705年的苏格兰小册子，有关贸易的糟糕状况和羊毛原料的出口问题。

［124］P. 201. *Mathieson*，pp. 86-87，90；*Portland*，Ⅳ，pp. 70-71；*Burnet*，Ⅴ，p. 95（357）.

［125］P. 201. Denholm's *Glasgow*, ed. 1804, pp.110–111 提供了人口数目，但补充说或许是堂区记录中缺陷导致 1660 年后人口呈现下降。但也有可能是因为威廉时期的饥荒和经济萧条。*Graham*, Ⅰ, pp.127–129（格雷厄姆在贸易和手工业方面不如在农业方面来得优秀或全面）；*Glasgow, its origin and development*. John Gunn, editor, 1921, pp.8, 40, 43; *North Eng. and Scot. in 1704*, pp.47–49; *Defoe*, Ⅱ, pp.744–747。

［126］P. 202. *Macky, Scotland*, p.65。另参见 *Burt*（Ⅰ, p.17）对高街的赞美。

［127］P. 202. Scot, and Scot., Ⅱ, p.61; Wodrow Corr., Ⅰ, p.5.有关皮特凯恩博士和"地狱火俱乐部"，参见 *Graham*, Ⅰ, pp.93, 111; *Wodrow Anal.*, Ⅰ, p.323, Ⅲ, p.309。

［128］P. 205. *Defoe*, Ⅱ, pp. 710–711; *Graham*, Ⅰ, pp. 81–126; *Burt*, Ⅰ, pp. 16–20; *Morer*, pp. 70–73; *North Eng. and Scot. in 1704*, p. 43; *Description of Scotland*, by E. B., 1705, p. 4; *Kirke*, p. 6; *Taylor, Jos.*, pp. 100–107, 107, 130–131 note, 134–135; *Culloden*, p. 27 on the 'babells.'.

［129］P. 206. 国家图书馆中的苏格兰报纸；*Edinburgh Periodical Press*, W. J. Couper, 1908, Ⅰ, pp.40, 86–98。

［130］P. 207. *Wodrow Corr.*, Ⅰ, pp. 49–50, 165, 167; *Anal.*, p. 344; *Scot. and Scot.*, Ⅱ, pp. 24–25; *North Eng. and Scot. in* 1704, pp. 54–55; *Graham*, Ⅰ, p. 161, Ⅱ, pp. 20–25, 82–83; *Morer*, p. 53; Alex. Carlyle, *Autobiography*, pp. 4–5; *Edgar*, Ⅰ, pp. 18–20.

［131］P. 208. *Scot. and Scot.*, Ⅰ, pp. 219–223; *Burt*, Ⅰ, pp. 169t 172; *Graham*, Ⅱ, pp. 8–11; Defoe, *Memoirs of the Ch. of Scotland*, 1717（ ed. 1843 ）, p. 105; John Watson, *Scot. of the Eighteenth Century*, pp. 138–158.

［132］P. 209. *Graham*, Ⅱ, pp. 13–14, 18–19, 28, 55–60, 65–66; Maitland's *Edinburgh*（ 1753 ）, p. 282; P.C. *Reg. Ed.*, *passim*; *Edgar*, Ⅰ, pp. 193–223; Arnot's *Trials*, p. 311; *Foulis*, pp. xxxiv–xxxv; Thomas Mair, *Records of the Presbytery of Ellon, parssim*, e.g., p. 207; Burt, Ⅰ, pp. 182–185; *Kirke*, pp. 7–8; Scott's *Fasti*（ *1867* ）, Ⅰ, *pt. ii*, *p. 657*; *Cramond's Illegitimacy in Banffshire*, p. 9; Cramond's

Parish of Ordiquill, pp. 21–22.

〔133〕P. 210. *Causes of the Decay of Presbytery in Scotland*, 1713, pp. 3–4; *Right of Church members to choose their own overseers*, by James IIogg, minister at Carnock, 1717, and other tracts on patronage; *Calamy*, II, pp. 153–154, 214; Th. Johnston, *Working Classes in Scotland*, p. 87; *Wodrow Corr.*, I, pp. 15–16; *Edgar*, II, pp. 367–369.

〔134〕P. 211. *Graham*, II, pp.5–7, 12–14, 48; 卡斯泰尔斯在1703年估计"在法律保护下继续待在教会的主教制派牧师"有154人（H.M.C. Portland, VIII, p.113），而笛福在1707年估计有165人：参见 Defoe, *Mems. of Ch. of Scotland*, p.103. *Presbyterian persecution examined*，1707这本小册子列出了这165人的完整名单；Th. Mair, *Presbytery of Ellon*（1898），pp.240–245; *Scot. and Scot.*, II, pp.51–52; *P.C. Reg. Ed.*, passim，例如1704年4月25日对丁沃尔长老会牧师的攻击；*WodrowCorr.*, I, p.216，有关另一起这类事件；*Add. MSS.*（*H.F.*）29588, ff. 496–500，阿瑟尔公爵给诺丁汉伯爵的信。

〔135〕P. 212. *P.C. Reg. Ed.*, passim; *P.R.O.*（S.P.）54, vol. 3，应格拉斯哥主教请求，在英格兰为苏格兰主教制派神职人员筹集的捐款；*Lifeof Archbishop Sharp*（of York），I, pp.387–388，有关伯内特的捐款；*Graham*, II, p.10; Dunlop, *Anent old Edinburgh*, pp.28–29，有关爱丁堡的面包师；Foxcroft's *Burnet*, pp.421, 451。

〔136〕P. 213. *H.M.C. Mar.*（1904），pp.227, 241; *Mathieson*, pp.190–193; *Wodrow Anal.*, I, pp.13–17; Boyer's *Queen Anne*（1735），pp.54–55; Cunningham, *Ch. Hist. of Scotland*, II, pp.209–210; *Hooke*（*Rox.*），I, pp.21–22; *Lockhart*, I, p.66; 塞奇与梅尔德伦之间的论战（*Works of Rt. Rev. John Sage*, vol. i, pp.li-lii; Meldrum's *Sermon against Toleration of Episcopacy*, preached May 16, 1703; Sage's *Reasonableness of a Toleration*）。直到1712年卡斯泰尔斯才写了几乎是最讲道理的反信仰自由主张《苏格兰信仰自由辩》。另参见 *H.M.C. 3rd Report*（Webster），p.421, 1703年斯泰尔勋爵的信；以及 *5th Report*（Erskine），p.638（37）显示很多主教制派神职人员并没有像他们自己的代言人被迫允许的那样为安妮女王祈祷。

［137］P. 213. Story's *Carstares*, pp. 274–275; *Wodrow Anal.*, I, p. 13; *Calamy*, II, p. 153; *H.M.C. Marchmont*, p. 153; *Mackinnon*, pp. 79–81.

［138］P. 214. *The Nonconformists' Vindication*, 1700（Cameronian Tract）; *Hooke*（*Rox.*）, II, pp.308, 371, 477; *Ker*, I, pp.14–16, 28–37, 58–65; *H.M.C. Laing*, II（1925）, pp.101–109 以及 *Clerk*（*Rox.*）pp.54–55，有关1705年让卡梅伦派与苏格兰长老会和解的失败尝试。

［139］P. 215. Arnot's *Edinburgh*（1779）, pp. 266–267; *Morer*, pp. 118–120; *Wodrow Corr.*, *passim*, for General Assemblies from 1709 on; *Dict. of Nat. Biog.*, sub George Meldrum; Cunningham, Ch. Hist. of Scot., II, p. 210（ed. a）.

［140］P. 217. P.C. Reg., 1704 年 6 月 13 日和 10 月 3 日; Dunbar, I, pp.261–273 以及 Chambers, III, pp.298–302 都基于 *Letter from a gentleman in Fife*, 但在考珀在皮滕威姆的工作方面应该与 *Just reproof to the false reports* 以及 *Fasti. Ecc. Scot.*, 192 相比较。国家图书馆中收录了双方各半打的小册子。*Graham*, II, pp.62–65; *Burt*, I, pp.222–226, 265–269; Arnot's *Celebrated Trials*, pp.366–367; *History of Galloway*, II, p.343 note.

［141］P. 218. *Grham*, I, pp. 187–193; *Scot. and Scot.*, Chap. XIV; *Edgar*, I, pp. 269–270; *Wodrow's Anal.*, *passim*, e.g. I, pp. 51–52, 57, 105.

［142］P. 221. *Scot. and Scot.*, Chaps. XIII, XIV, XV; *Graham*, I, pp.184–185, 224–225; D. of Argyle, *Scotland as it was and as it is*, 1887, *passim*, e.g. I, pp.217–221, II, pp.1–79; *Defoe*, II, pp.838–839 有关法军中"爱尔兰"团里的高地人; *Home Life of the Highlanders*, *1400-1746*, Maclehose, 1911, *passim*, 特别是在音乐、诗歌和迷信方面。*Burt*, I, pp.45–49 and vol. ii., *passim*.

［143］P. 223. *H.M.C. Portland*, VIII, pp.373–374, 给哈利的报告; Cunningham, *Ch. Hist. of Scot.*, ed. 2, II, pp.211–212; Wm. Mackay, *Sidelights on Highland History*, 1925, pp.119–123; *Moral Statistics of the Highlands and Islands*, Inverness, 1826, *passim* and pp.14–17; *Wodrow Corr.*, I, pp.73, 216, *Anal.*, III, p.357, IV, p.235. 国家图书馆中有许多与这一运动有关的小册子和大幅报纸。正如人们所预期的，坎宁安小姐最近出版的著作《忠诚的部族》包含了非常有意思的问题;

但坦率地讲，我并不认为她证明了高地詹姆士党运动的根基是对封建管辖权的反抗。

第12章

[144] P. 227. *Mathieson*, p.71; *Ridpath*, p.319; *H.M.C. Marchmont* 以及 *Seafield*, pp.154–155; *Wodrow Anal.*, I, pp.14, 17; 达连殖民地事件不久后写成的支持联合的苏格兰小册子中，比较出色的例如 *The Interest of Scotland*, 1700（anon. by Sir William Seton of Pitmedden）以及 *Parainesis Pacifica or a persuasive to the union of Britain*, Edinburgh, 1702。查尔斯·弗思爵士慷慨地借给我他收藏的联合小册子。

[145] P. 228. *H.M.C. Marchmont, Seafield*, p. 199; *Macpherson*, I, pp. 601, 606, 628 and *passim*, Q. Anne's reign; *P.R.O.*（*Tr. France*）, 190, ff. 56–57, 73–79; *Hooke*（*Rox.*）and *Ker*, *passim*.

[146] P. 228. *Garstares, Letters*（1774）, p. 714; *Lockart*, I, p. 43.

[147] P. 229. *Lockhart*, I, p. 58; *Letter from one of the country party to his friend in country*, March 1704.

[148] P. 230. *Ker*, I, p.22; *Hooke*（*Rox.*）, I, p.24; *Lockhart*, I, pp.54–56, 58 and *passim*; *Maepherson*, I, pp.623–628, 645. 有关詹姆士党人和法国方面怀疑哈密尔顿公爵有意谋取王位，参见 Hooke, *Negociations*（ed. 1760）, p.40; *Legrelle*, pp.298–299 and note。另参见 Hume Brown, *Scotland*, III, p.81 以及 *Union*, pp.27–28, 71 note; Lord Rosebery, *The Union of England and Scotland*, 1871 对哈密尔顿公爵有很好的描写。Salomon, *Königin Anna*, p.328, 有关王位觊觎者最终相信了他的忠诚。

[149] P. 232. *P.C. Reg. Ed.*, 3月8日，当时在伦敦的苏格兰枢密院成员寄来信件——3月13日，爱丁堡的枢密院表决并做出决定——5月12日，宣战; *Crossrigg*, pp.80–82; *Mathieson*, pp.75, 88; *Jerviswood*, p.2; *Burnet*, V, pp.20–23（320）; *Dicey and Rait*, pp.154–157; *Letter from a member of Parliament of Scotland to his electors*, 1703, 充分说明了1702年6月议会的非法性质。

［150］P. 233. *Dalrymple Memoirs*，1790，Ⅲ，Pt. Ⅳ，p.257；*Lockhart*，Ⅰ，p.276；*Mathieson*，p. 75 and note；*Crossrigg*，p. 83；*Acts Parl. Scot.*，p. 5；*Marchmont*，Ⅲ，pp. 240-241；*Burnet*，Ⅴ，pp. 23-24.伯内特是土生土长的苏格兰人，他了解苏格兰的事务；更重要的是，他是辉格党人但却不是长老会人士，所以在苏格兰事务上，他并不像在英格兰事务上有那么彻底的党派立场。

［151］P. 233. *Lockhart*，Ⅰ，pp. 47-51；*Acts Parl. Scot.*，pp. 18-28.

［152］P. 234. *Marchmont*，Ⅲ，pp. 243-250；*Acts Parl. Scot.*，p. 28；*Carstares*，*Letters*，pp. 714-716；*Lockhart*，Ⅰ，p. 48；*Mathieson*，pp. 75-76；Hume Brown，*Union*，pp. 39-43；*Ker*，Ⅰ，pp. 21-22；*P.R.O.*（S.P.）54，vol. i，1702年6月30日的信件；*Defoe*，*Union*，pp. 75，85。

［153］P. 235. 有关谈判专员的工作，参见*P.R.O.*（S.P.）54（*Scotland*），vol. ii，另见*Defoe*，*Union*，pp. 728-751（附录）；Burton，*Anne*，Ⅰ，pp. 142-148；*Mathieson*，pp. 77-79，114，117。

［154］P. 237. *P.R.O.*（S.P.）54，vol. i，1702年8月7日基思先生的信，有关对即将举行大选的影响。*Ridpath*，pp. 1-20，42；Boyer，*Queen Anne*，1735，pp. 52-53；*Mathieson*，pp. 79-81；*Hume Brown*，*Scotland*，Ⅲ，pp. 85-87，*Union*，pp. 50-56；*Lockhart*，Ⅰ，pp. 50-58।

［155］P. 238. 有关"议会骑行"仪式，参见*P.C. Reg. Ed.*，1703年5月3日令；*Acts Parl. Scot.*，pp. 104-107；*Lockhart*，Ⅰ，pp. 57-68；*Ridpath*，pp. 28-52；*Add. MS.* 29587（H.F.），f. 146；29588，ff. 496-500；*Mathieson*，pp. 81-82；*Stair*，*Annals*，Ⅰ，pp. 203-208，在昆斯伯里公爵和詹姆士党人到底谁先抛弃谁的问题上，应该与洛克哈特的抱怨进行比较。有关戈多尔芬的看法，参见*Stair*，*Annals*，Ⅰ，pp. 380-381以及*H.M.C. Atholl*（1891），p. 61。

［156］P. 238. *Dicey and Rait*，pp. 157-158；*Clerk*（*Rox.*），p. 49；*Stowe MSS.*（*B.M.*）222，f. 216，被截获的詹姆士党信件。

［157］P. 240. *Speeches by a Member of the Parliament which began 6th of May*，*1703*，Edin. 1703（即弗莱彻的讲话），pp. 5-9，39-41，73 and *passim*。这些讲话有不少也见于*Ridpath*，*q.v.*，*passim*；*H.M.C. Laing*，Ⅱ（1925）， pp. 25–28；*Acts Parl. Scot.*，p. 68；*Hooke*（*Rox.*），Ⅰ，p. 23；*Seafield*，1915，pp. xviii，2；有关昆斯伯里公爵和戈多尔芬对接受《保障法》的看法，参见*Add. MSS.* 29589，f. 97。

［158］P. 241. *Macpherson*，Ⅰ，p. 630.

［159］P. 241. *H.M.C. Annandale*（1897），p. 120.

［160］P. 241. *Add, MSS.* 20311，ff. 38–45；31249，f. 15.

［161］P. 242. *Macpherson*，Is pp. 673，676.

［162］P. 242. *Maepherson*，Ⅰ，pp. 629–632，639–681；*Terry*，*Chev.*，pp. 23–27；*Lockhart*，Ⅰ，pp. 72–73，79–84；*Hooke*（*Rox.*），Ⅰ，p. 24说阿瑟尔公爵在1704年就已经是"公开的詹姆士党人"了；另参见*Major Fraser's Manuscript*（1889），Ⅰ，pp. 142–144；有关1703年阿瑟尔公爵与戈多尔芬的通信，以及他与马尔伯勒公爵结盟的愿望，参见*Add. MSS.* 28055，ff. 25–72，especially f. 39以及*H.M.C. Atholl*（1891），pp. 60–61。

［163］P. 244. *H.ofL. MSS.*（1702–1704），pp. 300–308；*Turberville*，pp. 46–50；*Mackinnon*，Chap. Ⅴ；*Tindal*，Ⅲ，pp. 629–639；Boyer，*Queen Anne*（1735），pp. 104–118；W. C. Mackenzie's *Simon Fraser*（1908）尽可能正面地处理弗雷泽糟糕的形象；这是一项很有价值的研究。

［164］P. 244. *Add. MSS.* 31250，f. 46；*Macpherson*，Ⅰ，pp. 641–671.

［165］P. 244. *Lockhart*，p. 97；*Clerk*（*Rox.*），p. 48；*Marchmont* Ⅲ，p. 328.

［166］P. 245. *Clerk*（*Rax.*），pp. 47–53；*Marchmont*，Ⅲ，pp. 263–267；*Lockhart*，pp. 92–97；*Mathieson*，pp. 91–96；*Burnet*，Ⅴ，pp. 166–169 [396].

［167］P. 246. *Crossringg*，pp. 136–151；*Acts Parl. Scot.*，pp. 127–137；*Lockhart*，Ⅰ，pp. 98–107；*Burnet*，Ⅴ，pp. 169–174（397–400）；*Seafield*，1912，p. 377；*Add. MSS.* 28055，f. 90；Hume Brown，*Union of England and Scotland*，pp. 174–183，Johnstone's letters；*H.M.C. Marchmont and Seafield*，p. 204.

第 13 章

［168］P. 248. *Jerviswood*，p. z6.

［169］P. 249. *Vernon*，Ⅲ，pp. 279–280；*Jerviswood*，pp. 14–23；*Somerville*，

Q. Anne（1798），p. 618；*Burnet*，Ⅴ，p. 179以及达特茅斯的注；*Hume Brown*，*Union*，pp. 75-78；*Turberville*，pp. 78-79；*Parl. Hist.*，Ⅵ，pp. 369-374；*Boughton MSS.*，弗农致什鲁斯伯里公爵的信，1705年1月10日；*Add. MSS.*（*L'H.*）17677 *AAA*，ff. 513-514，539，570-571。

［170］P. 251. *H.M.C. Cake*（1889），P. 53；*Ridpath*，pp. 258-260；*Acts Parl. Scot.*，p. 137；*Hooke*（*Rox.*），Ⅰ，p. 159.

［171］P. 252. *Add. MSS.*（*L'H.*）17677 *AAA*，ff. 63，69；*H.M.C. Marchmont and Seafield*，p. 207；*Hooke*（*Rox.*），Ⅰ，pp. 166-167，203-207.

［172］P. 260. G. P. Insh，*The Company of Scotland*（1932）；Sir R. Temple，*Papers of Thomas Bowrey*（Hakluyt Soc. 1925）以及 *The Tragedy of the Worcester*（Benn，1930），特别是后者，*passim*；*Seafield*，1915，pp. 17-28；*Seafield*，1912，pp. 386-398；*Add. MSS.* 28055，ff. 154-155（西菲尔德伯爵的信）；f. 158（罗斯堡伯爵的信）；*Jerviswood*，pp. 64-75；*H.M.C. Bagot*（1885），p. 339（4月8日哈密尔顿公爵的信）；*More Culloden*，Ⅱ，p. 5；*H.M.C. Portland*，Ⅷ，pp. 178-179；*H.M.C. Hope Johnstone of Annandale*（1897），p. 121；*Defoe*，*Union*，pp. 80-82；*Argyle*，*Int. Letters*，Ⅰ，p. 11；*Taylor*，*Jos.*，pp. 121-126；*P.C. Reg. Ed.*；*State Trials*，ⅩⅣ，pp. 1199-1311.国家博物馆中数量众多的小册子、大幅报纸和诗歌，例如 *A Pill for Pork Eaters* 和 *Observations made in England on the trial*。

［173］P. 261. *Argyle*，*Int. Letters*，Ⅰ，pp. 1-32；*Lockhart*，Ⅰ，pp. 108-124；*Jerviswood*，pp. 70-113；*Seafield*，1912，pp. 395-397；*Seafield*，1915，pp. 16-17，32-33，37，47，52-64，76-77，82-83；*Add. MSS.* 28070，f. 10，安妮对昆斯伯里公爵的看法；28055，ff. 158，162，168，172，357-362；*Hume Brown*，*Union*，pp. 189-190（"安嫩代尔号"的信件）；*Mathieson*，pp. 105-109；*Crossrigg*，pp. 152-164；*H.M.C. Johnstone of Annandale*（1897），p. 122；*H.M.C. Laing*，Ⅱ（1925），pp. 114-116，安妮对王室高级专员阿盖尔公爵的指示，1705年6月。

［174］P. 264. *Acts Parl Scot.*，pp. 235-237；*Crossrigg*，p. 171；*Lockhart*，Ⅰ，pp. 126-137；*Seafield*，1915，pp. 82-88；*H.M.C. Mar and Kellie*（1904），p.

235; *H.M.C. Laing*, Ⅱ, pp. 118–122; *Taylor, Jos.*, pp. 112–127; *Burnet*, Ⅴ, p. 221（427）; *Clerk*（*Rox.*）, pp. 57–58; *Add. MSS.* 28055, ff. 360–363.

[175] P. 265. *H.C.J.*, XV, p. 69; H. of L. *MSS.*（1704–1706）, pp. 318–319; *Marchmont*, Ⅲ, p. 290; *Carstares, Letters*（1774）, pp. 738–740, 742; Stair, *Annals*, Ⅰ, p. 210; *H.M.C. Mar and Kellie*, pp. 239, 243; *Defoe, Union*, p. 92.

[176] P. 266. *Hume Brown, Union*, pp. 108–109; *Mathieson*, pp. 112–113; *Marchmont*, Ⅲ, pp. 288, 293; *Lockhart*, Ⅰ, pp. 136, 152–153; *Stair, Annals*, Ⅰ, pp. 211–212; *Jerviswood*, pp. 144, 147; *H.M.C. Mar and Kellie*, pp 240, 242. *Burnet*, Ⅴ, pp. 273–274[458] 相当错误地认为，所采取的政策是提名那些反对政府和联合的人进入谈判委员会：事实恰恰相反。谈判专员的完整名单以及他们的出席和工作情况，见于*Acts Parl. Scot.*, XL的附录。有关萨默斯方面，参见哈德威克在*Burnet*, Ⅴ, p. 287中的注。

[177] P. 269. *Acts Parl. Scot., Appendix*, pp. 165–166; *Carstares, Letters*, pp. 743–744; *Defoe, Union*, pp. 115–120; *H.M.C. Mar and Kellie*, p. 271; *Lockhart*, pp. 152–156; *Clerk*（*Rox.*）, pp. 59–60.

[178] P. 272. *Clerk*（*Rox.*）, pp. 61–63; *H.M.C. Mar and Kellie*, p. 271; *Defoe, Union*, pp. 194–196;《联合条约》及谈判专员的签名见于*Acts Parl. Scot.*, Appendix, pp. 201–205。有关谈判代表对于向上议院上诉权利的态度问题，参见*Dicey and Rait*, pp. 192–193以及*Defoe, Union*, 158–161。

第14章

[179] P. 275. *Jerviswood*, p. 177; *Mathieson*, pp. 121–123.

[180] P. 275. 说"飘摇舰队"尽管不喜欢昆斯伯里公爵的政府，但还是真心被这些理由说服支持联合，出自*Jerviswood, passim*, e.g., 141, 152, 174–177; *Marchmont*, Ⅲ, pp. 328–320; *H.M.C. Mar and Kellie*, p. 371; *Mathieson*, pp. 125, 129–130; *Seafield*, 1915, pp. 99, 101; *Burnet*, Ⅴ, pp. 278–280（460）。

[181] P. 277. Rail, *Parliaments of Scotland*. p. 124.

[182] P. 278. *Defoe*，*Union*，passim有关各位议员的发言，以及pp. 317–328，有关贝尔黑文勋爵的发言和马奇蒙特伯爵的回应；另参见*H.M.C. Mar and Kellie*，p. 309；有关贝尔黑文勋爵的外貌，见 'Macky's'（？）*Characters*，p. 135，*Roxburghe Club*，1895。

[183] P. 278. *Defoe*，*Union*，pp. 245–246；*Mathieson*，p. 132，对比Rait，*Parliaments of Scotland*，p. 121；*Burnet*，Ⅴ，p. 282［462］.有关本届议会的历次表决，参见*Acts Parl. Scot.*。

[184] P. 280. *Clerk*（*Rox.*），p. 64. 克拉克错误地认为笛福是受雇于戈多尔芬的——他的雇主是哈利，他从爱丁堡将报告寄给哈利，然后再被拿去给戈多尔芬看，参见*H.M.C. Portland*，Ⅳ，pp. 340–341，352，374，382，and *passim*；另参见*Defoe*，*Union*，pp. 236–241；*Crossrigg*，pp. 176，184；*Argyle*，*Int. Letters*，Ⅰ，pp. 42–43，50–52，58；*H.M.C. R.* 9（*Morrison*），p. 469。

[185] P. 282. 哈密尔顿公爵与大臣们的交涉，参见*H.M.C. Mar and Kellie*，p. 278以及*H.M.C. Portland*，Ⅳ，p. 347；有关"牙疼"和他的其他失败表现，参见*Lockhart*，Ⅰ，pp. 200，212–214，snd *passim* p. 194 *et seq.*；*Ker*，Ⅰ，pp. 25–39；*Dict. of Nat. Biog.*中有关克尔的条目；*H.M.C. Portland*，Ⅳ，pp. 362–380；*Defoe*，*Union*，pp. 266–281；*Somerville*，*Q. Anne*（1798），pp. 219–220 and notes.*Hooke*（*Rox.*），Ⅰ，pp. 208–214，Ⅱ，pp. 85–93以及*Lockhart*，Ⅰ，pp. 147–149，有关詹姆士党人与法国和英格兰的通信。

[186] P. 284. *Lockhart*，Ⅰ，pp. 173–175；*Marchmont*，Ⅲ，p. 305；Story's *Carstares*，pp. 291–301；*Carstares*，*Letters*，pp. 754–756；*H.M.C. Mar and Kellie*，pp. z78，315；*Mathieson*，pp. 130，187–188；*H.M.C Portland*，Ⅳ，pp. 340，343，346–348，365，382–383；*Crossrigg*，p. 195；*Clerk*（*Rox.*），p. 245；Rait and Dicey，p. 228；*Defoe*，*Union*，pp. 338–342，469，557–561；*Acts Parl, Scot.*，pp. 314–322；*Letter from a gentleman in Scotland to his friend in England against the Sacramental Test*，London，1708，pp. 4–7 and *passim*；*Seasonable warning of the Pope and King of France*（Edinburgh?），1706，p. 15 and *passim*；*Add. MSS.* 7078，ff. 237，241–243；（*L'H.*）17677 CCC，ff. 38，46.

［187］P. 284. *Marchmont*, III, pp. 433-434; *H.M.C. Portland*, Ⅳ, pp. 368-369; *Mathieson*, pp. 136-137; *Add. MSS.* (*L'H.*)17677 CCC ff. 38, 46.

［188］P. 285. *Lockhart*, I, pp. 262-272; *Parl. Hist.*, Ⅵ, pp. 1110-1115; *H.C.J.*, ⅩⅦ, pp. 207-208; *Marchmont*, I, pp. xcviii-cxxxiv; *Mathieson*, pp. 144-147, 148 note, 157-158; *Somervilie*, *Q. Anne*, pp. 222-223 and note; *Jerviswood*, p. 160，有关罗斯堡伯爵对政府的债权，与洛克哈特的说法相矛盾; *Jerviswood*, pp. 55, 82-83，有关昆斯伯里公爵希望能迅速兑现他的债权; *Hume Brown*, *Scotland*, Ⅲ, pp. 126-127; *Dicey and Rait*, pp. 227-228。

［189］P. 287. *H.C.J.* and *H.L.J.*, *sub loc.*; *Parl. Hist.*, Ⅵ, pp. 552-578; *Add. MSS. 7078*, f. 245; *Carstares*, *Letters*, pp. 759-760; *Burner*, Ⅴ, pp. 285-288 [463-465]; *Feilin*, p. 391; *H.M.C. Marchmont and Seafield*, pp. 158-159.

［190］P. 287. *Acts Parl. Scot.*, pp. 446-491; *Defoe*, *Union*, pp. 522-523.

［191］P. 288. *H.M.C. Mar and Kellie*, p. 389; *Clerk* (*Rox.*), pp. 67-69; *Seafield*, 1912, p. 432.

第15章

［192］P. 291. 除了著作刊载的1707年信件外，参见 *Add. MSS.* 9093, ff. 11-12，马尔伯勒公爵致查理三世的信；9099, f. 120, 戈多尔芬致马尔伯勒公爵的信，6月1日；有关奥地利方面的抱怨，见9098, ff. 21-24 and 53-54 中萨尔姆亲王和弗拉季斯拉夫致马尔伯勒公爵的信。在这些你来我往的客套背后，潜在的敌意必然十分强烈。有关匈牙利的问题，参见 *Add. MSS.* 17677, xxx, ff. 273, 277-278；有关萨伏伊与奥地利之间的矛盾，参见同上，f. 306 and *passim*。

［193］P. 295. *Coxe*, Chaps. LIV-LV 以及 Chap. LIX 中8月1日和5日至16日的信件; *Diplomatic Instructions*, *Sweden* (*R.H.S.* 1922), pp. 14-15, 30-38; A. E. Stamp, *Meeting of Marl. and Charles XII in R.H.S.* 1898; *Dispatches*, Ⅲ, pp. 347, 350, 357-9; Klopp, Ⅻ, pp. 383-390, 419-446; *Add. MSS.* 9099, ff. 120, 171, 180; *Ledtard*, *Marl.*, Ⅱ, pp. 157-179; Voltaire, *Hist. de Charles XII*, livre 3, 对比 *Tindal*, Ⅳ, pp. 15-19 and notes; F. W. Head, *Fallen Stuarts*, pp. 120-

121。

［194］P. 297. *Klopp*，XII，pp. 295–325；*Dispatches*，III，pp. 326–330，340–342；*Add. MSS.* 9093，f. 8；9098，ff. 162–165，201–202；*Tindal*，IV，pp. 3–4，21–25 and notes；*Corbett.* II，pp. 550–553.

［195］P. 300. *Parnell*，Chaps. XXIII–XXIV；B. Williams' *Stanhope*，pp. 52–58；*H.M.C. Bath*，I，pp. ix–x，146–150，154–155；*P. to St.*，p. 51；*Marchmont*，III，pp. 453–460，里弗斯伯爵与戈尔韦伯爵的信；*Add. MSS.* 7058，f. 87；9099，f. 156；*Peterborough*，II，pp. 121，145–157；*Coxe*（ed. 1818），II，pp. 335–238，295，298，305–306，有关彼得伯勒伯爵在欧洲的行程；*Tindal*，IV，pp.4–6；*Parl. Hist.*，VI，p. 616（Feb. 18，1701），有关里弗斯伯爵在航行中损失的兵力，以及 pp. 985–993，有关戈尔韦伯爵和彼得伯勒伯爵之间的矛盾；另参见 *Galway*，pp. 75–81 以及 *Freind*，pp. 178–187。

［196］P. 302. 有关整场战役特别是施林普顿的投降，见 *Tindal*，IV，pp. 5–10 中的亲历叙述；*Berwick*，I，pp. 251–254；Stanhope's *Succession*，pp. 330–235；*Historical Records Sixth Regiment of Foot*，1837，pp. 42–45；*Galway*，pp. 82–85；*Add. MSS.* 28057，f. 338；31134，ff. 399–400；以及 9099（厄尔将军，1707 年 6 月 26 日）；*Klopp*，XII，pp. 284–288；有关 4 月 27 日戈尔韦伯爵向桑德兰伯爵讲述这场战役的加急信件，见 *Coxe*，Chap. LVI. Paul Chamberlen's *History of Queen Anne*（1738），pp. 260–263 也对这场战役进行了很好的记载。他将施林普顿的投降斥为"最不光彩的"而且是"基于被敌人包围的虚假情报"。但个中原委我无从判断。在 *Relacion de la gran victoria en el campo de Almanza*，Seville，1707 中，施林普顿的投降被描述为是骑兵所致。这本小册子里附有一幅地图，据说上面标出了两军每个团的位置。

［197］P. 303. W. H. Logan's *Pedlar's Pack*，pp. 82–83.

［198］P. 304. *H.M.C，Egmont*（1909），II，p. 223. 有关 1707 年的围攻战，参见 *Parnell*。

［199］P. 307. *Pelet*，VII，pp. 185–280；Villars' *Mémoires*，sub 1707；*Klopp*，XII，pp. 492–505；*Dispatches*，III，pp. 327，392，396；*Add. MSS*，9093，ff. 11–12；*H.M.C. Portland*，IV，p. 441.

［200］P. 311. 有关土伦围攻战，参见 *Pelet*，Ⅶ，pp. 109–153；Tessé，*Mém.*，Ⅱ，chap，xi；*Feldzüge*，Ⅸ，pp. 96–132，335–347，and Appendix，pp. 175–188；*Klopp*，Ⅻ，pp. 326–349；*Byng Papers*（Navy Records Soc. 1930），Ⅰ，pp. 195–235；*Tindal*，Ⅳ，pp. 25–28（切特温德的日记）；*Siege of Toulon collected from the original papers and personal knowledge of some gentlemen concerned*（出自法方的材料），1746；V. Brun，*Guerres Maritimes de la France*，*Port de Toulon*，1861；*Burchett*，pp. 731–732；*Coxe*，Chap. LXI。

［201］P. 313. *Burchett*，p. 733；*Spectator*，no. 26；特别是劳顿教授在《国家任务传记辞典》中有关肖维尔的条目；Campbell's *Lives of the Admirals* 中写的是一些过去的传统说法，不甚可靠。

第 16 章

［202］P. 317. *H.M.C. R. 7*（Egmont，Ⅰ），p. 246；*Wentworth Papers*（1883），pp. 39，50–51，58–59，61–62，64，66；*State Trials*，ⅩⅣ，pp. 1327–1372；*Tatler*，nos. 50–51（1709），and notes in 1789 ed..

［203］P. 320. *Conduct*，pp. 177–211；*Coxe*，Ⅱ，chaps. LXII，LXIII *passim*，1707 年 8 月至 11 月的通信；另参见 *Marl. Papers* in *H.M.C. R. 8*，p. 41，阅读的时候需要知道那些代码：4 是哈利，10 是戈多尔芬，40 是马尔伯勒公爵；17 是安妮，41 是萨拉；*H.M.C. R. 9*（Morrison Papers），pp. 469–470；*H.M.C. Portland*，Ⅳ，pp. 448（纽卡斯尔公爵致哈利），454（阿比盖尔），426（高教会派托利党的悔悟）；*H.M.C. Bath*，Ⅰ（1904），pp. 180–181；*Miller*，pp. 16–17；*Burnet*，Ⅴ，pp. 326–330；*Feiling*，p. 397。

［204］P. 323. H.M.C.R. 8（Marlborough Papers），p. 41；Coxe，Ⅱ，chaps. LXII，LXIV，pp. 337–338，343，348，380–381；Feillng，p. 399；Burnet，V，pp. 328–330 [488]；Conduct，pp. 174–176.

［205］P. 324. H.M.C.R. 4（Emmanuel College Papers），p. 419；see also Dict. of Nat. Biog. under Tudway.

［206］P. 325. 有关对海军部的攻击和辩护的证据，参见 *H. of L. MSS.*（1706–1708），pp. xv–xxi，99–334 以 及 *H.L.J.*，Vol. ⅩⅧ，under Dec. 17，

1707; Jan. 9 and Feb. 17, 1707/8; *Parl. Hist.*, Ⅵ, pp. 597–600, 612–613, 619–662; *C.S.P.*(*Am. and W.I.*), 1706–1708, pp. 602–603; *Burnet*, Ⅴ, pp. 352–338 [489–492]; *Coxe*, Ⅱ, pp. 370–374; *Feiling*, p. 398; *Taylor*, Ⅱ, pp. 61–64; *Klopp*, ⅩⅢ, pp. 2–3; Defoe's *Review*, Feb. 24, 1707/8, 有关辉格党和托利党。有关莱斯特的选举，参见*H.M.C. Portland*, Ⅳ, p. 464。有关牙买加船队的抵达，参见*Add. MSS.*7078, f. 247。

[207] P. 326. *H.L.J.*, ⅩⅧ, pp. 410, 420–422; G. N, Clark in *Ec*, *Hist. Rev.*, Jan. 1928, pp. 263–264; *Chalmers' Estimate*, printed in *Gunningham*, p. 932; Campbell's *Lives of the Admirals* (ed. 1817), Ⅳ, pp, 27–28; *Parl. Hist.*, Ⅵ, pp. 645–64.6, 660–661; *C.S.P. Dom.* 1703–1704, pp. 496–497 on prizes.

[208] P. 328. *Swift*, *Letters*, Ⅰ, pp. 67, 73; *Freind*, ed. 1707; *Coxe*, Ⅱ, pp. 370–378; *Parl. Hist.*, Ⅵ, pp. 605–608; *H.M.C. Egmont*, Ⅱ (1909), pp. 220–221, 或许是有关这场辩论最好的叙述；另参见*Vernon*, Ⅲ, pp. 300–301; *Burnet*, Ⅴ, p. 338[492]; *B. Williams' Stanhope*, pp. 66–67。

[209] P. 330. *H.M.C. Portland*, Ⅶ, p. 68; *H.M.C. Downshire*, Ⅰ, pt. ii (1924), p. 862.

[210] P. 332. *Feiling*, pp. 399–401; *Swift*, *Letters*, Ⅰ, pp. 74–76; *Burnet*, Ⅴ, pp. 339–345; *Portland*, Ⅴ, p. 647; *Noorden*, Ⅲ, p. 220; *Portland*, Ⅳ, pp. 477–478; *Klopp*, ⅩⅢ, pp. 25–26; *Conduct*, p. 212; *H.M.C. Bath*, Ⅰ, pp. 188–190; *Coxe*, Ⅱ, chap. LXIV, pp. 385–388; *Althorp MSS.*, 马尔伯勒公爵夫人致马利特的信，1744年9月24日。

[211] P. 333. 笛福有关1704年国务部的备忘录，见*E.H.R.*, Jan. 1907, pp. 130–140; *H.M.C. Portland*, Ⅴ, p. 647, 爱德华·哈利。

[212] P. 336. *H.L.J.*, Feb. 9 and March 18, 1707/8; *H. of L. MSS.* (1706–1708), pp. xxxvi–xxxvii, 548–551; *State Trials*, ⅩⅣ, pp. 1371–1396; *H.M.C. Portland*, Ⅳ, pp. 481–484, 488; Ⅴ, pp. 647–649（爱德华·哈利）; *Burnet*, Ⅴ, pp. 341–348; *Report of the House of Lords*, *being the Trial and Confession of W. Gregg*, 1708; *H.M.C. Bath*, Ⅰ, p. 177. 1711年洛兰的信见于*State Trials*, ⅩⅣ, p. 1390以及*Secret Transactions*, etc., by Francis Hoffman, 1711; 另参见

Hoffman's *More Secret Transactions*，1711 以及 Swift's *Remarks upon a pamphlet entitled A Letter to the Seven Lords*，1711。另参见 Swift, *Letters*，Ⅰ，pp. 75–76。至于现代的作品，可参照 *Leadam*，pp. 132–133 与 *Taylor*，Ⅱ，pp. 76–92。我认为泰勒过于相信 1711 年斯威夫特所写的不利于那些辉格党上议院成员的文字了。

第17章

[213] P. 338. *Burton, Scotland*，Ⅱ，pp. 15–20；*Mathieson*，pp. 277–280；*Defoe, Union*，pp. 567–578，582–585；*Burnet*，Ⅴ，pp. 289–291 [466]；*Parl. Hist.*，Ⅵ，pp. 579–580；*Lockhart*，Ⅰ，pp. 223–224；*H.M.C. Mar and Kellie*（1904），p. 394.

[214] P. 340. *Somerville, Q. Anne*，pp. 296–298；*Parl. Hist.*，Ⅵ，pp. 666–667；*Mathieson*，pp. 280–283；*Burnet*，Ⅴ，pp. 348–352 [498–499]；*H.M.C. Lonsdale*（1893），pp. 117–118，其中标为"1705 年 11 月"的信件应作"1707 年 11 月"。*Burton, Scotland*，Ⅱ，pp. 20–24；*Carstares, Letters*，pp. 767，770–771；*Defoe, Union*，pp. 696–697；*Somers, Tracts*，ⅩⅡ，p. 624.

[215] P. 340. F. W. Head, *The Fallen Stuarts*，pp. 128–140，335–345；*Add. MSS.* 20241 ff. 18–19，20242 f. 23，*Gualterio Papers*；*Add. MSS.* 20311 ff. 68–74，31248 ff. 139–142，Irish appeals，1705–1707. 有关罗马方面收到英格兰及苏格兰的天主教徒与爱尔兰天主教徒遭遇的差别，参见 P.R.O.（Tr.），*Rome*，101 以及第一卷第 57 页；*Carstares, Letters*，p. 766。

[216] P. 340. *Macpherson*，Ⅰ，pp. 683–684.

[217] P. 342. *Hooke*（Rox.），Ⅱ，*passim*，pp. 347–409；*Hooke*，1760，pp. 14–91；*Lockhart*，Ⅰ，pp. 227–238；Terry, *Chev.*，pp. 36–82。

[218] P. 343. *Ker*，Ⅰ，pp. 40–64；*Lockhart*，Ⅰ，pp. 238，302–309；*Hooke*，1760，pp. 43–47；*Macpherson*，Ⅱ，pp. 26，84；H. of L. MSS.（1708–1710），pp. ix，xiv.

[219] P. 349. *H. of L. MSS.*（1708–1710），pp. 44–46；*Byng Papers*，Ⅱ，pp. 96–99，108–109，118；*Taylor*，Ⅱ，pp. 96–99；*Parker*，pp. 119–120；John

Deane, *Journal of Campaign in Flanders*, pp. 4–6（第一卷第228页引用了迪恩有关停泊在泰恩茅斯外海的叙述）。

［220］P. 349. Add. MSS. 9101 f. 187；cf. Defoe's Review, April 29 and May 4, 1708；*H. of L. MSS.*（1708–1710）, p. 45；*Lockhart*, Ⅰ, pp. 243–244；*Carstares, Letters*, pp. 764–765.

［221］P. 351. P.R.O., S.P., 54, 3月9日桑德兰伯爵的信以及3月30日多兹韦尔的信显示，最早的动作是伦敦的"大不列颠枢密院""抓捕31名嫌疑人"。*Lockhart*, Ⅰ, pp. 248–249；*H.M.C. R.* 8（*Marlborough Papers*）, pp. 34, 41–42；*H.M.C. Marchmont Seafield*（1894）, pp. 159–161；*H.M.C. Portland*, Ⅳ, p. 489；*Marchmont*, Ⅲ, pp. 331–335；*H. of L. MSS.*（1708–1710）, pp. x–xiv, 79–262 *passim*（144–146, 贝尔黑文勋爵）；*Chambers*, Ⅲ, p. 345, 审判斯特灵郡乡绅时发生的一个有趣事件；*The other side of the Question*, 1742, p. 380, 桑德兰伯爵致罗克斯堡伯爵的信。

［222］P. 353. *Letters of H. Prideaux*（Camden Soc., 1875）, p. 199；*Swft, Letters*, Ⅰ, pp. 62, 71；*H.M.C. Downshire*, Ⅰ, pt. Ⅱ（1924）, p. 858。有关英格兰银行的运作，参见Andréadès, *Hist, of Bank of England*, pp. 120–121以及*Leadam*, p. 137。

［223］P. 353. 参见本书附录C。

［224］P. 354. *Priv. Corr.*, Ⅰ, pp. 116, 130, 其中的"加普先生"就是此次选举中代表圣奥尔本斯当选的约翰·加普。

［225］P. 354. *H. of L. MSS.*（1706–1708）, pp.xxxix, 563–564；Defoe's *Review*, May 4 and June 8, 1708；*Prideaux's Letters*（Camd. Soc.）, p. 200；有关拉德格舍尔的情况，见*H.M.C. Ailesbury*（1898）, p. 199。

［226］P. 355. *H.M.C. Portland*, Ⅳ, pp. 489–490；*H.M.C. Downshire*（1924）p. 862；*H.M.C. Bagot*, p. 341；*Burnet*, Ⅴ, p. 385 [517].

第18章

［227］P. 357. *Coxe*, Chap. LXVI（Ⅱ, p. 415 for the letter）；*Taylor*, Ⅱ, pp. 103–105.

[228] P. 359. *Taylor*，Ⅱ，pp. 116–124；*Coxe*，Chaps. LXVIII，LXIX
（见他在 1708 年 7 月 9 日和 7 月 12 日写给马尔伯勒公爵的信）；*Pelet*，Ⅷ，
pp. 3–34，381–385，388–390；*H.M.C. Hare*，pp. 217–218；*St. Simon*（如果
我们可以相信他对战场事件的细节描述的话）表明了勃艮第公爵与旺多姆元
帅之间的争执有多激烈；*Priv. Corr.*，Ⅰ，p. 132。

[229] P. 359. *Pelet*，Ⅷ，pp. 29–34；*Coxe*，Chap. IXIX（Ⅱ，pp. 465–
466）；*Lediard*，*Marl.*，Ⅱ，pp. 257–258.

[230] P. 368. 有关奥德纳尔德战役，参见 *Feldzüge*，Serie 2，Band Ⅰ，
pp. 339–363 and Appendix，151–156；*Pelet*，Ⅷ，pp. 31–38，388–391（在战
役结果上是最不可信的叙述，路易十四似乎也有所怀疑，见 p. 399）；就连
Berwick，Ⅱ，p. 8 也承认有 9000 人被俘（另参见 *Dispatches*，Ⅳ，p. 137），
还提到了战役后军队的"残部"；*Lediard*，*Marl.*，Ⅱ，pp. 260–293，附有
一些来自法国军官的重要信件；*Taylor*，Chap. XX；*Coxe*，Chap. LXIX 以
及 Chap. LXX 中 7 月 23 日和 26 日的信件；J. M. Deane，*Journal of Campaign
in Flanders*（ed. 1846），pp. 11–16；*H.M.C. Hare*，p. 218；*Parker*，pp. 122–
125；*Priv. Corr.*，Ⅰ，p. 135；*Remembrance*，pp. 410–413；*Dispatches*，Ⅳ，
pp. 102–104，137；*Millner*，pp. 214–220；有关将领之间争论的宫廷传言，
参见 *St. Simon*；*Historical Records of the Buffs*，by Richard Cannon，1837，
pp. 153–157；*The Fighting Forces* for Sept. 1924，pp. 489–497，*Oudenarde*，
the Missing Order of Battle，by C. T. Atkinson；Atkinson's *Marlborough*，Chap.
ⅩⅣ；*Col. Blackader*（1824），pp. 317–320；Dr. Francis Hare's *Thanksgiving
Sermon* preached before House of Commons for Oudenarde，Feb. 17，1703；
Goslinga，pp. 52–61，不过这位荷兰监军说他在马尔伯勒公爵惊慌失措的时
候反败为胜，这种说法只能得到 Taylor，Ⅱ，pp. 144–147 中的评价，这是
"比尔·亚当斯打赢滑铁卢战役"的又一事例。

[231] P. 371. *Coxe*，Chap，LXX；*Dispatches*，Ⅳ，p. 129；*Taylor*，Ⅱ，
pp. 152–160；*Feldzüge*，Serie 2，Band Ⅰ，p. 375；*H.M.C. Hare*，pp. 219–220.
Burton，*Anne*，Ⅲ，pp. 23–31 和 *Atkinson*，pp. 345–350 对这些问题有很好的
讨论。阿特金森先生的军方观点向来值得注意。

〔232〕P. 373. *Feuquières, Mémoires; ed.* 1741, Ⅳ, P. 119; *Pelet,* Ⅷ, pp. 40–168, 393–533; *Berwick,* Ⅱ, *sub. ann.* 1708, and letters of 1708 at end of vol.; *Atkinson,* Chap. ⅩⅤ; *Taylor,* Chaps. ⅩⅪ – ⅩⅫ; *Coxe, LXXII-LXXIII; Feldzuge, Serie* 2, *Band* I, pp. 364–495; *Remembrance,* pp. 418–457.

〔233〕P. 375. *Pelet,* Ⅷ, pp. 103–106, 444–449（La Motte's dispatch）; *Dispatches,* Ⅳ, pp. 242–243; *Coxe,* Chap. LXXIII, Vol. Ⅱ, pp. 552–559; *Atkinson,* pp. 357–360; *Taylor,* Ⅱ, pp. 206–215; *H.M.C. Round,* p. 331; *Parl. Hist.,* Ⅵ, pp. 760–761; Boyer's *Queen Anne,* ed. 1735, pp. 362–363.

〔234〕P. 375. *Dispatches,* Ⅳ, pp. 266–269; *H.M.C. Mar and Kellie,* pp. 465–467（Stair's letter）; *Coxe,* ii., pp. 562–565（Chap. LXXIII）.

〔235〕P. 376. *Pelet,* Ⅷ, pp. 151–154.

〔236〕P. 376. *Lediard, Marl.,* Ⅱ, p. 419; *Coxe,* Chap. LXXIV.

〔237〕P. 378. *H.M.C. Marlborough Papers,* p. 33; *Dispatches,* Ⅳ, p. 108.

〔238〕P. 379. *Leake,* Ⅱ, pp. 254–270, 279; *Rapin,* Ⅳ, pp. 94–95 and notes.

〔239〕P. 381. *Add. MSS.* 22231, ff. 78–80, 约翰·科普的来信叙述; *Leake,* Ⅱ, pp. 271–306; *Byng Papers,* Ⅱ, pp. xxi-xxii, 299–303（斯坦诺普的加急信件）; *Burchett,* pp. 752–754; *Tindal,* Ⅳ, pp. 95–97; Boyer's *Queen Anne*（1735）, pp. 349–351; *H.M.C. Marlborough Papers,* p. 35; *Corbett,* Ⅱ, pp. 555–564 和 B. Williams, *Stanhope,* pp. 71–78 这两部优秀的权威性第二手文献; 有关梅诺卡对海军的价值, 另参见 Admiral Sir H. Richmond, *The Study of War*（ed. Sir G. Aston）, p. 77。

〔240〕P. 382. *Boyer, Queen Anne*（1735）, p. 351; *Tindal,* Ⅳ, pp. 98–100; *H. M. C. Marlborough Papers,* p. 35; *Klopp,* ⅩⅢ, pp. 93–106, 256–273, 547–550; *Dispatches,* Ⅳ, pp. 460–462.

〔241〕P. 384. *B. Williams, Stanhope,* pp. 79–85; *Geikie,* pp. 147–154, 180–182; *Klopp,* ⅩⅢ, pp. 278–281; *Dispatches,* Ⅳ, pp. 409, 562.

〔242〕P. 384. *C.S.P. Am,*（1708-9）, pp. xi-xiii., 56, 486.

〔243〕P. 385. *C.S.P. Am.*（1706-8）, pp. xii., 753;（1708-9）pp. xi., 38–40, 56, 95; *Burchett,* pp. 705–707; *Lediard, N.H.,* Ⅱ, pp. 835–838; *Tindal,*

Ⅳ，pp. 101-102；H.M.C.Marlborough Papers，p. 33，桑德兰伯爵的信日期被错误地写成了5月2日；劳顿在《国家人物传记辞典》中为韦杰所写的条目。

［244］P. 386. *Tindal*，Ⅳ，p. 101.

第19章

［245］P. 388. 本书附录C，桑德兰伯爵给纽卡斯尔公爵的信；*H.M.C. Marlborough Papers*，pp. 42-43。

［246］P. 388. *H.M.C.-M Marl*，*Papers*，p. 42.

［247］P. 390. 桑德兰伯爵的信，附录C；*H.M.C. Portland*，Ⅳ，pp. 490-491，507；*H.M.C. Bagot*（1906），p. 341；*H.M.C. Marl. Papers*，p. 42；*Conduct*，pp.151-153。

［248］P. 390. *H.M.C. Portland*，Ⅳ，p. 506.

［249］P. 390. 有关这一时期税收的根本原则，R.H.S. 1910，pp. 22-25，*Finance of Lord Treasurer Godolphin*，by I. S. Leadam；*Dowell*，Ⅱ，pp. 67-84；*English Taxation 1640-1799*，William Kennedy（1913），*passim*。1709年批准的借贷行动，*Parl. Hist.*，Ⅵ，pp. 784-787。

［250］P. 392. *H.M.C. Bath*. I（1904），pp. 191-194.

［251］P. 395. *Coxe*，Chaps. LXXV and LXXVII；Addison，*Freeholder*，no. 39，有关萨默斯和安妮；Althorp MSS.，1744年9月24日萨拉写给马利特先生的信。有人提出沃顿掌握了戈多尔芬与圣日耳曼宫方面通信的证据，并在这一时期以曝光为要挟强行让他及其同党进入内阁［Charles Hamilton，*Transactions during the Reign of Queen Anne*，1790，pp. 110-121，而詹姆斯·麦克弗森在他的《英国史》（*Hist of Gr. Britain*）中也依据同一史料讲了同样的故事］。这种说法可能是真的，也可能不是，但如此解释并没有必要。当时议会的形势就足以解释辉格党进入政府的原因了。

［252］P. 396. *Swift*，*Letters*，Ⅰ，pp. 116-117，120；*H.M.C. Portland*，Ⅳ，p. 502.

［253］P. 397. *Stats. of Realm*（1822），vol. Ⅸ，pp. 93-95；*Parl. Hist.*，Ⅵ，pp. 794-799；Marchmont，Ⅲ p. 354；*Burner*，Ⅴ，pp. 389-397；*Hume Brown*，

Scotland, Ⅲ, pp. 142–145.

［254］P. 398. *The Secretaries of State*, Mark Thomson, pp, 31–32, 164–166; *Tindal*, Ⅳ, 119; Iventworth Papers, pp. 72–73.

［255］P. 398. *Tindal*, Ⅳ, p. 119; *Geikie*, p. 101; Wentworth Papers, p. 68; *Swift*, *Letter's*, Ⅰ, p. 134.

［256］P. 399. J. Nichols's *Literary Anecdotes 18th Cent.*, Ⅴ, p. 233（卫斯理弄错了日期和他自己的年龄）。

［257］P. 400. *H.M.C. Round*（1895）, pp. 322, 327（1706年至1711年佩特库姆和托尔西之间的通信见pp. 317–359）。

［258］P. 401. 10月30日马尔伯勒公爵的信见于A. Legrelle, *Une négociation inconnue*（1893）, p. 22; *Torcy's Memoirs*（Engl translation 1757）, Ⅰ, pp. 300, 303–304, 316; *Berwick*, Ⅱ, pp. 34–35; *Atkinson*, pp. 371–373; *Taylor*, Ⅱ, pp. 228–233。

［259］P. 406. 有关1709年的谈判，参见*Torcy's Memoirs*, Vol. I; *Legrelle*, Ⅳ, pp. 459–504; *Klopp*, XⅢ, pp. 214–256; *Geyl*, pp. 14–20; *Coxe*, Chaps. LXXVIII–LXXIX; *H.M.C. Round*, pp. 338–343; *Geikie*, pp. 127–132, 特别是戈多尔芬和马尔伯勒公爵的观点。

［260］P. 408. *Geikie*, *passim*, Chap. Ⅳ; *Taylor*, Ⅱ, pp. 303–304, 318–319; *Coxe*, Ⅱ, pp. 548–549（end of Chap, LXXII）.

［261］P. 408. *H.M.C. Chequers Court*（1900）, pp. xx., 199.

附　录

附录A　马尔伯勒公爵给海因修斯的信，1705年

　　和第一卷的附录一样，我在此也会刊载几封马尔伯勒公爵给他在反法同盟中的副手、荷兰大议长海因修斯的信；它们都出自海牙国家档案馆中的手稿。它们是马尔伯勒公爵亲笔用英文写的。这一系列通信中在1706年之后的那部分已经由弗里德出版，供学者使用。而1705年的信件则是在此首次刊载，它们说明了马尔伯勒公爵试图摆脱荷兰将领及监军控制的斗争（见本书第55至57页）；它们也显示英国政治家甚至在拉米伊战役之前就提出了"不要没有西班牙的和平"这一原则（见本书第59至60页）。

　　1705年7月30日（新历），梅尔德特。自从我上次写信给您，我说服了将军同意我们应该行军，就像我们昨晚做的一样，试看看我们能否在法国人发现之前过河。我向他们承诺，如果法国人在那里的话，我就不会试图过河，直到我获得了他们的同意……我担心维勒鲁瓦先生已经知道此事了，要不然我也不认为他会冒险去那里。但比起我们一帆风顺的时候，当我们出现差池的时候，神的饶恕更让我们感到宽慰。

8月2日，梅尔德特。虽然我军在兵力和战斗力上的优势应该让我们胜券在握，但我心里对这里将要发生的一切还是非常不安。不管我们的优势有多确定，只要事情继续这样下去，我们是不可能取得任何可观的成功或胜利，因为任何情况都得开军事会议，这会彻底败坏任何大事所依仗的机密与迅速；这还有另一个无法避免的不良影响，即很多来开会的人之间的私人恩怨非常深，他们的倾向和利益大相径庭，不管一方提什么建议另一方都会予以反对，结果就是不欢而散。

我这么说不是因为我有幸当上了这支军队的统帅，而是因为将领有权按照他的判断行事、无须在他觉得合适的范围之外进行沟通是绝对有必要的。蒙神保佑，上一年战事（1704年）的成功就是由于这样的权力，我希望您为了共同的利益特别是荷兰的利益能赋予我这样的权力，如果您觉得有人比我更加胜任这样的权力，我将乐意留守此地任何一座城镇，我有非常好的借口，因为我真的生病了。我知道这是不情之请，但它却极端重要，因为如果没有它，没有哪个将领可以主动出击。

8月13日，梅尔德特。我们要在星期六进军，军队状况非常好，只要行事机密、能听号令，蒙神保佑，我想我们比12个月前的今天（8月13日布伦海姆战役）有大得多的胜算；但我们这里有情绪一直没有得到解决，当它们引发分歧的时候……我必须承认我的耐心受到了很大的考验。我再次写信给维也纳方面，要求其宫廷抓紧派更多军队给欧根亲王，但我能预见这些命令不管什么时候下达，巴登亲王路易斯都将从中作梗，时间就会这么流逝。

8月19日……这回我不得不说，如果您的将领愿意让我们进攻敌人的话，我觉得您已经可以和法国签订任何您想要的和约了……我真希望能和您待上一个钟头,就议和初步条款中的提议对您畅所欲言。神作证,我告诉您我相信假如斯朗根堡今天没有在军队里,我们可能就已经和法国签订我们想要的和约了。但现在情况是这个样子,我同意您的观点,即要说服法国同意这些维持长久和平所必需的条件是非常困难的。我们都知道,除非让查理国王占有西班牙王权,英格兰是不会喜欢任何和约的;至于贵国,我认为你们应该在安特卫普、那慕尔和卢森堡拥有驻军,此外我觉得我们也要特别关照一下萨伏伊公爵。而且如果我们想要一个长久的和平以及神的祝福,我们必须做一些有利于新教徒的事。

1705 年 8 月 18 日(一封戈多尔芬给马尔伯勒公爵的信,随函转交给海因修斯)。由于您想知道我对您乐意寄给我的大议长来信片段是怎么想的,我必须斗胆说,假如英格兰输掉了一场海战和一场陆战,我觉得他们仍然不会接受这样的和平,而我相信您也清楚他们不会同意任何将西班牙和西印度或其中之一交给安茹公爵的和约。他们也不会喜欢《分割条约》,尽管总体上并没有这一提议那么糟糕。戈多尔芬字。

这封信其余的部分表明这里提到的《分割条约》指的是 1699 年的第二份《分割条约》。这一通信说明早在拉米伊战役之前的冬天,马尔伯勒公爵和戈多尔芬就决定为奥地利的王位候选人奉行"不要没有西班牙的和平"这一政策了。

8 月 27 日。马尔伯勒公爵致海因修斯。到目前为止斯朗根堡先生一直反对我提议的任何事情。所以我决心保住自己的名誉和共同利益，不制订任何计划，而是在我收到您来信的当天下午就去请求各位监军和斯朗根堡先生及其他任何他们认为合适的将领谈话，听取他们觉得怎样才有利于公共利益特别是荷兰的好处，然后向他们保证并希望他们转告诸将，不管他们觉得应该采取的什么行动，我都会予以配合；因为我对这支军队非常乐观，相信他们可以执行他们将领的任何决定，再说我们距离考虑过冬只剩两个月了。我请您相信并向其他人保证，在今年战事的余下部分，我将欣然完成任何交给我的任务；借此我希望斯朗根堡先生最终可以还我清白，相信我除了共同利益之外，没有任何其他的动机。

9月5日。蒂勒蒙。马尔伯勒公爵致海因修斯。我收到了巴登亲王路易斯的来信，他告诉我他已经突破了哈璐的防线，这进一步证实了我的观点，即法国人一攻即溃。从您最近的来信中我很高兴地得知没有要约束我的想法。只要被认为有利于共同利益的事，我都准备好承担它，而且从此以后再也不让怨言来烦扰我的盟友了。我决心在剩下的战事里听命于您的将领，这让我清静了不少，因此我现在正在饮用斯帕的泉水呢。

附录B　戈多尔芬政府的主要国家官员，1705年至1708年

（辉格党人用斜体字表示）

	1705年	1706年	1707年	1708年
财政大臣	西德尼·戈多尔芬勋爵		1706年12月被封为戈多尔芬伯爵	
枢密院院长	彭布罗克伯爵托马斯·赫伯特			11月萨默斯勋爵
王玺大臣	白金汉公爵约翰·谢菲尔德。由纽卡斯尔公爵约翰·霍利斯接替			
财政署主管	亨利·博伊尔①			4月约翰·史密斯
掌玺大臣	内森·赖特爵士。由威廉·考珀爵士接替	1706年12月被封为考珀勋爵		
御前大臣			考珀勋爵成为御前大臣	
国务大臣（北方事务部）	罗伯特·哈利			2月亨利·博伊尔①

① 亨利·博伊尔向来是个温和派以及哈利的朋友，或许可以说他在这一时期变成了辉格党人。

续表

	1705 年	1706 年	1707 年	1708 年
国务大臣（南方事务部）	查尔斯·赫奇斯爵士	12 月桑德兰伯爵查尔斯·斯宾塞		
国务大臣	（第三国务大臣创立于 1709 年 2 月，主要处理苏格兰事务			1709 年 2 月昆斯伯里伯爵公爵
爱尔兰总督	奥蒙德公爵詹姆斯·巴特勒		彭布罗克伯爵托马斯·赫伯特	11 月托马斯·沃顿伯爵
海军大臣	丹麦的乔治亲王			11 月亲王死后由彭布罗克伯爵接替
战事大臣	亨利·圣约翰			2 月罗伯特·沃波尔
军械总管	马尔伯勒公爵			
王室审计官	托马斯·曼塞尔			乔姆利伯爵
御马官	萨默塞特公爵			
内廷大臣	肯特侯爵亨利·格雷			
王室总管	德文郡公爵			

附录C　桑德兰伯爵给纽卡斯尔公爵的信。1708年"小集团"与马尔伯勒公爵及戈多尔芬的关系

下面这些桑德兰伯爵写给纽卡斯尔公爵的信（我认为此前从未公开出版）出自大英博物馆的 *Lansdowne MSS.* 1236，ff. 242–253。它们反映了担任国务大臣的桑德兰伯爵对财政大臣戈多尔芬有多么不满；它们表明他在1708年夏天怀疑戈多尔芬甚至还有自己的岳父马尔伯勒公爵在3月入侵苏格兰的图谋上帮助了詹姆士党人。"小集团"显然认为，除非辉格党完全把持朝政，否则汉诺威继承就不安全。

后面的几封信显示，"小集团"以辉格党在5月大选中赢得的下议院多数席位为筹码，在秋天要求建立一个更加彻底的辉格党政府；以及安妮甚至包括戈多尔芬和马尔伯勒公爵反对将亲王赶出海军部来为辉格党的控制腾位子，这样的反对最终是因为亲王的去世才作罢。

1708年5月27日，白厅

大人，

我非常抱歉不幸在阁下出城的前一天晚上与您失之交臂，但我在您离开的时候正好碰到了王室总管大人（即德文郡公爵），我希望您已经得到了乡间空气的益处，只有这样方能弥补您不在我们这里的缺憾；我希望阁下不要介意我现在麻烦您这件事情，但这是王室总管、萨默斯勋爵和哈利法克斯勋爵的意思，他们认为昆斯伯里公爵的制诰非同小可，他们让我向您传达他们的想法，由于您已经用诚实、坦诚和高尚的方式告诉了女王您对此事的观点，不论它是否

正确，在您在上面加盖国玺之前，再写一封信给女王，向她陈明此事及其致命的后果。这样，如果她继续固执她的决定（我觉得她肯定会这样做的），至少您按照自己的正确判断，在加盖国玺和事后做议会的相关工作上已经尽了您的一切职责（以后会给您足够的公道）；以上就是您卑微的仆人在这一问题上的想法，我提及的其他大人本想自行写信，但他们觉得还是就写一封信以免叨扰到您；我自己非常认同这样的观点，即假如女王觉得合适，命令我来准备令状（就像她让博伊尔先生准备一样），我应该会采取这种方式，即我可能会自己保留我的信的副本以备不时之需；我相信阁下会理解我这么做，因为这完全是为了您和公众的好处。

我衷心地祝贺阁下在英格兰全境的选举中取得如此佳绩，我敢说这是自革命以来最辉格党的议会，这样如果我们的朋友们能团结一致，共同进退，我相信朝廷不管愿不愿意，都会采取这样的措施，因为这可以保护我们，也能保护他们；我请求为公爵夫人尽最卑微的服务，我也一直存着最深的敬意。

大人阁下最顺服卑微的仆人

桑德兰伯爵

上面提到的各位大人托我转达对阁下的恭维

1708 年 8 月 9 日，奥尔索普庄园

大人，

我相信萨默斯勋爵和哈利法克斯勋爵已经告诉阁下了，不幸的意外让我们不能在韦尔贝克庄园伺候您，虽然我本应有幸自己过去，但我在过来的路上不幸扭伤了脚，给我带来了很大的疼痛和不便，虽然现在好转一些了，但我承认我对于这件倒霉事让我无缘伺候您

非常挂虑，我们本可以借此机会一起谈论我们事务的当前形势，不过这些事情倒是因为我们在佛兰德和西印度群岛的成功（即奥德纳尔德战役和韦杰的行动）而非常幸运且意外地得到了弥补；但国内的情况却一天天恶化下去；因为先不看那些细枝末节的问题，例如苏格兰糟糕的治理，舰队的状况变得更糟了，爱尔兰现在新教徒的利益受到了损害，而教皇党徒的势力却比以往更甚；他们之前对入侵事件的处理特别是赦免格里芬勋爵一事等于向全世界宣布他们心里有多么支持威尔士亲王，有多么反对新教继承，如果我们不在议会里表现出正义的精神，这样的事情就相当于我们放弃了斗争，并同意让财政大臣和马尔伯勒勋爵迎立威尔士亲王了；我之所以用所有这些事情来叨扰阁下，就是想恳求您不要推迟进城太长时间，到议会召开的时候就可以，因为无论什么应该做的事情都必须事先协调好，而且没有您的在场和影响还办不成：我知道您非常不喜欢提前进城，但我希望提早个三周或一个月不会打破您的习惯，而且这是绝对有必要的，以至于您的朋友和卑微的仆人会一道来请求您，我们所有的一切也确实处在紧要关头，因为如果议会的下一个会期不能弥合这些矛盾的话，革命与新教继承就要付诸东流了。

我希望阁下在乡间可以身体健康，并恳请您相信我是怀着最大的真诚和敬意的。

大人阁下最顺服卑微的仆人

桑德兰伯爵

1708 年 10 月 19 日，伦敦

大人，

我奉德文郡公爵、博尔顿公爵、多切斯特勋爵、奥福德勋爵、沃顿勋爵、汤森勋爵、萨默斯勋爵和哈利法克斯勋爵的意思来麻烦您，告诉您他们与财政大臣之间就我们事务的当前状况所进行的交涉，他们希望他们所采取的步骤能得到您的认可；他们之间经过深思熟虑后得出这一决定和意见，即他们不可能再按照现在这个样子与朝廷互动，还能保住自己的名声或公众的安全了，因为如果看一眼各方面的行政事务，舰队的管理、爱尔兰的状况、苏格兰的事务、对之前入侵的应对、对教会升迁的处理等；这些事情都政出一门，托利党色彩浓厚，十分错乱，就好像罗切斯特勋爵和诺丁汉勋爵在掌管一切似的，表面上由若干辉格党要人，占据了若干要职，但既没有发挥什么作用，也没有达成什么目的，他们既不能做正确的事，也不能阻止错误的事发生；他们认为，后果最为重大的舰队管理问题是交由最为可耻的人办理，除非让亲王走人，否则根本得不到解决，因为不管他用什么人，乔治·丘吉尔将一直都是实际上的海军大臣；于是他们一直向财政大臣宣布，如果这不能立刻实现，他们必须告诉世界和他们的朋友，他们今后与朝廷一刀两断；他们提议担任海军大臣的人选是彭布罗克勋爵（这将让爱尔兰获得重新调整的机会，而且还能满足所有忠臣的愿望，将枢密院院长的职位给萨默斯勋爵）。财政大臣似乎同意他们的观点（他向来在口头上都是如此），但同时推托说有严重的困难，还说当马尔伯勒公爵回来的时候一切就都好办了，顺便说一下，那不会比圣诞节早太长时间；对此各位大人告诉他，他们不会再指望什么承诺和言辞了，因此他们必须采取自己的行动，直到这件事情真正搞定，因为如果这件事不办的话，他们就直截了当地告诉他，他们将要而且一定会反对朝廷，首先是在下议院议长的人选上，后面还有别的，因为只有这样他们才能让世界和全体盟友看到他们是有不同立场的；对此，他提出了一个建议（非常荒唐，表明他们没有诚意做任何正确的事情），说议会应该制定一项法律，允许亲王继续担任海军大臣，并授权他的手下代他行事，要将各位大人对这一荒唐、可笑、无用且没有哪个议会会听从的建议的反对意见一一重复就太啰唆了。我只提一个非常值得注意且不同寻常的细节，就是财政大臣告诉他们，他已经向御前大臣（即考珀勋爵）提过这个建议了，而且后者完全赞成。御前大臣在听到财政大臣这番话后，一口咬定他不记得财政大臣对他或他对财政大臣说过任何这样的建议。这一非同寻常的事件让这几位大人进一步明确了要与朝廷对着干的原因，他们决心首先拿议长问题说事，推出彼得·金爵士担任这一职务，我相信当朝廷看到辉格党人不再好糊弄之后，他们就会开始做一切合理的事情，而这些事情是他们从来没有做过的，而且还只能靠言辞和许诺就能蒙混过关；我必须记得告诉您，今天出乎所有人的意料，詹姆斯·蒙塔古爵士被任命为总检察长，艾尔斯先生被任命为副总检察长，我相信这是因为各位大人对财政大臣所表达的坚决态度，而且这也坚定了他们自己的观点，即如果他们继续下定决心，团结一致，其他更为必需的事情也可以办到；王室总管明天将和财政大臣谈话，告诉后者他们做出的决定，并试图说服他和他其他的朋友采取积极有力的行动。我对这封冗长的信表示万分抱歉，但我已经不得不省略了许多细节以免过于啰唆，我自己非常希望同时也是按照这几位大人的吩咐向阁下解释这整件事，我也希望您能赞成他们的做法，因为我们现在的处境全靠我们团结协同一致了，而且如果我们这样做的话，我们必能达到目的并拯救我们的国家（我确实认为它处于我所知道最危险的境地）；我还必须传达各位大人对阁下的请求，即让您尽快到城里和他们一起并予以协助；我对您怀着最大的敬意。

大人阁下最顺服卑微的仆人

桑德兰伯爵

1708年10月26日，伦敦

大人，

我有幸得到阁下的来信，对任何耽误您进城的意外事件表示由衷的遗憾，因为在这个关头，将我们所有的朋友召集到一块是非常重要的，而我敢肯定没有哪个人的到场比阁下更有影响和分量了；因此您要允许我们指望您尽快赶来；我现在受我上一封信里提到的几位大人、您卑微的仆人嘱托，恳请您亲自或托人去和杰索普先生谈议长的事情，让他支持彼得·金爵士担任这一职位，他将尽全力说服北方的议员，除了您的大名的影响力外，他对这些人也比较熟悉；他们也恳求您这时候写信给芒克顿先生和佩顿先生；我对这样麻烦您感到万分抱歉，我对您怀着最大的真诚和敬意。

大人阁下最顺服卑微的仆人

桑德兰伯爵

我将您的吩咐转告了哈利法克斯勋爵和詹姆斯·蒙塔古爵士，他们献上了他们卑微的服务，并打心里知道他们在这件事上欠了您的好意多么大的人情。

致王玺大臣纽卡斯尔公爵阁下

桑德兰伯爵

于诺丁汉郡韦尔贝克庄园

1708 年 11 月 4 日，伦敦

大人，

自从我上次写信给阁下并有幸得到您的回复以来，亲王的死彻底改变了所有的事情，特别是大家心里最在意的海军部问题，亲王一去世，我们还在城里的下议院盟友和那些最积极与我们一起推举彼得·金爵士的人开始要求我们在这件事上妥协，不要付诸表决，因为这一意外导致了可以纠正所有问题的空间，因为财政大臣已经告诉我们，女王同意任命彭布罗克勋爵为海军大臣、萨默斯勋爵为枢密院院长以及沃顿勋爵为爱尔兰总督。萨默斯勋爵不在城里，所以我不知道他会不会被说服接受，但要是他不愿意的话，他可就大错特错了，所以我不会怀疑他愿意接受；这些提议本身非常重大，可以将事情立在完全正确的基础上，以至于我上次在给阁下的信中提到的那几位大人要我告诉您这件事以及他们对此事的想法，既然主要的事情即将完成了，我们的朋友们就不应该再将议长人选这第一个问题付诸表决了，因此他们已经和彼得·金爵士谈了话，试图做他的思想工作，所以如果阁下也是这么认为的，并且赞同他们的做法，就请您以您觉得最合适的方式告诉您在下议院的朋友；我们每天都在等着见到您，但这几位大人指示我告诉您，还是尽快办好；我对您怀着最大的真诚和敬意。

大人阁下最顺服卑微的仆人

桑德兰伯爵

附录 D　上议院中的主教

在安妮在位时期，一位殷勤尽责的主教——几乎所有的主教都是如此——会从11月到4月连续住在伦敦，以履行他在议会的职责。当时的人不管是教士还是平信徒，是辉格党还是托利党，都认为这是一个主教在冬春两季的头等任务。这体现了教会和国家之间的密切关系以及议会上院的重要性（在上议院里，主教的投票仍有举足轻重的作用，而且他们的影响力并不亚于中世纪）。现代的批评者常常会错怪18世纪的教会，在批判主教们的居住习惯时往往忽视了这一重要事实。忙于威斯敏斯特的议会事务是就连林肯主教韦克这样最为活跃的主教都难以巡访他们幅员辽阔的教区的主要原因，大多数主教的巡访工作都是乘坐当时笨重的马车或骑马在当时恶劣的路况下进行的。威廉和安妮时期的主教没有混日子的，至少都和他们的前任一样勤奋。有关这一整个主题可参见诺曼·赛克斯教授非常有意思的作品，他正在成为18世纪教会史的泰斗。他在1932年7月《英格兰历史评论》（*English Historical Review*）的《18世纪英格兰的主教行政事务》（*Episcopal Administration in England in the Eighteenth Century*）一文中写道：

在对主教的活动进行思考时，必须一直记住一个根本性的因素，即一个18世纪的主教每年需要在伦敦住很长一段时间。在宗教改革的安排中，将主教职位与国事相联系的英格兰世俗传统变的是形式而非原则。而且特别是到17世纪末，辉格党和托利党两大对立党派的崛起凸显了主教按照职责出席议会上院的重要性，给这种情况赋予了新的含义。除了他们要花时间服侍宫廷之外，他们参与上议院的辩论和表决对安妮时期以及汉诺威早期诸王时期的历届党派政府都非常重要。在习惯上（即现代）对他们不住在教区的批评中，这方面的工作往往被人歪曲中伤，但在当时是非常受人看重的。

图书在版编目(CIP)数据

安妮女王时代的英格兰. 拉米伊战役与英苏联合 /
(英)乔治·麦考莱·屈威廉著;廖平译. —北京:中
国法制出版社,2024.4
　　书名原文:ENGLAND UNDER QUEEN ANNE:RAMILLIES
AND THE UNION WITH SCOTLAND
　　ISBN 978-7-5216-2763-3

　　Ⅰ.①安… Ⅱ.①乔… ②廖… Ⅲ.①英国-近代史
Ⅳ.①K561.4

中国版本图书馆CIP数据核字(2022)第124844号

策划/责任编辑:胡　艺　　　　　　　　　　封面设计:周黎明

安妮女王时代的英格兰. 拉米伊战役与英苏联合
ANNI NÜWANG SHIDAI DE YINGGELAN. LAMIYI ZHANYI YU YINGSU LIANHE

著者/[英]乔治·麦考莱·屈威廉

译者/廖　平

经销/新华书店

印刷/三河市紫恒印装有限公司

开本/880毫米×1230毫米　32开　　　　　印张/14.75　字数/344千

版次/2024年4月第1版　　　　　　　　　　2024年4月第1次印刷

中国法制出版社出版

书号 ISBN 978-7-5216-2763-3　　　　　　　　　定价:88.00元

北京市西城区西便门西里甲16号西便门办公区

邮政编码:100053　　　　　　　　　　　　传真:010-63141600

网址:http://www.zgfzs.com　　　　　　　　编辑部电话:010-63141817

市场营销部电话:010-63141612　　　　　　印务部电话:010-63141606

(如有印装质量问题,请与本社印务部联系。)